源頼朝が愛した幻の大寺院

永福寺と鎌倉御家人

―荘厳される鎌倉幕府とそのひろがり―

YOFUKU-JI Temple,

a vanished large-scale temple Minamoto no Yoritomo loved
and
Kamakura gokenin, vassals of the Kamakura shogunate
— The Kamakura shogunate's magnificent yet solemn design and its broad influence —

特別展　源頼朝が愛した幻の大寺院

永福寺と鎌倉御家人
——荘厳される鎌倉幕府とそのひろがり——

二〇二二年十月十五日(土)—十二月四日(日)
神奈川県立歴史博物館　特別展示室・コレクション展示室

主催
神奈川県立歴史博物館
文化庁

特別協力
國寶史蹟研究会
湘南工科大学
中世瓦研究会
日本女子大学

広報連携
鎌倉国宝館
鎌倉歴史文化交流館
埼玉県立嵐山史跡の博物館
半蔵門ミュージアム
横浜市歴史博物館

後援
神奈川新聞社、朝日新聞横浜総局、毎日新聞社横浜支局、読売新聞横浜支局、産経新聞社横浜総局、東京新聞横浜支局、日本経済新聞社横浜支局、共同通信社横浜支局、時事通信社横浜総局、NHK横浜放送局、tvk(テレビ神奈川)、ラジオ日本、FMヨコハマ、J:COM

助成
文化庁「令和四年度地域ゆかりの文化資産を活用した展覧会支援事業」

文化庁

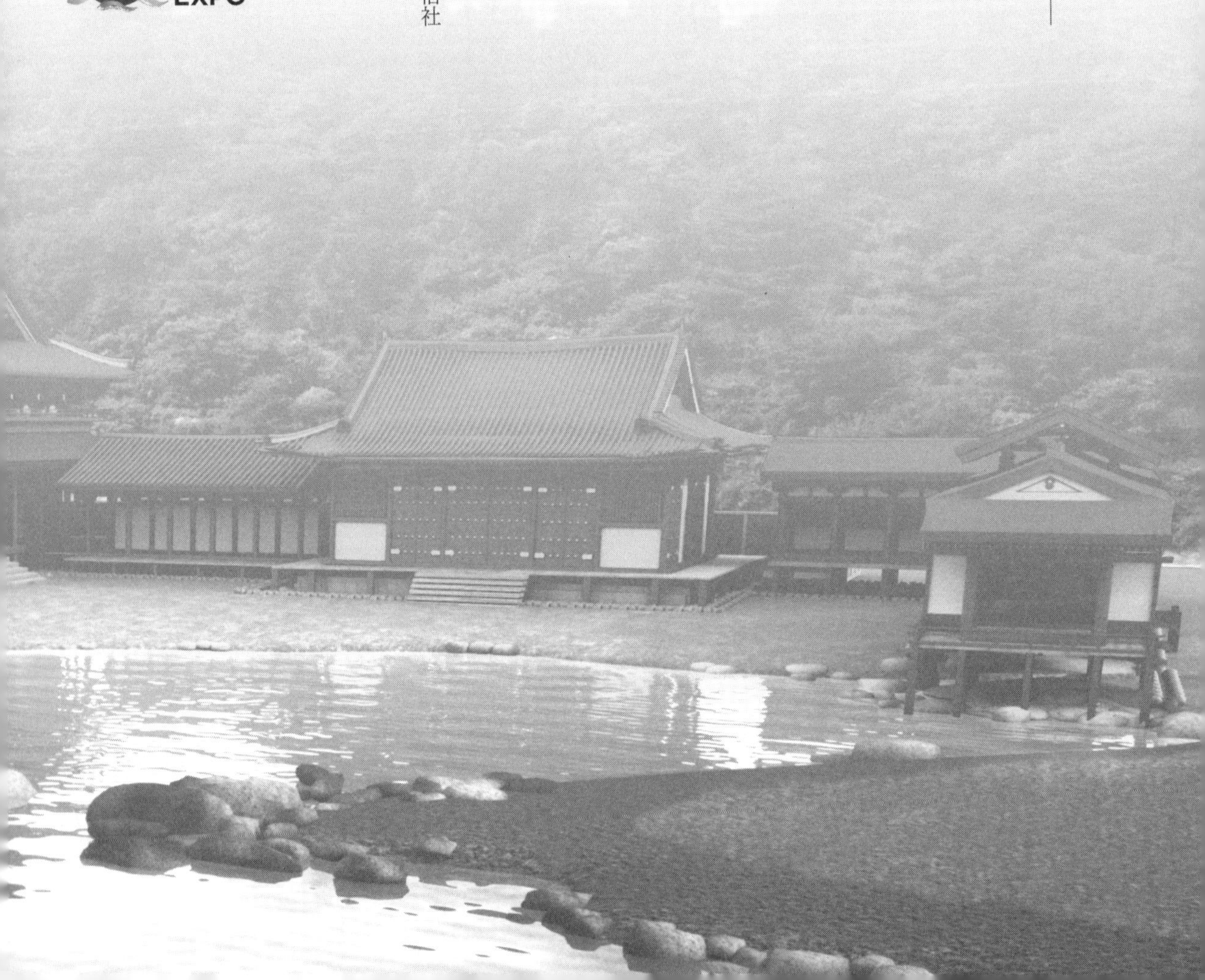

凡例

一、本書は、二〇二二年十月十五日から十二月四日まで神奈川県立歴史博物館で開催する特別展「源頼朝が愛した幻の大寺院　永福寺と鎌倉御家人―荘厳される鎌倉幕府とそのひろがり―」の展示図録である。

一、本書の図版番号は展覧会場での資料番号と一致するが、展示の順序とは必ずしも一致しない。また、編集の都合上、必ずしも図版番号順に掲載していない。

一、一部の出品資料については、参考図版を掲載した。

一、図版に付した情報は、資料番号、文化財指定略記号、資料名称、世紀（時代）または制作年、所蔵者の順とした。

一、文化財指定略記号は、◉国宝、◎重要文化財、○都道府県指定文化財、□市区町村指定文化財とし、資料解説でも同様の記号で表示した。

一、資料名は原則として所蔵者の表記や一般に認知される表記に従ったが、語句の統一を図るため、一部改めたものもある。

一、本展覧会の企画は、渡邊浩貴（神奈川県立歴史博物館　学芸員）が行い、神野祐太（同）・寺西明子（同）・梯弘人（同）・鈴木愛乃（同）が補佐した。

一、本書の論考には、平雅行氏（大阪大学名誉教授）、山本勉氏（鎌倉国宝館長・半蔵門ミュージアム館長）、小林康幸氏（鎌倉市職員）より、またコラムには八重樫忠郎氏（岩手大学平泉文化研究センター客員教授）、小林康幸氏、池谷初恵氏（伊豆の国市教育委員会文化財課）、岩田慎平氏（愛川町郷土資料館　主任学芸員）、宇都洋平氏（藤沢市郷土歴史課　学芸員）より玉稿を賜った（各本書掲載順）。資料解説は渡邊浩貴・神野祐太・寺西明子・橋本遼太・鈴木愛乃（以上、神奈川県立歴史博物館　学芸員）が執筆し、分担は文末等に記した。

一、本書掲載の永福寺別当一覧、地図データおよび年表の制作は、渡邊浩貴、野島愛子（神奈川県立歴史博物館　デザイナー）が行い、渡邊浩史（日本大学講師）の協力を得た。

一、本書掲載の遺跡解説は渡邊浩貴が執筆した。

一、本書掲載の永福寺紀行文史料集は寺西明子が作成した。

一、本書表紙および内扉、各章扉のデザインは野島愛子が行い、各章扉文章は渡邊浩貴が執筆した。

一、本書掲載の写真は、渡邊浩貴、荒井孝則（神奈川県立歴史博物館　カメラマン）、岸山浩之（前神奈川県立歴史博物館　カメラマン）、井上久美子（同）が撮影したほか、左記の各機関および個人から提供を受けた（五十音順）。なお、数字は図版番号を示す。
朝霞市博物館（75）、足利市教育委員会（73）、池谷初恵氏（69-2、70～72）、岩手県教育委員会（11、12）、神奈川県立金沢文庫（112、132～134）、鎌倉国宝館（48、81、82、86～91、101～106、111）、鎌倉市中央図書館（3）、鎌倉歴史文化交流館（15～29、40・41）、川嶋印刷株式会社（10-1～10-6、13）、宮内庁書陵部（108～110）、桑折町教育委員会（52）、国立歴史民俗博物館（44、47、93～96）、埼玉県立嵐山史跡の博物館（74）、日光山輪王寺（98）、箱根神社（85）、八王子市郷土資料館（76、77）、半蔵門ミュージアム（79）、Image：TNM Image Archives（14、78）

一、本書および本展覧会の英文翻訳は渡邊靖史氏（国際教養大学講師）の協力を得た。

一、本書の編集は渡邊浩貴が行い、神野祐太・寺西明子・鈴木愛乃が補佐した。

永福寺右から（CG画像提供：湘南工科大学長澤・井上研究室）

ごあいさつ

文治五年（一一八九）、源頼朝は奥州合戦での戦没者を鎮魂するため、また平泉藤原氏が築いた北の都の壮麗な浄土世界に影響を受け、鎌倉に永福寺（ようふくじ）建立の計画を立てました。そして三年後の建久三年（一一九二）、落慶供養が営まれましたが、当時の記録から同寺は中央に二階堂、左右に薬師堂と阿弥陀堂を配した臨池伽藍の大寺院であったことが窺えます。また永福寺は、同じく鎌倉に建立された鶴岡八幡宮寺と勝長寿院と並び三大寺院として、将軍家の崇敬を集めました。しかし鎌倉幕府滅亡後、応永一二年（一四〇五）に火災で焼失すると、以後再建されることはありませんでした。

戦前から始まった長年の発掘調査により、二階堂などの建物遺構のほか、庭園や苑池遺構、また瓦や仏具など数多くの遺物が発見され、あらためて永福寺の偉容が明らかにされました。そして現在、その遺跡は国指定史跡永福寺跡として整備されています。

本展では、落慶供養から八三〇年が経つ永福寺について、文献や考古・美術資料などから、その全貌と軌跡を立体的に復元することを試みました。さらに幕府や御家人たちにとって、どのような存在の寺院であったのか探ってみたいと思います。

是非この機会に、幻の大寺院永福寺を通して、東国の鎌倉に誕生した幕府と、そこで勇躍する御家人たちに思いを馳せていただければ幸いに存じます。

最後になりましたが、本展開催にあたり貴重な文化財のご出品を快諾いただきました所蔵者のみなさま、ならびにご協力いただきました関係各位に厚く御礼を申し上げます。

令和四年十月

神奈川県立歴史博物館
館長　望月一樹

目次

総論

権力を〝荘厳〟する――永福寺と鎌倉幕府・鎌倉御家人――

渡邊浩貴

はじめに――永福寺とは何だったのか?――

文治五年（一一八九）、源頼朝は奥州合戦で滅ぼした平泉藤原氏や源義経らの戦没者を供養するため、当時鎌倉幕府の政治拠点だった御所「大倉幕府」の北東側に永福寺を建立することを計画した。この造営のあらましは、鎌倉幕府が編纂した『吾妻鏡』に「今日永福寺事始也、於奥州、令覧泰衡管領之精舎、被企当寺花構之懇府、且宥数万之怨霊、且為救三有之苦果也、抑彼梵閣等、並宇之中、有二階大堂〈号大長寿院〉、専依彼模之、別号二階堂歟」と述べられ、同寺が都市平泉にある中尊寺大長寿院を模範としたこと、また建立目的が奥州合戦における戦没者の鎮魂を目的としたものだったことが分かる。永福寺は建久三年（一一九二）に落慶供養が営まれ完成をみ、またその壮麗な偉容については『海道記』『東関紀行』『とはずがたり』など京都から鎌倉へ訪れた人々の紀行文に詳しく記され、当時の記録から中央に二階堂、左右に薬師堂・阿弥陀堂を配し、臨池伽藍を備えた大寺院であったことが窺える。

奥州合戦において頼朝は、中尊寺・毛越寺・無量光院など、かつて平泉藤原氏が築き上げた北の都平泉の豪奢な浄土世界を目の当たりにして、平泉文化を鎌倉の地に持ち帰った。その一つがまさに永福寺であり、同寺は鎌倉の地で浄土世界を体現する重要な役割を担うこととなる。以後、頼朝が建立した鶴岡八幡宮寺・勝長寿院らと並び歴代将軍の崇敬を集める御願寺に位置づけられ、栄華を極めていく。しかし、鎌倉幕府の滅亡後の応永一二年（一四〇五）、永福寺は火災に遭い、以後再建されることなく地中に埋もれてしまう。

この大寺院永福寺は、現在鎌倉二階堂の地に国指定史跡永福寺跡として整備され、一般に公開されている。赤星直忠や八幡義生ら在野の研究者による戦前から続く跡地での調査研究や市民を主体とした史跡保存運動の結果、同遺跡は保存されてきた。そして昭和五六年（一九八一）に鎌倉市が試掘調査を開始して以来、平成二三年（二〇一一）までにわたる発掘調査を経て、先の二階堂・薬師堂・阿弥陀堂に加え、惣門・南門・複廊・翼廊・釣殿・苑池・多宝塔・鐘楼・僧坊などの遺構群、さらに瓦・仏具などの遺物が相次いで発見されるに至る。記録に残された幻の大寺院永福寺の実在が、考古学的に裏付けられたのである。

戦前から続く永福寺研究、とりわけ考古学研究の進展で永福寺（二階堂・阿弥陀堂・薬師堂や苑池）の伽藍や建築・庭園遺構の変遷、また出土した金工・漆工品、経塚などの仏教遺物の成果が報告されている[1]。遺物の大半を占める中世瓦群の研究蓄積は豊富で、『吾妻鏡』の記載内容や共伴遺物の年代、瓦当文様や製作技法、胎土分析によって瓦年代の分類が示され、鎌倉市内の遺構・遺物の年代を知るための重要な指標となり、これら永福寺で出土する瓦群は「永福寺式瓦」（あるいは「永福寺式軒瓦」）と呼称されている[2]。

また美術史学研究の分野では、室町期に廃絶した永福寺の諸像に関して、出土遺物の仏像装身具などから永福寺諸堂の造像に仏師運慶が携わったことが指摘される。さらに永福寺薬師堂には十二神将像が安置されていたことが分かっており、三浦氏の曹源寺（横須賀市）の十二神将像は永福寺薬師堂像を模したものであるという(3)。

以上のように考古学・美術史学側から様々な成果が提出されているものの、そもそも永福寺とは鎌倉幕府・鎌倉御家人にとっていかなる存在だったのか、という問いを発した場合、その問いに対して従来の研究は、果たして十分な回答となりうるだろうか。『吾妻鏡』の記述に従うならば、建立の名目は御霊信仰に基づく奥州合戦での戦没者供養という「鎮魂」となろう。これまで永福寺の歴史的意義について文献史学側から、平泉を通じた先進的な京都文化の摂取（ないし模倣）や平泉文化との一体化の場として、また奥州合戦を経てもはや列島社会で鎌倉幕府に互する武士勢力が消滅したことを踏まえ、同寺が来たるべき平和の象徴であり、勝利宣言の寺院としての評価がされている(4)。しかし、源頼朝が永福寺を建立する契機となった奥州合戦とは、そもそも平家を滅ぼし競合する他の源氏一門を屈服させた治承・寿永の内乱の総決算とも評され、頼朝による鎌倉幕府体制を盤石とするための仕掛け（奥州合戦にて、頼朝の先祖頼義の故実に基づきながらかつて河内源氏が参戦し勝利した前九年合戦を御家人たちに追体験させること）が随所に認められる(5)。そのような鎌倉幕府の成立にとって極めて重要な通過儀礼（イニシエーション）的意味合いを有する合戦で、平泉藤原氏の浄土世界を目撃した頼朝は、これからの支配者にとって必要な文化的装置の意義を当該地で強く認識したのではないだろうか。同じく奥州合戦に参加した鎌倉幕府有力御家人の足利義兼の本拠地には、永福寺と同時期の建立で、かつ臨池伽藍を備えた樺崎寺が存在した。同寺は、室町期頃に作成された「鑁阿寺樺崎縁起并仏事次第」（『鑁阿寺文書』）によれば、奥州合戦に義兼が参戦したことが建立の契機と記されている。平泉が形作った浄土世界は、参戦した御家人たちに強烈な影響（インパクト）を与えたことが想像されよう。内乱を経験し、武士勢力が地域社会に支配者として君臨するために、武力や暴力だけでなくいったいどのような装置や仕掛けが必要だったのか。そのヒントが実は平泉の壮麗な本拠景観、そして永福寺の存在に隠されていたからではないだろうか。

さて、神奈川県立歴史博物館では令和四年（二〇二二）に特別展「源頼朝が愛した幻の大寺院　永福寺と鎌倉御家人　―荘厳される鎌倉幕府とそのひろがり―」（以下「永福寺と鎌倉御家人」）と題して、鎌倉幕府の成立とその展開に深く関わった永福寺に注目し、その全貌と軌跡を文献史料・考古資料・美術資料などの多彩な歴史資料群から複合的かつ立体的に復原していくことを試みていく。奇しくも本展の開催年は、源頼朝による永福寺の落慶供養から八三〇年という節目の年でもある。しかし本展開催の動機は、鶴岡八幡宮寺・勝長寿院とともに頼朝期創建の三大寺院に数えられる永福寺が、そもそも鎌倉幕府や鎌倉御家人たちにとっていったいどのような存在だったのか、という疑問を起点とする。そして先述の考古学・美術史学といった隣接諸学の研究成果を踏まえながら、平泉の浄土世界の模倣で、鎮魂や平和の象徴という従来の理解からもう一歩進んで永福寺の存在意義を捉えてみたい。

以上、前置きが冗長になったが、本稿では特別展「永福寺と鎌倉御家人」を開催するにあたって導入した視点を紹介しつつ本展の構成を述べ、総論とかえさせていただく(6)。

一、権力を見せつける―〝荘厳〟にみる永福寺の偉容―

(1)「荘厳」というキーワード

本展の副題にもある「荘厳（しょうごん）」という言葉を手がかりに、永福寺の存在意義をさぐってみたい。それに先だって、まずは本展で捉える「荘厳」の意味について最初に確認しておこう。荘厳には一般的に二つの意味がある。辞書の記述に従うと、①「智慧や福徳など善美をもって、身やその住む国土を飾ること」、②「天蓋・幢幡・瓔珞などで、仏像や仏堂を美しくおごそかに飾りつけること。また、そのもの」（以上『日本国語大辞典』）とあり、仏教美術研究の分野では後者の②の意味を用いて、仏・菩薩自身を装飾する荘厳と仏殿内を装飾する堂内荘厳の二種類に大別し、それらに用いる装身具や調度品などを総称して荘厳具と呼んでいる。(7) ただし、右の物質的な装飾という意味に対し、宗教性・聖性、さらに空間的な意味合いも加味して「諸種の衆生　雑華　宝蓋　幢幡　瓔珞等を布列し、以て道場又は国土等を装飾厳浄する」とし、②の語義が①の語義へと接続する見解が出されている。(8) 事実、仏典での事例をみるに、「三十二相八十随好其の身を荘厳し」（『大般若波羅蜜多経』巻第一〇五）や「普く皆金色に三十二相をもって自ら荘厳せん」（『妙法蓮華経』五〇〇弟子受記品第八）など仏が仏のかたちをとることを荘厳と称し、装飾と形姿の両方を表現する。つまり、荘厳は単なる装飾という意味だけでなく、その空間を宗教的に飾るという意味も持つことになろう。

　これを中世寺院の事例でみていくと、例えば文治五年（一一八九）に北条時政発願で伊豆国の願成就院が建立された際、「名而号願成就院、（中略）北条殿直被下向其所、殊加周備之荘厳」（『吾妻鏡』）と記される。また同年の奥州合戦で藤原泰衡の平泉館を源頼朝が接収した折、頼朝は従軍した御家人葛西清重と小栗重成に接収した財宝群を下賜している。その理由は彼らが接収した財宝の一部で「可荘厳氏寺之由申之」と、自己の氏寺を荘厳したいと懇願したためという（『同』）。また永福寺でも建久三年（一一九二）に造作が完了した際に、同寺を「雲軒月殿絶妙無比類、誠是以西土九品荘厳遷東関二階梵宇者歟」（『同』）と表現する。同寺については、京都人が記録した紀行文にも「楼台の荘厳よりはじめて、林池の麓に至るまで、殊に心とまりて見ゆ」（『東関紀行』）とあり、建物自体が荘厳されているとも記述される。

　以上から、寺院の外観や様相を荘厳と表現しており、「荘厳」という語義には単なる物質的な装飾だけでなく寺院の有様や、さらにそれらが極楽浄土のような世界を表している、という抽象性や景観性も具備している。本展および本稿では「荘厳」という語をさしあたり「ある種の宗教性・聖性を具備した様子・形姿のことで、また空間的な広がりをも有する」という定義で用いることとしたい。(9)

（2）寺院の荘厳と永福寺式軒瓦

　寺院の素晴らしさを形容するとき、いったいどのような特徴をあげて表現するのだろうか。例えば平安時代に藤原道長が建立した法成寺は、「この御堂を御らんずれば、七宝所成の宝殿なり、宝楼の真珠のかはらあをくふき、瑠璃のかべしろくぬり、かはらひかりてそらのかげみえ、大象のつめいし、紫色の棟、金色のとびら、水精のもとゐ、種々の雑宝をもて荘厳し厳飾せり」（『栄花物語』、傍線筆者）と、瓦葺屋根の壮麗さが最初に述べられ、法成寺の瓦葺の外観がまさに荘厳へと結びついている。そもそも古代・中世の瓦は、寺院を荘厳し極楽浄土の世界を体現する重要なアイテムであるだけでなく、富と権力を象徴するものでもあった。当時の瓦は高価で相応の財力（瓦葺の維持など）を求めたため、必然的に使用できる社会階層は限定されていたのである。(10)

　そのようななかでも、鎌倉の永福寺に葺かれた瓦は京都人から見ても驚きの対象だった。「第一第二重なる檐には、玉の瓦、鴛の翅をとばし」（『海道記』）や、「二階堂は殊にすぐれたる寺也、鳳の甍日にかゝやき」（『東関紀行』）など、永福寺を賞賛する際には必ずその瓦が付随する。先進的文化を享受する京都人も驚く永福寺式瓦について、現在同寺には大きく三期に分けて軒瓦が葺かれていたと考えられている（本書五五頁掲載図「永福寺軒瓦の変遷と組み合わせ」を参照）。(11) それらは、I期は源頼朝による永福寺創建期に当たる30鬼瓦と軒瓦（32蓮華文軒丸瓦と31唐草文軒平瓦、33巴文軒丸瓦と剣頭文軒平瓦のセット）から構成され（以下、番号は本書掲載の図版番号に基づく）、産地は未詳ながら北武蔵が現在想定されている。Ⅱ期は寛元・宝治年間修理期に当たる軒瓦（巴文軒丸瓦と35剣頭文軒平瓦、36・37寺銘軒丸・軒平瓦のセット）で、産地が武蔵国水殿瓦窯（埼玉県児玉郡美里町）であるため同国守護を歴任した北条氏の影響が想定されている。Ⅲ期は弘安・元応年間修理期に当たる軒瓦（33巴文軒丸瓦と34剣頭文軒平瓦のセット）で区分され、当該期に総瓦葺の建築物は減少し、永福寺修理でも一部の瓦補修であったために残存数が僅少であるとされる。永福寺の鬼瓦は、平安期の京都鳥羽離宮金剛心院跡出土の5-8鬼瓦と比べると迫力に富む面貌の姿など鎌倉独自の好みも垣間見える。とりわけⅠ期瓦の瓦当文様で採用された唐草文様は特徴的であろう。

　永福寺式軒瓦の淵源についても研究が積み重ねられている。先のⅠ期瓦に特徴的な唐草文様は、平安末期に尾張国八事裏山窯（愛知県名古屋市）で生産された瓦当文様から採用されたと考えられており、灰釉陶器を生産していた窯であるため瓦にも自然釉がかかっている点が特徴的である（49-1蓮華文軒丸瓦、49-2唐草文軒平瓦）。八事裏山窯の窯業活動時期は四期に区分され、同窯で生産され搬入された鶴岡二十五坊遺跡出土（鎌倉市）の43蓮華文軒丸瓦・千葉地東遺跡出土（同）の50蓮華文軒丸瓦・コクゾウ塚出土（伊勢原市）の51-1唐草文軒平瓦といった瓦類はみな一二世紀末期のⅣ期に位置づけられている。この時期になると、それまで鳥羽離宮など京都方面への瓦供給であったのが、鎌倉方面へ移行しているという。だが、これらの八事裏山窯産の瓦は、相模国内で決して多くの点数が見出されているわけでなく、同窯で生産された瓦が永福寺の創建を主目的に供給されていなかった点は注意を払う必要がある。(12)

　しかし、尾張産瓦が鎌倉幕府草創期の相模地域に一部供給されていたこと、永福寺Ⅰ期瓦の文様のルーツに同窯産軒平瓦が影響している点を踏まえるに、やはり一二世紀末期頃の相模地域へ尾張産瓦が受容・供給される契機を検討する必要がある。そこで文献史料から八事裏山窯と鎌倉幕府、とくに源頼朝との関わりを探してみると、同窯に近在する尾張国御器所保（ごきそのほ）が注目される。同所はもともと熱田神宮へ土器類を供給する地とされ、一二世紀後期には平家の影響下に置かれた国衙領だった。しかし、治承・寿永の内乱で源頼朝が勝利すると、この御器所保は文治六年（一一九〇）に平家没官領として鎌倉幕府が管理することとなり、後に頼朝の妹である一条能保室に与えられる（『吾妻鏡』）。源義朝が熱田大宮司一族と姻戚関係を築き頼朝をもうけている点や、義朝の家人で尾張地域一帯に勢力を有する長田忠致が焼物生産で著名な知多半島の、野間内海荘を拠点とした点などを踏まえるに（『平治物語』）、頼朝と尾張地域の関係はすでに父義朝の代から密接であったと考えられよう。一二世紀末期段階で八事裏山窯周辺地が鎌倉幕府および頼朝関係者の所領になっていたことは注目すべきで、相模地域への八事裏山窯産軒瓦の供給時期ともおおよそ合致する。内乱の過程で鎌倉幕府勢力は東海地域へと拡大するが、尾張国御器所の頼朝直轄化の意義は単なる所領獲得以上に、鎌倉幕府が創建した永福寺の文様選択へと繋がる重要な文化的契機であったとも想像される。

(3) 永福寺の立地環境

　瓦に象徴される永福寺の荘厳な世界は、いったい誰が見ることを想定して作られたのか。冒頭でも確認したように創建の名目は御霊信仰に基づく戦没者の鎮魂であるため、草創期鎌倉幕府の将軍御所「大倉幕府」の北東で、奥州平泉方面からの怨霊・悪霊が入る鬼門の場所に建立されている。それは宝治二年（一二四八）の修理段階でも、「永福寺三堂修理事、（中略）欲宥怨霊、云義顕（源義経）云泰衡、非指朝敵、只以私宿意誅亡之故也、仍其年内被始営作、随而壇場荘厳、偏被模清衡・基衡・秀衡（以上泰衡父祖）等建立平泉精舎訖」（『吾妻鏡』）と記され、北条時頼執権期においても奥州合戦の怨霊鎮魂が依然として幕府のなかで意識されていたことは興味深い。ただし、永福寺の立地環境に鑑みるならば、怨霊の鎮魂だけでなく前述した「荘厳」

の意味を踏まえ、他者の眼差しを意識したものと考えられる。

永福寺建立の地の選定にあたっては、建久二年（一一九一）に「及晩幕下歴覧大倉山辺給、為建立精舎、得其霊地給之故也」（『同』）と頼朝自ら大倉山に出向いて探すほどだった。そうして選ばれた永福寺の伽藍配置は、彼岸中日になると夕陽が本堂二階堂の真上に落ちるように計算されたものだったという指摘もあり、頼朝が永福寺の模範とした平泉藤原氏建立の無量光院についても、『観無量寿経』が説く日想観（にっそうかん）に基づき、同院中堂の東西中心線を西方へ延長させると経塚が埋納される金鶏山山頂に達し、彼岸中日になると日輪が落ちる地点が選ばれていたという[13]。如上の指摘通り、日輪の入日地点が永福寺本堂のちょうど中心にあたるならば、まさに永福寺は種々の堂舎や臨池伽藍だけでなく、夕陽という舞台装置の演出によって、西方極楽浄土の世界観を視覚的にも体現する存在だったことになる。寛元三年（一二四五）に摂家将軍九条頼経は如法経十種を「即今日被奉納于永福寺奥山、是為大納言家御願、日来所被勤行書写也」（『同』）とあるように「永福寺奥山」に埋納している。この奥山の比定については議論のあるところだが、先の日想観を踏まえた永福寺の荘厳性を勘案するに、本堂後背の山地も候補になりうるであろう。

この永福寺は、奥州へ通じる中世道の存在が文献史料から窺える。文治五年の奥州合戦では鎌倉幕府軍は大手軍・東海道軍（六浦方面）・北陸道軍（上道）の三手で攻め、その内の頼朝が率いた大手軍は「二品（源頼朝）者大手自中路可有御下向」（『同』）と鎌倉の「大手」から「中路」を経由して宇都宮へ向かい常陸国佐竹氏方軍勢と合流し、白河関を越えて陸奥国伊達郡阿津賀志山の南側にある国見宿へ赴いている。この頼朝が通過した大手中路を永福寺のある二階堂とする指摘がある[14]。そもそも永福寺が奥州合戦の戦没者供養および鎌倉への怨霊の侵入を防ぐことが目的とされた以上、同寺の立地は奥州平泉からの怨霊の来訪ルート上にあるべきだろう。実際に、鎌倉期には史料でたびたび「二階堂大路」（『同』）が登場しており、永福寺の場所に大路が存在していた。また時代は下るが南北朝内乱期には、元弘三年（一三三三）に「二階堂釘貫役所」（「石川光隆着到状」）や「二階堂三ツ辻役所」（「政綱警固覆勘状」）がみえ、奥州地域の武士石川氏・曽我氏が本拠地の奥州から鎌倉二階堂の地に入り軍事施設を設けていたことが分かる。頼朝が利用した二階堂の丘陵を越えて奥州へ抜ける古道は、永福寺が建立された地の脇を通過し二階堂村から円海山へ至るルートが想定されている。現在では、鬱蒼と樹木が茂る二階堂の地で先述の「二階堂大路」なる存在を想像することはなかなか難しい。しかし近年、鎌倉市二階堂字荏柄で実施された大倉幕府周辺遺跡群の発掘調査で、先の「二階堂大路」の実在を示す鎌倉前期の規模の大きい東西溝（「関取場跡」の石碑から国指定史跡永福寺跡へ向かう市道南側）が検出され、二階堂大路の南側溝に推定されている[15]。こうした考古学研究の成果を踏まえるに、やはり永福寺建立以前の地に軍事道路が設けられ、大倉幕府―永福寺―関東―奥州へと続くルートがあったと考えられよう。

そうなると、たしかに永福寺は怨霊を防ぐ鬼門という立地環境にあるが、それは逆に関東・奥州から人々が鎌倉へ訪れる際の入口ともなる。鎌倉幕府の成立により、武士たちは京・本拠地（さらには国衙などの地域社会）の移動に加え、新たに鎌倉の地にも参集するようになり、様々な幕府儀礼の度に鎌倉へ赴く頻度が高くなっていく。とりわけ鎌倉・関東から奥州へと至る交通路上に立地する永福寺は、かかる理由で鎌倉へやってくる東北・東国御家人たちをまさに出迎えるようにして、そして鎌倉幕府が自ら創造した荘厳な永福寺の世界観を見せつけるようにして存在していたのではないだろうか[15]。すなわち、永福寺とは、鎌倉幕府の権威を、さらにその文化レベルの高さを、東北・東国の鎌倉御家人たちに見せつけるものだったと考えるのである。

二、瓦が権力を語るとき――拡散する武士本拠とその展開――

(1) 永福寺式軒瓦というモード

永福寺の建立事業には多くの鎌倉御家人が携わり、また奥州・関東から鎌倉に至る入口に立地するために無数の御家人が同寺の偉容を目撃した。そして頼朝による創建期に葺かれた唐草文様をはじめとする永福寺式軒瓦(I期瓦)は、永福寺だけでなく、それと同文(I期瓦の唐草文と同じ文様を採用)・同笵(I期瓦と同じ木型で文様を制作)の軒瓦が東国各地の鎌倉御家人本拠で広範に認められるようになる。その事例を概観するに、北は陸奥国伊達氏(伊達時長(念西))の下万正寺遺跡(福島県伊達郡桑折町)の52-1・2巴文軒丸瓦・唐草文軒平瓦から、南は伊豆国北条氏(北条時政)の願成就院跡(静岡県伊豆の国市)の67-1・2・3巴文軒丸瓦・唐草文軒平瓦・下向き剣頭文軒平瓦や北条氏館跡(円城寺跡、同市)の68-1・2唐草文軒平瓦・下向き剣頭文軒平瓦に至るまで、主に武蔵国北西部への濃密な分布を示しながら約二〇カ所に散在することが、これまで知られている。[17] このことは、永福寺式軒瓦を自身の本拠地に建立した寺社に使用したいと考える御家人が、一定数存在していたことを如実に示す。

永福寺I期瓦を受容した御家人たちの性格に着目すると、まず源頼朝個人との関係が密接な一族という特徴が指摘できる。先に紹介した伊豆国北条時政は言わずと知れた頼朝の舅である。また三村山極楽寺跡(茨城県つくば市)からは55唐草文軒平瓦が出土し、当地は常陸国八田氏(八田知家)との関わりが有力視される。八田知家は頼朝の乳母(めのと)(頼朝を養育した寒河尼)の兄弟として著名である。その他、八田氏関係者では、彼の子息が祖となった小田氏の本拠地小田城(同市)からも56唐草文軒平瓦が出土し、知家の養子となった武蔵国中条氏(中条家長)の常光院(推定、埼玉県熊谷市)にも同じく唐草文軒平瓦が見出されている。これまで永福寺I期瓦の受容に関し、考古学側より自己の支配領域での頼朝権威の利用目的であったり、頼朝と所縁のある御家人が彼に追従し結縁しようとする意識があった、という指摘がされている。[18] ただし、そのなかに頼朝と血縁関係にある足利氏や比企氏、その他有力御家人である新田氏・千葉氏、また河越氏や畠山氏・豊島氏・江戸氏といった秩父平氏一族など、幕府草創以前から存在する有力御家人が入っていないことには注意が必要である。例えば足利氏の場合、独自の瓦を使用していることも分かっており、[19] 頼朝と血縁関係があるからといって、必ずしも永福寺式軒瓦を受容するわけではなかったといえよう。

そこで注目されるのが、養和元年(一一八一)に「毎夜可候于御寝所之近辺之由被定」(『吾妻鏡』)と頼朝の寝所警固を担当するために選定された、北条義時・下河辺行平・結城朝光・和田義茂・梶原景季・宇佐美実政・榛谷重朝・葛西清重・三浦義連・千葉胤正・八田知重の一一名である。いずれも二世世代の御家人で構成され、実際にも頼朝寝所を中心に身辺警護を担い(文治五年に頼朝が彗星を見るため寝所を出た際、三浦義連・結城朝光・梶原景季・八田知重が警固している)、「皆近臣也」と記録された(『同』)。上記のメンバーのうち、永福寺式軒瓦が出土している関係者を探すと、前述した北条義時(北条時政の子息)、八田(小田)知重(八田知家の子息)に加え、三浦(佐原)義連の氏寺満願寺(横須賀市)からは66-1~4蓮華文軒丸瓦・唐草文軒平瓦・巴文軒丸瓦が出土している。さらに黒駒地内「駒ノ墓」(茨城県下妻市)からも永福寺I期瓦と同笵関係の軒平瓦が報告されており、同所には在来領主の下妻広幹が誅された後、建久三年(一一九二)に小山朝政(妻は頼朝の乳母寒河尼)が下妻荘の地頭職を得て進出している。結城朝光はこの朝政の弟にあたる。[20]

先の昵近衆とも呼べる頼朝の近臣集団は、有力な御家人のなかより一族の惣領が健在でかつ次世代を担うべき人材たちが選出されており、血縁や乳母の関係を通じて頼朝個人と密接な関わりがある。頼朝近臣集団に、彼の肝いりで建立した永福寺と同文・同笵の瓦を使用したメンバーが複数いたことは、永福寺I期瓦の受容を考える際に重要な点となろう。

(2) 本拠の維持と頼朝・鎌倉幕府の権威

もう一つの特徴として、永福寺式軒瓦を受容した御家人が、そもそも地元の在来勢力でなく外来勢力として新たに本拠を形成した勢力だった、という点があげられる。先述した陸奥国伊達時長の事例をまずは見ていこう。

i、陸奥国伊達氏の場合

伊達氏は陸奥国において外来・後発の武士勢力だった。史料上では文治二年（一一八六）に「二品（源頼朝）若公誕生、御母常陸介藤時長女也」（『吾妻鏡』）とあり、頼朝と愛妾との間で男児（のちの貞暁）が生まれた記事に妾の名を「常陸介藤時長女」と記すのが初見である。「常陸介」を称し、かつ常陸介を後白河院近臣が多く務めていたため、時長は後白河院近臣の関係者でかつ藤原姓の京都出身の中流・下流官人の出と考えられている(21)。また藤原時長の子息為宗は「伊佐為宗」とあるため（『同』）、彼ら一族の本貫地は常陸国伊佐荘（茨城県下館市）であったとされる。その後、奥州合戦に従軍して伊達郡を獲得すると、先の時長は「伊達常陸入道念西」と名乗るようになり、ここに陸奥国伊達郡を本拠地とする鎌倉御家人伊達氏が誕生する。

伊達氏は旧郡家所在地とされる桑折郷と梁川城跡（伊達氏館）を拠点とし、永福寺式軒瓦が桑折郷にある伊達氏寺院の満勝寺跡地より出土しているものの、同寺は弘安年間（一二七八～八八）に伊達政依の創建と伝承されるため、瓦の時期と齟齬が生じ、満勝寺に先行する鎌倉初期寺院の存在が想定されている。確かに伊達氏は頼朝の妾を輩出するなど頼朝との個人的な繋がりが想定される。だが、より重要であるのは、征服者として奥州の地に進出を果たした伊達氏にとって、既存の地域基盤はなく（ただし、常陸と奥州との地域交流の歴史はすでに存在する）、地域に対して源頼朝個人ないし鎌倉幕府の権威を利用する必要があった点であろう。

ii、武蔵国野本氏の場合

次に西浦遺跡（埼玉県東松山市）から出土した57唐草文軒平瓦と同地を本拠とした武蔵国野本氏の場合をみてみよう。鎮守府将軍藤原利仁の系譜に連なる野本氏は、本来は越前国出身で斎藤姓を名乗り、滝口の武士として在京活動を展開する一族だった(22)。この斎藤氏は比企氏に従い、連携することによって武蔵国比企郡野本の地に移ってきている。比企氏は源頼朝の乳母比企尼（夫は掃部允）を輩出し、彼女の猶子能員は頼朝の側近となり初期鎌倉幕府内部で枢要な地位に就き、奥州合戦では北陸道大将軍として参戦して上野・信濃国守護にも補任される。また比企一族の朝宗は北陸道勧農使として派遣され、越前国などの北陸地域に影響力を及ぼしていた。武蔵国比企郡に住する能員が北陸道に派遣されたのも、同地域が比企氏の勢力圏内にあったことを物語っている(23)。

これらの点から、越前斎藤氏の出身地および移転先の武蔵国比企郡野本ともに比企氏の関係性が窺え、比企氏に従った斎藤氏が武蔵国比企郡内に新たな所領を獲得し、後に野本氏と名乗ることになったと推測される。つまり、鎌倉初期の段階で、野本氏は当該地域において外来・後発勢力であったのである。

比企郡内で新たに本拠を形成した野本氏は、藤原秀郷流出身の比企氏や下河辺氏などの在来勢力に囲繞され、彼らとの間で姻戚関係や烏帽子親子関係などを結びながら地域的連携を果たす。一方で、野本氏は源頼朝との親密な関係も垣間見える。建久四年（一一九三）に「野本斎藤左衛門尉大夫基員子息小童、於幕府遂首服、進御鎧以下、自将軍家亦賜重宝等云々」（『吾妻鏡』）と野本基員の子息が源頼朝の将軍御所で元服を遂げた記事を掲載する。北条氏関係者以外の元服記事がほとんど残されていない『吾妻鏡』において、同氏の元服記事が掲載されている点から、野本氏と『吾妻鏡』編纂者との間の特別な関係がこれまで指摘されている。

『吾妻鏡』編纂における恣意性など、当該記事については検討すべき点を多く残すが、それでも一御家人に過ぎない野本氏の将軍御所での元服記事が掲載される背景には、両者の親密性も想定されよう。頼朝創建の永福寺式瓦が野本氏本拠へもたらされた要因に、頼朝や幕府権威を同氏が地域社会に示す際に必要とされた可能性が考えられる。

野本氏の事例のように、秀郷流藤原氏出身の下河辺氏ら在来有力武士との関係構築は重要事項である。しかし、地域社会のなかで埋没することなく他の武士たちに自分の存在感を示し本拠を維持していくためには、彼らとの差別化（あるいは卓越化）が必要となってこよう。武士が地域の領主として造営する寺社などの宗教施設は、個人や一族の現世利益や追善供養を目的としつつも、それらの存在は地域住人に対して極楽浄土の世界を体現する安穏の空間を提示するものでもあった[24]。それは規模は違えども鎌倉の永福寺と同様、見せつけること、そして見られることを前提に荘厳された本拠空間だったと思われる。荘厳された本拠に、さらに頼朝や鎌倉幕府との繋がりを纏わせ他者へ印象づけるアイテムこそが永福寺式軒瓦だったのではないだろうか。現在、東国で見つかっている各遺跡毎の永福寺Ⅰ期瓦の点数はいずれも数点であり、瓦葺屋根の一部ほどでしか使用されなかったことが窺える。しかし、その僅かな瓦の存在こそが、受容する御家人たちにとって大きな意義を持ったのではないか。

鎌倉御家人が本拠を形成し、地域の支配者として寺社を造営し本拠を荘厳していく際、他の地域勢力との間で同化と異化（卓越化）――番匠による建築物の建造、仏師による本尊などの造像、石工による石造物の造作、鋳物師による梵鐘の鋳造、瓦工による瓦製造などの異同――を繰り返す。それは一族と本拠の存続に直結しうる極めて重大で熾烈な文化的な争いでもあったろう。それゆえ、本拠において外来勢力という地域基盤の脆弱性を抱えていたり、あるいは他の地域勢力と競合関係にある御家人たちが、個人的な頼朝との繋がりを利用しつつ、永福寺式軒瓦を積極的に求めたと想像される。実際に、さらに永福寺式軒瓦が出土する事例を探ると、武蔵国丹党出身の安保氏本拠地内にある堂裏遺跡（埼玉県上里町）から**64**唐草文軒平瓦が出土している。安保氏は武蔵国賀美郡安保郷に本拠を定めた丹党出身の鎌倉御家人であるが、その本拠地はすでに児玉荘として立荘され、児玉党出身の庄氏・真下氏・塩谷氏・四方田氏などの勢力で囲繞される神流川扇状地内に遅れて入ってきたかたちになる。結果、建久四年（一一九三）に「武蔵国丹・児玉党類有確執事、已欲及合戦」という紛争状態に陥り、源頼朝の命で畠山重忠が仲裁を行う事態にまで発展し（『吾妻鏡』）、安保氏は、本拠周辺で児玉党出身の武士勢力と競合関係にあったとみるべきだろう。また、下野国宇都宮氏が建立した尾羽寺跡地（栃木県益子町）からも永福寺Ⅰ期瓦の唐草文様と近似した文様の**53**軒平瓦が出土している。鎌倉草創期の宇都宮氏も中原姓宇都宮氏・紀姓宇都宮氏など他姓宇都宮氏との競合関係を抱えていたが、宇都宮朝綱は早い段階から源頼朝に従うことで宇都宮を本拠地化し、「宇都宮社務職」を頼朝から安堵されている（『同』）。源頼朝および鎌倉幕府の権威を背景に宇都宮の地を掌握したかたちになる。

以上、永福寺式軒瓦を受容した鎌倉御家人の事例を、文献史料と付き合わせながら再検討を加えてきた。そこから浮かび上がってくるのは、①源頼朝個人と血縁・乳母を介した深い繋がりを持った氏族で、かつ近臣集団に選定される御家人、および②頼朝と個人的な関係があり、さらに本拠地で外来勢力ゆえに地盤が脆弱であったり、他の地域勢力と競合関係にある御家人、という二種類の受容する側の性格を指摘しうる。永福寺式軒瓦は、源頼朝および鎌倉幕府との繋がりを、そしてその権威を自分が背負っていることを視覚的に地域で示すアイテム――あるいはそれは頼朝の〝レガリア〟でもあろう――として、かかる御家人たちから求められ、そして利用されたと理解される。

（3）権力のバロメーターとしての瓦

永福寺式軒瓦に限らず、出土する中世瓦の多寡によって鎌倉御家人の造寺活動の変遷を窺い知ることもできる。例えばすでに登場した三浦氏の庶流佐原氏の氏寺満願寺（寿永三年（一一八四）に佐原義連が創建したと伝承）の境内より一万点以上の瓦が出土し、永福寺式瓦も多く含まれる。大量の中世瓦が出土している事実を受け、有志の中世瓦研究者によって資料整理・調査が平成三〇年（二〇一八）より開始され、その後、神奈川県立歴史博物館による総合研究「横須賀市満願寺出土中世瓦の分析を通じた永福寺式瓦と鎌倉御家人の総合研究」（研究代表：渡邊浩貴、令和三年（二〇二一）度～令和五年度）によって継続で実施されている。本調査の成果は報告書の刊行をもって公表する予定だが、その過程で新たに見出された重要な事象について若干触れておきたい。満願寺出土の中世瓦のうち、その総数が多く認められるのが永福寺Ⅱ期瓦と同時期に生産された満願寺Ⅱ期瓦（便宜的に呼称、宝治・文永年間に相当）である。これは創建期の満願寺Ⅰ期瓦（便宜的に呼称、寿永年間頃の創建期に相当）に比して明らかな増加傾向を示している。

この満願寺Ⅱ期瓦は宝治年間から文永年間に供給された瓦であり、当該期の三浦一族はすでに宝治元年（一二四七）の宝治合戦によって本宗家が滅亡しているため、一見すると三浦氏の盛衰と齟齬が生じるようにみえる。だが、満願寺を氏寺としていた佐原氏の動向を振り返るに、庶流佐原氏は宝治合戦で本宗家ではなく対立した北条時頼方に付き、戦後は亡き三浦本宗家に替わりその地位に収まり「三浦介」を称する。[25]その後、佐原氏は北条得宗家に従属する被官を輩出するなど、北条氏の庇護と従属のもとで鎌倉後期に御家人として存続していく。そうした佐原氏の動向を反映するように、満願寺から出土する満願寺Ⅱ期瓦は増加傾向を示し、瓦葺を伴う寺院・堂舎が建てられたことが想定され、瓦の総数という観点から判断するに、このⅡ期の段階で満願寺は絶頂期を迎えたと判断できる。

本拠地から出土する中世瓦の多寡は、鎌倉御家人の造寺活動を如実に物語り、その多寡は御家人の権力を測るバロメーターにもなるのである。しかしながら、宝治合戦以前のかつての三浦本宗家が音楽儀礼の迎講を自己の本拠地内で主催したり（『吾妻鏡』『鎌倉北条九代記』）、摂家将軍九条頼経のもとで形成された文化サロンを主導し、京都で知られる琵琶の名手三浦光村を輩出した点に鑑みるならば、新たに本宗家となった佐原一族ではそのような文化活動を史料から窺うことはできない。北条氏の強い影響下に置かれた佐原氏に、かつての三浦一族の高度な文化レベルを見出すことは難しい。

三、荘厳をつくるために
――〝義朝遺産〟の存在と京都政界の交流――

（1）〝義朝遺産〟と初期鎌倉幕府の文化基盤

鎌倉幕府を創設した源頼朝の実父にして、保元の乱を経て一挙に河内源氏嫡流の武家の棟梁へと駆け上がった源義朝は、かつては頼朝挙兵や鎌倉幕府成立前史としてしか触れられず、これまで十分に研究上顧みられてこなかったのではないだろうか。その一方、武士研究のなかで明らかにされてきたように、義朝の事蹟は院政期政治史との関わりのなかで京武者としての活動実態や、東国における地域連携の過程が詳細に知られるようになり[26]、義朝の武力編成の特徴を「京周辺の所領を基盤とする性格を脱却し、東国を中心とする広範な地方武士を基盤とする軍事編成に転換していた」との評価がされている。[27]義朝の主な武力基盤は東山・東海道周辺の武士勢力であり、坂東で生育し鎌倉に拠点を置いて住した彼は、鳥羽院近臣と結びながら所々の荘園形成に関与し、上総・相模両地域の武士を家人編成し、山内首藤氏や大中臣氏ら郎等を配置していった。これは畿内周辺の京武者や一門による武力編成を中心とした平家とは一線を画しており、鎌倉幕府による軍事編成のあり方へも接続しうる。

他方、義朝が東山・東海両道の宿長者や遊女と結び、京―東国間における地域交通の、いわばハブとなる要衝に関与していたことも注目される。すでに義朝が美濃国青墓宿の長者一族である遊女大炊との間に娘をなし（『平治物語』）、さらに遠江国橋本宿の遊女との間には長子義平を、同国池田宿の遊女との間には範頼をもうけている（以上『尊卑分脉』）。先述の保元の乱における義朝軍中に「駿河国には、入江右馬允・藁科十郎・興津四郎・蒲原五郎」（『保元物語』）と、東海道の駿河国興津宿・蒲原宿周辺を本拠地とする興津氏・蒲原氏が参加し、また入江氏・藁科氏も本拠地周辺に手越宿がある。先学が指摘する義朝が京・東国で形成した王臣家・在地の武士勢力とのネットワークもさることながら、義朝の東西間の移動や東国からの家人の軍事動員を踏まえるに、彼が東山・東海地域交通の要衝に築いた人的関係の重要性は、次代に草創される鎌倉幕府との連続性とも関わるなど、もっと着目されるべきではないだろうか。それはただ、かつての義朝の家人たちの頼朝方への参戦を指摘したいのではなく、義朝の人脈が初期鎌倉幕府の文化形成に与えた影響を考えてみたいのである。

　上記の想定に大きく関わるのが、先に永福寺式軒平瓦で指摘した八事裏山窯と頼朝の関わりであろう。永福寺に葺く軒平瓦に採用された文様のルーツである八事裏山窯産の唐草文軒平瓦は、鎌倉幕府草創の段階で決して多くの数が東国で流通していた訳ではなかった。だが、永福寺が創建される前に八事裏山窯周辺の御器所保を頼朝が平家没官領として領有していた点は大きな意味を持とう。同地産の瓦は頼朝の生母出身の熱田神宮（熱田大宮司）からも出土しており[28]、当該地への頼朝の進出は、熱田大宮司と義朝以来の交流をベースとしつつ、永福寺の文様選択において重要な契機となったことが想像される。

　また鎌倉幕府の仏教儀礼においても、草創期から安居院流唱導（天台宗の澄憲とその子息聖覚から始まる唱導の流派）が導入されて法会が催されてきた。とくに鶴岡八幡宮寺の五重塔供養や永福寺の薬師堂供養（以上44「転法輪鈔」）で導入された安居院流唱導は、その原型が「源義朝亡室供養表白」（「言泉集」）にあり、義朝の亡室（熱田大宮司娘で頼朝の生母）で採用された安居院流唱導の供養形式を鎌倉幕府が継承したという指摘が最近されている[29]。

　さらに、種々の宗教儀礼に欠かすことのできない雅楽などの音楽文化においても、草創期の鎌倉幕府には楽人などの人材に乏しいため、鶴岡八幡宮寺で童舞を実施する際には、箱根権現・伊豆山権現から舞童を派遣してもらって催すことができていた。とくに箱根権現については、源頼朝の挙兵当時、石橋山合戦で大敗を喫した頼朝を箱根権現別当行実が弟永実を派遣して食糧補給を行い、箱根山で匿うなど幕府草創に大きな貢献を果たしている。行実は「父良尋之時、於六条廷尉禅室幷左典厩等聊有其好」と父良尋の頃からすでに頼朝の祖父為義・父義朝と関係があり、「廷尉禅室賜下文於行実称、東国輩、行実若相催者可従者、左典厩御下文云、駿河・伊豆家人等、行実令相催者可従者」と為義は行実に自身の東国家人を催促する権限を、義朝は駿河・伊豆の家人を催促する権限を委ねていたと述べている（以上『吾妻鏡』）。為義が熊野山・伊勢神宮などの宗教勢力と結び奥州など遠隔地の武士勢力を組織化していったことが先学で指摘されており[30]、箱根山も河内源氏の勢力下に組み込まれていた可能性もあろう。

　音楽に関しては中世仮面の分布も興味深い。鶴岡八幡宮寺とその音楽儀礼の整備に伴って、東国では幕府草創期に101菩薩面・102舞楽面陵王などの仮面が制作され[31]、同時期頃に六浦瀬戸神社（横浜市）の舞楽面陵王や鎌倉前期に房総半島の建暦寺（千葉県君津市）107-1菩薩（行道面）などが制作されている。ただし、それらに先だって制作された中世仮面が東国に遺る。相模国大山（伊勢原市）にあった100菩薩（行道面）は承安四年（一一七四）の紀年銘を残し関東に伝わる仮面のなかでは最古のものである。また日光山輪王寺（栃木県日光市）にも平安期の98菩薩（行道面）や津毛利神社（静岡県浜松市）に鶴岡八幡宮所蔵の舞楽面群のうち、103舞楽面散手と形姿が非常に近似する、あるいは時期がさらに遡りうるという99王の舞面が存在する。日光山は頼朝の信仰が篤く、文治二年（一一八六）に下野国寒河郡内田地を日光山の三昧田へ寄進している（『同』）。さらに歴代の日光山座主（別当）は、頼朝の亡父義朝を弔うために創建した勝長寿院別当に就いている場合が多く、鎌倉将軍の護持僧も兼ねていたという。日光山も箱根権現・伊豆山権現同様に、初期鎌倉幕府の宗教政策を支えていたのである。日光山と河内源氏の繋がりはさらに遡り、義朝は仁平三年（一一五三）に下野守へ就任し、「日光山造営」を行った功績で保元元年（一一五六）にも下野守に任じられている（『兵範記』）。この義朝の下野守就任は河内源氏一門、とくに義朝一族にとって極めて重要な意義を持つ。鳥羽院との密接な連携を義朝が図った結果、摂関家と結んでいた父為義の地位を超越し、彼が河内源氏嫡流として躍り出た契機でもあったからだ。[32] 津毛利神社も先の王の舞面が、制作された当初から果たして同社に伝世していたのか否かという問題はあるとして、その所在地は遠江国蒲御厨に近在する。当地はかつて父義朝が「遠江池田宿遊女」との間にもうけた源範頼が生まれ「蒲冠者」とも称された、河内源氏ゆかりの地域でもある（『尊卑分脉』『吾妻鏡』）。なお同地には建久八年（一一九七）に北条時政が蒲御厨上・下両郷の地頭職を獲得し（「北条時政下文」）、以後は北条氏の勢力が進出する。鎌倉幕府の中世仮面群に先行する遺品が、義朝とゆかりの深い地域である日光山輪王寺と津毛利神社に遺されていることは、果たして偶然であろうか。

いずれも、モノ資料からみた義朝と頼朝（および鎌倉幕府）の文化的な連続性を指摘したものであって、文献史料から裏付けられたわけではない。しかし、鎌倉幕府の文化形成を、従来通り京都文化の影響のみで捉えるのではなく、かつて義朝が京都や地域に築いた文化基盤の存在にも着目してみる必要があるのではないか。東国などの地域社会に広範な拠点と勢力扶植を図りながらも志半ばで倒れた亡父義朝のネットワークのほどが、文化史の観点からも垣間見えることをここで強調しておきたい。

（２）京都政界からの人材供給

それでも京都政界との交流による人材供給は、鎌倉幕府の文化形成に大きな影響をもたらした。新たな政治組織として東国に誕生した武家権門たる鎌倉幕府は、新たな統治者の権威を誇示する文化装置として永福寺を建立し、その荘厳された偉容を鎌倉御家人たちに見せつけた。それは外観だけでなく、永福寺に集った多種多様な人材の顔ぶれからも窺える。

永福寺別当には鎌倉仏教界を支えた著名な僧侶が多く就任している。[33] 創建期の永福寺には文覚・性我が就いており、文覚は源頼朝と朝廷との連携を橋渡しを担い、また性我は頼朝の亡父義朝の遺骨を鎌倉に届ける役目となって初代勝長寿院別当にも就く。性我は頼朝最初の護持僧にもなっている。

また鎌倉寿福寺の開山として著名な栄西は、天台僧として顕教の法会と密教の修法を学び、加えて入宋経験による中国仏教の習得も果たしており、仏教儀礼を行うための人材を欲していた鎌倉幕府によって重宝されていた。二代将軍源頼家のもとで源頼朝一周忌供養の導師を右大将家法華堂で勤め、続く三代将軍実朝のもとでも護持僧となる。彼の天台僧としての優れた学識を背景に、鎌倉では永福寺別当に任じられ、さらに栄西の弟子の行勇、良瑜も同寺別当に任じられている。鎌倉を留守にしがちになった栄西に替わって、永福寺別当には経玄が補任されるが、建暦元年（一二一一）に実朝が宋版一切経を永福寺に奉納するために催した曼荼羅供は、非常に大規模な法要で、当時永福寺別当だった経玄ではなく栄西が導師を勤めた。

以上のように、永福寺別当には京都から著名な僧侶が下向し就任しており、鶴岡八幡宮寺や勝長寿院と同様に、鎌倉仏教界の中心的役割を担っていた。

造像の観点でも、永福寺はまさに鎌倉幕府の荘厳化を象徴する寺院であり、その内部の荘厳性も際立つ。[34] そこには京都政界の人材が深く関与していた。室町期に廃絶したため、現在永福寺の諸像は伝世していないものの、永福寺諸堂に安置された仏像群の規模については、薬師堂において丈六の薬師如来像と日光・月光菩薩像、さらに不動明王・毘沙門天像、十二神将像があり、いずれも巨像であったことが史料から窺える（44「転法輪鈔」）。また考古遺物からも、出土した金属製荘厳具のうち16-3装身具（臂釧カ）は彫刻史のなかで注目されてきた。この荘厳具の形姿に関して、運慶作の滝山寺（愛知県岡崎市）の聖観音・梵天・帝釈天の諸尊像や運慶周辺の仏師作とみなされる満願寺（横須賀市）の菩薩立像との類似性が指摘されている[35]。荘厳具が後補ではなく造像当初からすでに備わっていたという観点に立つならば、これらの金具の類似性から永福寺に安置された諸像に運慶が関わっていた可能性が想定できるという。現在、真如苑真澄寺が所蔵し半蔵門ミュージアム（東京都）に安置されている**79大日如来坐像**は、幕府の有力御家人足利氏のために運慶が造ったと考えられるもので、いまは失われた、運慶の永福寺での造像を髣髴とさせる遺品である。

　さて、仏師運慶については、近年紹介された『和歌真字序集（扶桑古文書）』紙背文書の記載が注目される[36]。建久二年（一一九一）に大江広元宛に記された「藤原範綱書状」には「康慶下向事、委令申候了、下向□（無カ）異議候歟」とあり、頼朝側から康慶（運慶の父）の下向を申請した様子が読み取れる。広元の交渉相手である範綱は後白河院近臣の日野範綱に比定されており、その翌年に永福寺が完成している。鎌倉幕府は永福寺の造像を康慶に依頼したと考えられる（永福寺の遺物から運慶の造像も可能性があろう）。後白河院政における連絡・調整案件の窓口において、恒常的な奉行は蔵人が、頼朝案件については院近臣が行っていたという指摘を踏まえるに、幕府側はかつての後白河院北面出身の大江広元であるため、後白河院の人脈によって公武交渉が実施されていたこととなる[37]。もともと初期鎌倉幕府における頼朝の周辺は多くの後白河院関係者で囲繞されていた[38]。父義朝は平治の乱で後白河院近臣の藤原信頼に属して参戦し、頼朝の母の出身である熱田宮司の藤原季範一族も後白河院の近臣を多く輩出していた。頼朝の流人時代も、彼に祗候した足立遠元と安達盛長の一族は後白河院近臣藤原光能と姻戚関係で結びつく。この光能の縁者には大江広元をはじめ幕府政治の実務を担った三善康信・二階堂行政も連なる。さらに後白河院の北面には多くの仏師・楽人などの芸能者も多く集い、一大サロンを築いていた。先述の康慶下向の申請に先立つ建久元年、頼朝は上洛を果たし、平治の乱以来久方ぶりに後白河院と対面し政治的和解を遂げている。康慶はかかる後白河院の北面メンバーではないものの、当該期に後白河院の蓮華王院不動二童子像を手がけるなど、院関係の代表的な仏師となっていた可能性が高く[39]、頼朝と後白河院の政治的和解を経て、在京期間中に院周辺の造像を手がける仏師康慶の存在を頼朝が知り、その下向を願い出たのではないだろうか（あるいは後白河院の紹介があったのかもしれない）。すなわち、康慶の鎌倉下向（運慶の下向もあったか）は、頼朝の上洛と後白河院との対面の結果もたらされた、京都人材の供給だったと推測されるのだ。

　最後に、永福寺で催された種々の芸能について。永福寺では和歌や蹴鞠、四季折々の景勝を観賞する花見・雪見などが催され、一切経会や二十五三昧会、法華経供養といった様々な仏教儀礼も営まれた。とりわけ極楽浄土の世界を視覚・聴覚から表現する音楽は重要で、一切経会では舞楽（管絃の伴奏として舞を舞うこと）が毎回伴い、将軍家の渡御を受けて舞御覧や郢曲なども行われるほど、都市鎌倉における音楽文化の中心地の一つであった。

　源頼朝期の鎌倉幕府では、後白河院との連携によって京都楽人の下向を果たすなど積極的に京都の音楽文化を摂取するよう努めてきた。やがて鶴岡八幡宮寺から整備が始まった音楽文化は、他の御願寺への伝播が認められるようになる[40]。勝長寿院・永福寺・大慈寺などで音楽儀礼・芸能の記事が散見されはじめ、正治二年（一二〇〇）では源実朝が舞楽の見学のため永福寺を訪れ、建仁三年（一二〇三）にも同じく頼家が一切経会での舞楽を、建保五年（一二一七）では実朝が舎利会での舞楽を見学しに赴いている。これらの音楽文化は永福寺別当や鶴岡供僧らとの交流のなかで受容されたものと思われるが、鎌倉のなかで浄土世界を現出する永福寺では、まさに極楽世界を視覚・聴覚から訴えかける音楽（とくに舞楽）の存在は必須であった。そのような世界観を具備した寺院だからこそ、同寺ではさまざな遊興や四季折々のイベントが催されることとなり、鎌倉期にある種の「芸能の寺」としての性格を持つようになっていったと考えられる。

本展の構成――おわりにかえて――

以上、本稿では特別展「永福寺と鎌倉御家人」にて導入した〝荘厳〟という観点から、永福寺の性格について論じてきた。最後に本展の構成を述べて総論を締めくくりたい。

序章　発掘された永福寺と鎌倉研究：現在鎌倉二階堂の地にたたずむ国指定史跡永福寺跡は、これまで鎌倉市による断続的な発掘調査により、現在その全貌を明らかにすることがかなったが、その背景に在野の研究者たちの努力があったことはあまり知られていない。戦前から永福寺研究の先鞭をつけた赤星直忠、戦後の保存運動を展開した八幡義生たちにより、永福寺の歴史的意義が〝発見〟され、市民による史跡運動へと結実して今にその存在価値がひろく知られるようになった。まずは、在野の研究者が主導した黎明期鎌倉研究と永福寺の史跡保存運動のあらましを、彼らの調査記録や採集資料などを紹介しながら、永福寺の歴史を繙いていく。

1章　京・平泉の浄土世界：源頼朝による永福寺建立の直接的な動機は、奥州合戦で平泉藤原氏が築いた北の都・平泉の壮麗さを目の当たりにしたためと、『吾妻鏡』には記される。中尊寺・無量光院・毛越寺など、北のつわものたちは京都の浄土世界を模倣しながら、みちのくに独自の世界を創り上げていった。1章では、平安後期の京都鳥羽離宮や奥州平泉の寺院群を取り上げ、やがて鎌倉幕府が成立し、浄土世界を体現する永福寺の建立へと至る道程をみていく。京との関わりが注目される鎌倉幕府ではあるが、〝北からの鎌倉幕府〟という視点にもぜひ注目していただきたい。

2章　永福寺の偉容と鎌倉幕府：文治五年（一一八九）、源頼朝は大倉幕府の北東側に永福寺の建立計画を立案し、建久三年（一一九二）に完成をみる。目的は奥州合戦での戦没者供養と謳われ、その偉容は中央に二階堂、左右に薬師堂・阿弥陀堂、加えて惣門・南門・釣殿・多宝塔・鐘楼・僧坊を持ち、臨池伽藍を備えた大寺院だった。以後、永福寺は頼朝期創建の鶴岡八幡宮寺・勝長寿院とならび、歴代将軍の崇敬を集める三大寺院へと成長し栄華を極めていく。これまで主に鎮魂の寺院とされてきた永福寺だが、そもそもこれだけの偉容とその外観はいったい誰に向けて発信されていたのだろうか。鎮魂というこれまでの理解を越えた、永福寺の存在意義について、考古資料・文献史料から考えていく。

3章　象徴たる永福寺式瓦と鎌倉御家人：瓦とは権力を象徴するステータスシンボルだった、と言えば多くの方は驚かれるだろう。しかし実際には、鎌倉時代の瓦は高価であり、相応の財力（瓦葺の維持など）を必要としたため必然的に使用できる社会階層は限定されていた。そうしたなか、永福寺で葺かれていた瓦はその文様が極めて特徴的であり、同寺の存在を外観の面から象徴するアイテムだった。これは永福寺式瓦などと現在は呼称されており、実は東国の鎌倉御家人本拠で同様のものが、北は陸奥国伊達氏から南は伊豆国北条氏の故地にて多数発見されている。御家人たちはなぜ永福寺式瓦を求めたのか。3章では永福寺式瓦を求めた彼ら御家人たちの心性を、本拠から出土した様々な遺物を通じて迫っていく。

4章　東国霊場と鎌倉幕府の荘厳：武家権門としてその立場をスタートさせた鎌倉幕府は、自己の存在を〝荘厳〟し、正当性を纏わせるようになっていく。その有様は種々の仏教儀礼の整備に象徴されるように、箱根権現・伊豆山権現などの既存の東国霊場やその宗教秩序に立脚しながら、京都政界から人材を吸収して幕府儀礼を高度化させていくというものだった。その過程で栄西・行勇などの僧侶や、大仏師運慶といった技術者など様々な人材の招聘がなされた。彼らの事跡を通じて、鎌倉幕府も自身の荘厳された姿を東国社会に見せつけるようになっていき、支配の正当性を誇示するようになっていく。4章は、多様な仏教美術の遺品を中心に、鎌倉幕府儀礼が次第に荘厳化および高度化されていく有様を追う。

5章　神さびた中世仮面と音楽文化：荘厳された浄土世界を、人々に分かりやすく伝える手段に音楽がある。音楽は仏教儀礼には必須のものであり、鎮護国家・護国法会の手段として催された音楽をともなう宗教儀礼の整備は、鎌倉幕府が武家権門としての地歩を築いていく上で必要不可欠だった。鎌倉幕府は京都社会から積極的に音楽受容をはかり、永福寺や鶴岡八幡宮寺・勝長寿院は都市鎌倉の音楽文化の中心的役割を担うようになっていった。そして、これら都市鎌倉の音楽文化は東国へとひろがりをみせ、鎌倉や東国各地に中世仮面が遺されるようになる。5章は中世鎌倉と東国の音楽文化の残滓を示す仮面に着目しながら、音楽の受容と展開の様相を追っていく。

終章　武士本拠の景観と復原：鎌倉幕府によって永福寺で体現された浄土世界。これは地域の支配者にとって必須のツールと認識され、多くの鎌倉御家人の本拠地で模倣されていった。本展では、永福寺という鎌倉幕府が創り上げた一つの文化的装置が、いかに御家人たちに影響をあたえ、また永福寺の世界観が東国に拡散していったのかをこれまで検討してきた。最後に、終章では糟屋氏の本拠糟屋荘に関する平安末期から南北朝期にわたる遺構群を取りあげながら、近年ホットな神奈川県内の御家人本拠と浄土世界を示す研究成果を紹介する。永福寺建立以後にあたる武士本拠の事例から、永福寺研究のひろがりと今後の可能性をみつめていく。

以上が本展の視座と構成である。文献史料だけでは分からない、鎌倉幕府と鎌倉御家人が紡ぐもうひとつの権力の物語を、是非豊富なモノ資料を通じてご堪能いただきたい。

【註】

（1）永福寺研究のあらましについては『甦る永福寺—史跡永福寺跡整備記念—』（鎌倉歴史文化交流館、二〇一七年）、高橋慎一朗編『鎌倉の歴史』（高志書院、二〇一七年）、秋山哲雄『鎌倉を読み解く—中世都市の内と外—』（勉誠出版、二〇一七年）を参照。また発掘調査に関しては『鎌倉市二階堂国指定史跡　永福寺跡　国指定史跡永福寺跡環境整備事業に係る発掘調査報告書—遺物編・考察編—』（鎌倉市教育委員会、二〇〇二年）で伽藍遺構・建築・庭園・出土遺物の成果が総括され、経塚出土遺物については小林康幸「鎌倉永福寺経塚の造営に関する一考察」（『考古学論究』六、一九九九年）が詳しい。

（2）原廣志「鎌倉における瓦の様式」（『佛教藝術』一六四、一九八六年）、小林康幸「鎌倉永福寺跡出土瓦の諸問題」（『立正考古』三一、一九九二年）、前掲註（1）『鎌倉市二階堂国指定史跡　永福寺跡　国指定史跡永福寺跡環境整備事業に係る発掘調査報告書』、原廣志「永福寺所用瓦について」（平成一五年度～一七年度科学研究費補助金（基盤研究（B））研究成果報告書『吾妻鏡と中世都市鎌倉の多角的研究』（研究代表者：五味文彦）、二〇〇六年所収）を参照。

（3）山本勉監修『別冊太陽　運慶—時空を超えるかたち—』（平凡社、二〇一〇年）、三本周作「鎌倉時代前・中期における仏像の金属製荘厳具—意匠形式の分類と制作事情を中心に—」（『佛教藝術』三一三、二〇一〇年）、同「頼朝で聖徳太子な聖観音—瀧山寺の仏像を荘厳具から読み解く—」（『芸術新潮』六八‐一〇、二〇一七年）、奥健夫「曹源寺十二神将像小考」（『MUSEUM』六六八、二〇一七年）など。

（4）以上、吉田通子「鎌倉永福寺成立の意義」（『地方史研究』一八〇、一九八二年）、伊藤一美「奥州藤原氏と鎌倉」（『鎌倉』八五、一九九七年）、山田雄司「源頼朝の怨霊観」（今井雅晴『中世仏教の展開とその基盤』大蔵出版、二〇〇二年）、秋山哲雄『都市鎌倉の中世史』（吉川弘文館、二〇一〇年）、同「都市鎌倉における永福寺の歴史的性格」（秋山前掲註（1）書所収）、岡陽一郎『大道　鎌倉時代の幹線道路』（吉川弘文館、二〇一九年）の指摘による。

（5）川合康「奥州合戦ノート—鎌倉幕府成立史上における頼義故実の意義—」（同『鎌倉幕府成立史の研究』校倉書房、二〇〇四年所収）、加栗貴夫「奥州合戦をめぐる諸相—鶴岡八幡宮・旗・奥州征伐祈禱—」（『青山史学』二五、二〇〇七年）。

（6）本展の趣旨については、拙稿「永福寺式軒瓦と鎌倉幕府・鎌倉御家人—特別展『源頼朝が愛した幻の大寺院　永福寺と鎌倉御家人　—荘厳される鎌倉幕府とそのひろがり―』の導入をかねて―」（『神奈川県立歴史博物館だより』二三一、二〇二二年）と重複する部分もあるため、あわせて参照されたい。

（7）関根俊一『仏・菩薩と堂内の荘厳』（『日本の美術』一〇、一九八九年）。

（8）井上正「仏像の荘厳（日本）」（仏教美術研究上野記念財団助成研究会報告書第一五冊『研究発表と座談会　仏教美術における〝荘厳〟』仏教美術研究上野記念財団・京都国立博物館、一九八八年）、小林達朗「東京国立博物館蔵国宝・普賢菩薩像の表現および平安仏画における「荘厳」」（『美術研究』四一六、二〇一五年）などを参照。

（9）本稿では踏まえられなかったが、山林竹木をもって荘厳とする論理が中世には存在していた（瀬田勝哉『木の語る中世』朝日新聞社、二〇〇〇年）。

（10）文献史料から認められる瓦の値段としては、例えば弘安一〇年（一二八七）の「大和春日社カ材木用途等注進状」（『兼仲卿記裏文書』）に一一〇〇〇枚の代金四四貫文とあり、瓦一枚四文という値段になる。また嘉暦二年（一三二七）の「重常瓦代銭注文」（『金沢文庫文書』）に女瓦・男瓦・鐙瓦・宇瓦が単価　枚一〇文ほどで、鬼瓦が三〇〇文というレートであったという。総じて瓦葺の製作には高い値段がかかることが窺える。なお鎌倉後期・末期頃になると金沢北条氏の称名寺堂舎群などは檜皮葺で、かつ屋根の棟だけを瓦で覆った甍棟のような姿となっているなど（「称名寺絵図」）、製作および維持コストのかかる本瓦葺が次第に採用されなくなる傾向も窺えるという（原前掲註（2）論文「永福寺所用瓦について」、原廣志・比毛君男「中世の瓦」（有吉重蔵『考古調査ハンドブック一八　古瓦の考古学』ニューサイエンス社、二〇一八年）などを参照）。

（11）永福寺式軒瓦の変遷については前掲註（2）の諸論考に詳しい。

（12）八事裏山窯の瓦生産については主に小林康幸「関東地方における中世瓦の一様相」（『神奈川考古』二五、一九八九年）、尾野善裕「八事裏山窯址群の基礎的再検討」（『古代人』五三、一九九二年）、桐山秀穂「尾張・三河」（中世瓦研究会編『中世瓦の考古学』高志書院、二〇一九年）、小林康幸「中世相模における尾張産瓦の受容（予察）」（池上悟先生古稀記念会編『芙蓉峰の考古学Ⅱ』六一書房、二〇二〇年）を参照。

（13）無量光院・永福寺の日想観に拠る立地景観は、それぞれ菅野成寛「都市平泉の宗教的構造―思想と方位による無量光院論―」（平泉文化研究会編『奥州藤原氏と柳之御所跡』吉川弘文館、一九九〇年）、馬淵和雄「永福寺の落日」（『史友』二八、一九九六年）を参照。

（14）藤原良章『日本史リブレット二五　中世のみちと都市』（山川出版社、二〇〇五年）、岡前掲註（4）書『大道　鎌倉時代の幹線道路』を参照。

（15）『鎌倉市埋蔵文化財緊急調査報告書34（第1分冊）』（鎌倉市教育委員会、二〇一八年）。本報告書は押木弘己氏のご教示による。

（16）勿論、本稿で述べた二階堂経由の「二階堂大路」以外にも草創期の鎌倉に至る交通路は複数存在した。鎌倉に住した河内源氏源義朝の家人山内首藤氏・那珂氏が、それぞれ本拠とした相模国山内荘・武蔵国六浦荘を経由してのルートや、東方面からは古代東海道を使用して三浦半島から名越口を経由してのルート、また西方面からは稲村ヶ崎を経由してのルート（まだ極楽寺坂の切り通しはできていない）などが明らかにされている（今野慶信「相模武士と交通」（『馬の博物館研究紀要』一九、二〇一四年）などを参照）。

（17）永福寺式軒瓦の分布については本書各論の小林康幸「永福寺式軒瓦と鎌倉御家人」もあわせて参照されたい。各地で発見された永福寺式軒瓦については主に石川安司「東松山市西浦遺跡出土の中世瓦」（『比企丘陵』三・四、一九九八年）、小林康幸「埼玉県下に分布する永福寺式軒瓦について」（『埼玉考古』三六、二〇〇一年）、桃崎祐輔「常陸三村山採集の永福寺系瓦と「極楽寺」銘梵鐘」（『歴史人類』三一、二〇〇三年）、中世瓦研究会編『中世瓦の考古学』（高志書院、二〇一九年）などを参照。

（18）前者の見解は小林前掲註（17）論文、後者の見解は石川安司「瓦・仏像・浄土庭園遺構―埼玉県内の鎌倉時代前半を中心に―」（埼玉県立嵐山史跡の博物館編『東国武士と中世寺院』高志書院、二〇〇八年）による。

（19）峰岸純夫・大澤伸啓・足立佳代・市橋一郎『法界寺跡発掘調査概要』（足利市教育員会、一九九五年）。

（20）ただし、黒駒地内「駒ノ墓」の永福寺式軒瓦に関しては、八田氏の同族小田氏や下妻氏・小山氏・結城氏などさまざまな武士勢力の関与が想定され確定には至っていない。今後の鎌倉前期における当該地の地域情勢を踏まえ、再度出土瓦を定位する必要がある。同所の瓦については佐久間秀樹「駒之墓表採の軒平瓦について」（『下妻の文化』二三、一九九八年）、『八田知家と名門常陸小田氏―鎌倉殿御家人に始まる武家の歴史―』（土浦市博物館、二〇二二年）に詳しい。

（21）伊達氏および本拠梁川城については、滑川敦子「「常陸入道念西」小考」（『紫苑』一四、二〇一六年）、『伊達市埋蔵文化財調査報告書　第三〇集　梁川城跡　総合調査報告書』（伊達市教育委員会、二〇一八年）、伊藤喜良『伊達一族の中世―「独眼龍」以前―』（吉川弘文館、二〇二一年）に詳しい。

（22）野本氏については、五味文彦『増補　吾妻鏡の方法』（吉川弘文館、二〇〇〇年）、落合義明「利仁流藤原氏と武蔵国」（同『中世東国武士と本拠』同成社、二〇二〇年（初出二〇一〇年））、山野龍太郎「野本氏と押垂氏の周辺―比企氏と連携した利仁流藤原氏一族―」（『埼玉地方史』七八、二〇二〇年）に詳しい。

（23）比企氏の系譜・所領などの基礎的動向は、石井進「比企一族と信濃、そして北陸道」（『石井進著作集　第五巻』岩波書店、二〇〇五年（初出一九九〇年））、山本陽一郎「北陸地域と比企氏―疋田斎藤氏の御家人化の背景―」（『紫苑』三、二〇〇五年）、山野龍太郎「三尾谷氏の政治的動向―比企氏と連携した児玉党一族―」（『鎌倉遺文研究』四七、二〇二一年）、落合義明「鎌倉幕府と武蔵武士―毛呂氏・比企氏を中心に―」（『大東史学』四、二〇二二年）などを参照。

（24）中世社会において武力行為による武勇ではなく、安穏（＝平和）が希求されたことは黒田俊雄「中世における武勇と安穏」（同『王法と仏法―中世史の構図―』法藏館、二〇〇一年（初出一九八一年））で指摘されている。齋藤慎一『中世武士の城』（吉川弘文館、二〇〇六年）では、この黒田が提示した安穏の概念を中世武士の本拠論に導入し、本拠が有する重要な機能として評価している。

（25）満願寺出土の中世瓦については、『岩戸満願寺』（横須賀市教育委員会、一九九二年）を、宝治合戦後の三浦氏庶流佐原氏の動向については、鈴木かほる「鎌倉後期の三浦佐原氏の動向」（『三浦一族研究』四、二〇〇〇年）、高橋秀樹『三浦一族の研究』（吉川弘文館、二〇一六年）を参照。

（26）源義朝の動向については、主に元木泰雄「保元の乱における河内源氏」（『大手前女子大学論集』二二、一九八八年）、同『武士の成立』（吉川弘文館、一九九四年）、「源義朝論」（『古代文化』五四-六、二〇〇二年）、同『保元・平治の乱を読みなおす』（日本放送出版会、二〇〇四年）や、野口実「相模国の武士団―とくに波多野氏と山内首藤氏について―」（同『坂東武士団の成立と発展』戎光祥出版、二〇一三年（初出一九八〇年））、同「院・平氏両政権下における相模国―源氏政権成立の諸前提―」（『同』二〇一三年（初出一九七九年））、同『武家の棟梁の条件』（中公新書、一九九四年）、同『源氏と坂東武士』（吉川弘文館、二〇〇七年）などを参照。

（27）元木前掲註（26）書『保元・平治の乱を読みなおす』九六頁。

（28）柴垣勇夫「中世初期の瓦当文様と窯業地への伝播」（同『東海地域における古代中世窯業生産史の研究』真陽社、二〇〇三年（初出一九八八年））、桐山前掲註（12）論文「尾張・三河」などを参照。

（29）元木泰雄「十一世紀末期の河内源氏」（古代学協会編『後期摂関時代史の研究』吉川弘文館、一九九〇年）、野口前掲註（26）書『源氏と坂東武士』を参照。

（30）山野龍太郎「河内源氏の供養と鎌倉幕府の成立―安居院流唱導の表白を題材として―」（近本謙介編『ことば・ほとけ・図像の交響―法会・儀礼とアーカイヴ―』勉誠出版、二〇二二年）

（31）拙稿「初期鎌倉幕府の音楽と京都社会―「楽人招請型」の音楽受容とその基盤―」（『神奈川県立博物館研究報告（人文科学）』四七、二〇二〇年）、同「二つの中世陵王面―鎌倉鶴岡八幡宮と六浦瀬戸神社―（上）（下）」（『民具マンスリー』五四―三、五五―一、二〇二一年・二〇二二年）を参照。

（32）日光山と河内源氏の関係については、菅原信海「平安末の日光山と額田僧都寛伝」（同『日本思想と神仏習合』春秋社、一九九六年）、平雅行「熱田大宮司家の寛伝僧都と源頼朝　―瀧山寺・日光山・高野大鐘―」（『人間文化研究』三八、二〇一七年）などを参照。

（33）永福寺別当については、本書各論の平雅行「永福寺とその僧侶たち」を参照されたい。

（34）永福寺と運慶については、本書各論の山本勉「永福寺と運慶」を参照されたい。

（35）三本前掲註（3）論文「鎌倉時代前・中期における仏像の金属製荘厳具―意匠形式の分類と制作事情を中心に―」。

（36）藤原重雄・末柄豊「東京大学史料編纂所所蔵『和歌真字序集（扶桑古文集）』紙背文書」（『東京大学史料編纂所研究紀要』一七、二〇〇七年）、平雅行『改訂　歴史のなかに見る親鸞』（法藏館、二〇二一年）を参照。

（37）下郡剛『後白河院政の研究』（吉川弘文館、一九九九年）。

（38）上横手雅敬「院政期の源氏」（御家人制研究会編『御家人制の研究』吉川弘文館、一九八一年）、金澤正大『鎌倉幕府成立期の東国武士団』（岩田書院、二〇一八年）、野口実「流人の周辺―源頼朝挙兵再考―」（同『増補改訂　中世東国武士団の研究』戎光祥出版、二〇二一年（初出一九八九年））などを参照。

（39）康慶については『運慶・快慶とその弟子たち』（奈良国立博物館、一九九四年）、前掲註（3）書『別冊太陽　運慶―時空を超えるかたち―』を参照。

（40）鎌倉幕府の音楽文化については、本書各論の拙稿「中世鎌倉音楽史の射程」を参照されたい。

永福寺別当一覧

	僧名	門流	着任	在任	離任	典拠	備考
①	文覚	真言広沢流				『永福寺別当次第』	神護寺復興事業のため永福寺には着任しなかったか。
②	性我	真言広沢流	建久三年(一一九二)			『永福寺別当次第』	京にいる師文覚の代官としての補任か。
③	栄西	山門(禅密)		建仁二年(一二〇二)三月一四日		『永福寺別当次第』、『吾妻鏡』同日条	『永福寺別当次第』では遍曜の後とされる。
④	遍曜	寺門		建暦二年(一二一二)一二月一六日		『社務職次第』	
⑤	経玄	寺門			建保元年(一二一三)九月一八日	『永福寺別当次第』、『吾妻鏡』同日条	『吾妻鏡』同日条に永福寺別当美作律師経玄入滅の記事。
⑥	慶幸	寺門			建保七年(一二一九)三月一日	『永福寺別当次第』、『吾妻鏡』同日条	鶴岡別当に転任。
⑦	遍曜	寺門	建保七年(一二一九)三月一日			『永福寺別当次第』、『吾妻鏡』同日条	慶幸の後任。
⑧	行勇	山門(禅密)		延応二年(一二四〇)六月九日		『永福寺別当次第』、『吾妻鏡』同日条(祈雨法)	仁治二年(一二四一)七月五日没。
⑨	良瑜	真言小野流				『永福寺別当次第』	
⑩	道慶	寺門				『永福寺別当次第』	藤原(九条)良経の子。
⑪	了心	山門(禅密)				『永福寺別当次第』	
⑫	良基	真言小野・広沢流				『永福寺別当次第』	藤原忠房の子。
⑬	房源	寺門				『永福寺別当次第』	藤原季宗の子。
⑭	房喜	寺門				『永福寺別当次第』	藤原季宗の子。房源の弟。
⑮	盛朝	寺門				『永福寺別当次第』	六波羅探題北条時盛の子。
	(忍性)	律宗	弘安四年(一二八一)			『本朝高僧伝』など	永福寺主務。
⑯	公朝	寺門				『永福寺別当次第』	藤原実文の子。評定衆名越朝時の猶子。
	(忍性)	律宗	弘安七年(一二八四)			『忍性菩薩略伝頌』	二階堂五大堂大仏別当。
⑰	覚乗	寺門				『永福寺別当次第』	
⑱	行讃	寺門				『永福寺別当次第』	藤原(三条)公泰の子。
⑲	親玄	真言小野流		元亨元年(一三二一)正月	元亨二年(一三二二)三月六日	『永福寺別当次第』、『鶴岡社務記録』、『大通寺文書』、『東寺宝菩提院三密蔵聖教』一七九	元亨二年三月一六日没。大納言源(久我)通忠の子。
⑳	道承	真言小野流	元亨二年(一三二二)三月六日	嘉暦元年(一三二六)		『永福寺別当次第』、『大通寺文書』、『東寺宝菩提院三密蔵聖教』一七九、『東寺百合文書』と函「承賢目安案」	

※平成一五年度～一七年度科学研究費補助金(基盤研究(B))研究成果報告書『吾妻鏡と中世都市鎌倉の多角的研究』(研究代表者：五味文彦、二〇〇六年)、永井晋編『鎌倉僧歴事典』(八木書店、二〇二〇年)、平雅行「永福寺とその僧侶たち」(本書一三九頁)を参考に作成

序章

発掘された永福寺と鎌倉研究

鎌倉の二階堂の地にたたずむ国指定史跡永福寺跡。この史跡は、鎌倉市による断続的な発掘調査により、現在その全貌を明らかにすることがかなったが、その背景に在野の研究者たちの努力があったことはあまり知られていない。戦前から永福寺研究の先鞭をつけた赤星直忠、戦後の保存運動を展開した八幡義生たちにより、永福寺の歴史的意義が〃発見〃され、今にその存在価値が知られるようになったのである。まずは、在野の研究者が主導した黎明期鎌倉研究と永福寺の史跡保存運動のあらましを紹介しながら、永福寺の歴史を繙いていこう。

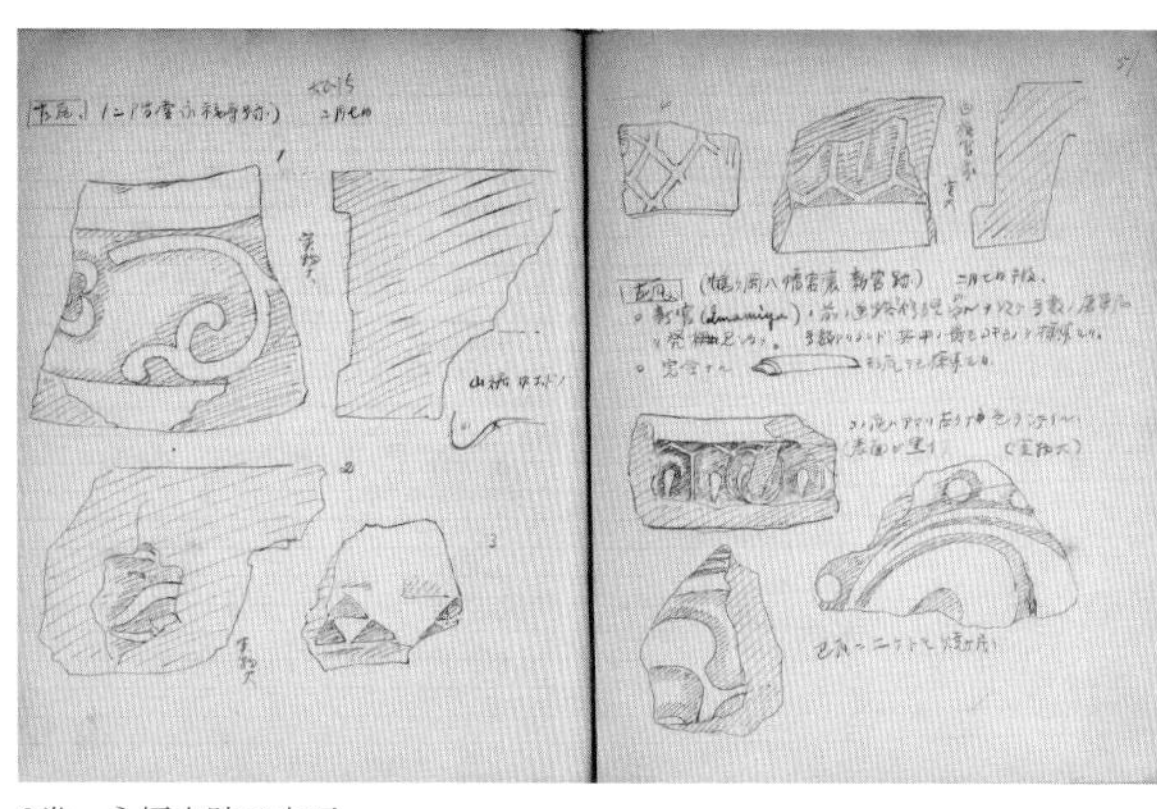

2巻　永福寺跡の古瓦

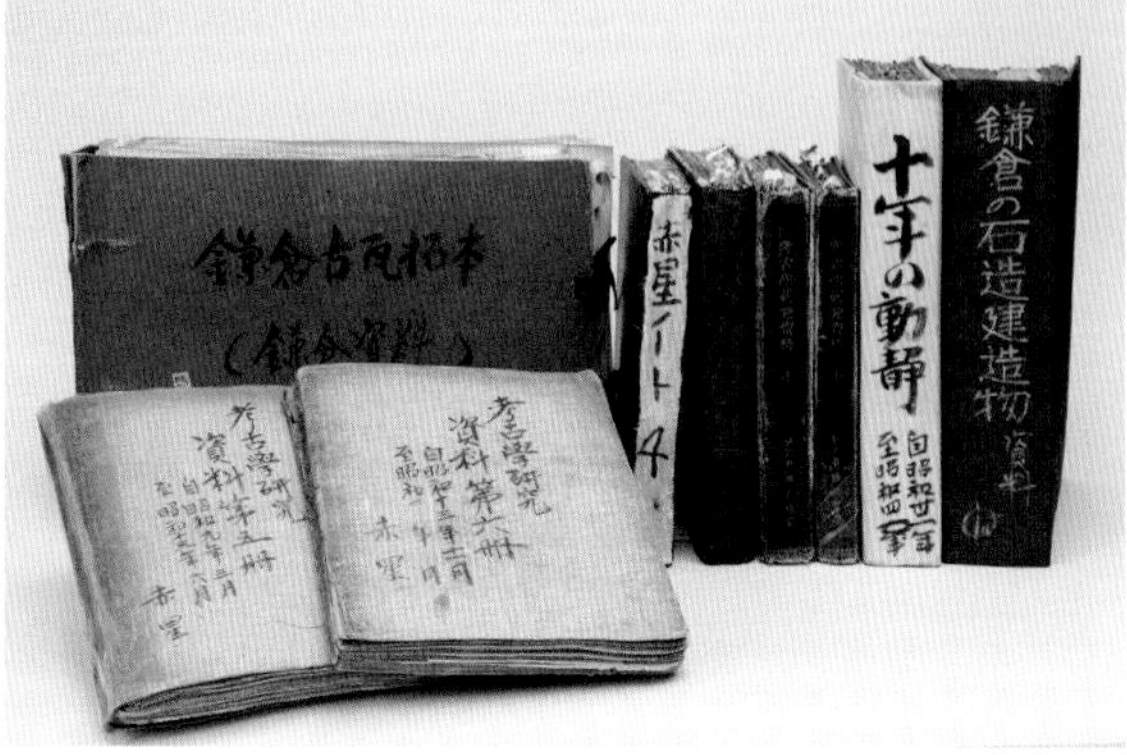

赤星直忠氏調査ノート

1
赤星直忠氏資料
現代
赤星直忠博士文化財資料館

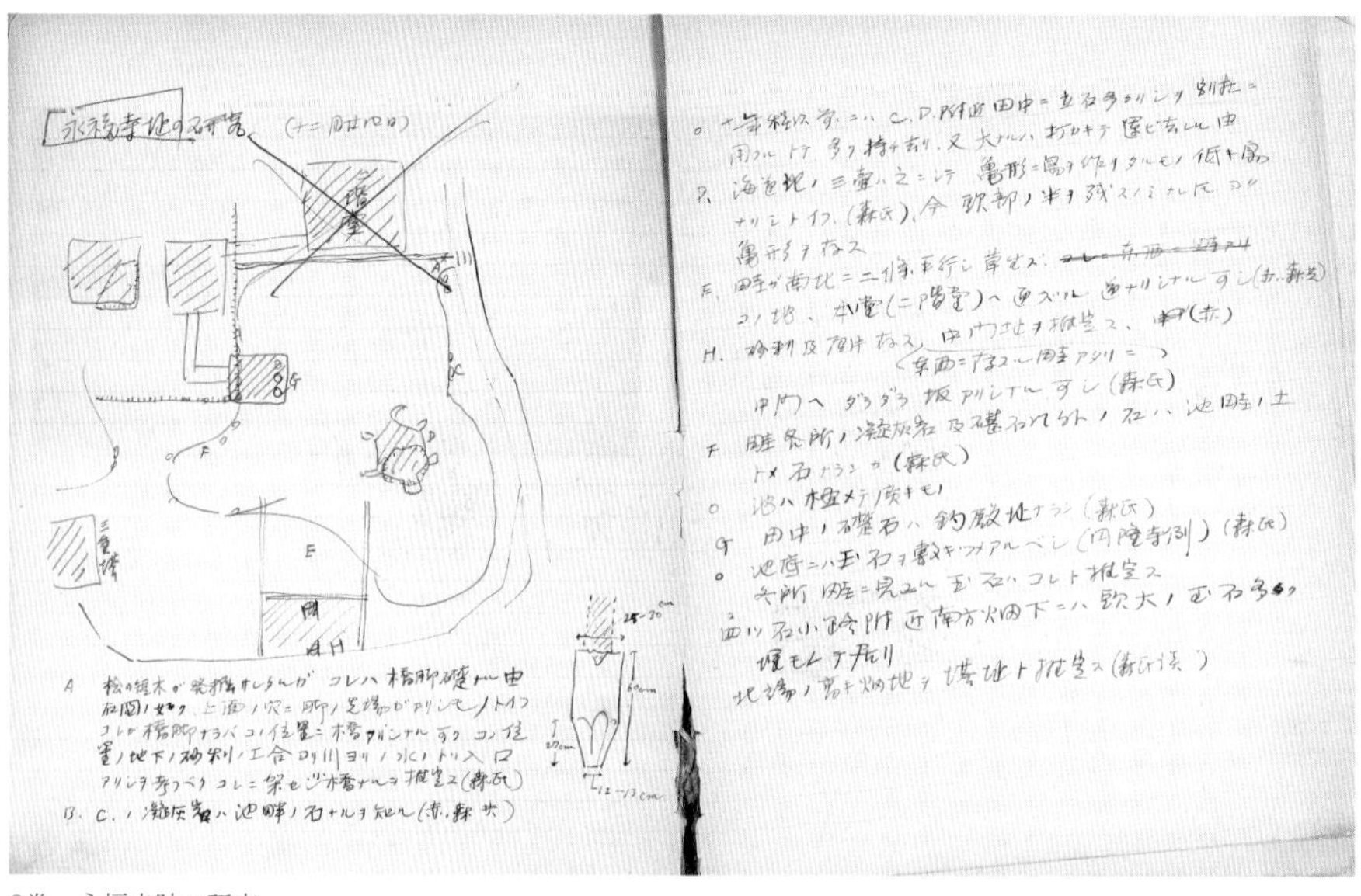

3巻　永福寺趾の研究

鎌倉諸所採集瓦（永福寺跡）　鎌倉時代

ガラス乾板写真（永福寺跡）

八幡義生と国寶史蹟研究会

渡邊浩貴

在野の研究者八幡義生（一九〇七－一九七五）は、関東大震災後に鎌倉に居を移し、昭和一一年（一九三六）に「国寶史蹟研究会」を発足させ、鎌倉の史跡を中心とした中世資料の調査・実証研究、講演会の開催を行い、伝北条時政邸跡や永福寺跡の保存運動等にも尽力した。また彼が鎌倉各地で採集した資料の一部は、昭和三五年（一九六〇）に八幡文庫鎌倉温故館が開設され公開されてきた。鎌倉市内での宅地造成が進み、かつての景観の遺構の破壊という危機に直面するなか、氏は実証研究を背景に日常的な鎌倉研究の継続と市民への成果還元をしつつ、そうした活動の連続から保存運動へと結実させていった。黎明期の鎌倉研究を支え、かつ現在にいたる鎌倉の地域研究の基礎を準備した人物として評価できよう。八幡義生の活動は、現在子息の八幡義信氏（元当館学芸部長、現神奈川県文化財協会会長・国寶史蹟研究会会長等）に継承され、鎌倉を中心に今もなお市民による実証的な研究活動が続けられている。

また八幡義生が戦前から戦後にかけて収集した、鎌倉市内出土遺物をはじめとする資料群について、各採集品には名称・採集地点・採集時期や備考を記した紙片が付属するなど、資料性を高めるための試みが垣間見える。すでに失われてしまったものも多くあり、鎌倉研究には欠かせない資料群である。資料群の内訳は、青磁・白磁片、常滑・渥美などの国産陶磁器類、かわらけ、瓦片、板碑・梵鐘・軒丸瓦・軒平瓦の拓本類、調査時の古写真類など非常に多岐にわたる。同資料群のうち、氏の調査記録ノート類は現在鎌倉市中央図書館の所蔵となっている。

令和四年（二〇二二）、八幡義生氏旧蔵資料（八二四点（採集・出土二五一点・拓本類五七三点））は子息八幡義信氏の寄贈を受け、当館の所蔵となった。

上：故八幡義生氏
下：国寶史蹟研究会による埼玉県慈光寺の板碑調査（最上が故八幡義生氏）

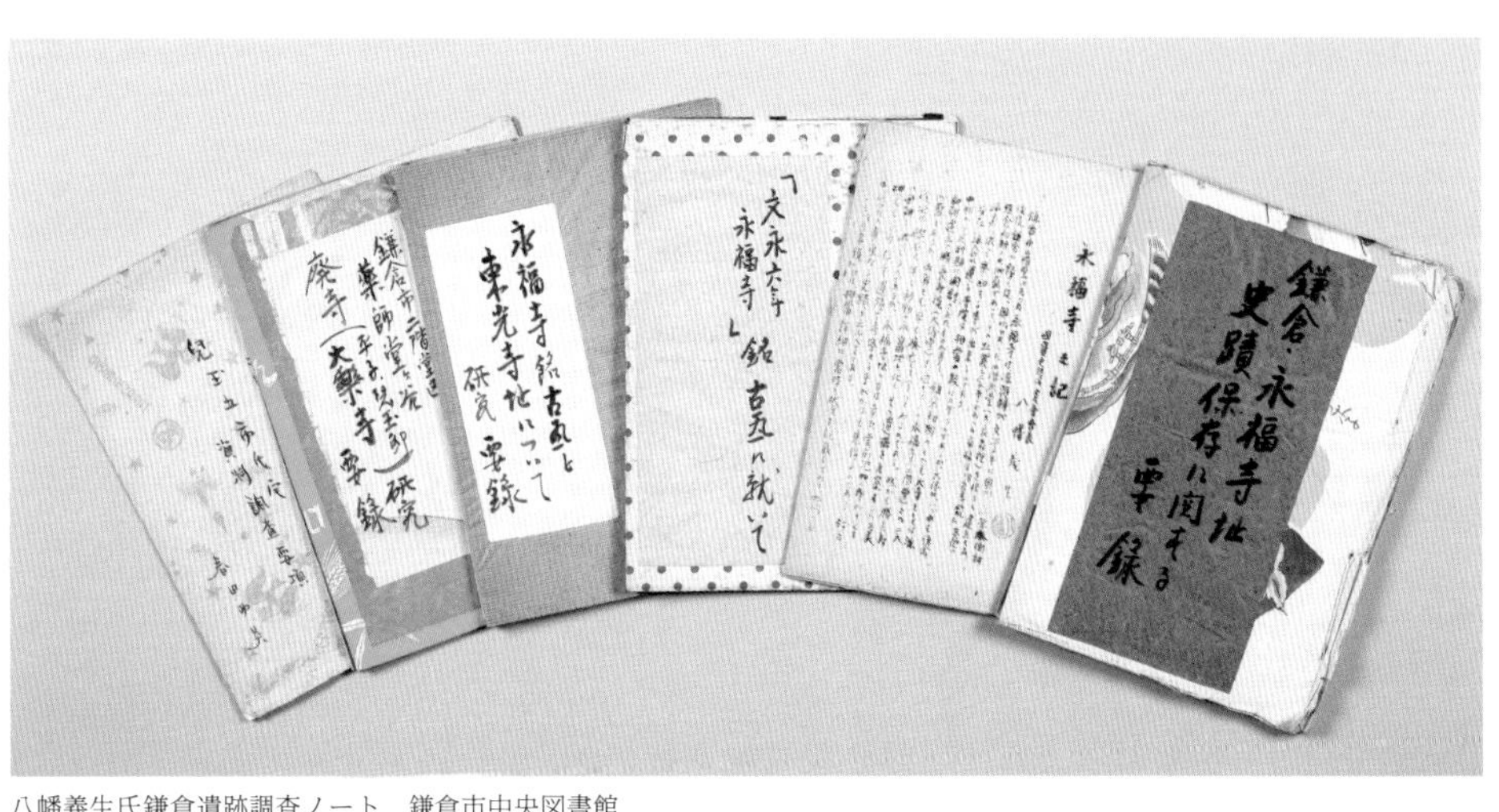

八幡義生氏鎌倉遺跡調査ノート　鎌倉市中央図書館

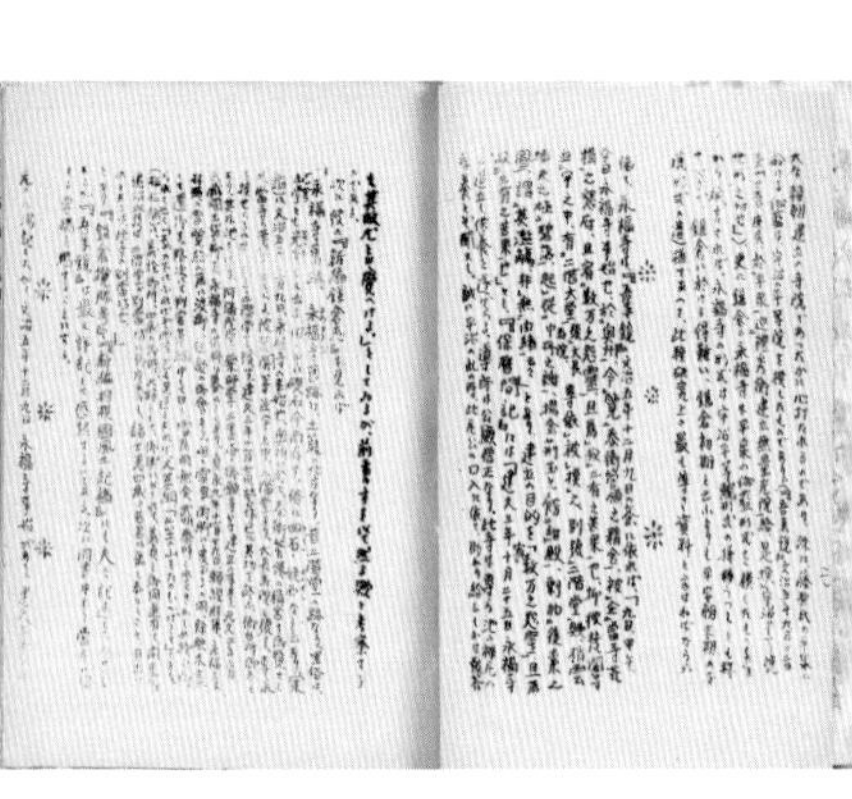

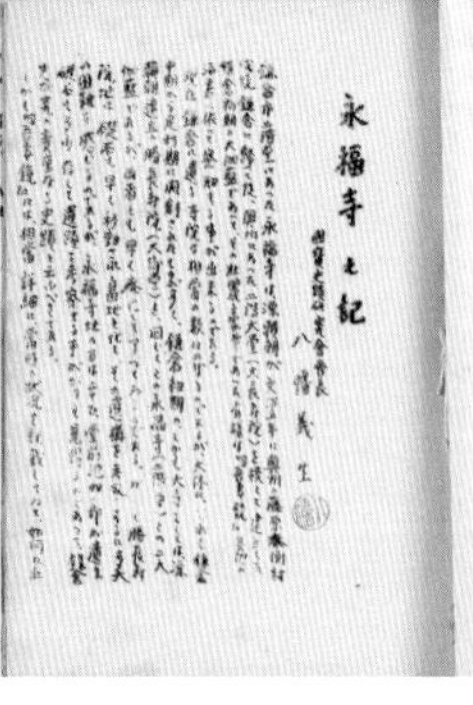

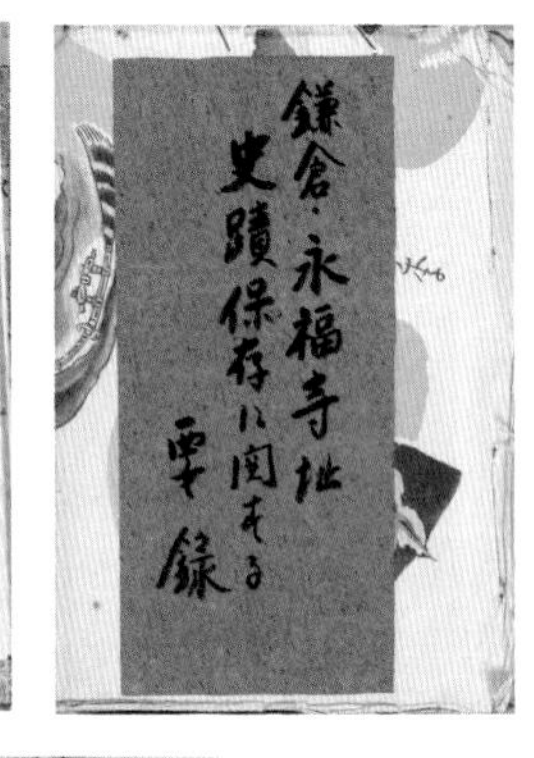

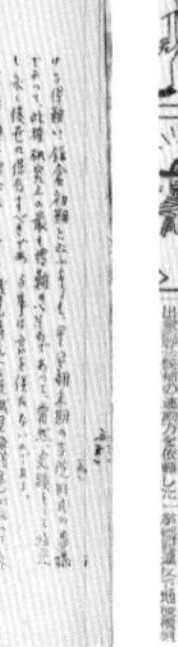

"軍命解雇"は不当

賀駐留軍要組、知事へ抗議

悪質な饗応

地検賀支部

神奈川新聞

史蹟変じて庭球場に

鎌倉永福寺址埋立て問題化す

地主鎌倉宮も了解ずみ

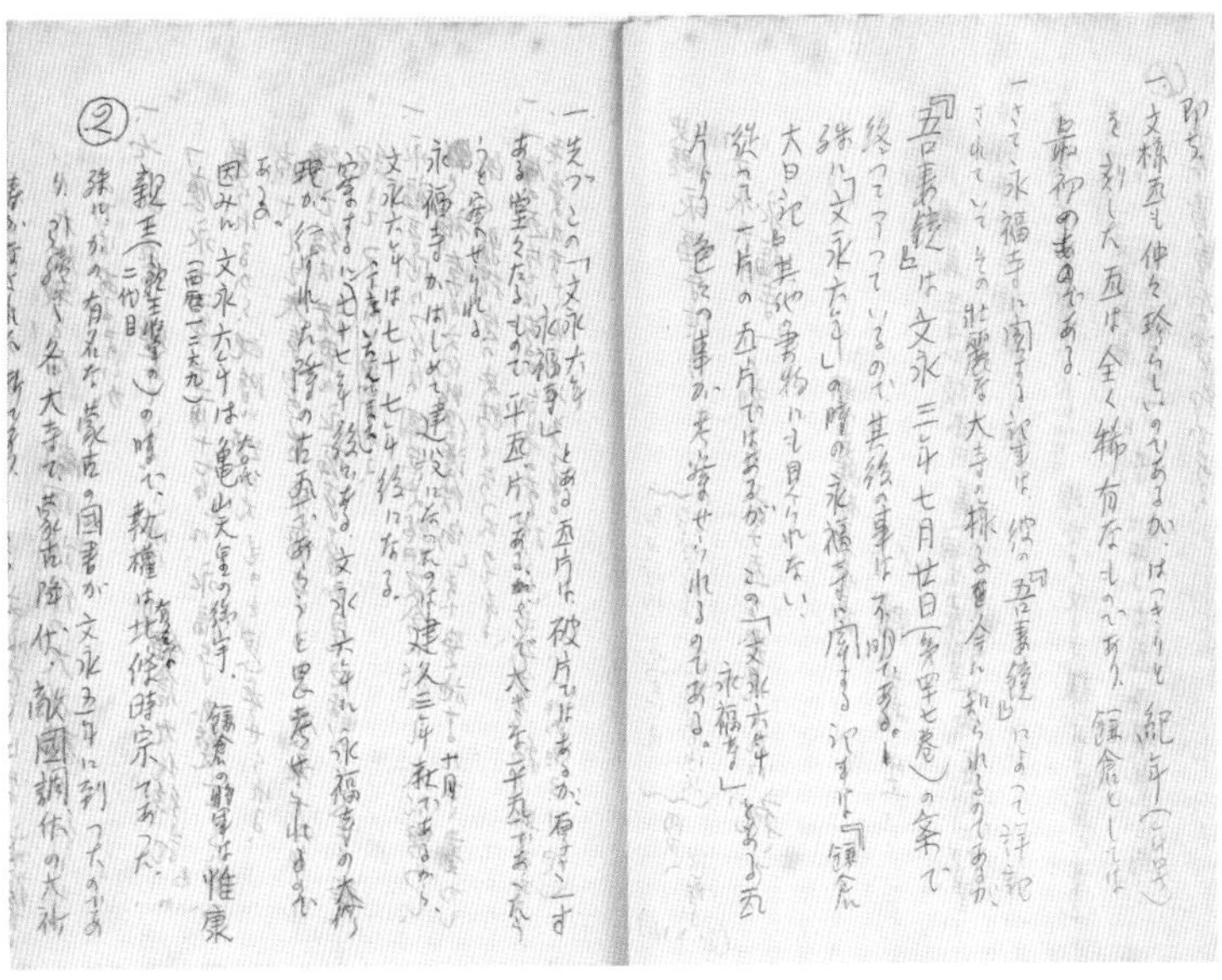

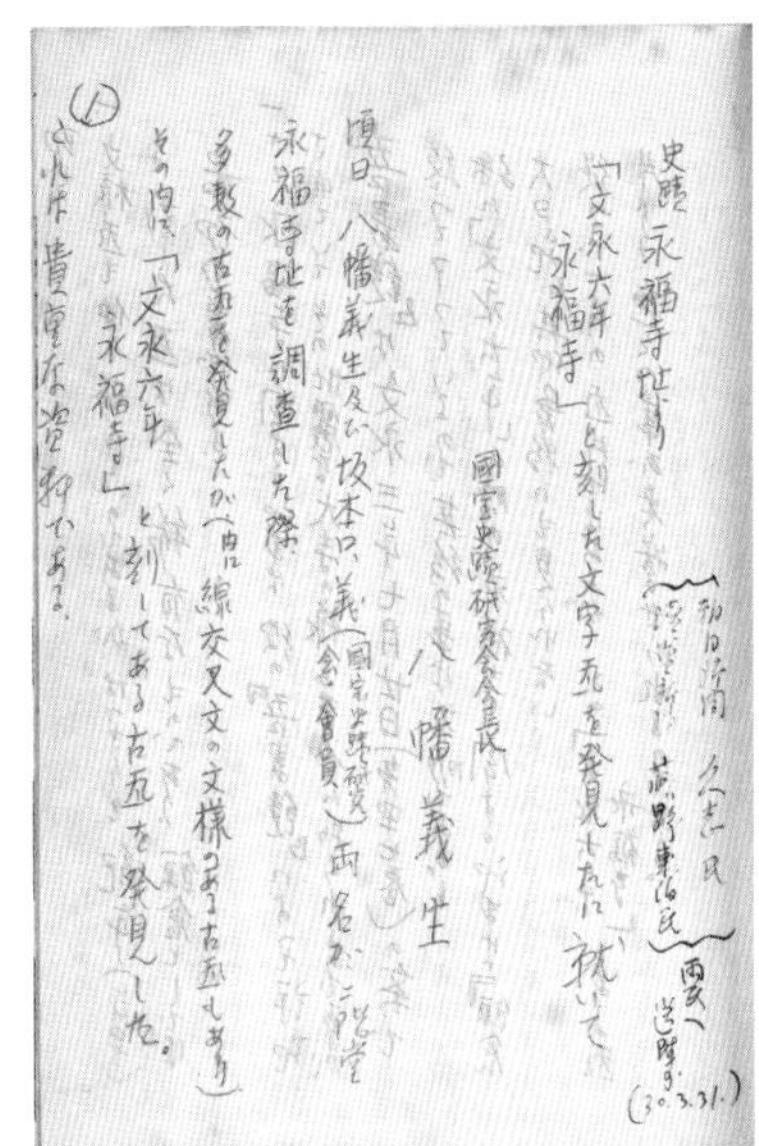

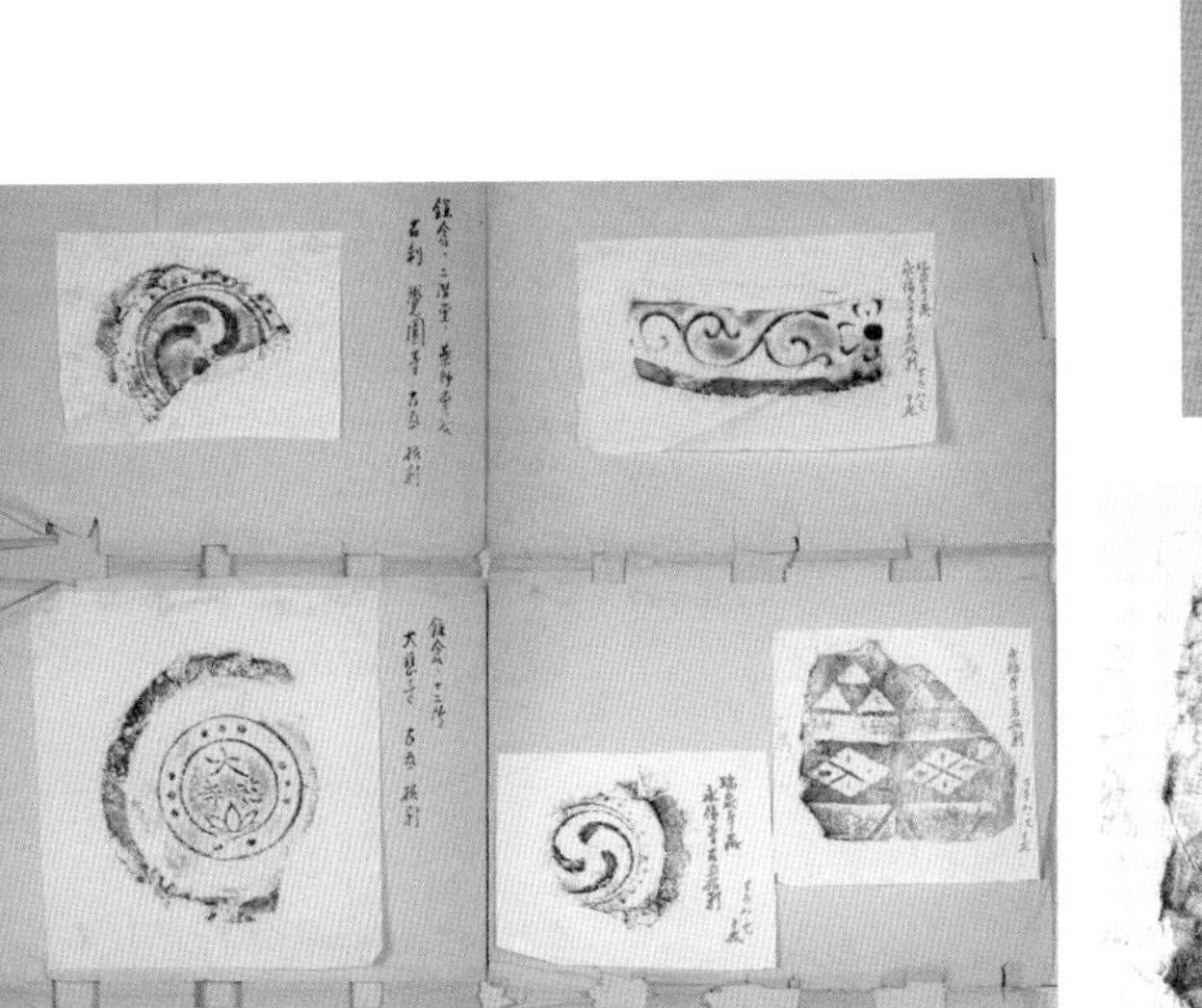

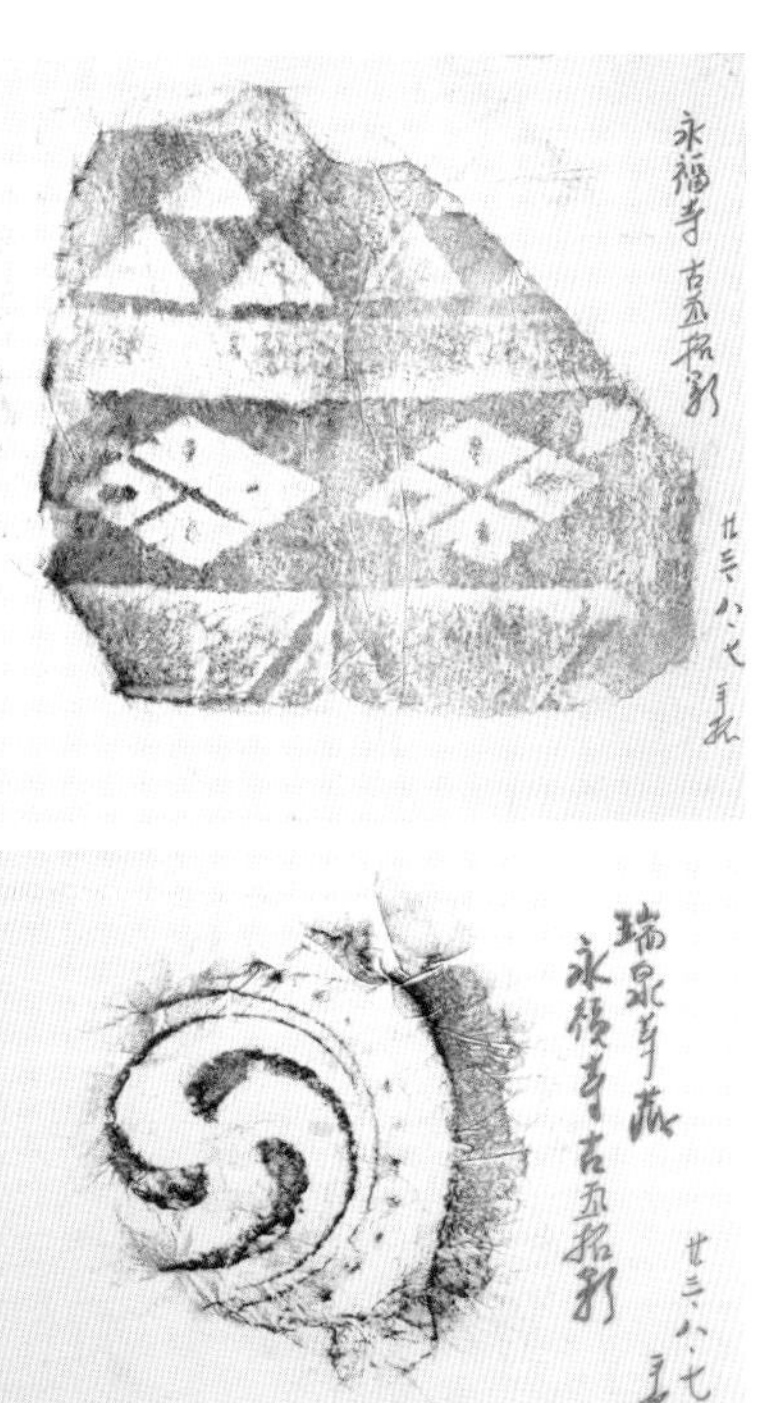

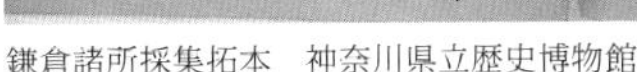

鎌倉諸所採集拓本　神奈川県立歴史博物館

拡大

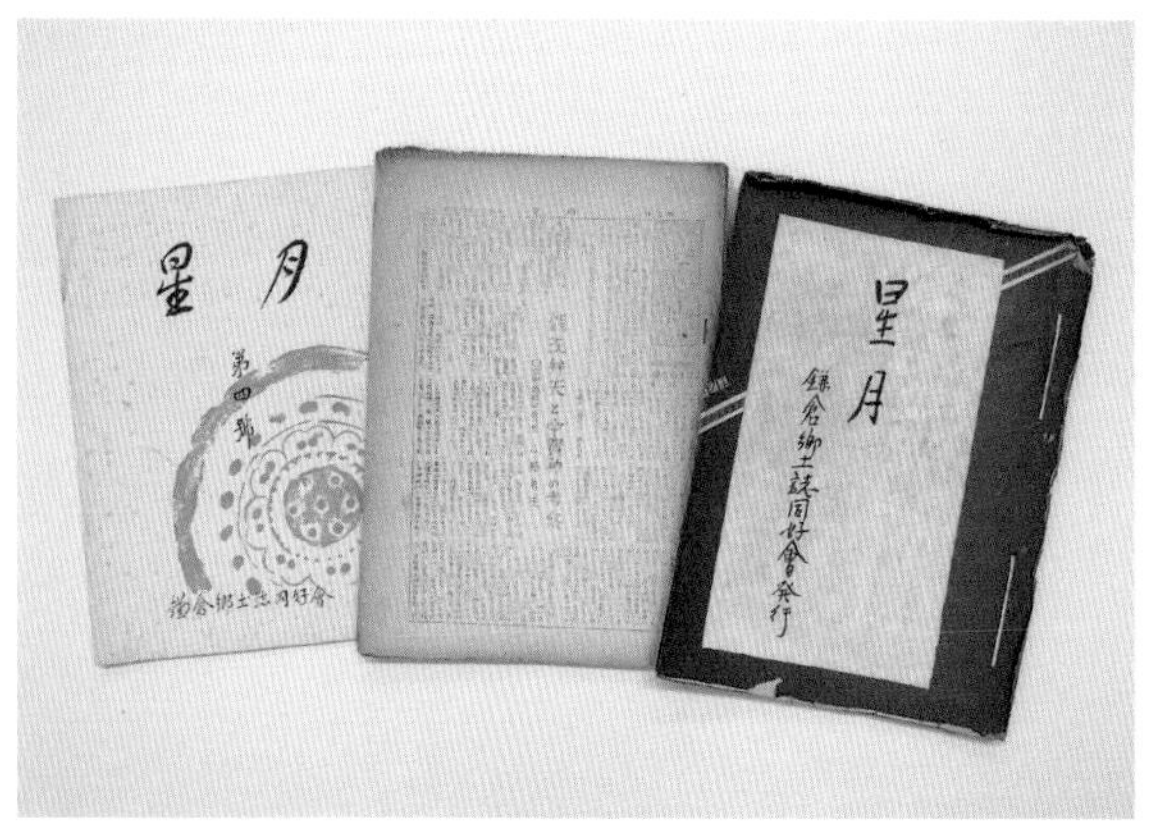

雑誌『星月』 個人

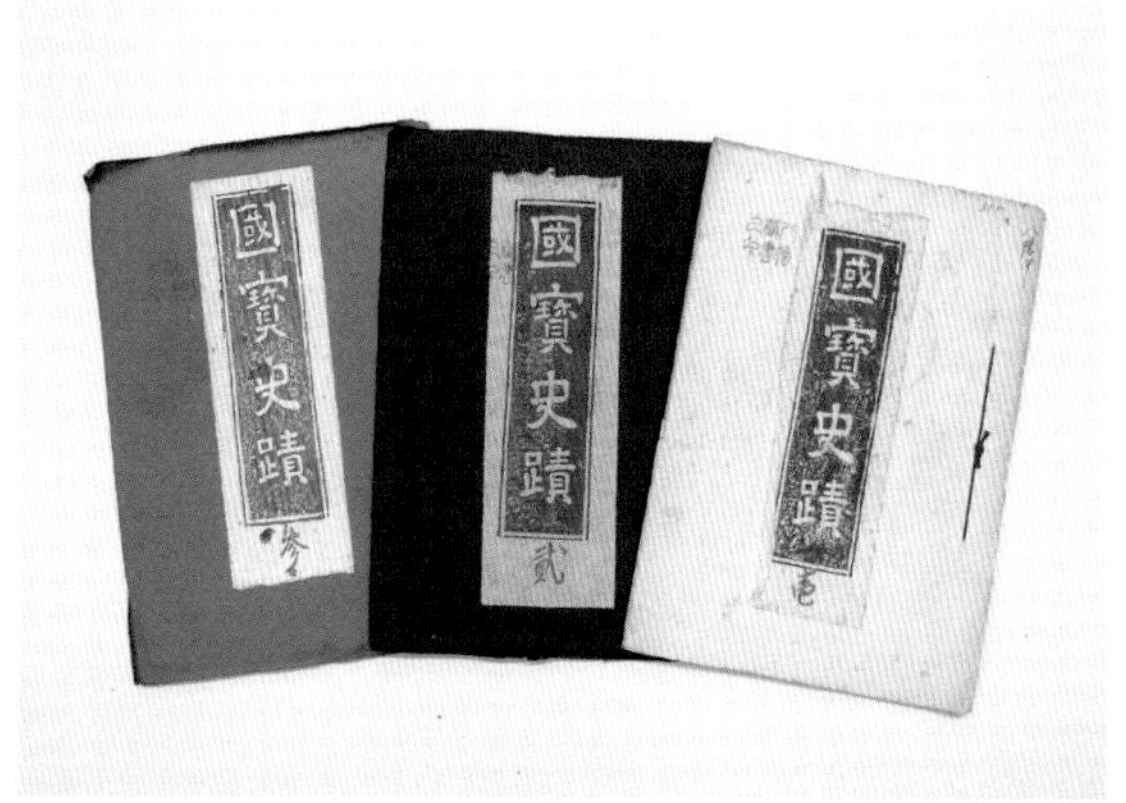

雑誌『國寶史蹟』 個人

3 アルバム『昭和初期の鎌倉古写真』（高見千代子氏旧蔵）
昭和八年（一九三三）以降
鎌倉市中央図書館

参考　五月の永福寺あと（画像提供：鎌倉市中央図書館）

参考　永福寺谷遠景（画像提供：個人）

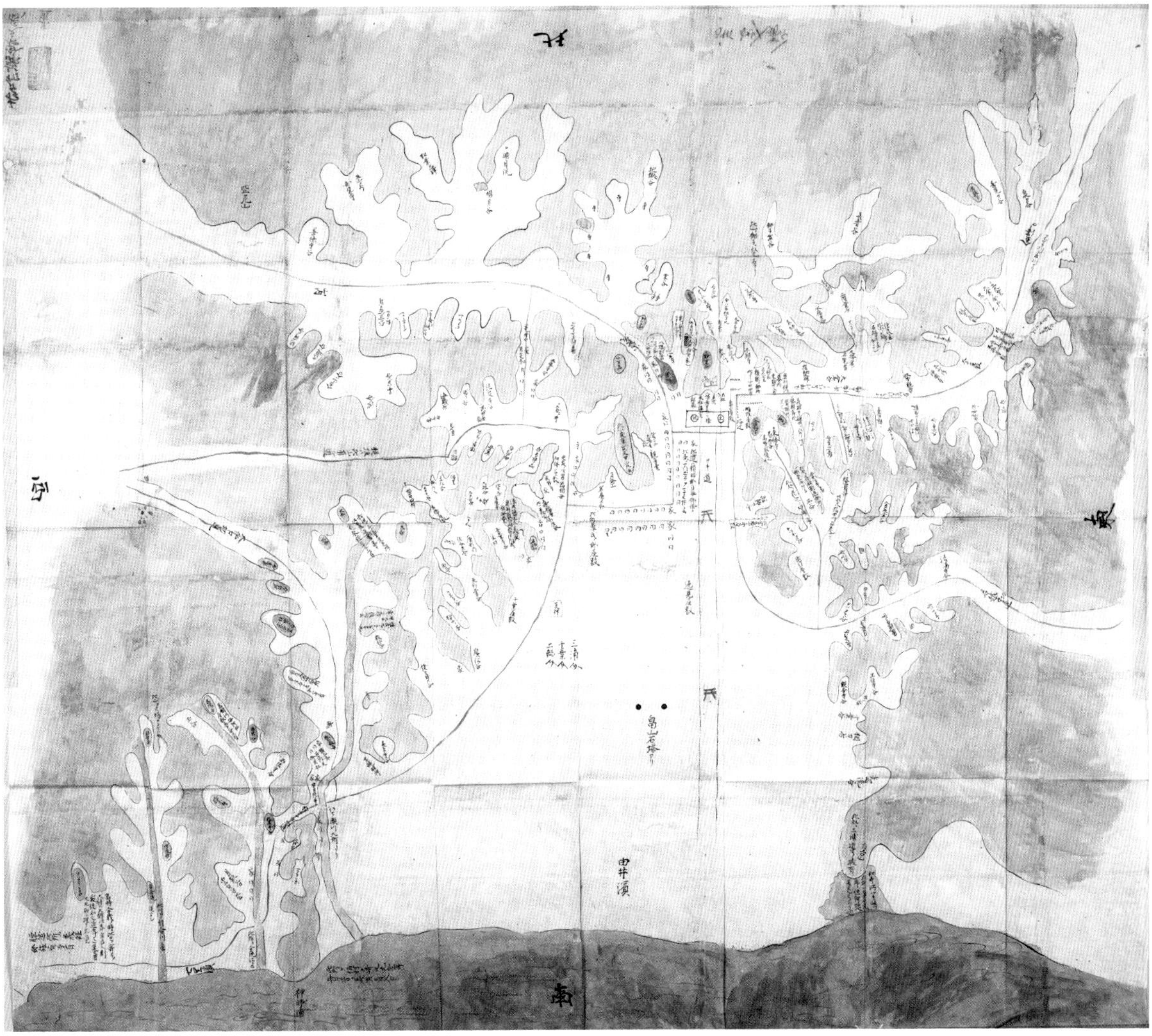

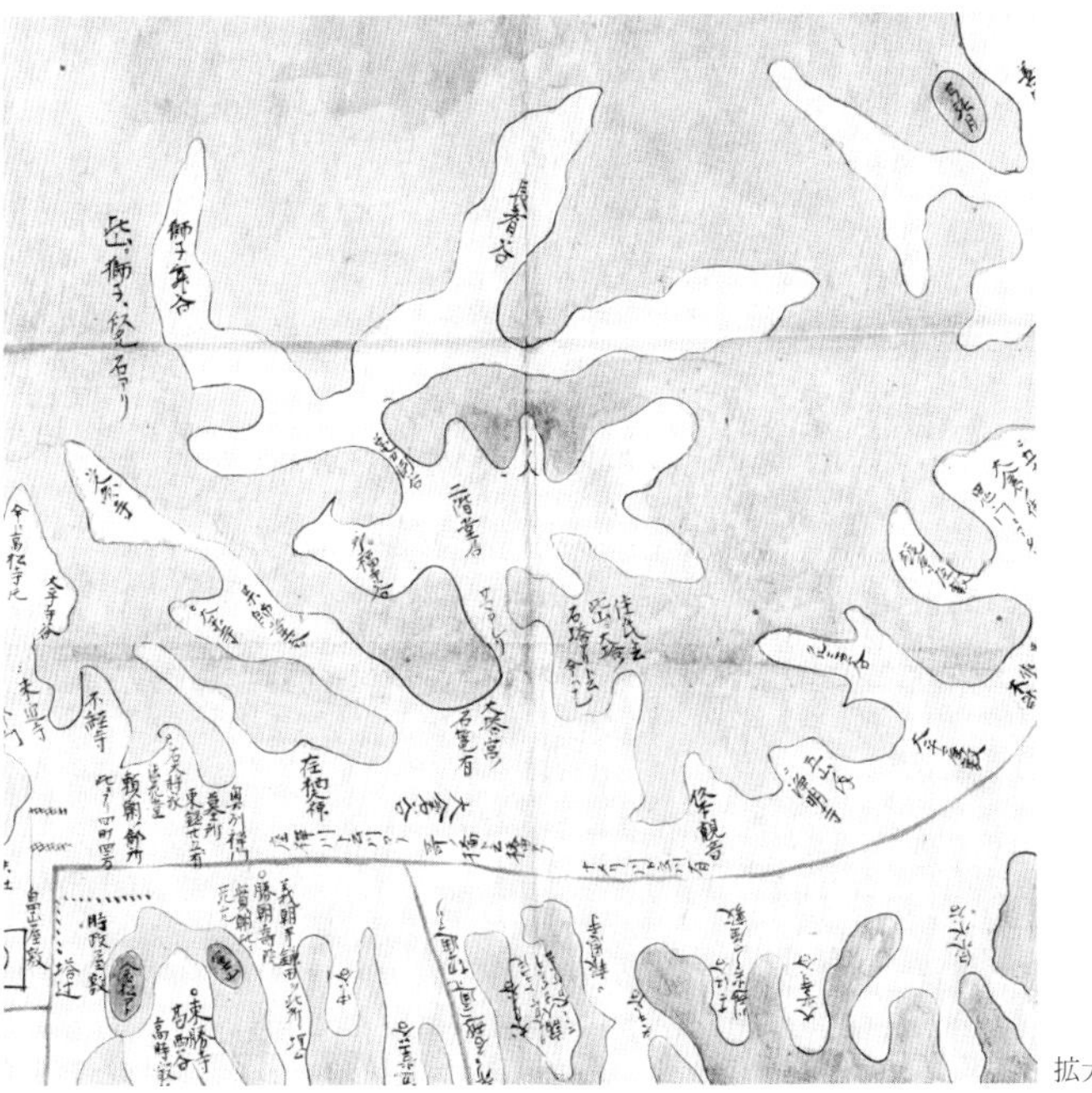

拡大

4 相州鎌倉之図
江戸時代
神奈川県立歴史博物館

近世における鎌倉巡りと永福寺

寺西明子

鎌倉を巡る刊行物

近世における社寺参詣を始めとした名所巡りの旅は、街道の整備、交通制度の充実、貨幣社会の浸透に伴って多くの階層に広まった。様々な名所が創出される中で鎌倉は早くから認識され、鎌倉中の名所旧跡を描いた地誌、名所案内記、鎌倉絵図などの案内図が数多く刊行された。本稿ではその一端を紹介しよう。

延宝二年（一六七四）から水戸藩彰考館において編纂が開始された『新編鎌倉志』は、文献考証、実地調査を経て作成された。採録された名所・旧跡には権威と確からしさが付与され、以降の地誌、案内記、鎌倉絵図に強い影響を与えた。『新編鎌倉志』を追補した『鎌倉攬勝考』は室町期の文献を補い、「仏刹」「堂宇」「廃寺」などの項目ごとに分かりやすく纏め「十井」「五木」などのコンテンツを紹介したことで、『新編鎌倉志』が採録した名所・旧跡の地位はより確かなものとなった。

また、鎌倉の名所・旧跡は、旅行者が使いやすいよう纏められ刊行された名所案内記・名所図会等によって広く庶民にまで流布した。正徳三年（一七一三）から明治二三年（一八九〇）まで二三版に亘って刊行され続けた『鎌倉名所記』は名所地を六丁に纏めた半紙本であり、道中携行するのに適していた。鎌倉を中心に名所を描いた鎌倉絵図も、万治年間（一六五八～）頃より江戸時代を通じて五十数版刊行された。その多くは鶴岡八幡宮と若宮大通を中心にして鎌倉周辺の名所がデフォルメ化して描かれより図式化された竪図と、金沢・江の島の名所も無理なく含むことができる横図に大分される。近世における鎌倉の名所を固定化させたのが『新編鎌倉志』であるならば、旅行者に対して簡易的に巡る鎌倉の名所をイメージづけたのが鎌倉絵図に他ならない。

鎌倉をいかに巡ったか

旅行者はいかに鎌倉を巡ったのだろう。「道中記」（当館蔵、文化三年（一八〇六）二月）から一例を示そう。出羽国米沢の斎藤氏は日光、江戸、伊勢を巡る旅に出た。その途中、戸塚宿から鎌倉山ノ内に入り、円覚寺前の茶屋において案内を頼んだ。建長寺、鶴岡八幡宮を参詣して東に向かい、大倉幕府跡、北条高時のやぐらを経て雪ノ下の茶屋に一泊する。静御前の舞や、相模入道（高時）終焉の挿話から、案内人が『吾妻鏡』『太平記』を基にした逸話を併せて名所を紹介していたことがわかる。翌日は南下して光明寺を詣でたのち、由比ヶ浜を西に向かいつつ鎌倉谷七郷を眺め、長谷観音、星月井を巡った。その後は江の島、大山参詣に出立している。道中記のなかで斎藤氏は「鎌倉をみるには一日ばかりの逗留にては難しい」とこぼす。鎌倉のみを目的としない庶民の旅の場合はその逗留日数は少なく、効率的に鎌倉の名所を攻略する必要があった。明治九年（一八七六）平野栄『鎌倉紀行』にも案内人が相模の名所を効率よく巡るには「第一ニ権五郎景政遺跡、第二ニ長谷寺の観音、第三ニ大仏、第四ニ鶴岡八幡宮、第五ニ大塔宮、第六建長寺、第七ニ円覚寺など見たまはば、それにて足りてん」と説明する場面が書かれる。地理にも不案内で歴史にも疎い旅行者の場合には案内人を頼んで鎌倉名所ツアーを組んでもらうことが一般的であったといえよう。

記録の中の永福寺

鎌倉の名所としての訪問先に永福寺旧跡が表れることは決して多くはないが、地誌、紀行文に採録される例があることは近世を通じて確認できる（一八二頁「永福寺紀行文史料集」）。

近世初頭の旅行者たちは永福寺旧跡の所在地をあまり明確には把握していなかったようだ。『鎌倉物語』は永福寺地について「何方ともたずねきかざりし」とし、『金兼藁』は庭園の池について『吾妻鏡』の記述を引くが、今はもう無く土地の人に聞いてもわからないと記す。『玉舟和尚鎌倉記』では永福寺惣門の礎石に由来すると考えられる「四ツ石」の地名について、和田合戦において朝比奈義秀が打ち破ったと伝承の残る御所総門と誤認している。寺社被官、商工業者などが住まう鎌倉中の街道筋や門前地とは異なり、中世武士が退出したのちの谷合は無人地や耕地となった箇所も多かった。二階堂村は近代初頭でも人家は五〇軒程度、村内の八割が山林の小規模村落であり、近世において既に中世の面影には乏しかったのだろう。寺地や礎石の存在が明確に記されるようになるのは、文献・実地調査が志された徳川光圀『鎌倉日記』以降と考えられる。

『新編鎌倉志』が刊行された貞享二年（一六八五）以降の案内記等の記述からは、永福寺旧跡の項目ひとつをとってもその影響を受けているであろうことがわかる。例えば平易な案内文と緻密な挿図で人気を博した『東海道名所図会』を見れば、永福寺跡の位置、田中に残る礎石とその呼称、「山堂」「光堂」の呼称について記し、『新編鎌倉志』の内容を踏襲したものであることがわかる。

絵図類のうち、永福寺の記載がある「鎌倉勝槩図」はデフォルメ化されたいわゆる鎌倉絵図とは一線を画し地形を詳細に描写した絵図だが、包紙から『和名類聚抄』、『吾妻鏡』、『太平記』等を参考文献として行程は『新編鎌倉志』に沿って記されたことが知れる。

鎌倉の旧跡は『新編鎌倉志』などの地誌によって調査され、近世の名所として再定義された。永福寺旧跡もそのうちの一つであったが、鎌倉絵図への採録例が少ないことからは短期間で鎌倉周遊をする場合には選択されにくかったことがうかがえる。とはいえ、二階堂周辺には、荏柄天神、大塔宮土籠、坂東三十三観音一番札所杉本寺などがあり近くを通過する旅客は少なくなかったはずだ。その道中でかつての大伽藍永福寺に思いを馳せる旅行者もあったに違いない。

【主要参考献】

・鈴木棠三『鎌倉　古絵図・紀行－鎌倉紀行篇－』東京美術、一九七六年
・鎌倉市『鎌倉市史　近世近代紀行地誌編』吉川弘文館、一九八五年
・神奈川県図書館協会郷土資料編集委員会編『神奈川県皇国地誌相模国鎌倉郡村誌』（神奈川県郷土資料集成第一二輯）神奈川県図書館協会、一九九一年
・白石克「『鎌倉名所記』諸版について」（『斯道文庫論集』一四、一九七七年）
・関幸彦『「鎌倉」とはなにか』二〇〇三年
・押田佳子「鎌倉における伝統的な「古都観光」の継承に関する研究」（『郷土神奈川』五一、二〇一三年）
・岩田会津「近世鎌倉中の空間構造」（『都市史研究』五、二〇一八年）
・原淳一郎「近世の地誌と寺社：『新編鎌倉志』と鎌倉寺社」（『季刊悠久』第二次一六三、二〇二一年）

1章　京・平泉の浄土世界

源頼朝による永福寺建立の直接的な動機は、奥州合戦で平泉藤原氏が築いた北の都平泉の壮麗さを目の当たりにしたためと、『吾妻鏡』には記されている。中尊寺・無量光院・毛越寺など、北のつわものたちは京都の浄土世界を模倣しながら、みちのくに独自の世界を創り上げていた。本章では、平安後期の京都鳥羽離宮や奥州平泉の寺院群を取り上げ、やがて鎌倉幕府が成立し、浄土世界を体現する永福寺の建立へと至る道程をみていきたい。京との関わりが注目される鎌倉幕府であるが、〝北からの鎌倉幕府〟という視点にもぜひ注目していただきたい。

鳥羽離宮金剛心院跡

応徳三年（一〇八六）より、白河天皇が譲位後の仙洞御所（後院）として平安京南郊外に造営を開始した日本最大級の離宮。史料上では「鳥羽殿」「洛南水閣」などとみえる。敷地面積は一〇〇ヘクタール以上を誇り、歴代上皇たちにより御所や寺院・仏堂が次々と建立され、離宮中央には巨大な苑池が配された。なかでも、久寿元年（一一五四）に鳥羽上皇が建立した金剛心院は離宮内の最大寺院であり、釈迦堂・九体阿弥陀堂・寝殿・苑池・築山が設けられていた。離宮内の建造物に用いられた瓦の生産地は、播磨・山城・讃岐・尾張・河内と多岐にわたり、諸国から運び込まれていたことが分かる。

上：鳥羽殿主要部（復元画像）
右：金剛心院（復元模型）
（画像提供：京都市考古資料館）

第97次発掘調査（画像提供：京都市歴史資料館）

第102次発掘調査（画像提供：京都市歴史資料館）

□ 鴛鴦文金具　京都市考古資料館

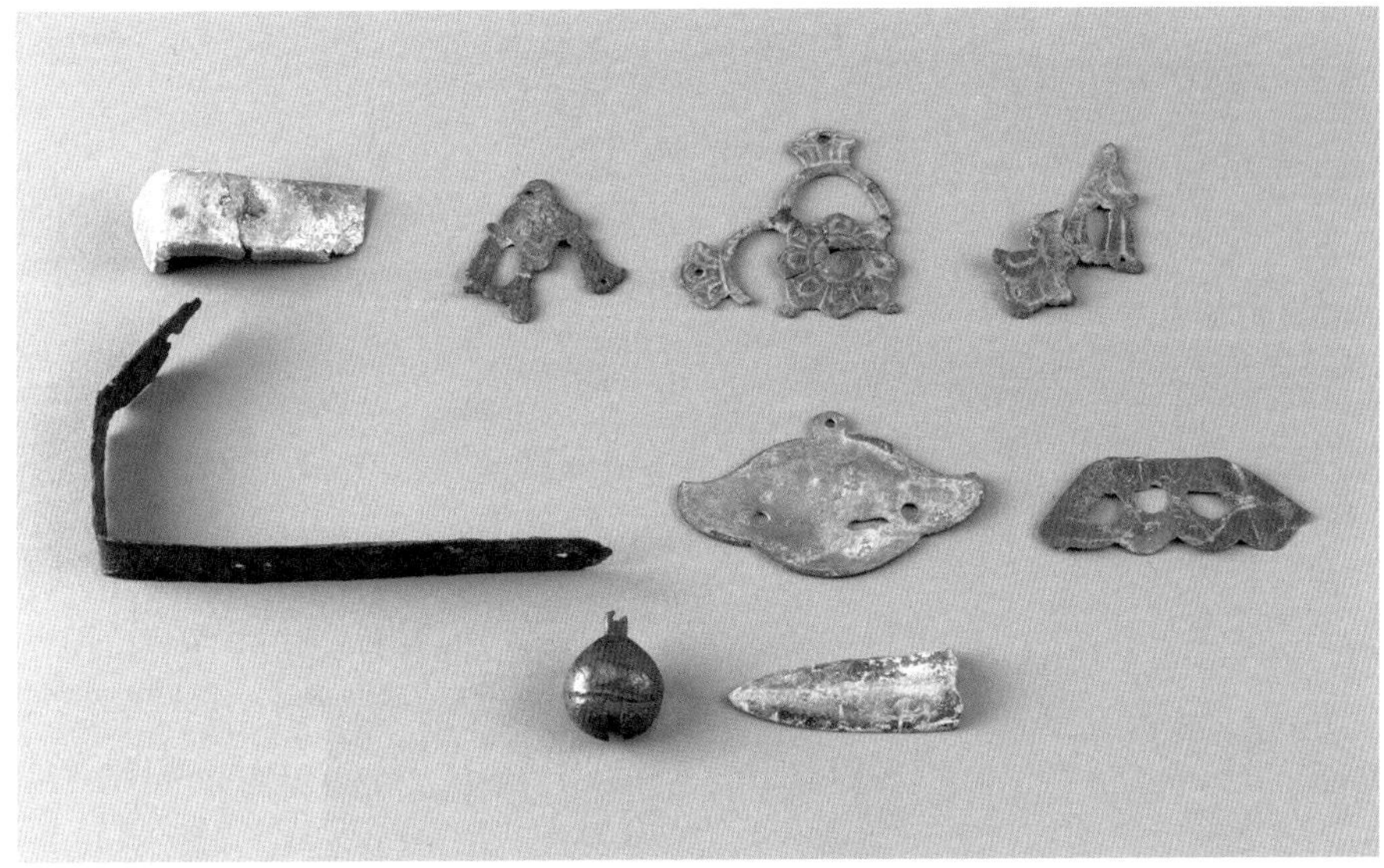

□ 飾金具（天蓋瓔珞・八双金具・鈴・舌ほか）　全体　京都市考古資料館

八双金具　裏面

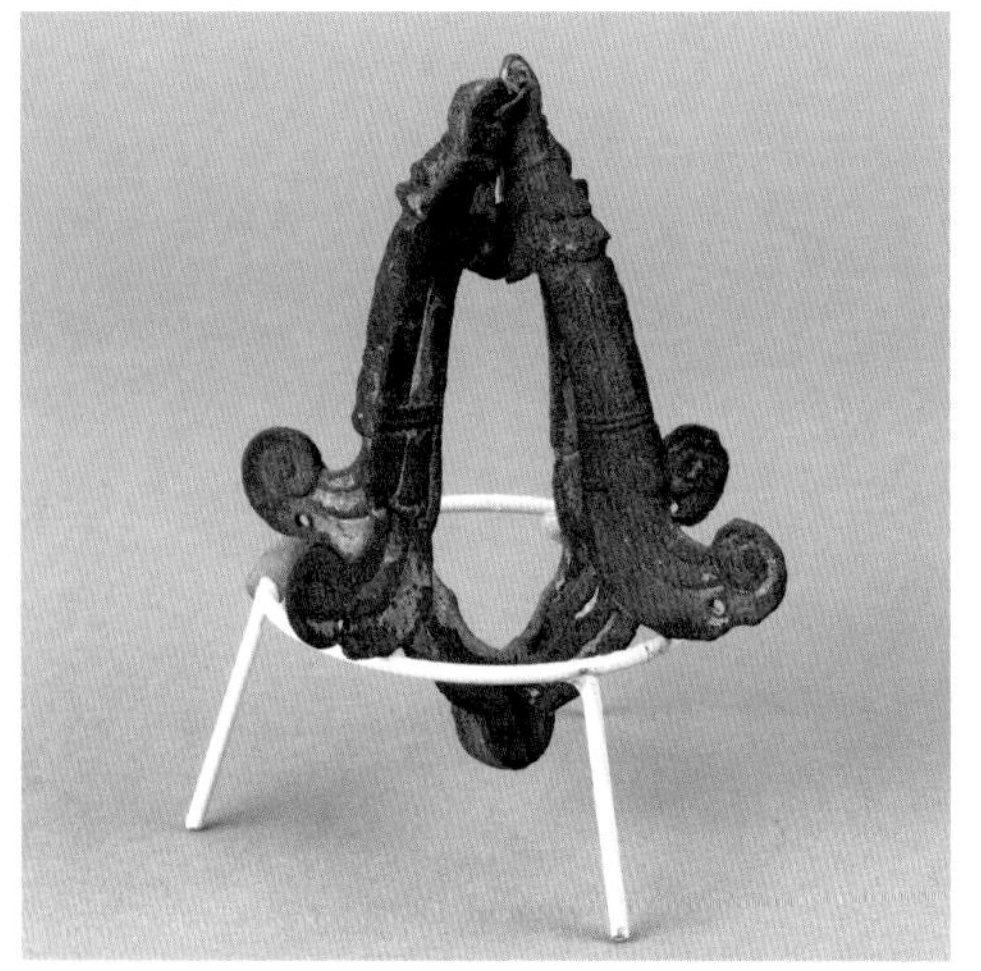

□ 瓔珞　京都市考古資料館

□ 方形金具　京都市考古資料館

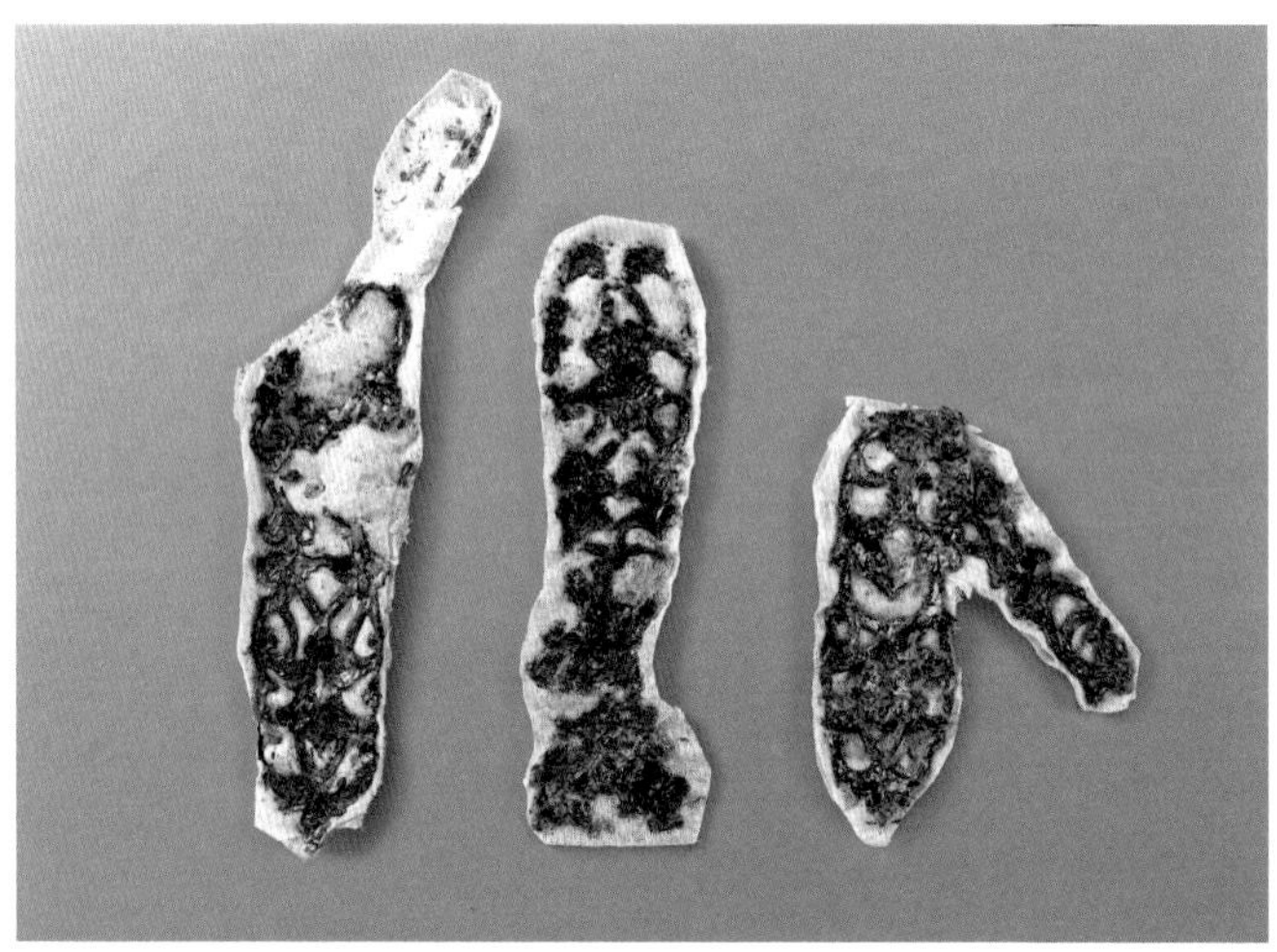

□ 垂飾　京都市考古資料館

□ 水晶玉　京都市考古資料館

□ 玉類　京都市考古資料館

□ 蓮華文軒丸瓦(播磨産)　水垂収蔵庫

□ 鬼瓦　京都市考古資料館

□ 唐草文軒平瓦(播磨産)　水垂収蔵庫

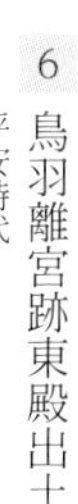

6 鳥羽離宮跡東殿出土品

平安時代

水垂収蔵庫

三巴文軒丸瓦（尾張産）

唐草文軒平瓦（尾張産）

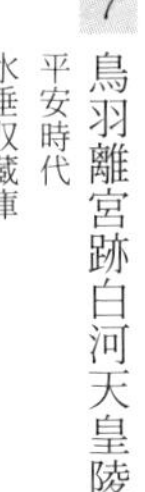

7 鳥羽離宮跡白河天皇陵出土品

平安時代

水垂収蔵庫

三巴文軒丸瓦（山城産）

下向き剣頭文軒平瓦（山城産）

8 五輪塔文軒丸瓦（和泉産） 円勝寺跡出土品

平安時代

水垂収蔵庫

9 五輪塔文軒丸瓦（和泉産） 常盤仲ノ町遺跡出土品

平安時代

水垂収蔵庫

柳之御所遺跡

かつて奥州・羽州地域に強大な勢力を誇った平泉藤原氏の政庁跡。『吾妻鏡』には「金色堂正方、並于無量光院之北、構宿館〈号平泉館〉」とあり、中尊寺金色堂の東側でかつ無量光院の北側という立地で、史料上「平泉館」と称された。館周辺は秀衡子息たちの居館で囲繞され、平泉藤原氏の政治拠点であったことが分かる。そのことを裏付けるように、出土遺物も儀礼や宴会などで使用された「かわらけ」が大量に出土している。加えて希少価値の高い中国産陶磁器や、藤原氏が掌握した奥羽地域の砂金流通に関わる遺物も見つかっており、彼ら一族の経済力を示していよう。

平泉町内空撮
（画像提供：川嶋印刷株式会社）

堀跡
（画像提供：岩手県文化振興事業団埋蔵文化財センター）

10 柳之御所遺跡出土品
平安時代

◎ 白磁四耳壺　岩手県教育委員会

◎ 青白磁碗　平泉町教育委員会

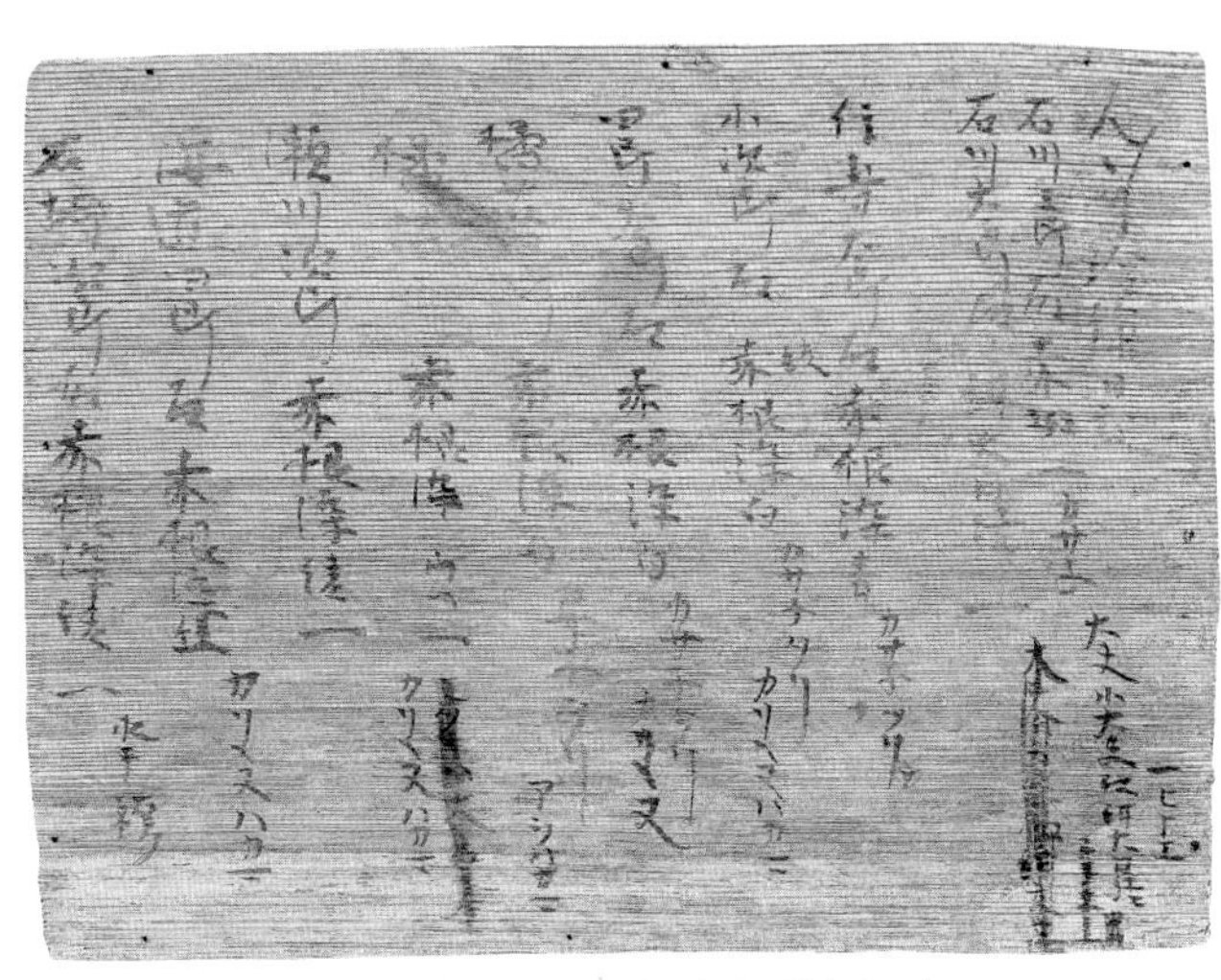

◎ 折敷（人々給絹日記）　岩手県教育委員会

◎ 人面墨画土器　岩手県教育委員会

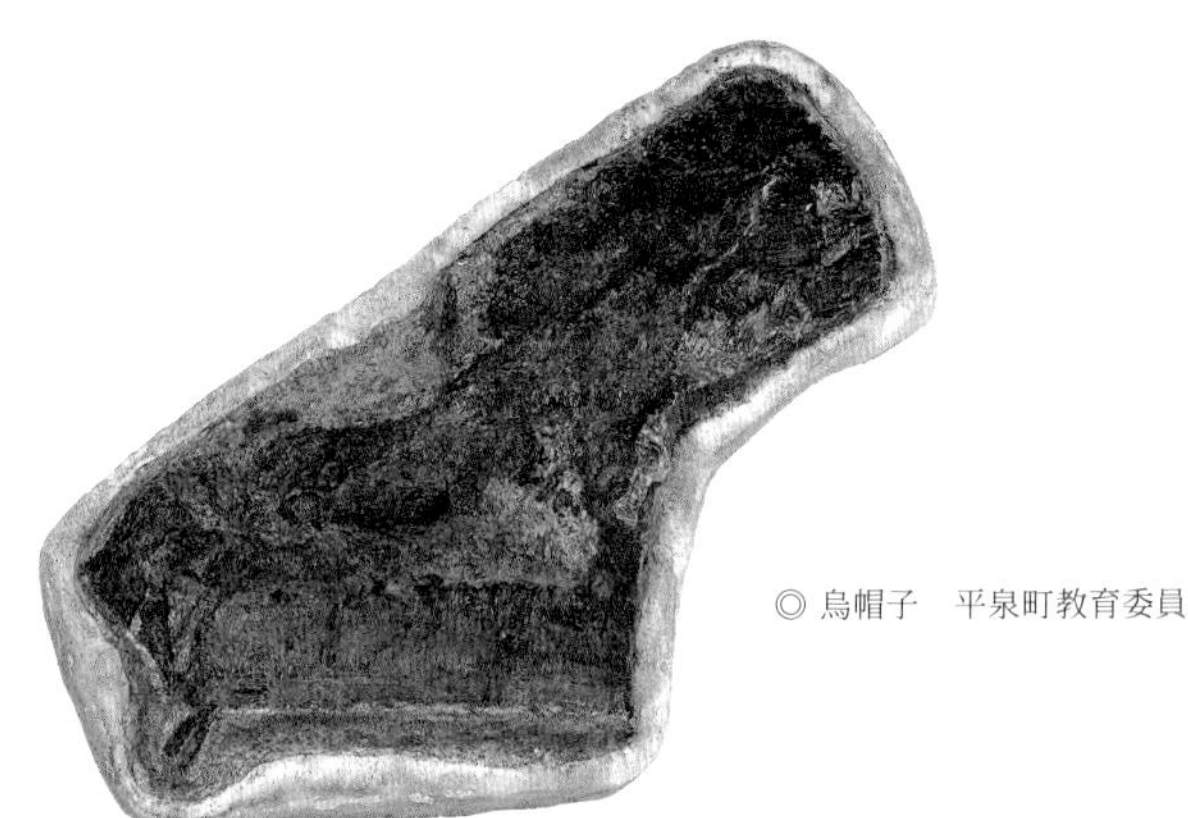

◎ 烏帽子　平泉町教育委員会

◎ 金付着礫　岩手県教育委員会

12
柱状高台　泉屋遺跡出土品

平安時代
平泉町教育委員会

11
かわらけ（ロクロかわらけ・手づくねかわらけ）

白山社跡出土品
平安時代
平泉町教育委員会

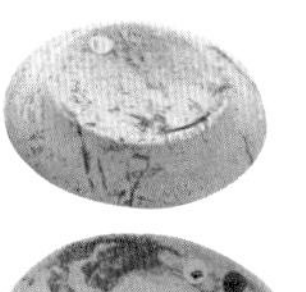

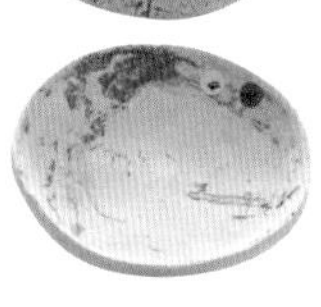

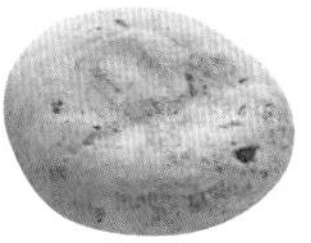

13

◎金銅装飾金具　無量光院跡出土品

平安時代

平泉町教育委員会

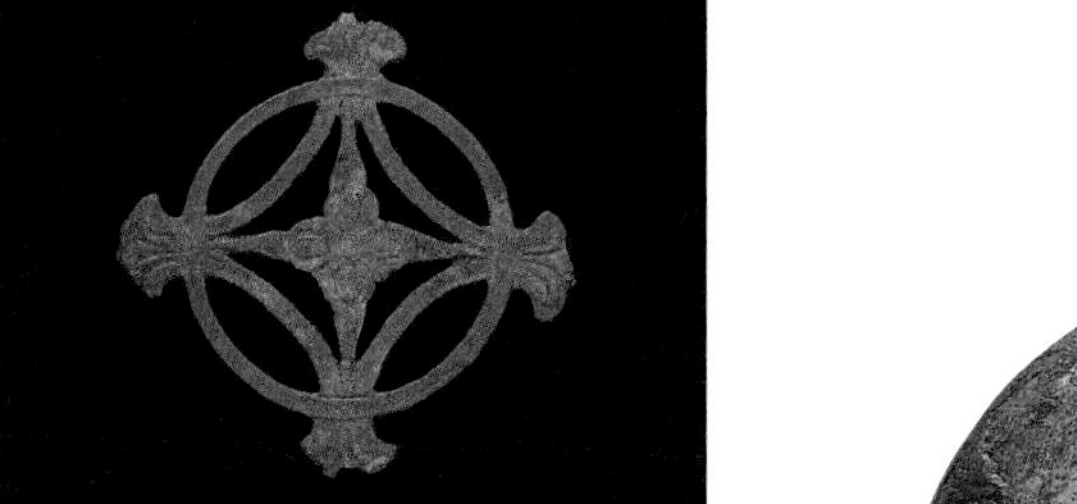

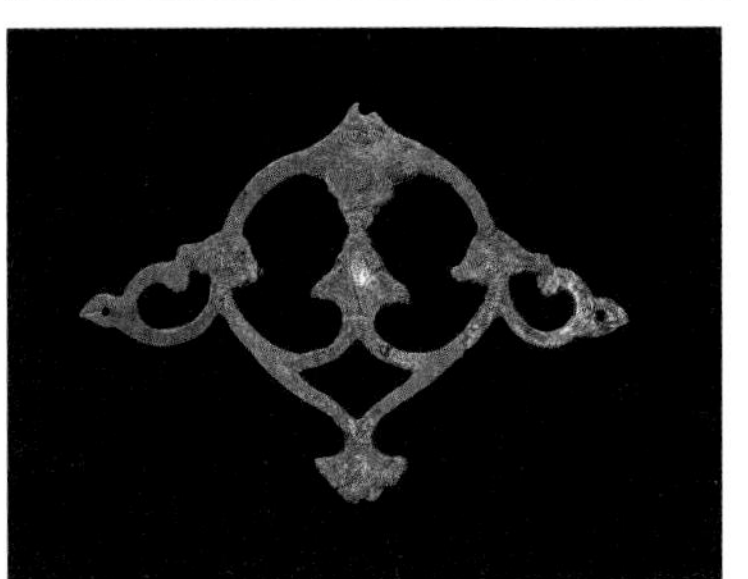

参考 上：金銅花菱七宝文透彫飾金具
下：金銅透彫瓔珞
（画像提供：川嶋印刷株式会社）

無量光院

無量光院跡（画像提供：川嶋印刷株式会社）

平泉藤原氏の三代藤原秀衡が、経典『観無量寿経』で説かれる浄土世界を体現する目的で、京都の宇治平等院を模倣して建立した寺院。その有様は『吾妻鏡』に「秀衡建立之、其堂内四壁扉、図絵観経大意、加之、秀衡自図絵狩猟之体、本仏者阿弥陀丈六也、三重宝塔、院内荘厳、悉以所模宇治平等院也」と詳細に記録され、本尊は阿弥陀如来で秀衡自らが狩猟の様子の図絵を描いている。全体が巨大な苑池のなかにあり、真後ろにある金鶏山には夕陽が沈むという日想観（にっそうかん）に基づく配置がされ、まさに西方の極楽浄土を具現化した環境となっている。

中尊寺金色堂

中尊寺金色堂（画像提供：中尊寺）

天治元年（一一二四）、初代藤原清衡によって草創された中尊寺は、「寺塔四十余宇、禅坊三百余宇」の大規模な寺院として『吾妻鏡』に記録され、鎌倉永福寺は同寺の二階大堂を模したとされる。とりわけ平泉藤原氏三代のミイラ化した遺体を安置する同寺金色堂は、須弥壇や柱などにふんだんに螺鈿や蒔絵が施され絢爛豪華な偉容を誇る。永福寺跡からは中尊寺の螺鈿形式と非常に近似する細工品が出土しており、その影響力の程が窺える。

金鶏山

柳之御所の西側にある標高一〇〇メートル弱の小山ながら、仏都平泉のシンボル的存在で「須弥山（しゅみせん）」（仏教世界の中心）とされる。同山には一二世紀前半頃の二代藤原基衡の時期に造営された経塚が発見されており、壺類・経筒の組み合わせから少なくとも九基の経塚が造営されていた。この経塚の数は平泉のなかでも最大規模である。毛越寺・無量光院をはじめ平泉の宗教施設の建立は金鶏山の立地を踏まえた上で計画されており、金鶏山が聖地として重要視され、平泉の都市計画における基準となっていたことが知られる。

金鶏山（画像提供：川嶋印刷株式会社）

14 金鶏山経塚出土品
平安時代
東京国立博物館

甕（常滑窯産）

刻線文壺（渥美窯産）

経筒

毛越寺

二代藤原基衡が建立した最大の臨池伽藍を備える寺院。円隆寺や嘉勝寺をはじめ多数の堂塔・禅坊を持ち、万宝を尽くし荘厳された大伽藍は、『吾妻鏡』に「霊場於荘厳者、吾朝無双」と記録されるほど、壮麗なものだった。毛越寺の立地は仏都平泉のシンボル金鶏山山頂から南側へ延びる子午線が同寺東側に合致し、金鶏山経塚が毛越寺の鬼門を守護する関係にある。

毛越寺浄土庭園（画像提供：川嶋印刷株式会社）

毛越寺本堂（画像提供：川嶋印刷株式会社）

平泉藤原氏の文化と権力

八重樫忠郎

はじめに

平安時代末期の一二世紀、岩手県平泉町を拠点として四代にわたって繁栄したのが、平泉藤原氏である。平泉といえば、院政期の京都を彷彿とさせるような中尊寺や毛越寺という大伽藍遺跡が目を引き、以前から小京都などともてはやされ、その部分のみが世界文化遺産にも登録されている。

たしかに煌びやかな寺院群であったことは疑いない。しかしながら京都の陰影を重ね合わせるに止まり、その細部の実態については明らかにはされず、またそれらの寺院群を生み出した背景についても、深く考えられることはなかった。これらの状況が大きく変わったのは、昭和時代の終末からの中世考古学の登場によってであり、その進展と共に平泉研究は深化していったといえる。

出自と館の形成

平泉藤原氏は、平将門の乱を鎮圧した藤原秀郷を祖としているので、れっきとした武士、当時の呼び名でいえばつわものである。陸奥守とともに国府多賀城（宮城県多賀城市）に下向し、奥六郡（岩手県央から南部）の豪族である安倍氏との婚姻を通じて、勢力を拡大してきている。

前九年合戦（一〇五一～一〇六二年）で安倍氏が滅ぼされると、藤原清衡は母が再嫁したため仙北三郡（秋田県央）の清原氏の一員となった。清原氏内の複雑な血縁関係からのちに後三年合戦（一〇八三～一〇八七年）が勃発し、最終的に清衡一人が生き残り、さらに源氏を追い出すことにも成功し、平泉開府へと向かうのである。

近年の研究では、安倍氏も清原氏も何代か前に下向し、やはり東北地方に根付いた武士であることが判明している。その彼らが、徐々に力を蓄えていったことを示しているものこそが、館の形成である。

館とは、漢字の意味からは役所のことで、本来においては多賀城に赴任してきた陸奥守の住まいを指していた。しかしながら律令体制が弱体化し、地域支配の実権を地元にいる豪族に委ねるようになると、それらの中から館を構えるものが現れる。安倍氏の段階では副長官的な「安大夫」と呼ばれていたものが、清原氏の頃になると「眞衡館」と記録に表れるようになる。国司館があるにも関わらず、堂々と第二の役所を構えることができるようになったわけである。そして平泉には、平泉館が設けられ、その中には、本来は多賀城にあるべき陸奥国（岩手県・宮城県・福島県）出羽国（秋田県・山形県）の民部省図帳大田文（租税台帳）が備えられていた。つわもの達はここまで成長していった。鎌倉幕府へつながる広域支配の萌芽ともいえよう。

平泉へ

清衡は、両氏の轍を踏まないために、戦後処理に尽力し地域の融和を図り、さらに中央には恭順の意を示した。そしてそれらの成果が見え始めた頃に、支配に適した平泉に館を移したと考えている。

支配とは、端的にいえば、安全を保証する見返りとして、租税を取ることである。つまり支配拠点は、租税を集めやすい交通の要衝地でなければならない。平泉はその要件を満

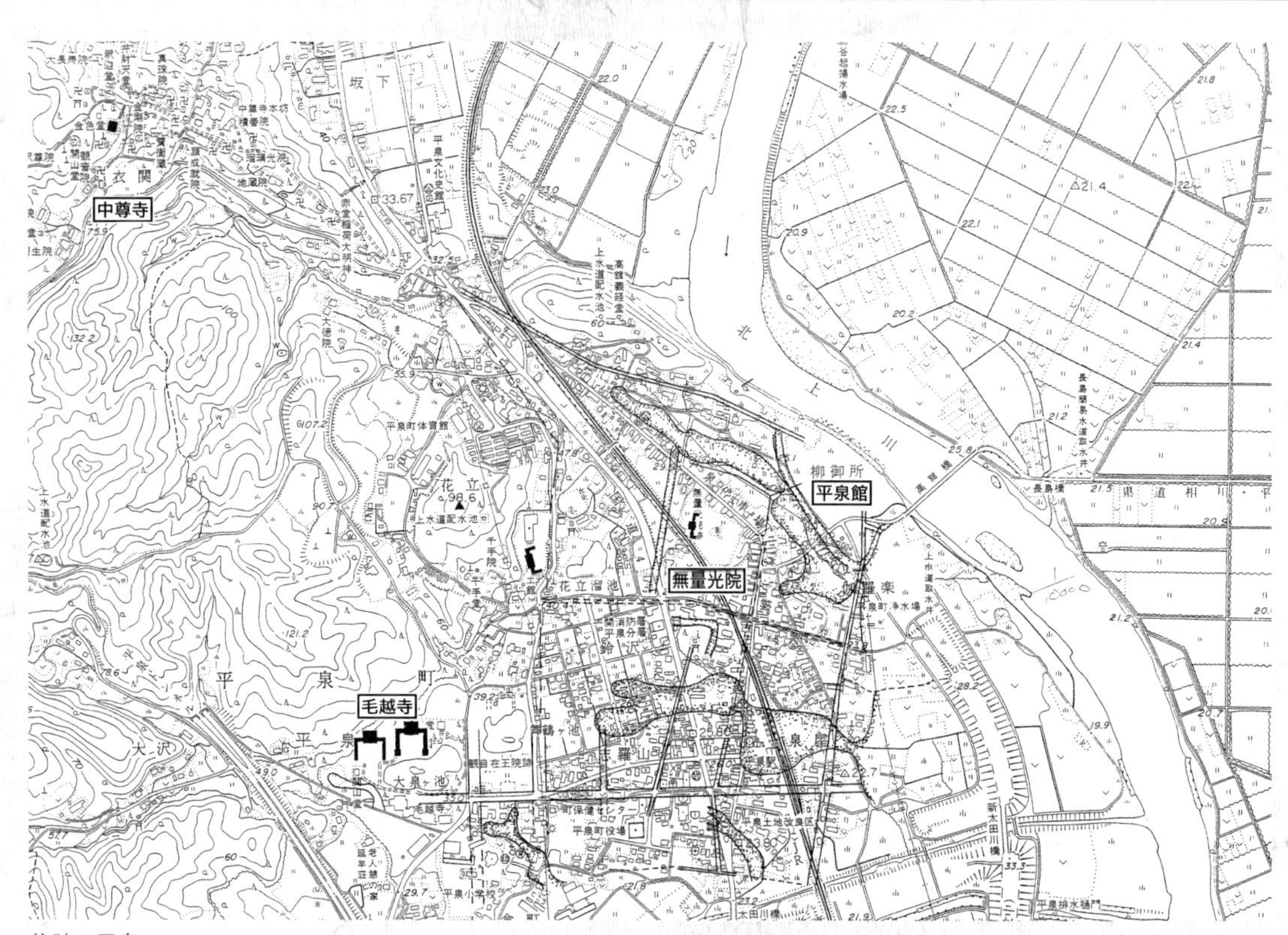

往時の平泉

CG復元された毛越寺

たしていただけではなく、最も恐れる追討という公権力を持った中央に近い多賀城とも結ばれていたからである。

『吾妻鏡』には中尊寺建立が平泉に来てからの最初の事業のように記されているが、以上のように支配拠点である館を先に設けることは当然といえる。その上で人心収攬のための寺院建立に着手したのであろう。平泉館である柳之御所遺跡堀内部地区から中尊寺への向かう道路が、いち早くに設けられていることがその証左である。

市街地形成と寺院

初期の平泉は、館と既存寺院に重複する形で草創された中尊寺程度しかなかった。中尊寺は、『供養願文』にも見えるように、両合戦の鎮魂のために造営された寺院である。そのため中尊寺は、主戦場となった北からしか見えない。それが次の当主になると、院政期の京都の法勝寺を模した毛越寺を南の玄関口に建立する。もはや中尊寺段階の意識は薄れ、南から訪れる人々、すなわち中央からの官人に対する威を放つ施設となっている。そして市街地は、毛越寺を造るために必要なことから、先に設けられていたと考えている。

さらに無量光院に至っては、当主自らが極楽往生するための寺院である。平泉の寺院は、平泉藤原氏の成長の過程をよく表しているし、そして何よりもそれぞれ点在していることから、市街地形成と共に建立されていった状況もうかがい知ることができる。

中世都市は、範囲が明確ではないという指摘があるが、当然のこと鎌倉においても、平泉同様に都市を造るなどという意識はなく、巨大な消費空間ができたことによって、生産者が需要に応じて集まった結果に生まれたものだからである。

おわりに

一四〇年ほどの間に、前九年合戦から文治奥州合戦と三度も東北地方に攻め込んだ源氏は、平泉藤原氏などが京都から距離が離れていることを最大限に利用し、律令国家による東北支配の実権を緩やかに収奪していった実態や文化に直接触れ、必要な部分は、その都度に持ち帰ったはずである。その最も特徴的なものが、殺戮を生業とする武士であっても、統治するためには死者を悼まなければならないという仏教の教えであり、そのための永福寺の建立であった。初期の鎌倉幕府は、それらの上に成り立っている。

2章
永福寺の偉容と鎌倉幕府

文治五年（一一八九）、源頼朝は大倉幕府の北東側に永福寺の建立計画を立案し、建久三年（一一九二）に完成をみる。目的は奥州合戦での戦没供養と謳われ、その偉容は中央に二階堂、左右に薬師堂・阿弥陀堂、加えて惣門・南門・釣殿・多宝塔・鐘楼・僧坊を持ち、臨池伽藍を備えた大寺院であった。以後、永福寺は頼朝期創建の鶴岡八幡宮寺・勝長寿院とならび、歴代将軍の崇敬を集める三大寺院へと成長し栄華を極めていく。

鎮魂の寺院とされる永福寺であるが、これだけの偉容とその外観はいったい誰に向けて発信されていたのだろうか。鎮魂を越えた、永福寺の存在意義について考えてみたい。

永福寺周辺地図

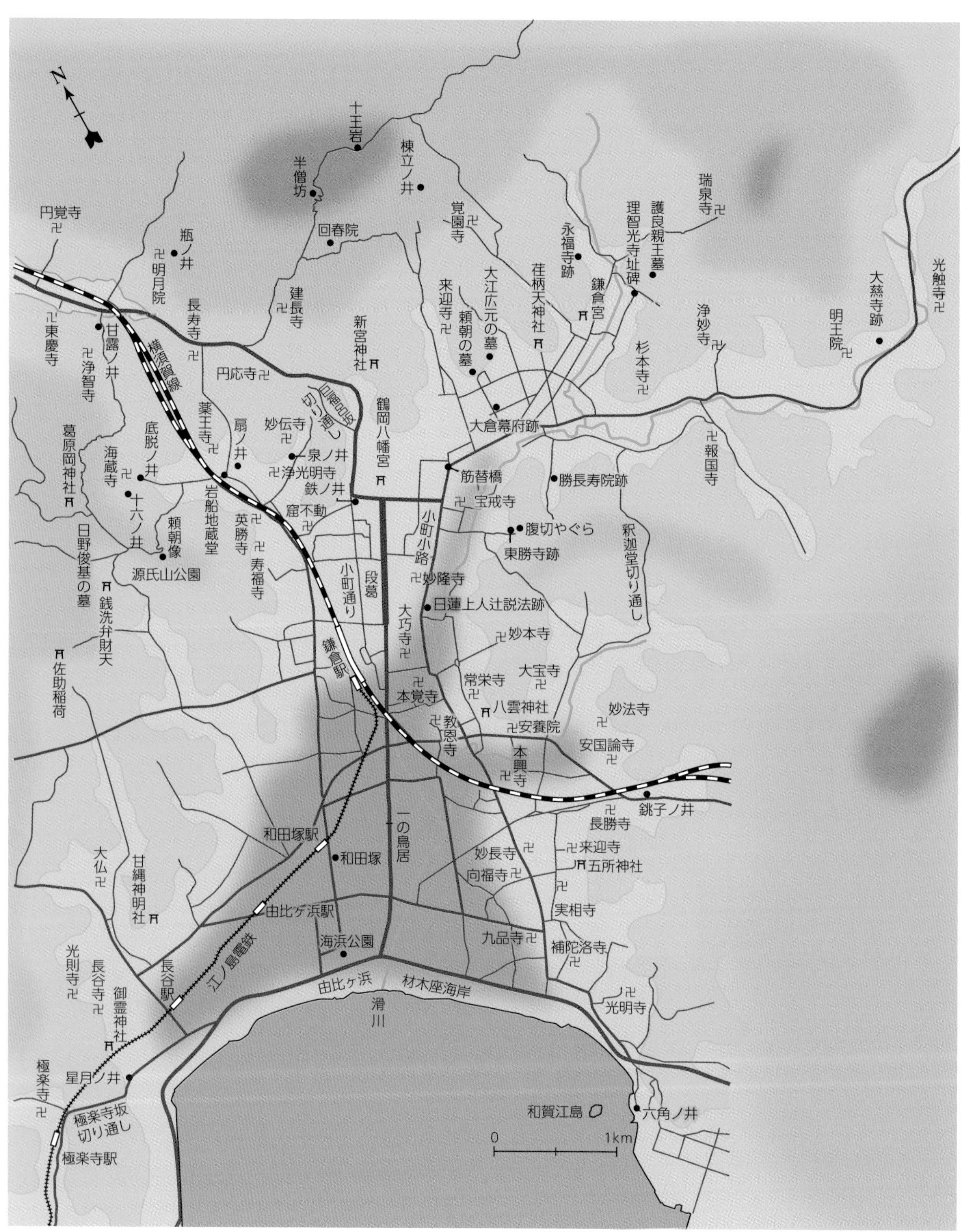

出典：高橋慎一朗『幻想の都　鎌倉―都市としての歴史をたどる』（光文社、2022年）掲載図を一部改変して作成

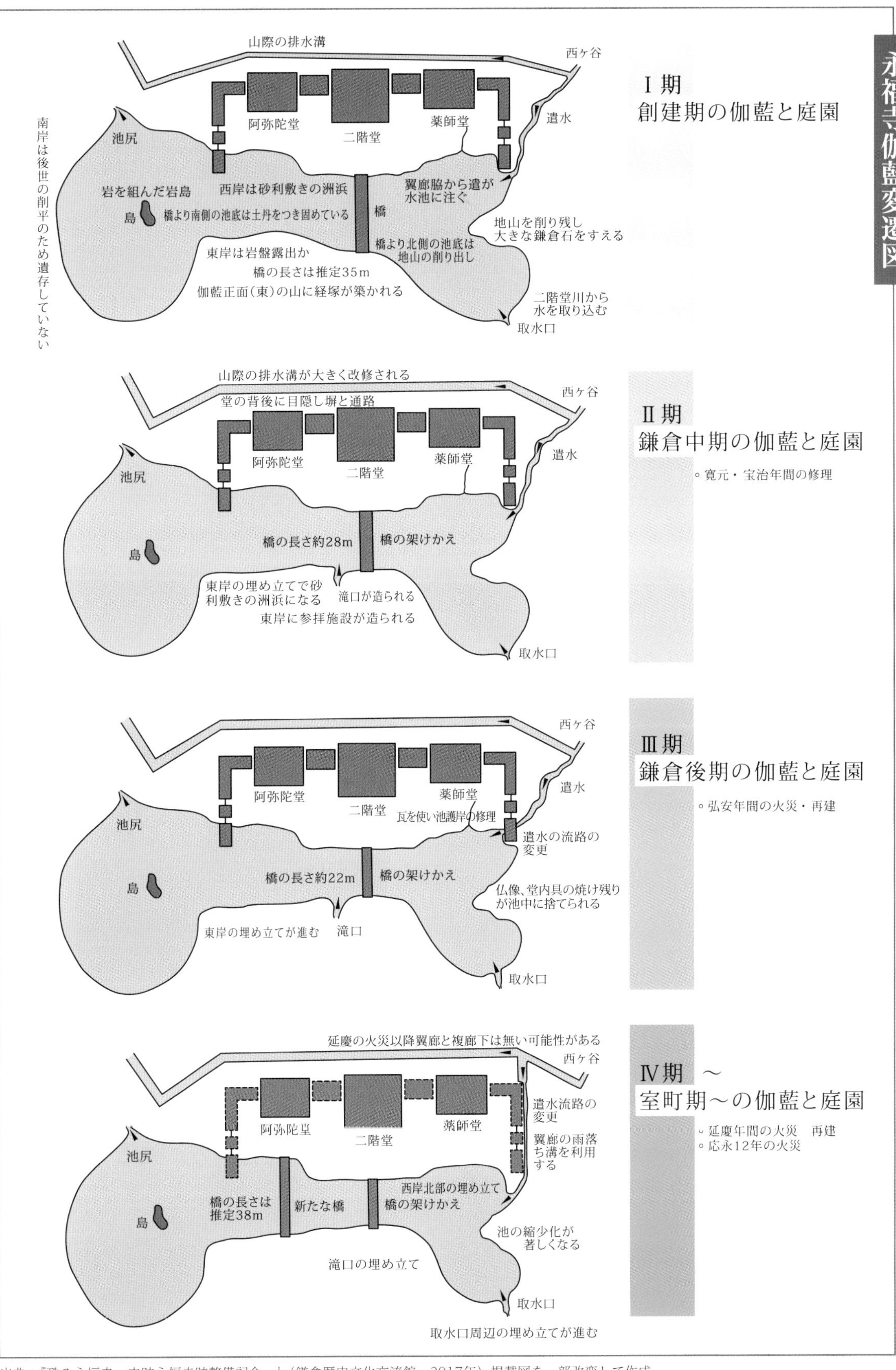

出典：『甦る永福寺—史跡永福寺跡整備記念—』（鎌倉歴史文化交流館、2017年）掲載図を一部改変して作成

15 永福寺跡内経塚出土品

鎌倉時代

鎌倉市教育委員会

○ 甕（渥美窯産）

○ 片口鉢（渥美窯産）

○ 銅製経筒（有蓋）

○ 白磁有蓋小壺

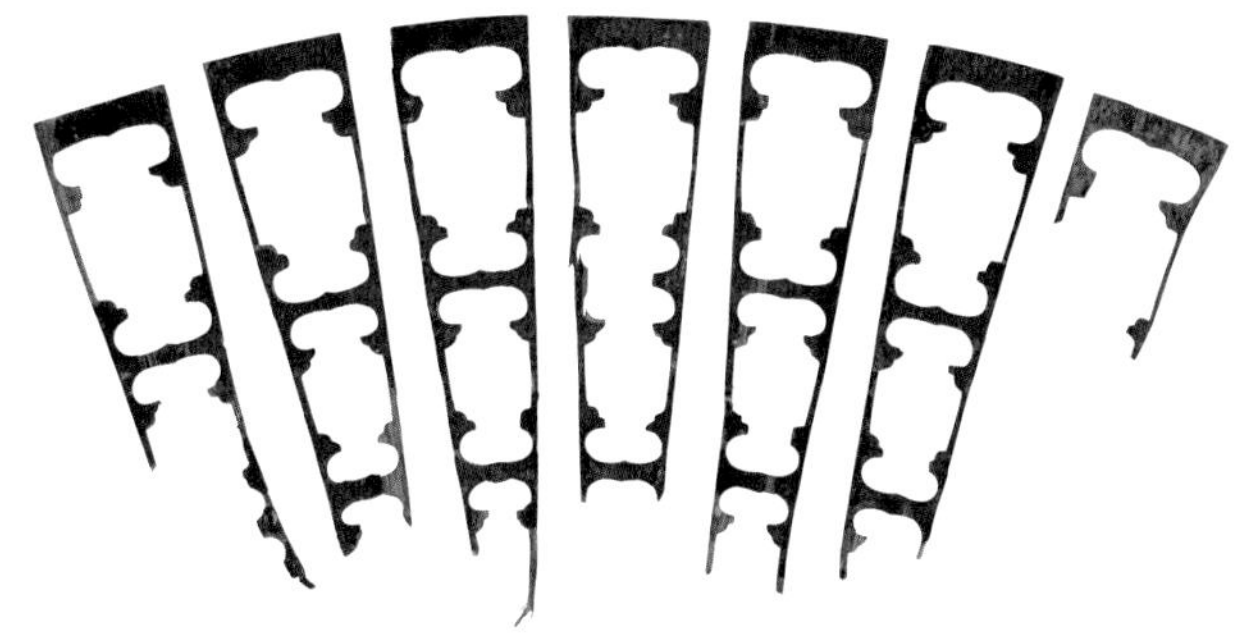

○ 皆彫骨扇

○ 木製櫛

○ 数珠

○ 金の粒（舎利）

○ 短刀

16
苑池南岸Ⅳ期池中出土品
鎌倉時代
鎌倉市教育委員会

□ 透彫金具

□ 装身具片(臂釧カ)

□ 幡吊金具

17
苑池東岸Ⅲ期池中出土品
鎌倉時代
鎌倉市教育委員会

□ 装身具片(瓔珞カ)

□ 桶状金属器

□ 蕾状金具片

□ 鈴

18

苑池西岸雨落ち内瓦溜り・池中出土品

鎌倉時代
鎌倉市教育委員会

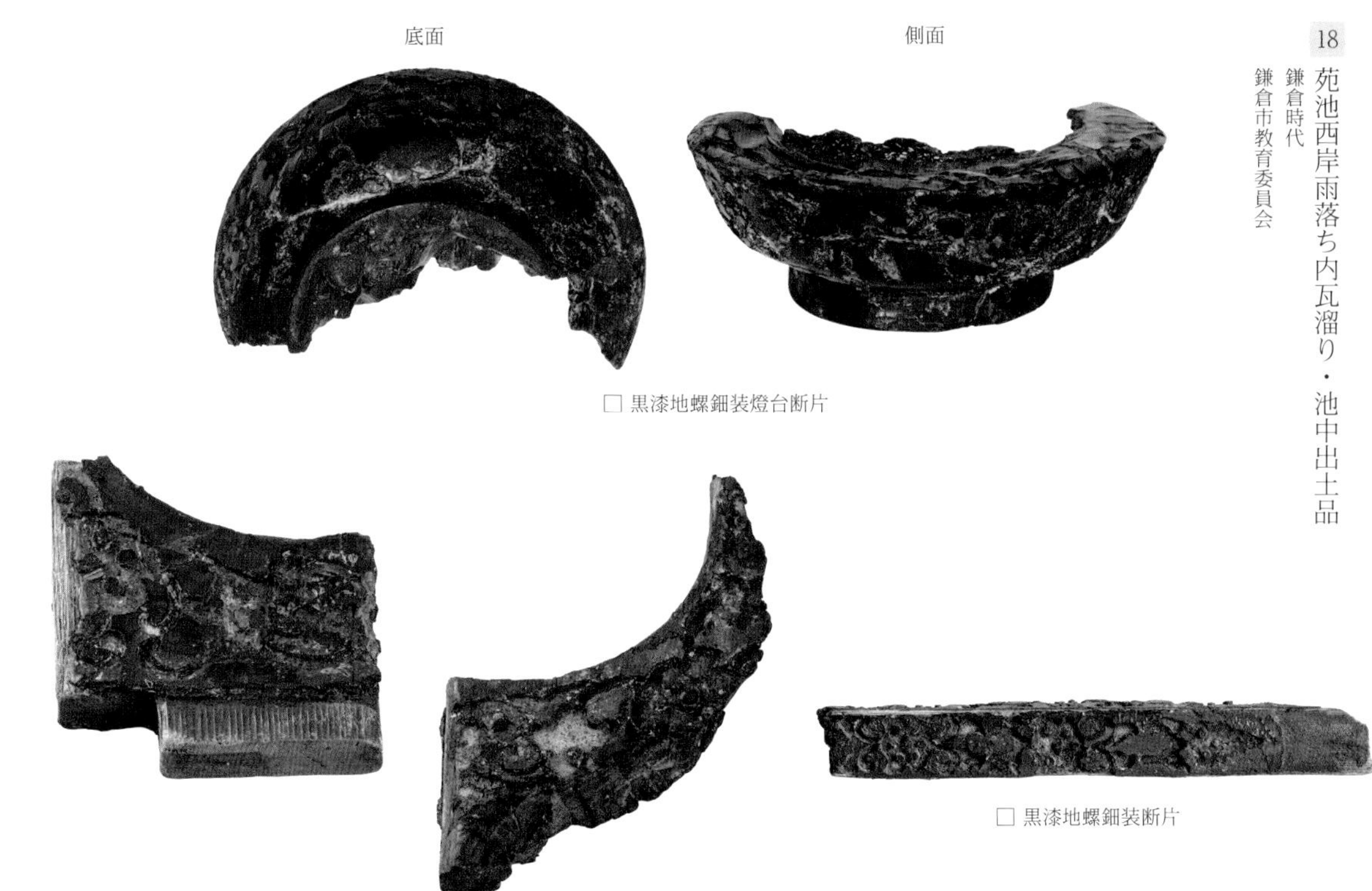

□ 黒漆地螺鈿装燈台断片

□ 黒漆地螺鈿装断片

参考：金色堂内陣中央壇（画像提供：中尊寺）

参考：斗栱（同）

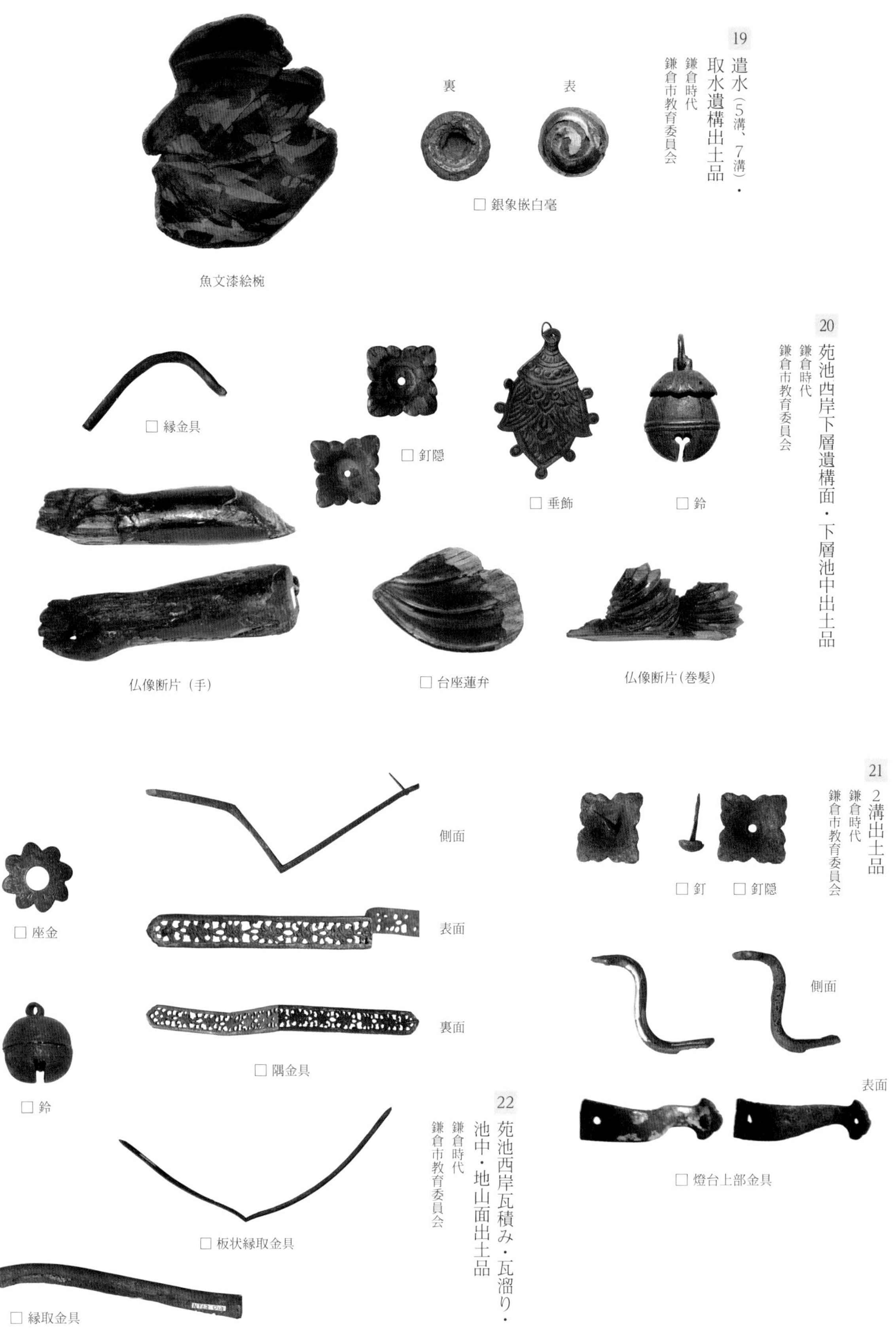

19
遺水（5溝、7溝）・取水遺構出土品
鎌倉時代
鎌倉市教育委員会

魚文漆絵椀

裏　表
□ 銀象嵌白毫

20
苑池西岸下層遺構面・下層池中出土品
鎌倉時代
鎌倉市教育委員会

□ 縁金具
□ 釘隠
□ 垂飾
□ 鈴
仏像断片（手）
□ 台座蓮弁
仏像断片（巻髪）

21
2溝出土品
鎌倉時代
鎌倉市教育委員会

□ 釘　□ 釘隠

側面
表面
□ 燈台上部金具

22
苑池西岸瓦積み・瓦溜り・池中・地山面出土品
鎌倉時代
鎌倉市教育委員会

□ 座金
側面
表面
裏面
□ 隅金具
□ 鈴
□ 板状縁取金具
□ 縁取金具

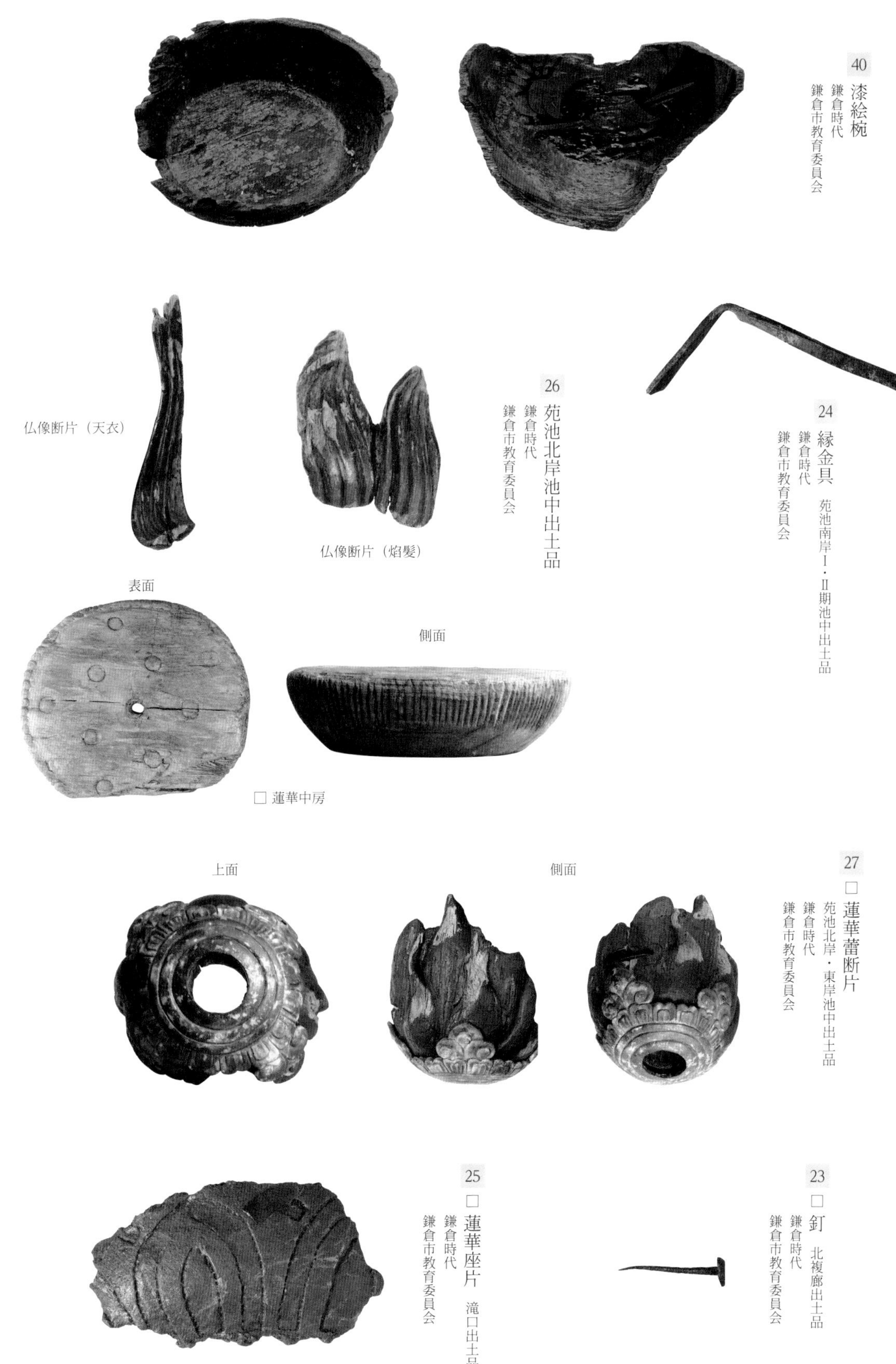

40
漆絵椀
鎌倉時代
鎌倉市教育委員会

26
苑池北岸池中出土品
鎌倉時代
鎌倉市教育委員会

24
縁金具　苑池南岸Ⅰ・Ⅱ期池中出土品
鎌倉時代
鎌倉市教育委員会

□ 蓮華中房

27
□ 蓮華蕾断片　苑池北岸・東岸池中出土品
鎌倉時代
鎌倉市教育委員会

25
□ 蓮華座片　滝口出土品
鎌倉時代
鎌倉市教育委員会

23
□ 釘　北複廊出土品
鎌倉時代
鎌倉市教育委員会

28
薬師堂出土品
鎌倉時代
鎌倉市教育委員会

束柱（薬師堂）

束石（薬師堂）

29
柱根（北翼廊・釣殿）北翼廊出土品
鎌倉時代
鎌倉市教育委員会

41
五輪塔地輪（「明徳三年正月廿六日」銘）
5溝（遣水）出土品
明徳三年（一三九二）
鎌倉市教育委員会

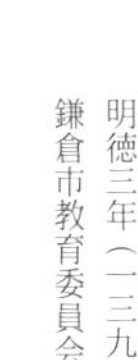

42

唐草文軒平瓦（Ⅰ期・八事裏山窯産）

若宮大路周辺遺跡群出土品
鎌倉時代
鎌倉市教育委員会

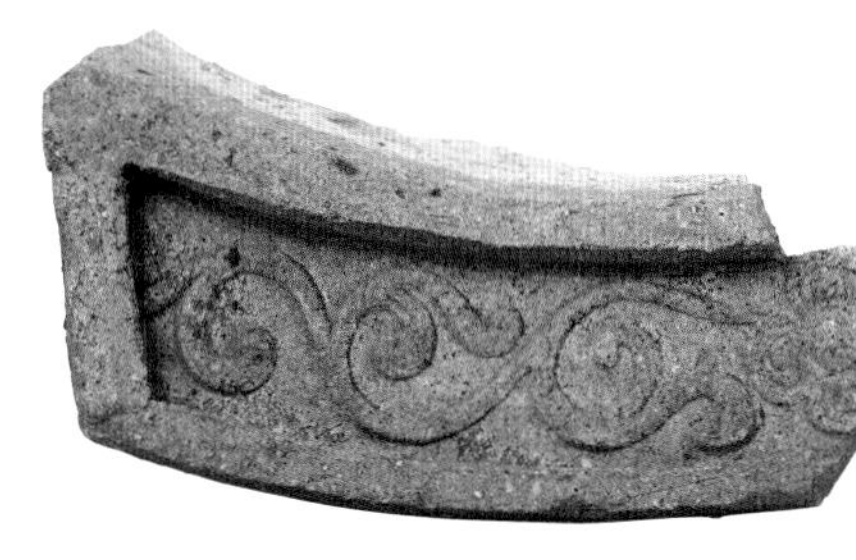

43

蓮華文軒丸瓦（Ⅰ期・八事裏山窯産）

鶴岡二十五坊跡出土品
鎌倉時代
鎌倉市教育委員会

永福寺軒瓦の変遷と組み合わせ

永福寺は三期に分けて軒瓦が葺かれていたと考えられており、①源頼朝による永福寺創建期にあたるⅠ期（瓦産地は北武蔵カ）、②寛元・宝治年間の修理期間にあたるⅡ期（瓦産地は水殿瓦窯跡（埼玉県美里町））、③弘安・元応年間の修理期間にあたるⅢ期（瓦の残存数は僅少）に主に区分されている。

Ⅰ期軒瓦

A. 八葉複弁蓮花文鐙瓦＋均正唐草文宇瓦

B. 三巴文鐙瓦＋均正唐草文宇瓦

C. 三巴文鐙瓦＋均正唐草文宇瓦

D. 三巴文鐙瓦＋均正唐草文宇瓦

E. 三巴文鐙瓦＋陰刻剣頭文宇瓦

Ⅱ期軒瓦

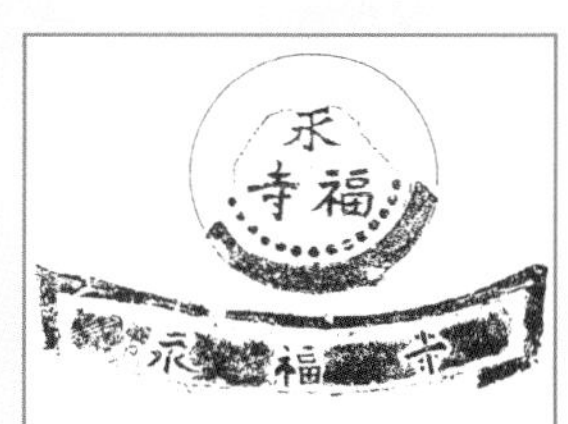

A. 寺銘文鐙瓦＋寺銘文宇瓦

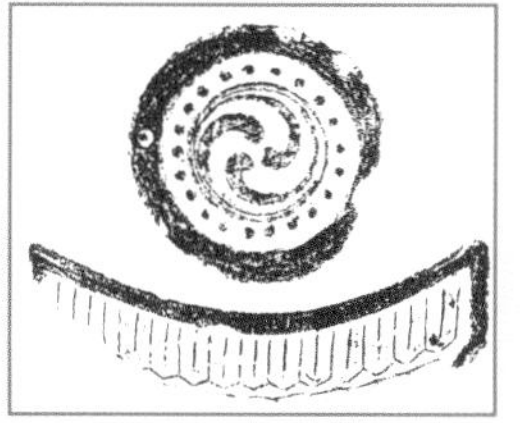

B. 三巴文鐙瓦＋陽刻剣頭文宇瓦

Ⅲ期軒瓦

A. 三巴文鐙瓦＋陽刻剣頭文宇瓦

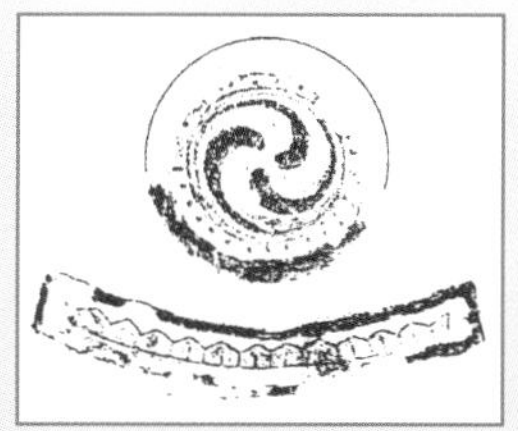

B. 三巴文鐙瓦＋陽刻剣頭文宇瓦

出典：原廣志「永福寺所用瓦について」（平成15年度～17年度科学研究費補助金（基盤研究(B)研究成果報告書『吾妻鏡と中世都市鎌倉の多角的研究』研究代表者：五味文彦、2006年）

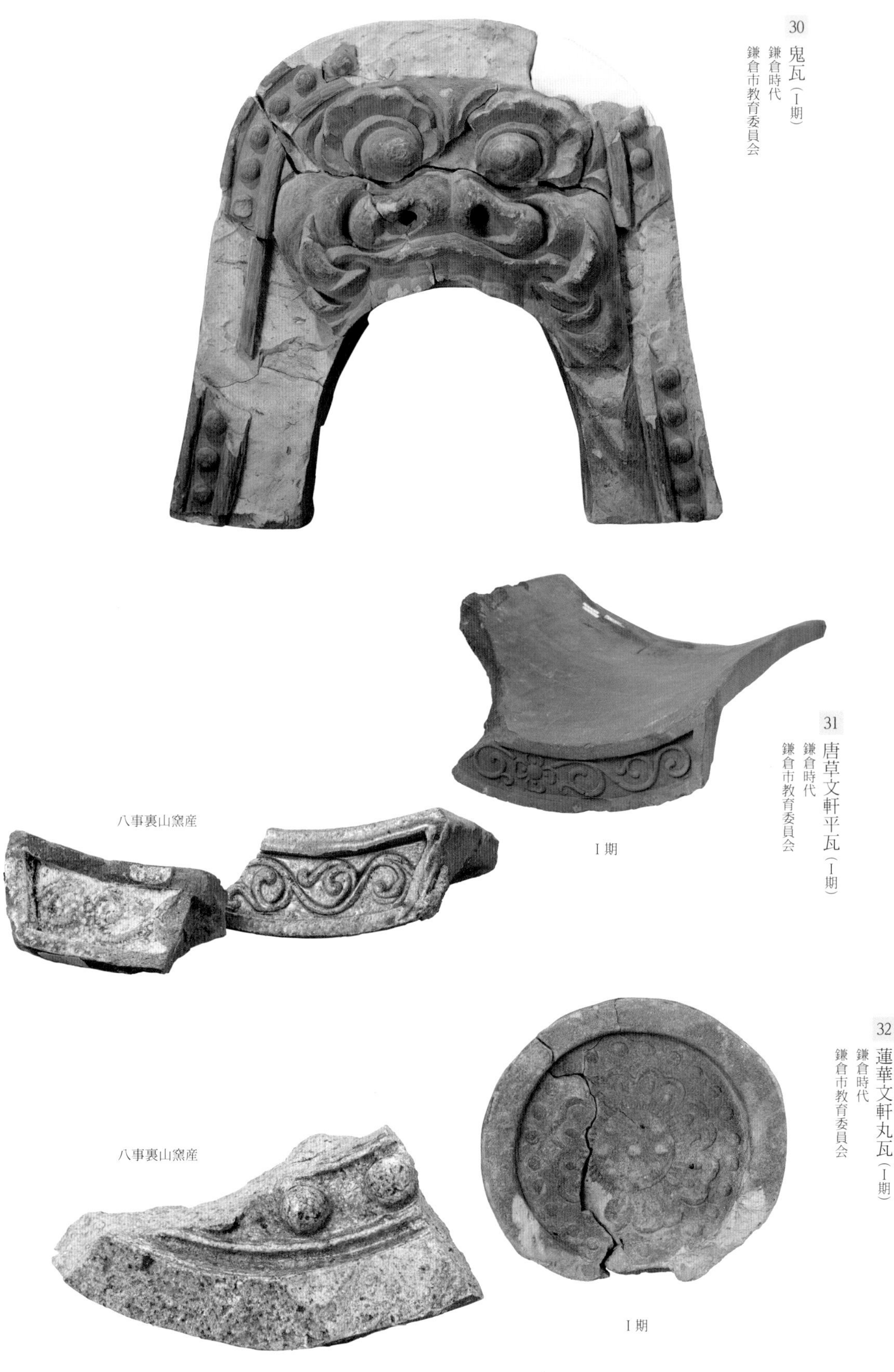

30
鬼瓦（Ⅰ期）
鎌倉時代
鎌倉市教育委員会

31
唐草文軒平瓦（Ⅰ期）
鎌倉時代
鎌倉市教育委員会

八事裏山窯産

Ⅰ期

32
蓮華文軒丸瓦（Ⅰ期）
鎌倉時代
鎌倉市教育委員会

八事裏山窯産

Ⅰ期

Ⅲ期

Ⅰ期

Ⅲ期

Ⅲ期

33 巴文軒丸瓦(Ⅰ・Ⅲ期)
鎌倉時代
鎌倉市教育委員会

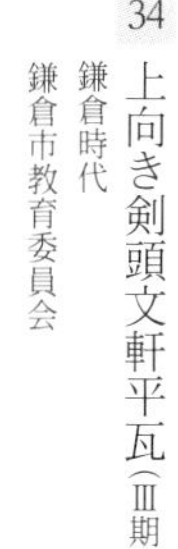

34 上向き剣頭文軒平瓦(Ⅲ期)
鎌倉時代
鎌倉市教育委員会

35 下向き剣頭文軒平瓦(Ⅱ期)
鎌倉時代
鎌倉市教育委員会

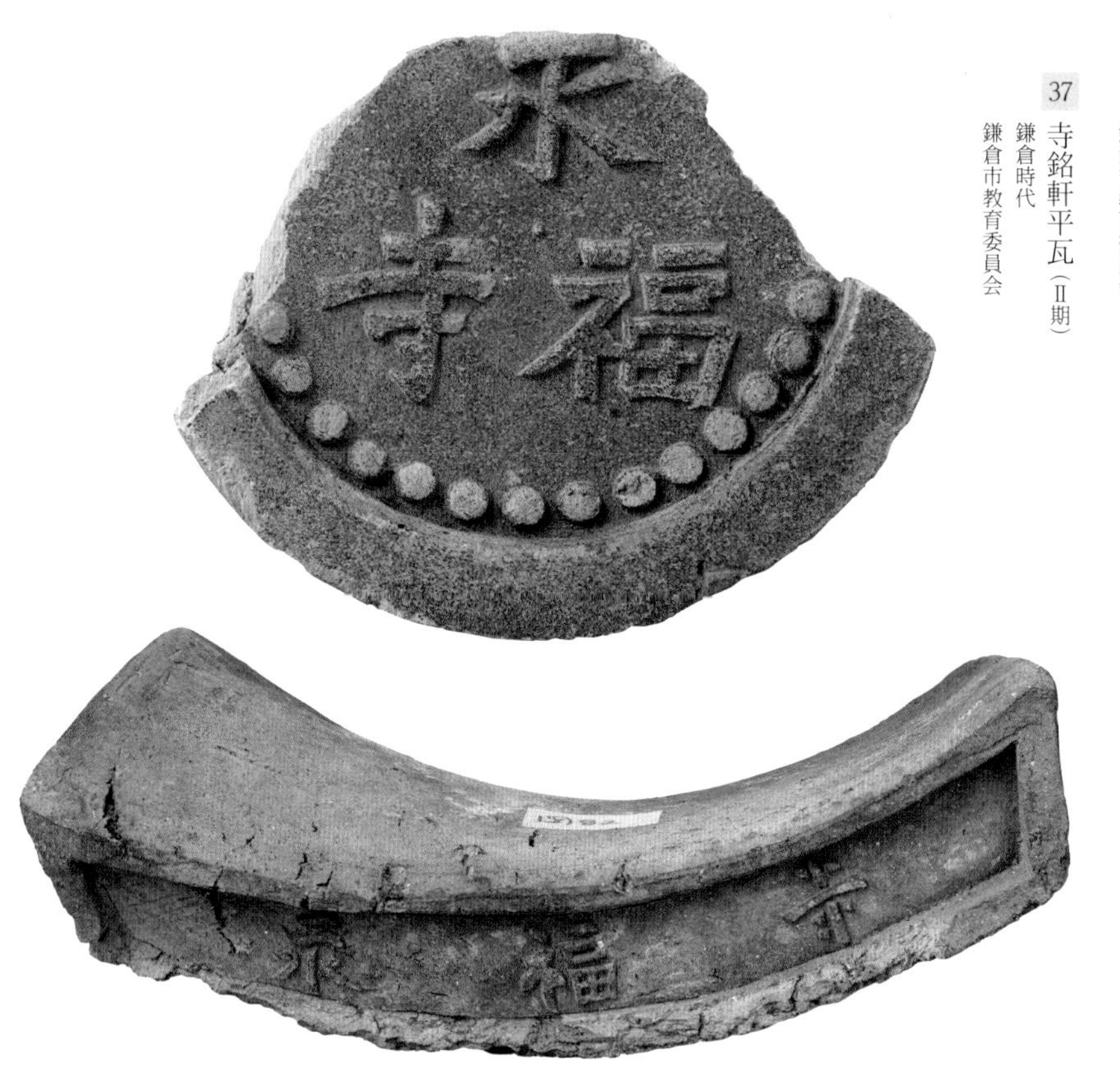

36 寺銘軒丸瓦（Ⅱ期）
鎌倉時代
鎌倉市教育委員会

37 寺銘軒平瓦（Ⅱ期）
鎌倉時代
鎌倉市教育委員会

38 軒平瓦片（「永福寺」銘）
鎌倉時代
鎌倉市教育委員会

39 軒平瓦片（「文暦二年永福寺」銘）
鎌倉時代
鎌倉市教育委員会

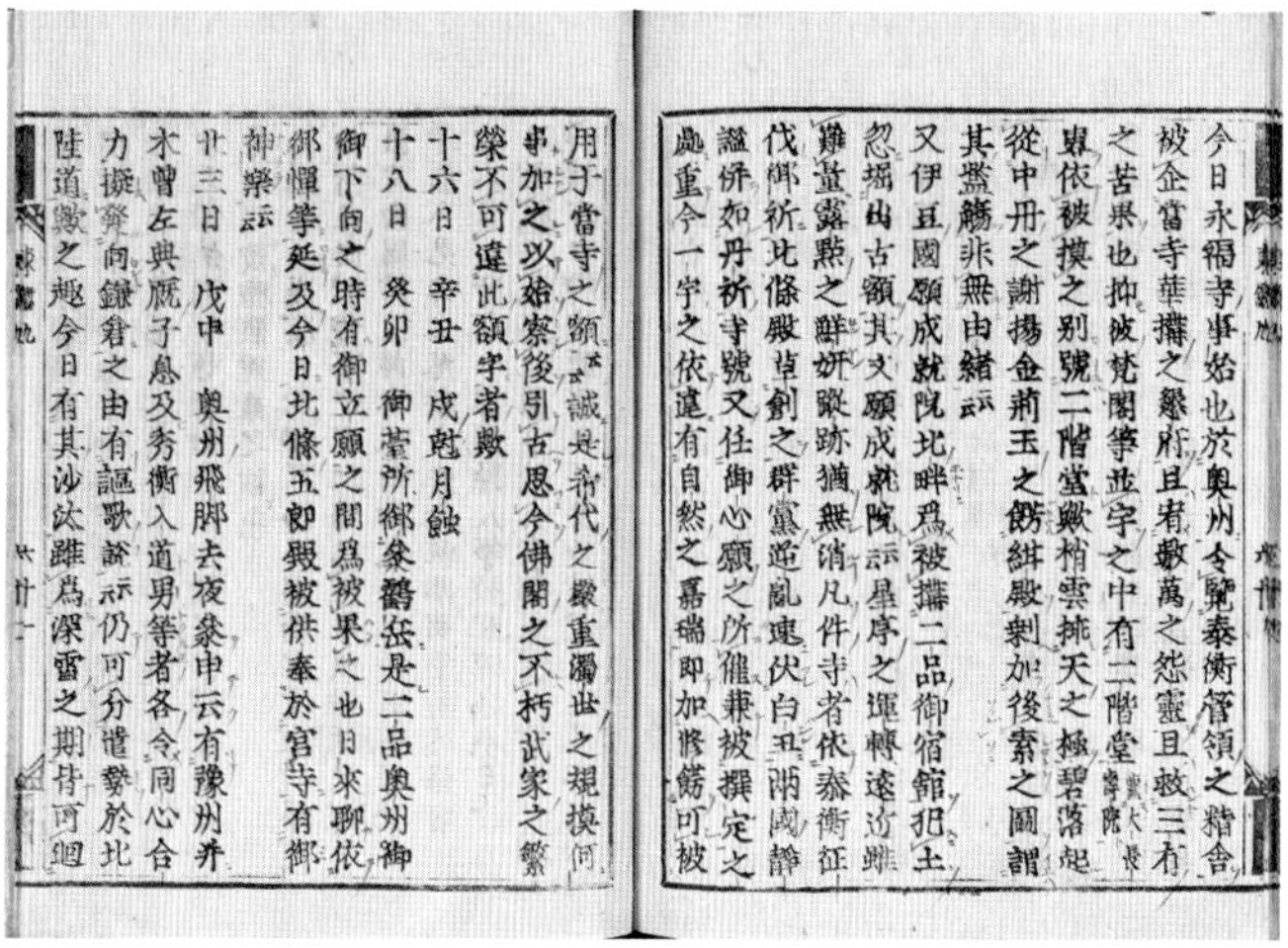

45
東鑑（慶長古活字版）
江戸時代
神奈川県立歴史博物館

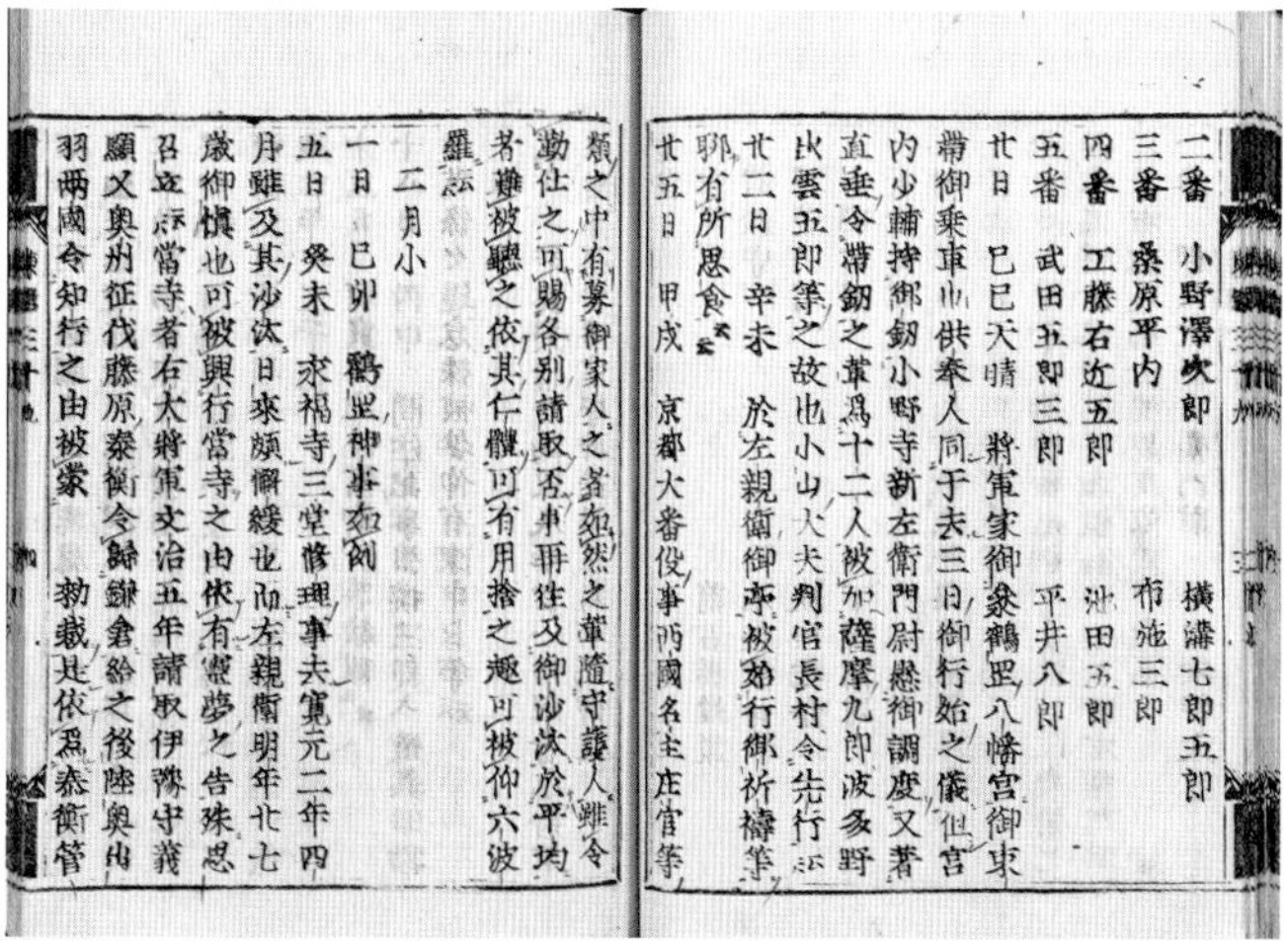

46
作庭記写
天正二〇年（一五九二）
個人

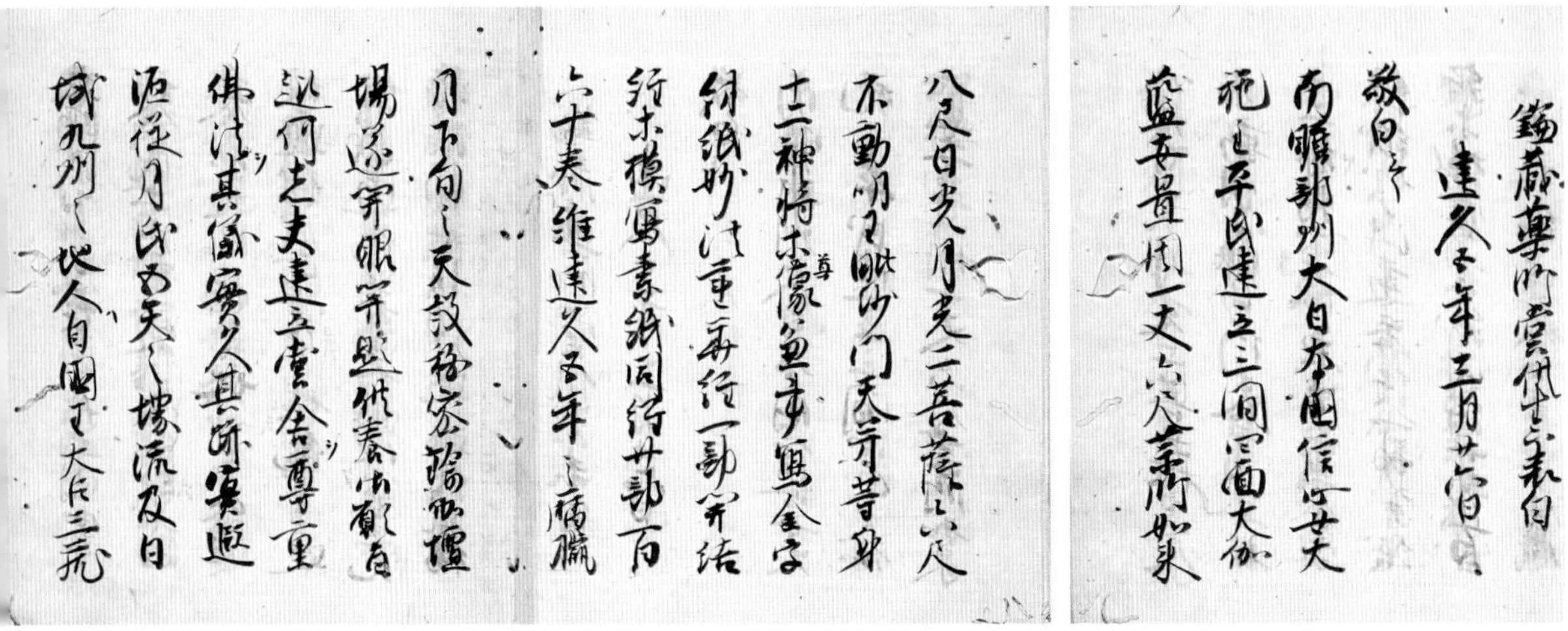

一帖　鎌蔵薬師堂供養表白

44

転法輪鈔　田中穣氏旧蔵典籍古文書

鎌倉時代

国立歴史民俗博物館

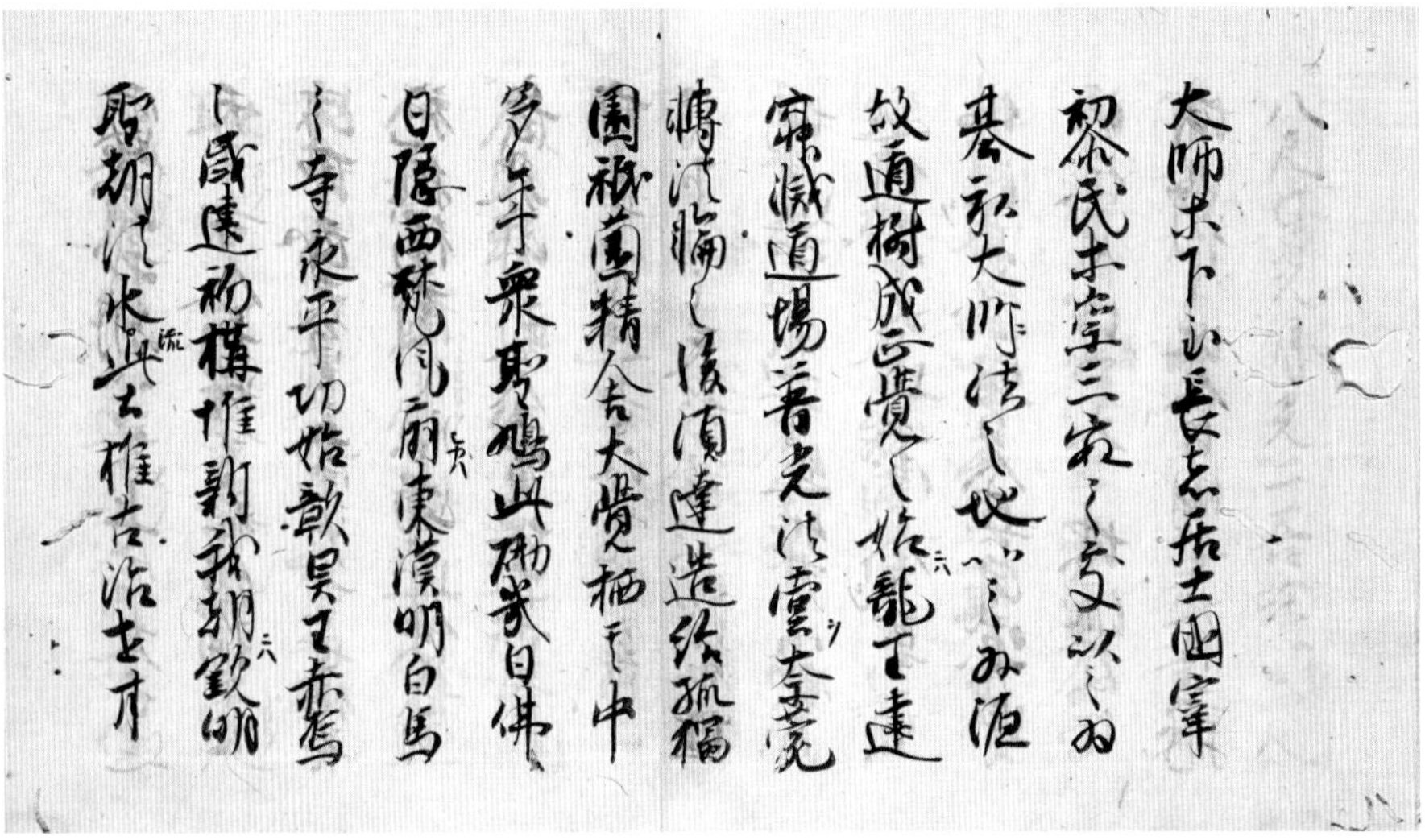

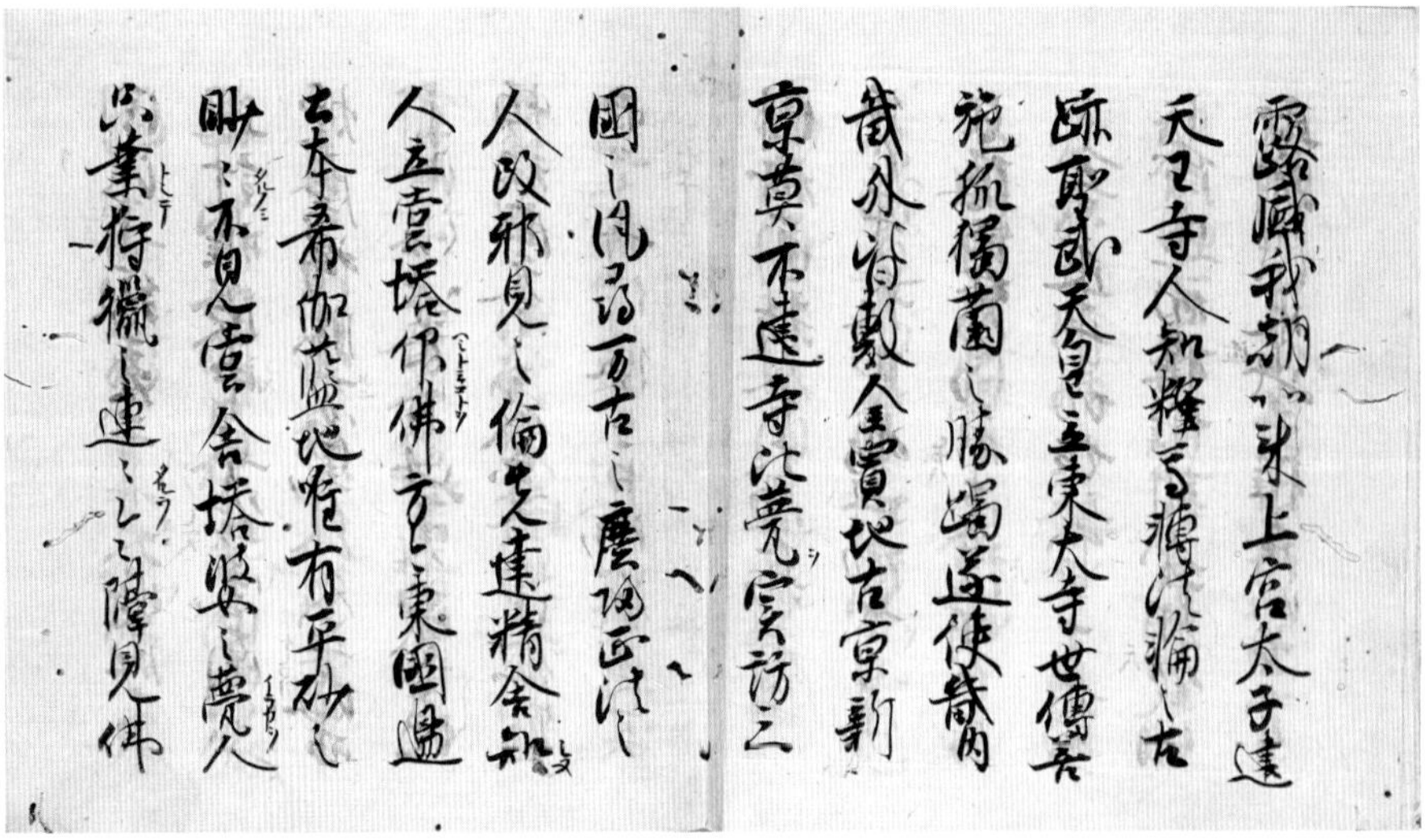

第二帖　鎌蔵塔供養表白

47
鴨長明海道記
江戸時代
国立歴史民俗博物館

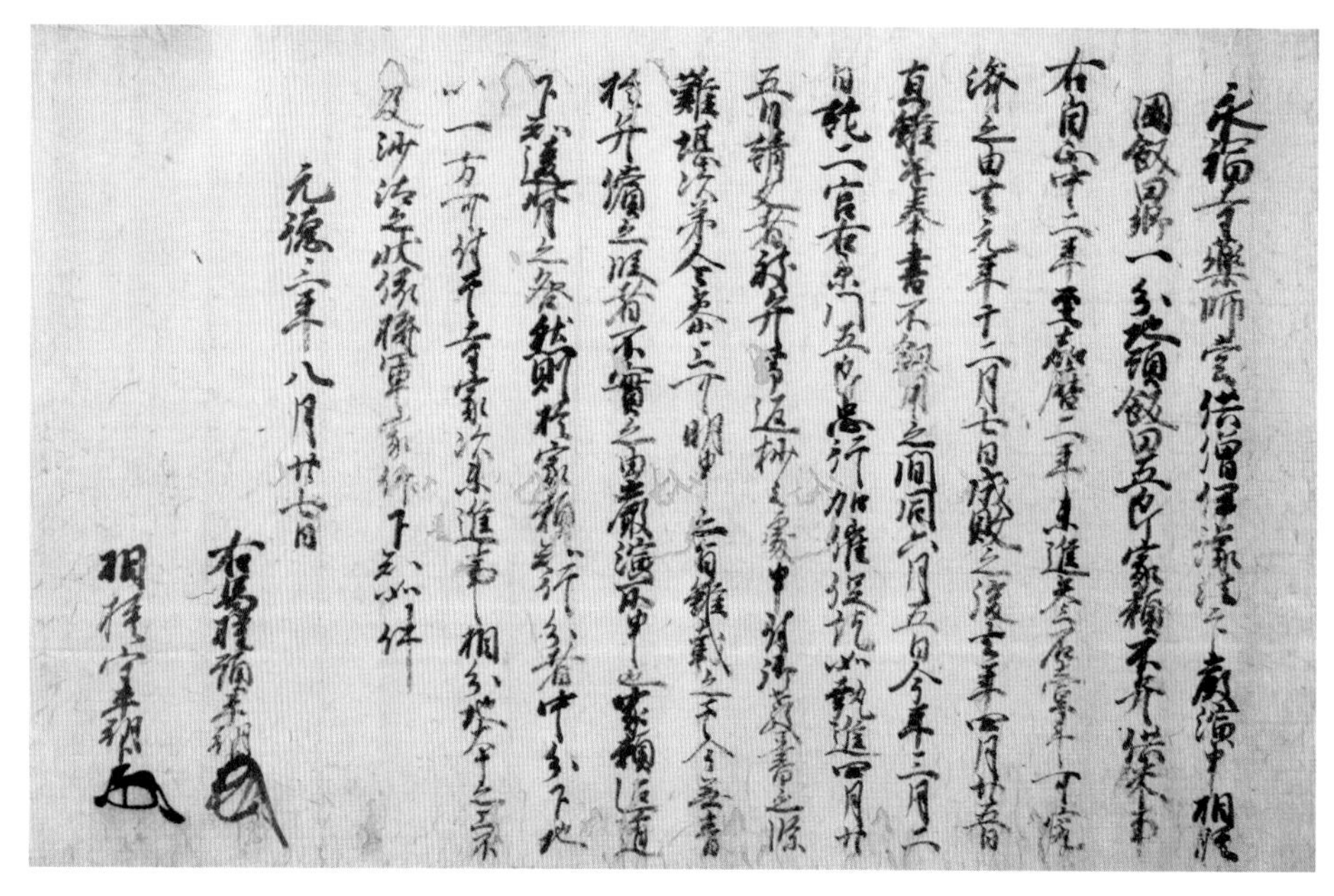

48
□関東下知状　神田孝平氏旧蔵文書(第一巻)
元徳三年(一三三一)
鎌倉国宝館

3章
象徴たる永福寺式瓦と鎌倉御家人

瓦とは権力を象徴するステータスシンボルだった、と言えば多くの方は驚かれるかもしれない。だが、鎌倉時代の瓦は高価であり、相応の財力（瓦葺の維持など）を必要としたため、必然的に使用できる社会階層は限定されていた。

そうしたなか、永福寺で葺かれていた瓦はその文様が極めて特徴的であり、同寺の存在を外観の面から象徴するアイテムであった。これは永福寺式瓦などと現在は呼称されており、実は東国の鎌倉御家人本拠で同様のものが、北は陸奥国伊達氏から南は伊豆国北条氏の故地にて多数発見されている。御家人たちはなぜ永福寺式瓦を求めたのか。本章では永福寺式瓦を求めた彼ら御家人たちの心性に迫ってみたい。

八事裏山窯跡

尾張国内にある中世瓦生産の拠点。八事裏山窯跡から出土した瓦は、京都の鳥羽離宮や鎌倉の鶴岡二十五坊遺跡などの消費地でも同文・同笵のものが出土しており、広域な瓦供給の様子が窺える。永福寺Ⅰ期瓦に特徴的な唐草文様は、この八事裏山窯で生産された瓦当文様から採用されたと考えられている。灰釉陶器を生産していた窯であるため、瓦に自然釉がかかっている点が特徴的。八事裏山窯の窯業活動時期は四期に区分されており、一二世紀末期のⅣ期に同窯で生産された瓦の一部が鎌倉など東国へ搬入された。

八事裏山1号窯の発掘調査（写真提供：荒木集成館）

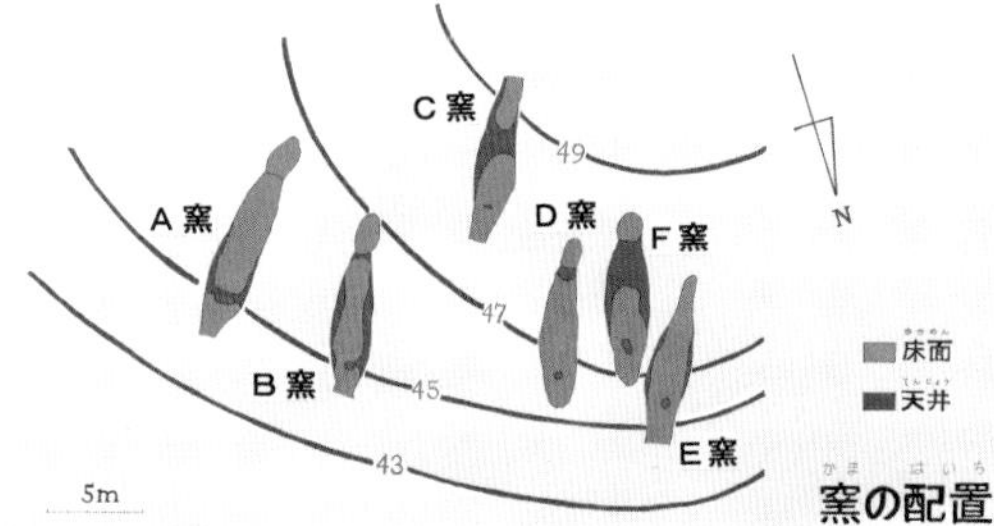

窯の配置図（同）

49
八事裏山窯跡出土品
鎌倉時代
荒木集成館

蓮華文軒丸瓦

蓮華文軒丸瓦

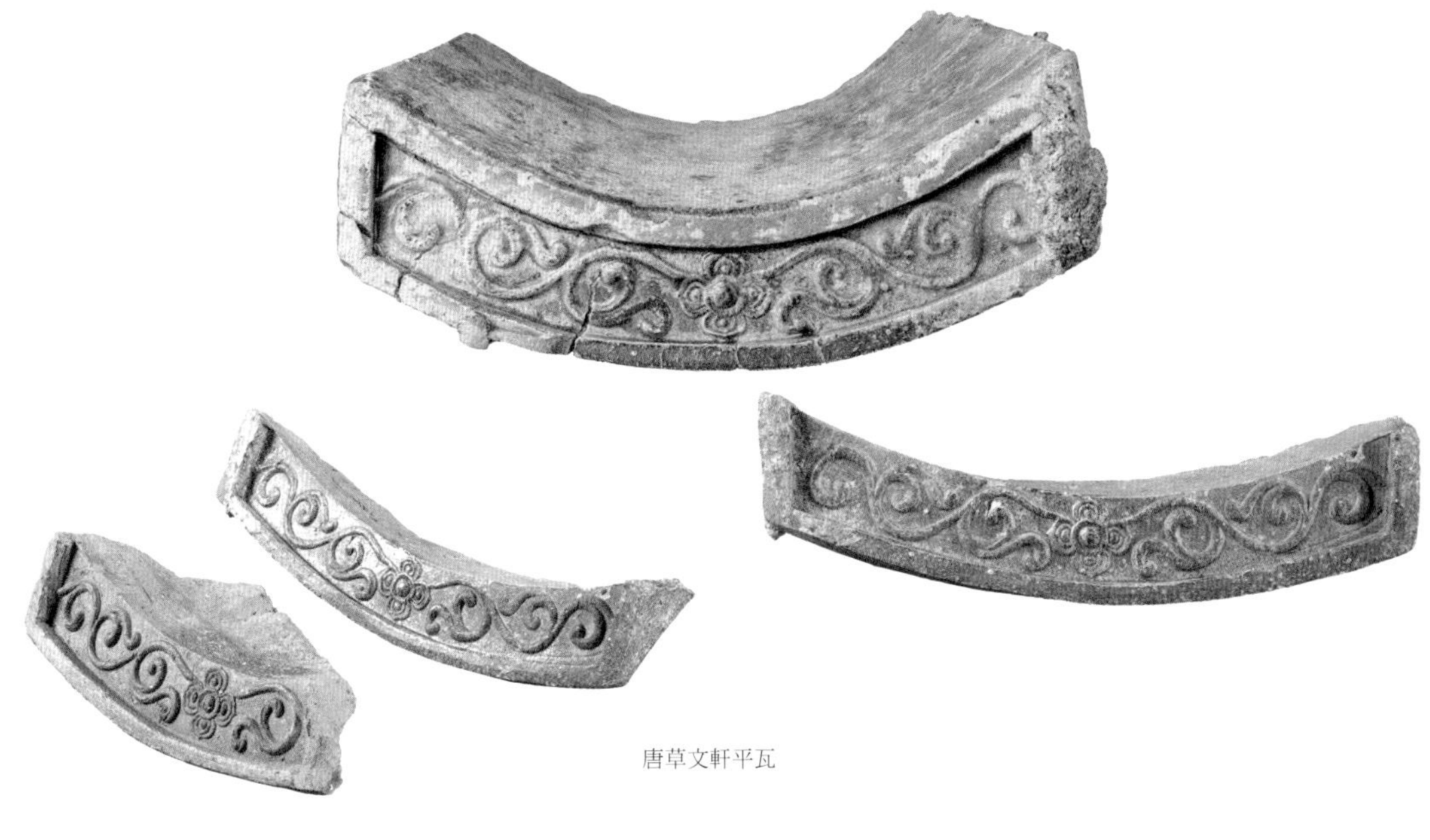

唐草文軒平瓦

50
蓮華文軒丸瓦(八事裏山窯産)
千葉地東遺跡出土品
鎌倉時代
神奈川県教育委員会

唐草文軒平瓦(八事裏山窯産)

軒平瓦片(八事裏山窯産)

51
コクゾウ塚出土品
鎌倉時代
あつぎ郷土博物館

52 下万正寺遺跡出土品
鎌倉時代
桑折町教育委員会

巴文軒丸瓦（上）、唐草文軒平瓦（下）

53 軒平瓦（唐草文軒平瓦・下向き剣頭文軒平瓦）
地蔵院（尾羽寺跡）出土品
鎌倉時代
地蔵院

下向き剣頭文軒平瓦　唐草文軒平瓦

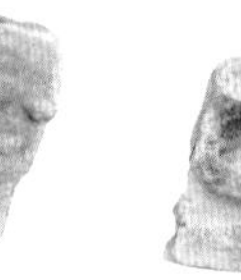

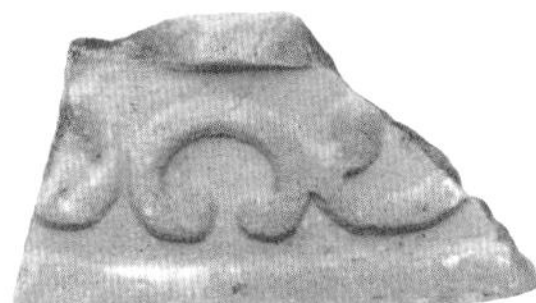
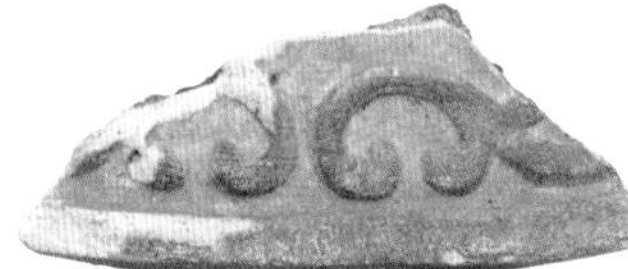

54 浜川北遺跡出土品
鎌倉時代
高崎市教育委員会

巴文軒丸瓦

唐草文軒平瓦

鬼瓦片

55
唐草文軒平瓦
三村山極楽寺跡出土品
鎌倉時代
つくば市教育委員会

56
唐草文軒平瓦
小田城跡出土品
鎌倉時代
つくば市教育委員会

57
唐草文軒平瓦
西浦遺跡出土品
鎌倉時代
埼玉県教育委員会

58
蓮華文軒丸瓦
菖蒲城跡出土品
鎌倉時代
埼玉県教育委員会

59
唐草文軒平瓦
浅見山Ⅰ遺跡出土品
鎌倉時代
早稲田大学考古資料館

60
唐草文軒平瓦
真鏡寺後遺跡出土品
鎌倉時代
本庄市教育委員会

61
唐草文軒平瓦
羽根倉南遺跡出土品
鎌倉時代
本庄市教育委員会

63
三鱗文平瓦
大久保山寺院跡出土品
鎌倉時代
本庄市教育委員会

62
蓮華文軒丸瓦
久下前遺跡出土品
鎌倉時代
本庄市教育委員会

64
唐草文軒平瓦
堂裏遺跡出土品
鎌倉時代
上里町立郷土資料館

65
唐草文軒平瓦
保寧寺出土品
鎌倉時代
加須市教育委員会

中世瓦群

66
満願寺出土品
鎌倉時代
横須賀市自然・人文博物館

満願寺の瓦

小林康幸

満願寺は横須賀市岩戸に所在し、三浦義明の末子、佐原十郎義連が寿永三年（一一八四）頃に創建したと伝えられる古刹である。義連は弓馬に優れた武士で一ノ谷の戦いにおける鵯越のエピソードはつとに有名である。同寺には国指定重要文化財の観世音菩薩、地蔵菩薩が祀られており、鎌倉時代前期からの満願寺の繁栄を窺い知ることができる。

満願寺の境内では昭和四八年（一九七三）と昭和六三年の二回、文化財収蔵庫の建設に先立つ発掘調査が実施されている。

昭和六三年の調査概要を記した報告書は平成四年に刊行されているが諸般の事情もあったようで、報告書には出土した瓦のごく一部（一一点）だけが掲載されている。

満願寺出土瓦の重要性に鑑み、平成三〇年から研究者有志による瓦の整理が進められている。この整理では出土した一万点を超える瓦の点数確認、分類、実測図・拓本の作成等が行われている。整理作業の最終的な成果は近い将来、報告書が刊行される予定であるので、同書を参照願いたい。ここでは整理作業中に確認出来た瓦の概要を紹介する。

満願寺の瓦は概ね軒丸瓦が五種類、軒平瓦が六種類、丸瓦が五種類、平瓦が七種類に分類できる。軒丸瓦はいずれも三巴文の軒丸瓦で、うち一種類が尾張八事裏山窯産の軒丸瓦である。その他四種類の軒丸瓦は中心にある巴文や珠文の文様の違いによってさらに細かく分類できる。六種類の軒平瓦はいずれも唐草文の軒平瓦で、うち一種類が軒丸瓦と同様に尾張八事裏山窯産の軒平瓦である。その他五種類の軒平瓦は唐草文や珠文の文様の違いによってさらに細かく分類できる。

満願寺の発掘調査報告書に掲載された写真を見ると、瓦は上層と下層に分かれて二層に堆積している状況が認められる。こうした堆積状況に合致するかのように、出土瓦は少なくとも新旧二時期の年代に分類が可能である。下層に多く堆積していたとみられる旧相の瓦は、おそらく満願寺創建期の瓦である可能性が高い。旧相に該当しそうな瓦は軒丸瓦と軒平瓦に共通して存在する八事裏山窯産の瓦を含んでおり、一二世紀末の年代が想定できる。上層に多く堆積していたとみられる新相の瓦は、一三世紀前半頃から中頃の年代が想定できる。具体的に言えば左回りの巴文の頭がやや膨らんで丸みを帯び、小さ目の珠文が間隔を密にして巡る三巴文軒丸瓦がこの時期の瓦に該当すると推定できる。

満願寺の瓦については今後も様々な分析や考察が必要であるが、その研究が三浦半島地域だけでなく、相模国の新たな中世史像の創造に資することが期待される。

66
満願寺出土品
鎌倉時代
横須賀市自然・人文博物館

蓮華文軒丸瓦（八事裏山窯産）

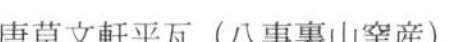

唐草文軒平瓦（八事裏山窯産）

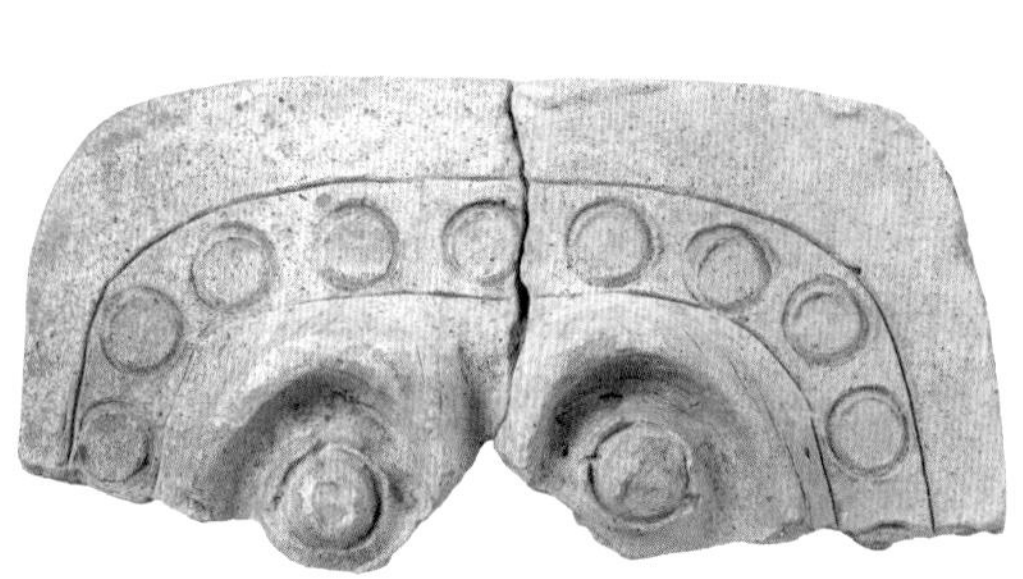

鬼瓦

唐草文軒平瓦

北条氏本拠の氏寺、願成就院の瓦

池谷初恵

　鎌倉幕府執権を代々務めた北条氏は、伊豆国北条（静岡県伊豆の国市）を本拠とする武士である。流人として伊豆で暮らした源頼朝と北条時政の娘政子が結ばれ、頼朝の挙兵、幕府創立にあたり、北条氏がその後見として活躍し、やがて幕府の実権を掌握する執権となっていくことは周知の通りである。

　北条氏の本拠、伊豆国北条では、発掘調査によって館跡が明らかになっている（史跡北条氏邸跡〔円成寺跡〕）（伊豆の国市二〇一六）。また、館の近くには、北条時政が建立し、義時、泰時の三代にわたり伽藍が整えられた願成就院があり、国宝運慶作の五体の仏像が伝えられている。願成就院の境内でも小規模な発掘調査が行われ、堂・塔の一部が明らかになっている（史跡願成就院跡）（伊豆の国市教育委員会二〇一一）。

　『吾妻鏡』によれば、願成就院は、文治五年（一一八九）に頼朝の奥州攻めの戦勝祈願のため大御堂を建立したことにはじまる。また、仏像四体の胎内銘札には、「文治二年・・巧師勾当運慶・・檀越平朝臣時政」の文字が記されている。いずれにしても、願成就院は本拠地伊豆において一一八〇年代後半から造立がはじまった北条氏の氏寺ということができるだろう。永福寺に若干先行する可能性が高いが、ほぼ同時期に建立された寺ということになる。

　『吾妻鏡』には、続いて正治二年（一二〇〇）時政が北隣の頼朝御亭を仏閣となす、承元元年（一二〇七）時政が南塔婆を建立、建保三年（一二一五）義時が南新御堂を建立、嘉禎二年（一二三六）泰時が北傍に塔婆を建立などの願成就院関連の記載が見える。しかし、その後の記述はなく、願成就院跡の出土遺物が一二世紀末～一三世紀中葉が中心であること、隣接する北条氏の館跡も同様の傾向を示すことと符合する。北条氏の活動の中心が伊豆から鎌倉へ移ったことが、遺跡からも明瞭にわかる。

　願成就院跡の発掘調査では約二八〇〇点の瓦が出土し、そのうち約一割が軒瓦であった。また、館跡でも願成就院と同様の瓦が出土することから、館内に持仏堂のような小堂があったと考えられる。両遺跡出土の軒瓦は、瓦当文様や調整方法から、軒丸瓦では九種類、軒平瓦では一一種類に分類できる（池谷二〇一九）。

　同じ型を使って作られた軒瓦を「同笵瓦」、型は一致しないが同じ文様の軒瓦を「同文瓦」という。同笵は文様の大きさや微細な特徴・配置などによって判別するが、時に型についたキズが瓦に残って見分けられる場合もある。

　これまでの研究によって、願成就院跡出土瓦に鎌倉の寺社と同笵瓦が含まれていることが明らかになっている（石川二〇〇八　小林二〇〇一　原二〇〇五）。軒丸瓦のうち、願成就院跡内で三巴文A1a類とした珠文を有さず、巴が右回りで尾が周縁に接しないA1a類（次頁図-1・2、以下括弧内数字は次頁図の番号を示す）が、永福寺跡YAⅡ01類（3）・鶴岡八幡宮国宝館調査地点のHAⅡ08類（4）と同文である。同笵であるかは確定できないが、巴文の表面が比較的平坦で、尾を長く引く特徴などから同文と判断できる。

　軒平瓦では、唐草文A類（7・8）が永福寺跡のYNⅠ03類の瓦（9）と同笵である。中心花文を持たない均整唐草文で、唐草が左右対称に三回転する特徴をもつ「永福寺式軒瓦」である。また、折り曲げ法により瓦当を作りだしている点も共通する。

　独立する七つの剣頭文が配置される陽刻下向剣頭文A類（10・11）は、永福寺跡表採資料（12）と同笵であり、実見していないため確実とはいえないが、鶴岡八幡宮直会殿発掘調査地点のⅠb類（13）と同笵の可能性がある。ただし、これらの鎌倉での出土例は非常に少ない。

　一方で、願成就院跡で主体的に出土する陰刻剣頭文A・B類（14～16）は、鶴岡八幡宮国宝館調査地点のHAⅡ03a類（17）と類似するが、永福寺跡では同文瓦の出土例はない。

　なお、願成就院跡の北側に位置する御所之内遺跡第15次調査地点で出土した三巴文C類（5）は鶴岡八幡宮国宝館HAⅡ33類（6）と同笵で、中心のスタンプも同じである。また、唐草文B・C類（18・19）は永福寺跡YNⅠ05類（20）、鶴岡八幡宮直会殿Ⅱb類（21）と同笵・同文であることが確認されている。これらの瓦は一三世紀後半に位置づけられ、願成就院跡では出土していないが、館の範囲に含まれる御所之内遺跡ではわずかながら鎌倉との関連が見える。

　鎌倉時代初頭の関東地方およびその周辺部において「永福寺式軒瓦」が広く分布し、源頼朝や鎌倉幕府と有力御家人との関連性や生産体制について論究されている（本書小林論文参照）。願成就院と永福寺・鶴岡八幡宮に見られる「永福寺式軒瓦」を含む複数の同笵・同文瓦の状況からは、ほぼ同時期造立の寺社という関係にとどまらず、造立にあたって瓦工人等の何らかのネットワークが存在し、北条氏の氏寺、願成就院は鎌倉幕府の寺社造営と連動して進められた可能性も想定される。

【参考文献】

・池谷初恵「伊豆・駿河・遠江」（中世瓦研究会編『中世瓦の考古学』高志書院、二〇一九年）
・石川安司「瓦・仏像・浄土庭園」（埼玉県立嵐山史跡の博物館編『東国武士と中世寺院』高志書院、二〇〇八年）
・伊豆の国市教育委員会『伊豆の国市埋蔵文化財調査報告Ⅴ―願成就院跡発掘調査報告―』二〇一一年
・伊豆の国市『史跡北条氏邸跡（円成寺跡）発掘調査報告Ⅱ』二〇一六年
・鎌倉市教育委員会『鶴岡八幡宮境内発掘調査報告書―鎌倉国宝館収蔵庫建設に伴う調査』一九八五年
・鎌倉市教育委員会『永福寺跡―遺物編・考察編』二〇〇二年
・小林康幸「埼玉県下に分布する永福寺式軒瓦について」（『埼玉考古』三六号、二〇〇一年）
・鶴岡八幡宮『鶴岡八幡宮境内直会殿用地発掘調査報告書』一九八三年
・鶴岡八幡宮『鶴岡八幡宮境内研修道場用地発掘調査』一九八三年
・原廣志「古代末～中世瓦の様相」（小野正敏・藤澤良祐編『中世の伊豆・駿河・遠江』高志書院、二〇〇五年）

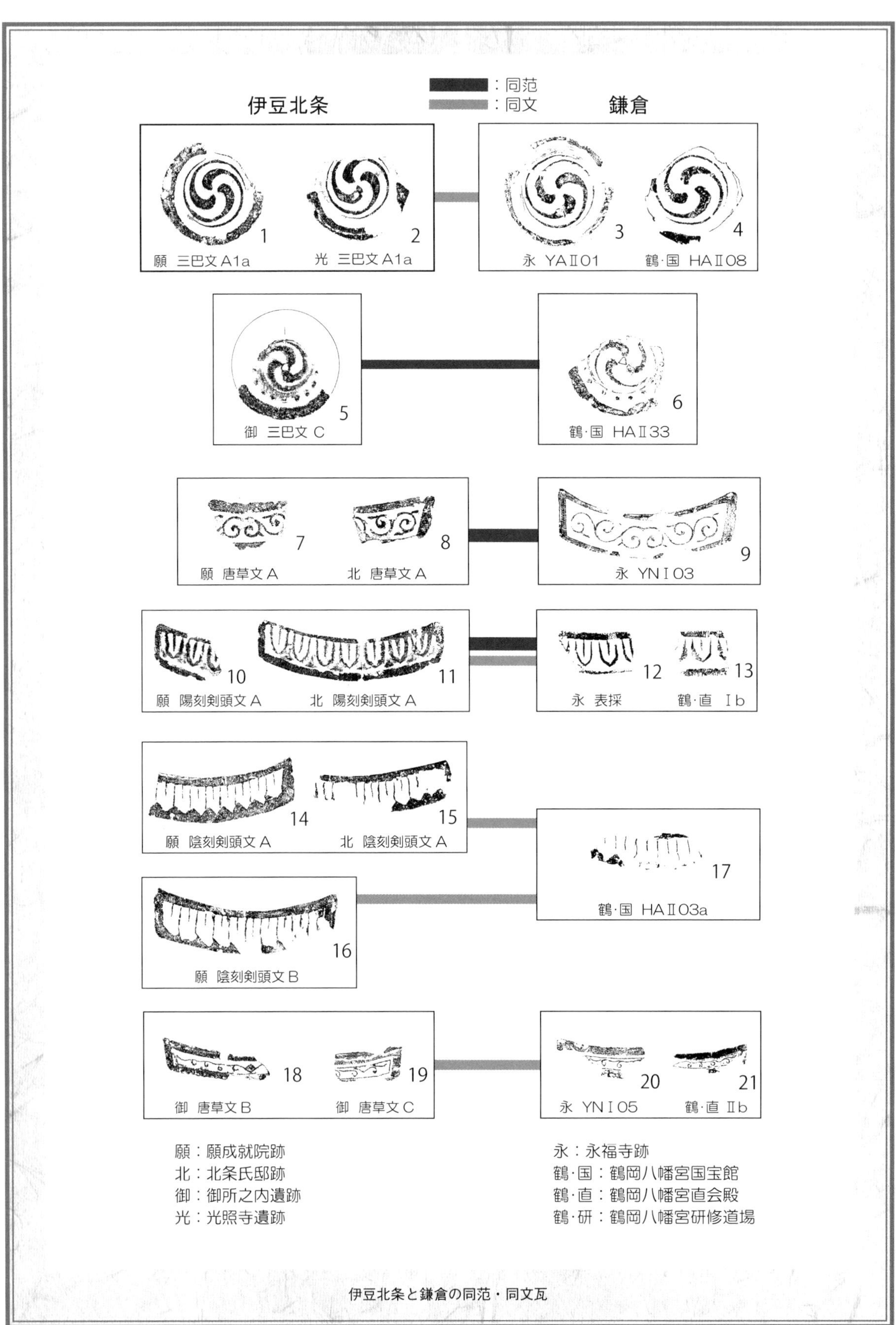

伊豆北条と鎌倉の同范・同文瓦

67 願成就院跡出土品
鎌倉時代
伊豆の国市教育委員会

巴文軒丸瓦

唐草文軒平瓦

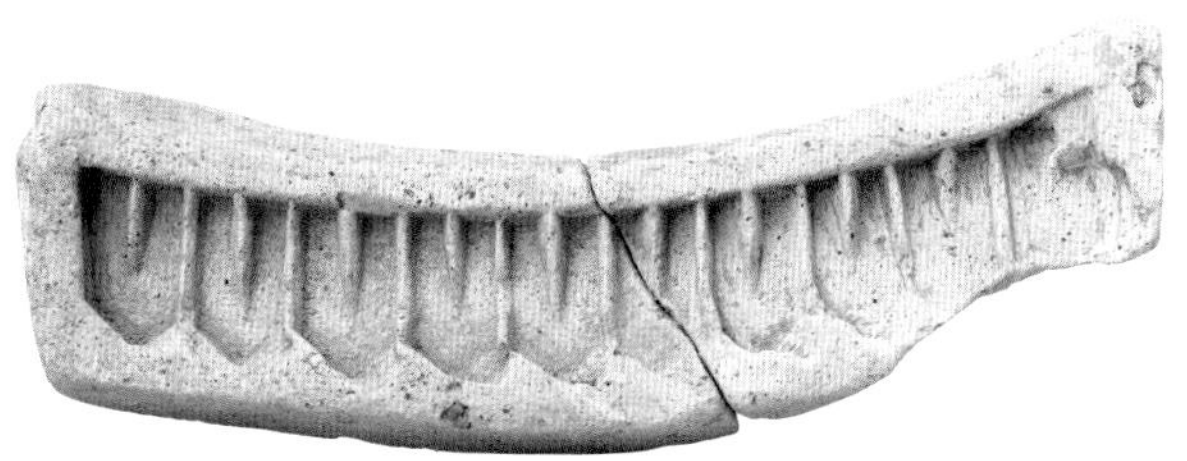

下向き剣頭文軒平瓦

半截花文軒平瓦

手づくねかわらけ

68
北条氏館跡（円成寺跡）出土品

鎌倉時代
伊豆の国市教育委員会

唐草文軒平瓦

下向き剣頭文軒平瓦

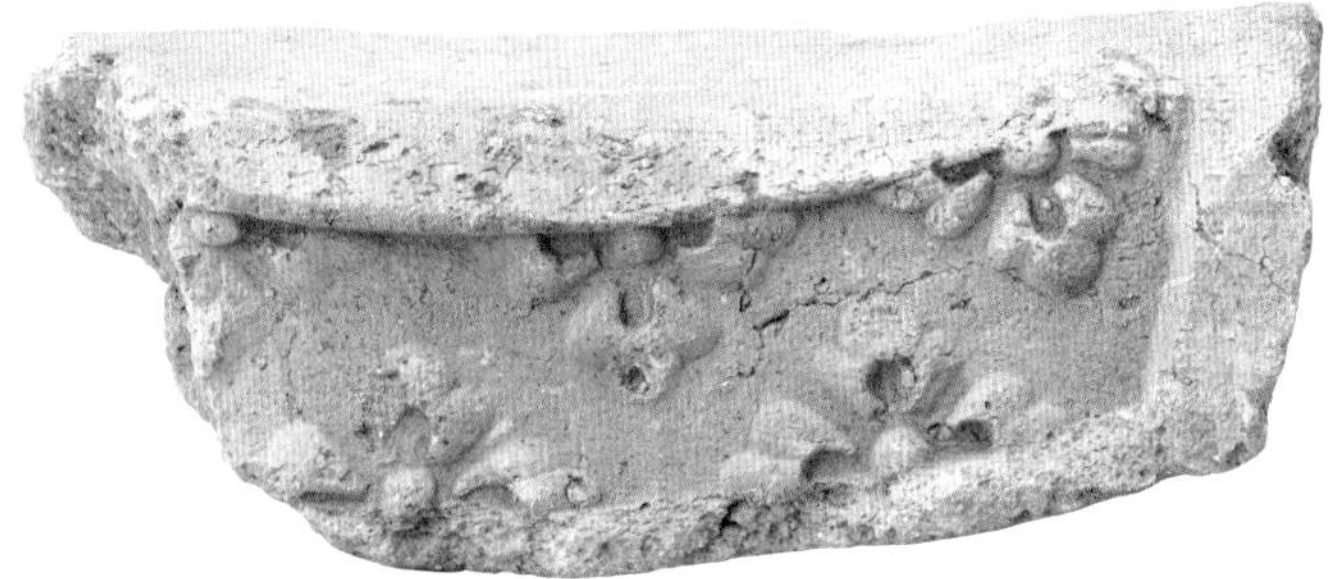

半截花文軒平瓦

宝珠形水晶

香炉（瀬戸美濃窯産）　室町時代

天目茶碗

69 御所之内遺跡出土品
室町時代
伊豆の国市教育委員会

小壺（瀬戸美濃窯産）

白色かわらけ

70 白色かわらけ　寺山遺跡出土品
鎌倉時代
熱海市教育委員会

71 白色かわらけ　大芝遺跡出土品
鎌倉時代
箱根町立郷土資料館

72 白色かわらけ　三島神社出土品
鎌倉時代
三島市教育委員会

三島神社

大芝遺跡

樺崎寺跡

鎌倉幕府有力御家人の足利義兼によって創建された寺院。文治五年（一一八九）の奥州合戦に義兼が参戦したことが建立の契機と記録され、現在は樺崎八幡宮のみが残る。発掘により臨池伽藍を備えた浄土庭園の存在が明らかとなり、鎌倉の永福寺や伊豆韮山の願成就院と同時期にあたる。立地景観は鎌倉永福寺に近似し、また大仏師運慶が造像を手がけた大日如来坐像（栃木県光得寺蔵）も遺されるなど、その文化的環境は都市鎌倉に匹敵する。

樺崎寺跡上空写真（画像提供：足利市教育委員会）

73 青白磁四耳壺　樺崎寺跡出土品
鎌倉時代
足利市教育委員会

平沢寺経塚・菅谷館跡

菅谷館は鎌倉幕府有力御家人畠山重忠の本拠。同館の北西にある平沢寺では経塚が造営されており、重忠の曾祖父秩父重綱が奉納した経筒が出土している。畠山重忠が菅谷の地に進出する以前より、同地は秩父一族の聖地として認識されていた。

上空から見た菅谷館跡
（画像提供：埼玉県立嵐山史跡の博物館）

74
○経筒　平沢寺経塚出土品
久安四年（一一四八）
平沢寺

75
○宮戸薬師堂山経塚出土品
鎌倉時代
朝霞市博物館

和鏡

経筒

鉢（常滑窯産）

甕（常滑窯産）

甕（常滑窯産）

76

○中山白山神社経塚出土品

仁平四年（一一五四）

八王子市郷土資料館

経筒　部分

経筒・和鏡・経筒外容器・常滑製甕　部分

経巻（法華経巻四・巻末部分）

77 経筒　龍見寺経塚出土品
平安時代
八王子市教育委員会

経筒

瓦筒

合子

78 利仁神社経塚出土品
建久七年（一一九六）
東京国立博物館

利仁神社経塚・野本氏館跡

利仁神社経塚は、建久七年（一一九六）に埼玉県東松山市の都幾川を臨む崖線上にある野本将軍塚古墳内に築かれた。将軍塚古墳・利仁神社経塚の付近には野本氏館跡・無量寿寺があり、これらはみな武蔵国の御家人野本氏の本拠に関する遺構・遺物である。先の古墳とかつての鎮守府将軍藤原利仁との関係は史料上不明だが、藤原利仁の後裔と称する野本氏が、自己の系譜認識を具現する装置として既存の古墳を再利用し、利仁将軍ゆかりの地として喧伝した様子が想像される。

将軍塚古墳（画像提供：東松山市教育委員会）

和鏡（松喰鶴文）

和鏡（草花双鳥文）

4章 東国霊場と鎌倉幕府の荘厳

武家権門としてその立場をスタートさせた鎌倉幕府は、自己の存在を〝荘厳〟し、正当性を纏わせるようになる。その有様は種々の仏教儀礼の整備に象徴されるように、箱根権現・伊豆山権現などの既存の東国霊場やその宗教秩序に立脚しながら、京都政界から人材を吸収して幕府儀礼を高度化させていくというものだった。鎌倉幕府も自身の荘厳された姿を東国社会に見せつけるようになっていき、支配の正当性を誇示するようになっていく。それにともない、永福寺の場も、花見や歌謡・舞楽などの遊興といった接遇の場として、また祈雨祈祷などの幕府儀礼の場として利用されていく。

79
◎大日如来坐像
建久四年（一一九三）カ
真如苑真澄寺
（半蔵門ミュージアム安置）

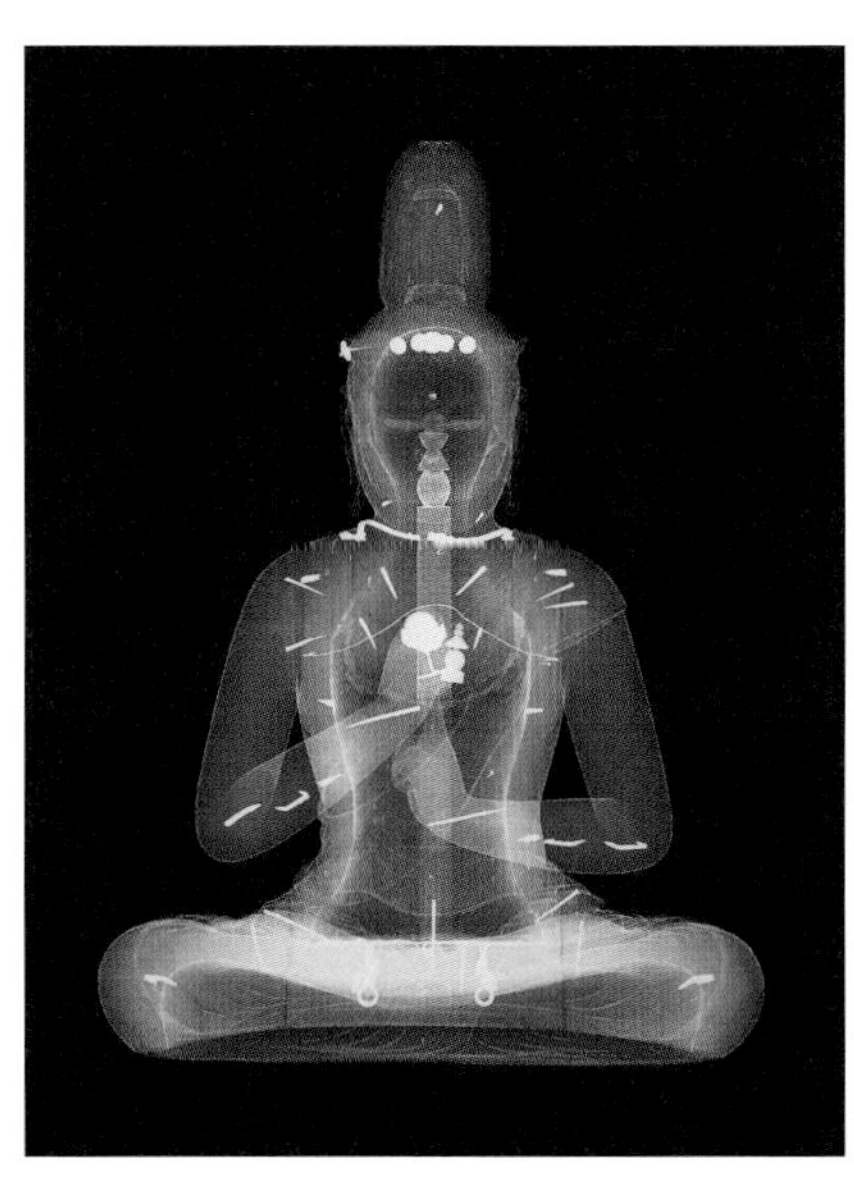

X線写真（正面）

80
阿弥陀如来坐像
鎌倉時代
神奈川県立歴史博物館

81 ◎頬焼阿弥陀縁起
鎌倉時代
光触寺

上巻　第二段

下巻　第八段

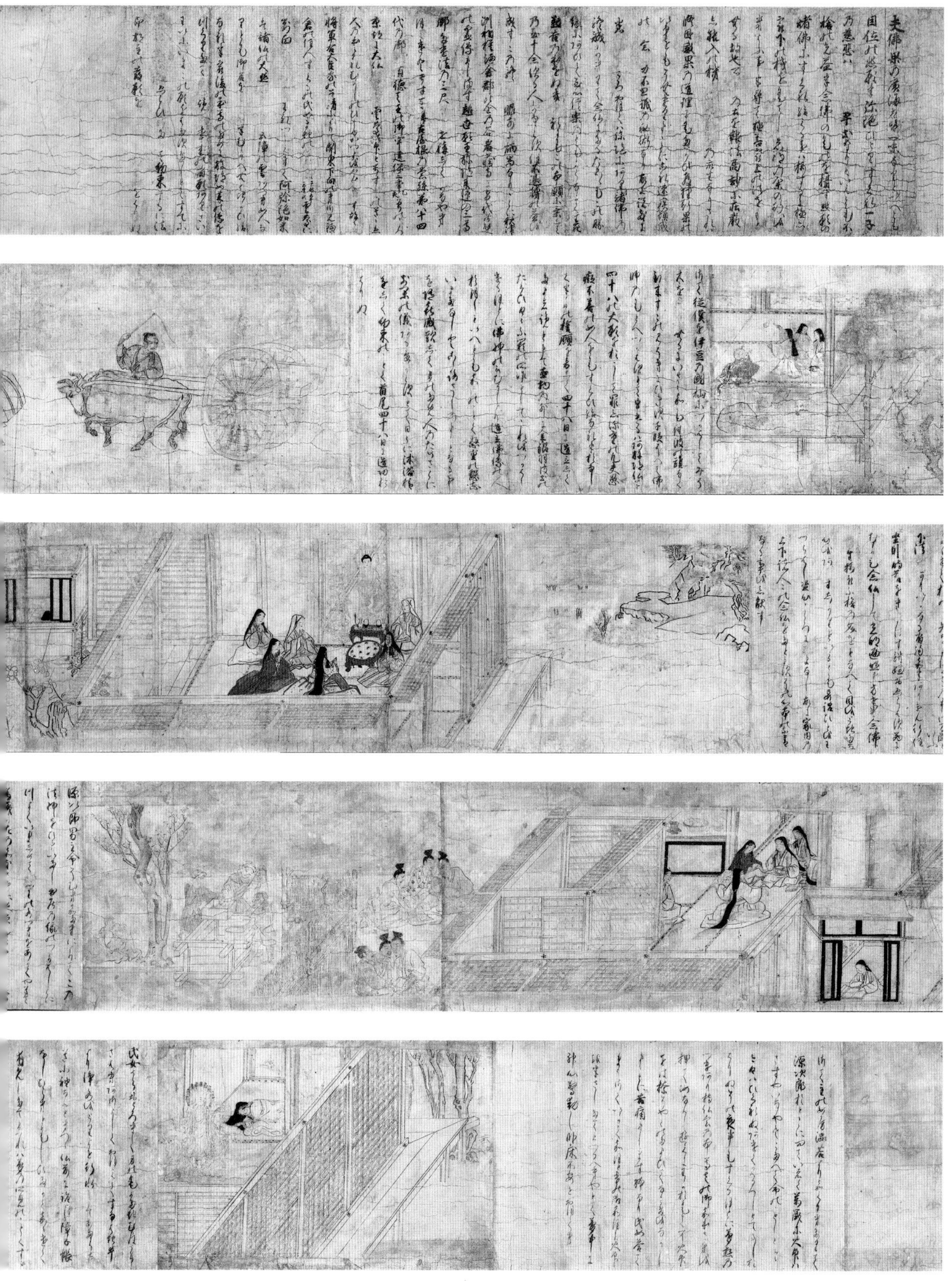

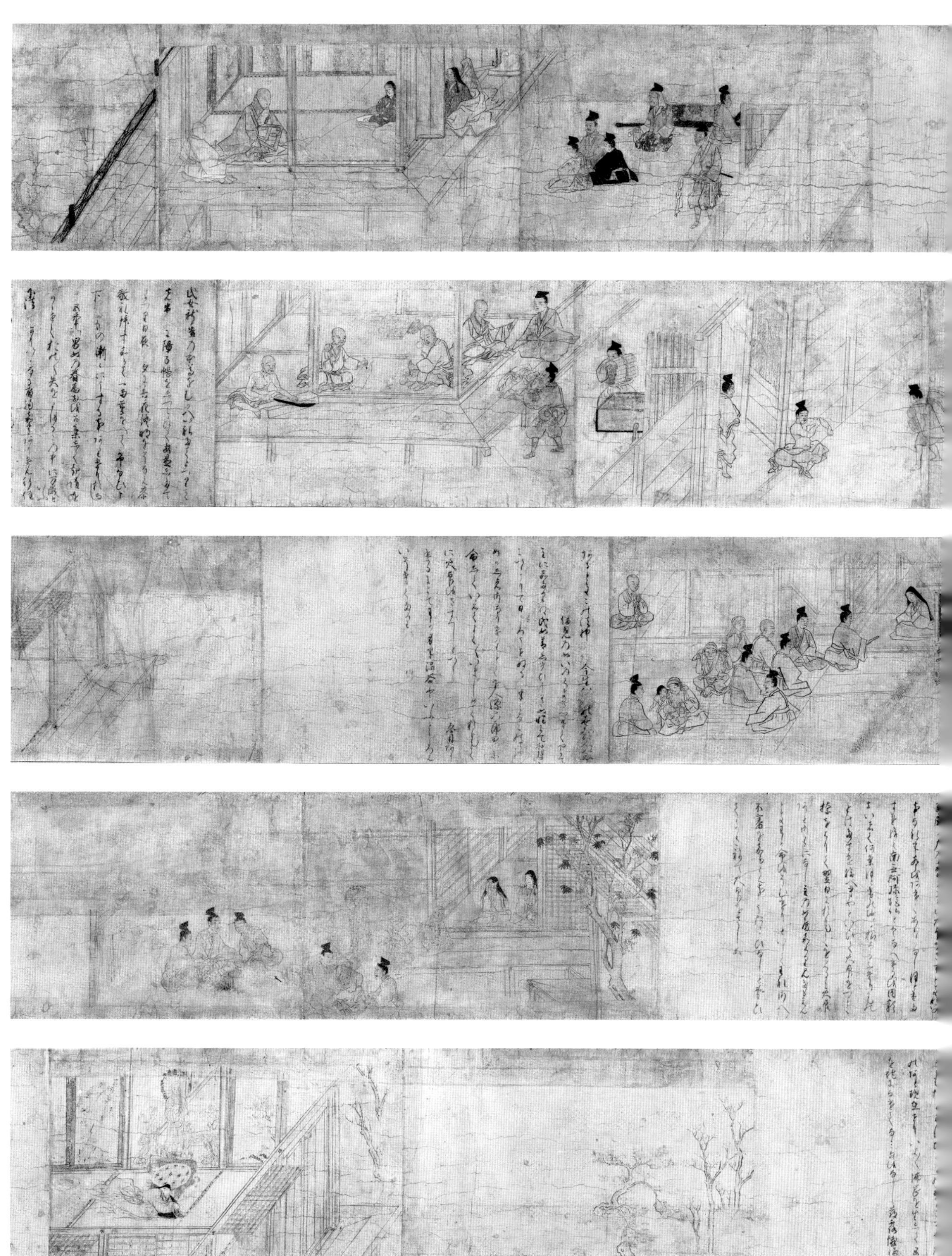

81 ◎ 頬焼阿弥陀縁起

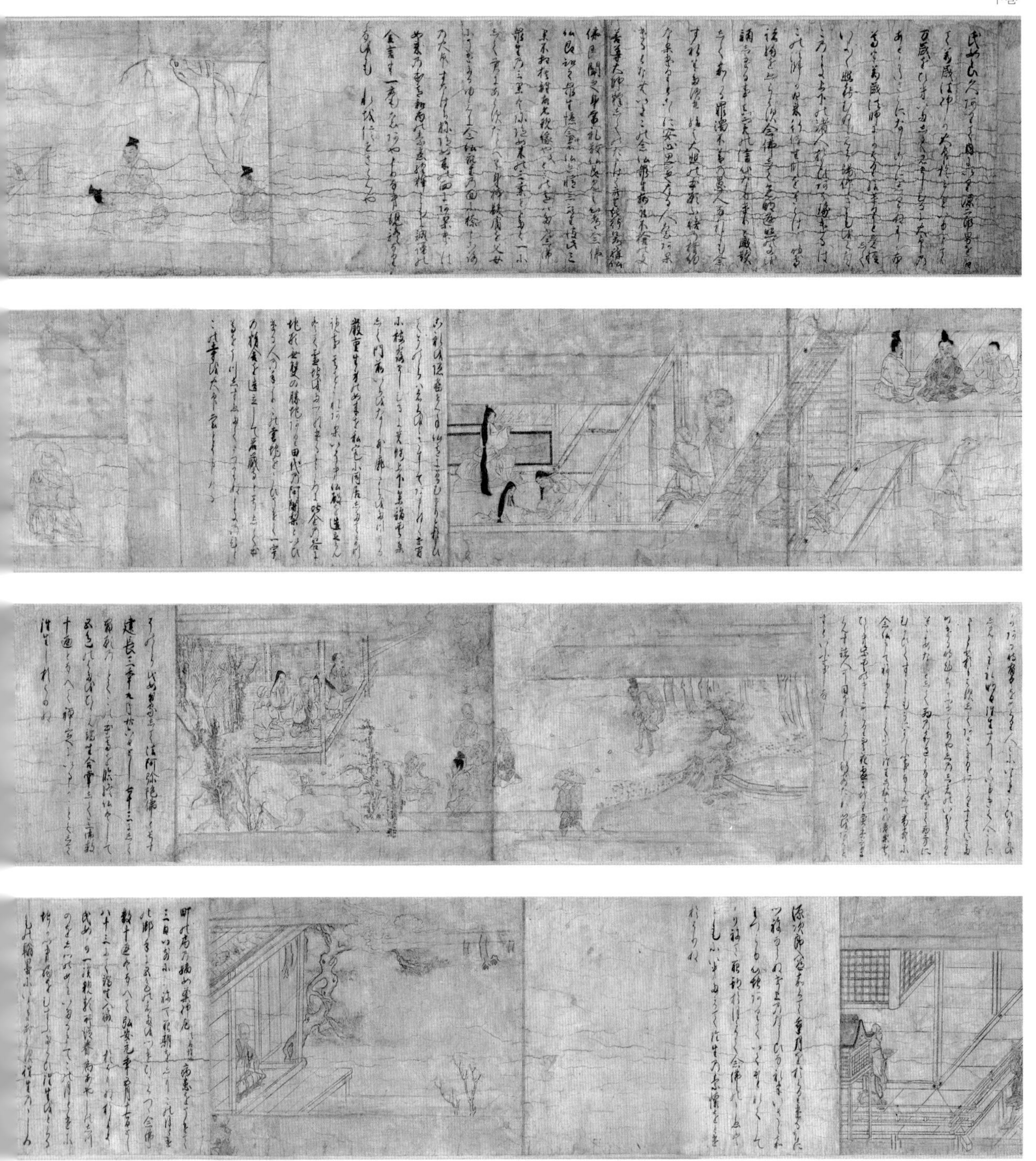

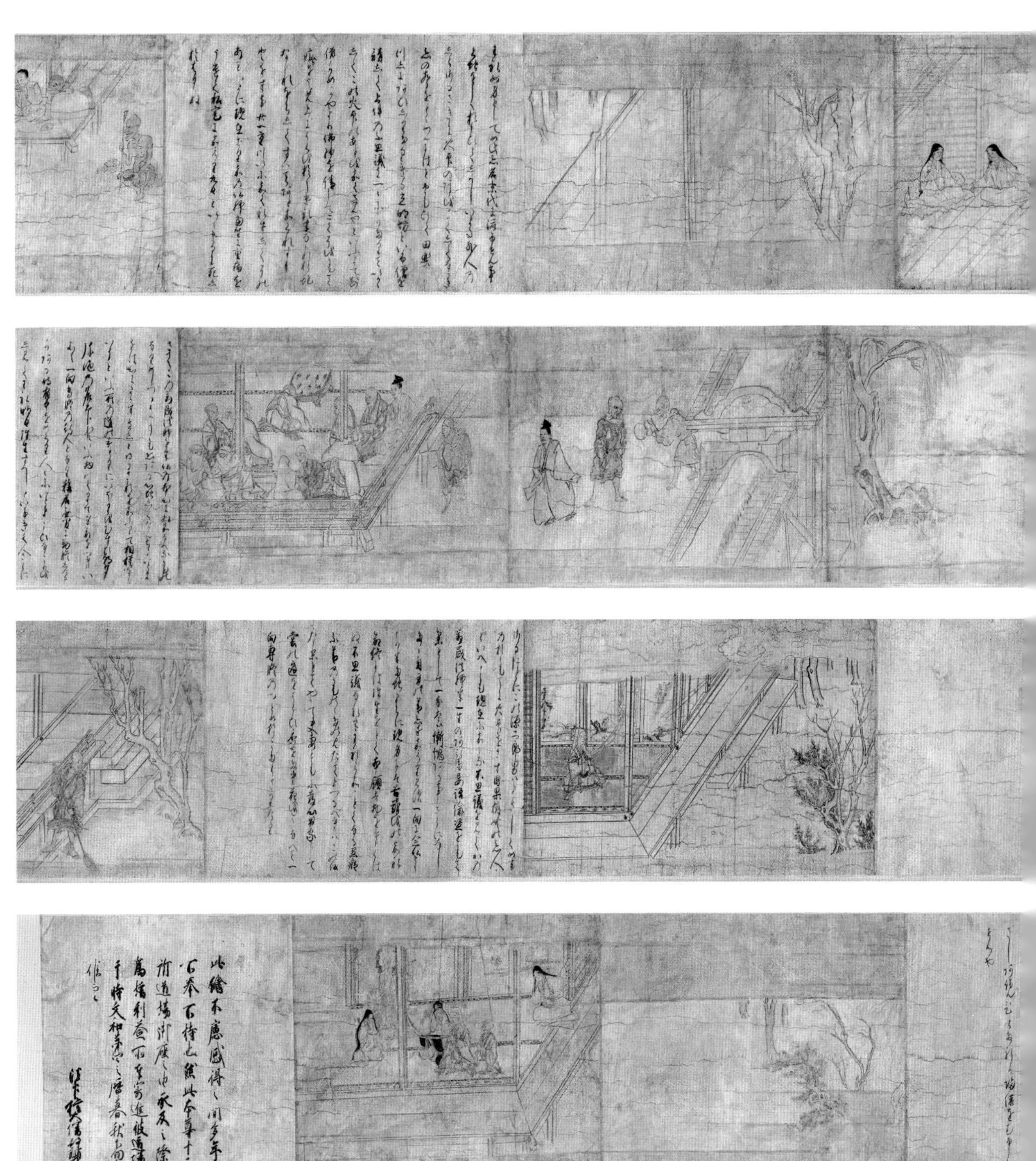

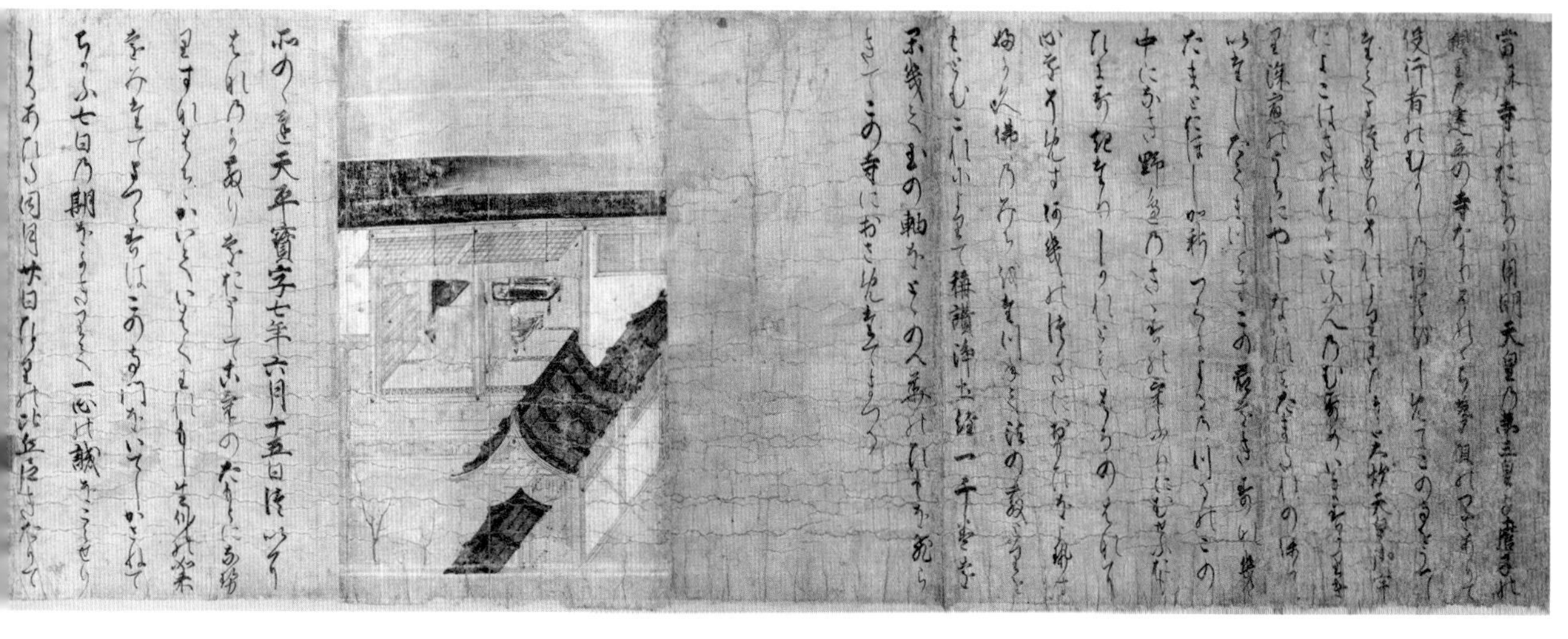

82 ◉ 當麻曼荼羅縁起
鎌倉時代　光明寺

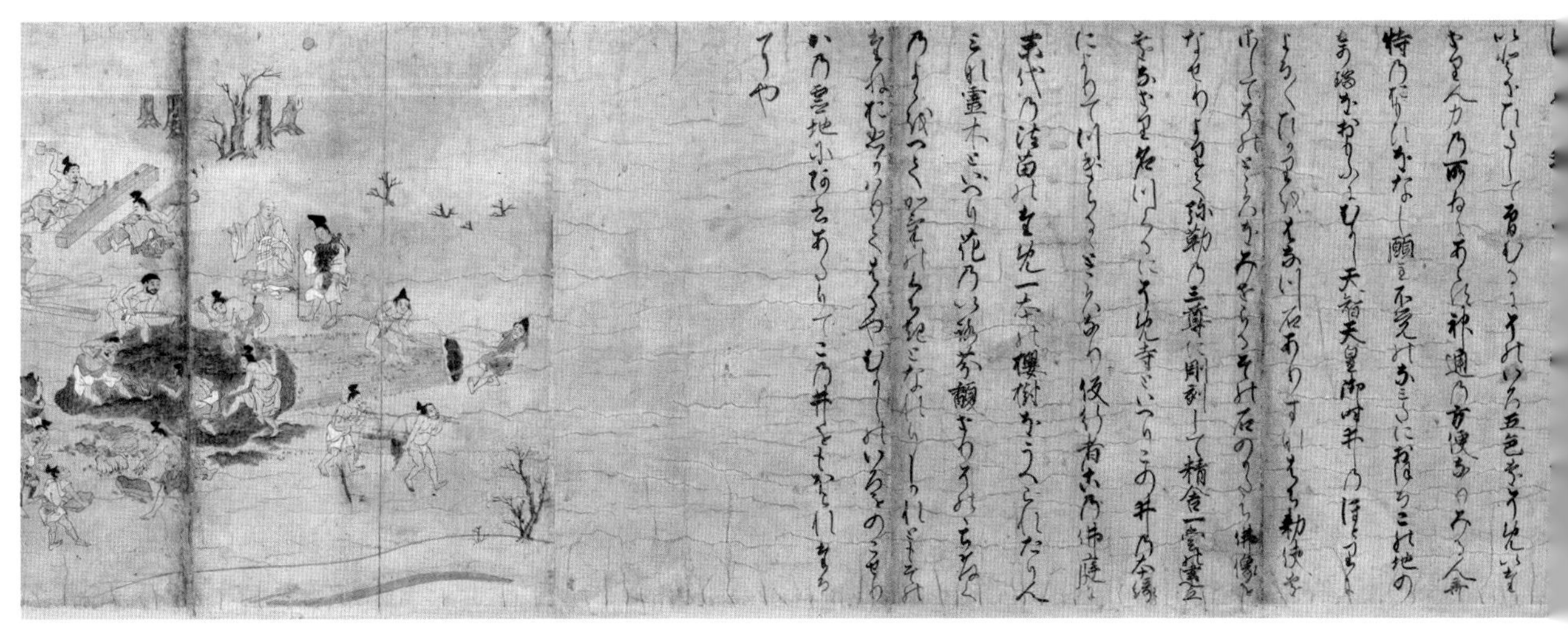

右曼陀羅之縁起上下巻土佐右将監
真跡歟然而無渉于猶豫者也
狩野永真法眼證之

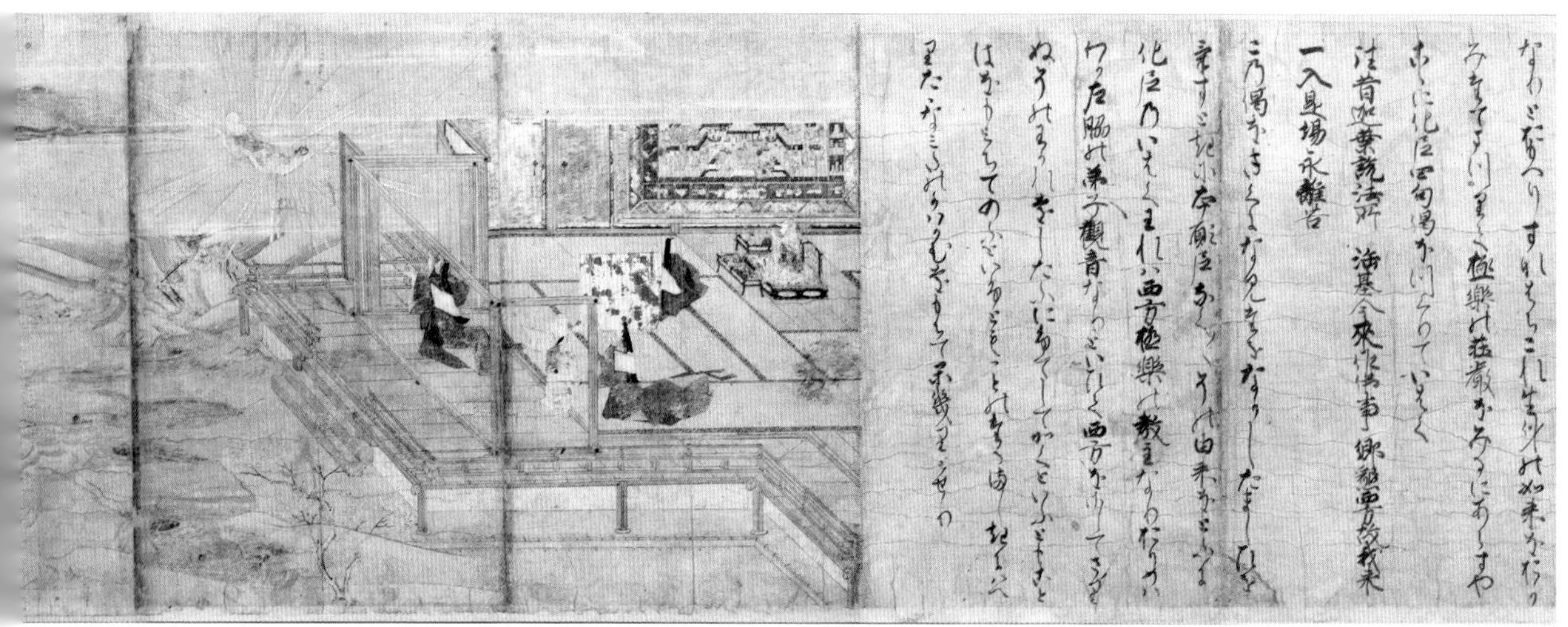

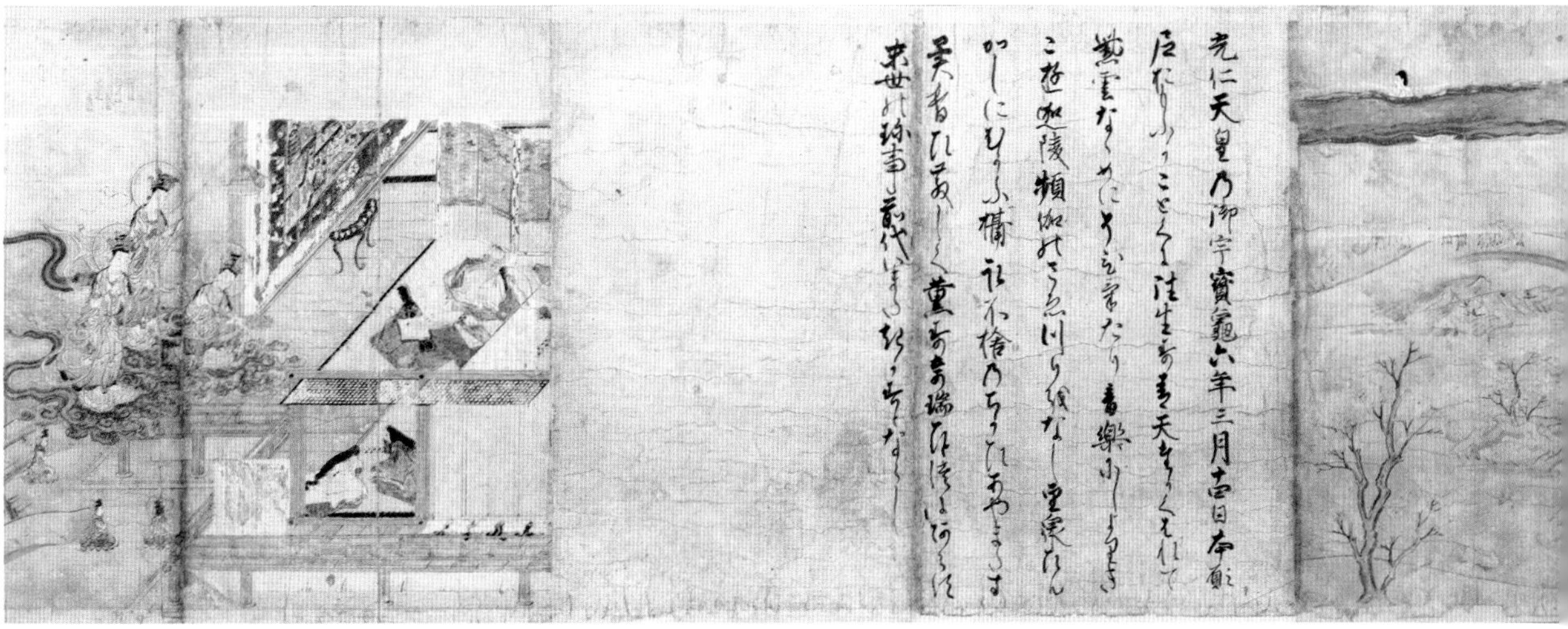

上巻　第三段

下巻　第三段

83
伊豆山権現立像
鎌倉時代
伊豆山神社

84

○阿弥陀如来坐像

平安時代

伊豆山浜生協会

85 □ 筥根山縁起并序(白文本)
室町時代
箱根神社

86 ○ 長命富貴堆黒箱
中国・南宋時代
鶴岡八幡宮

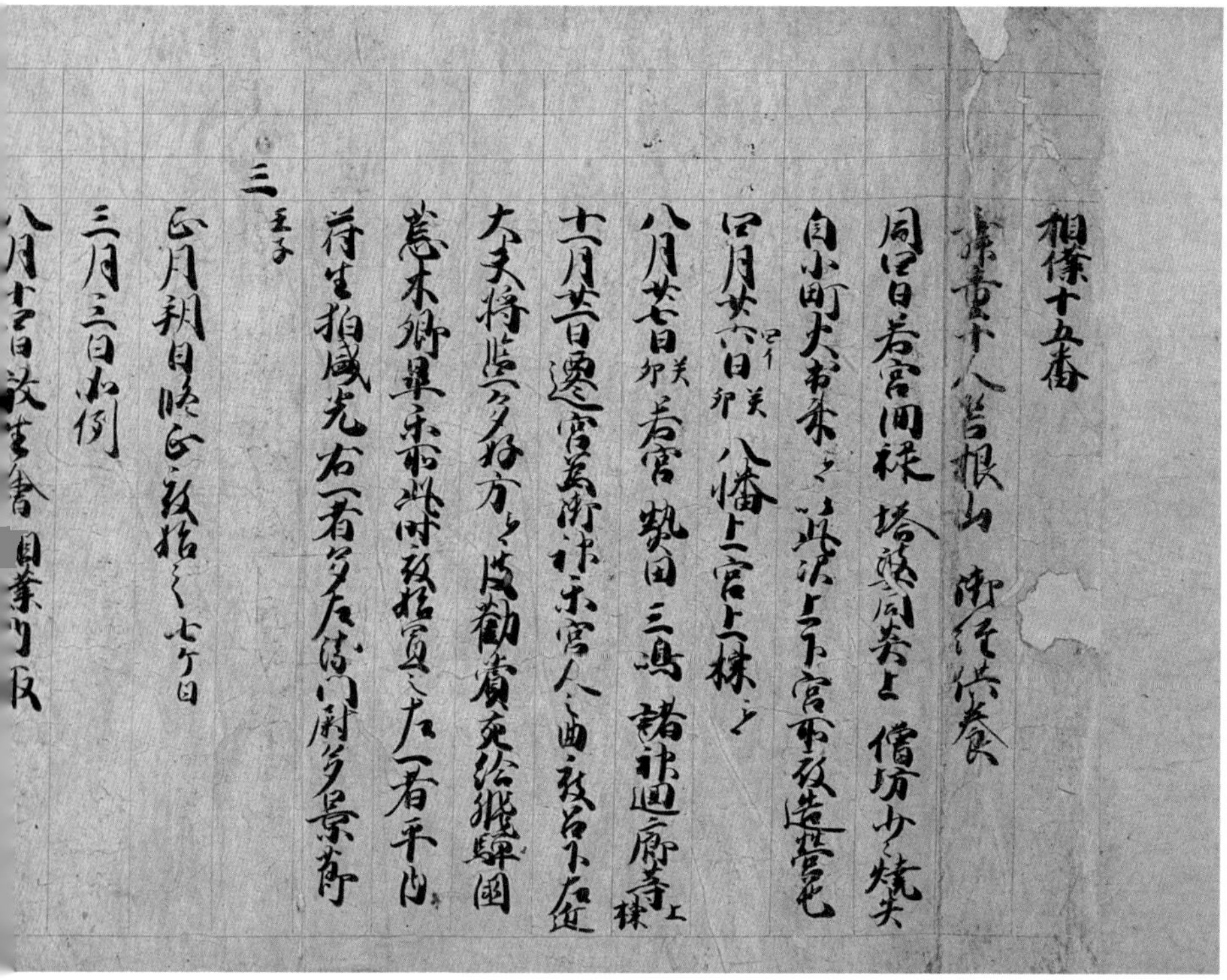

87　◎鶴岡社務記録
南北朝時代
鶴岡八幡宮

譲与
鶴岳八幡宮寺供僧職事
章猷阿闍梨
右件職者、自先師〻於学坊良喜律師
二代相傳依無相違、所譲与弟子章猷
阿闍梨實也、永代更不可有他人
之違乱妨者、可専天下泰平
御祈祷之状如件
宝治二年七月廿二日　権律師良傳（花押）

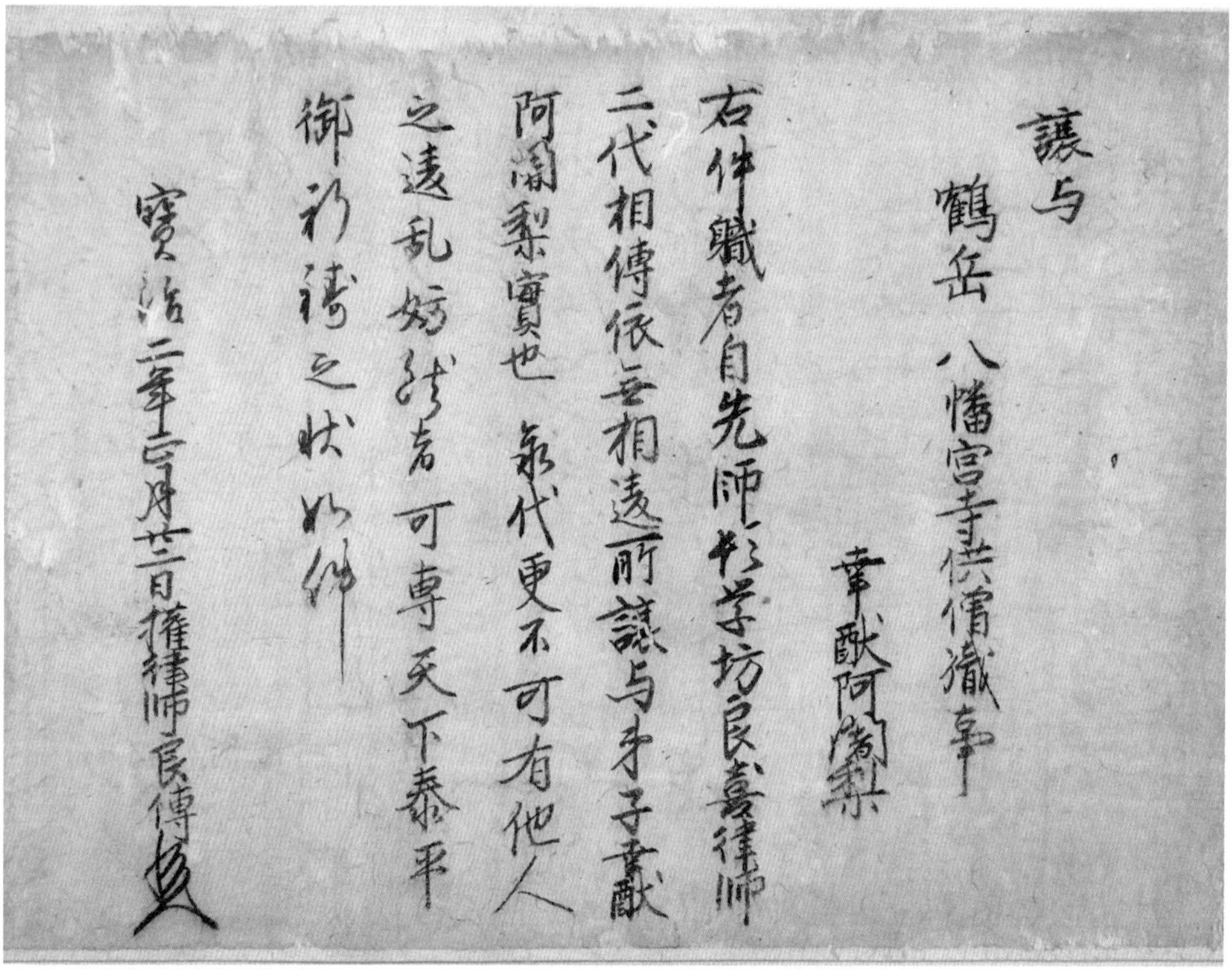

88　◎良傳供僧職譲状
相承院文書
宝治二年（一二四八）
鶴岡八幡宮

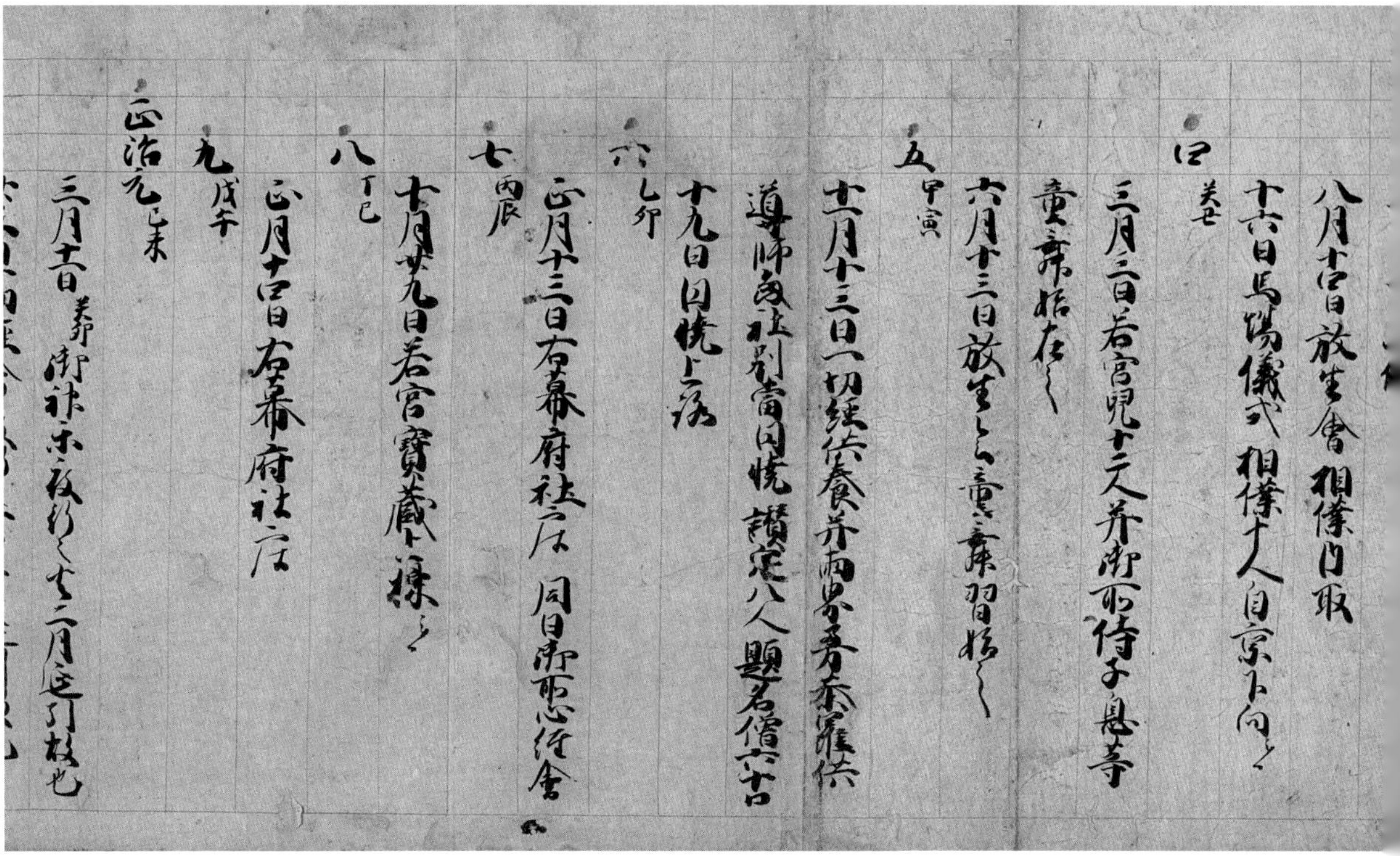

89 □金銅四天王五鈷鈴
中国・宋時代
鶴岡八幡宮

90 金銅五鈷杵
室町時代
鶴岡八幡宮

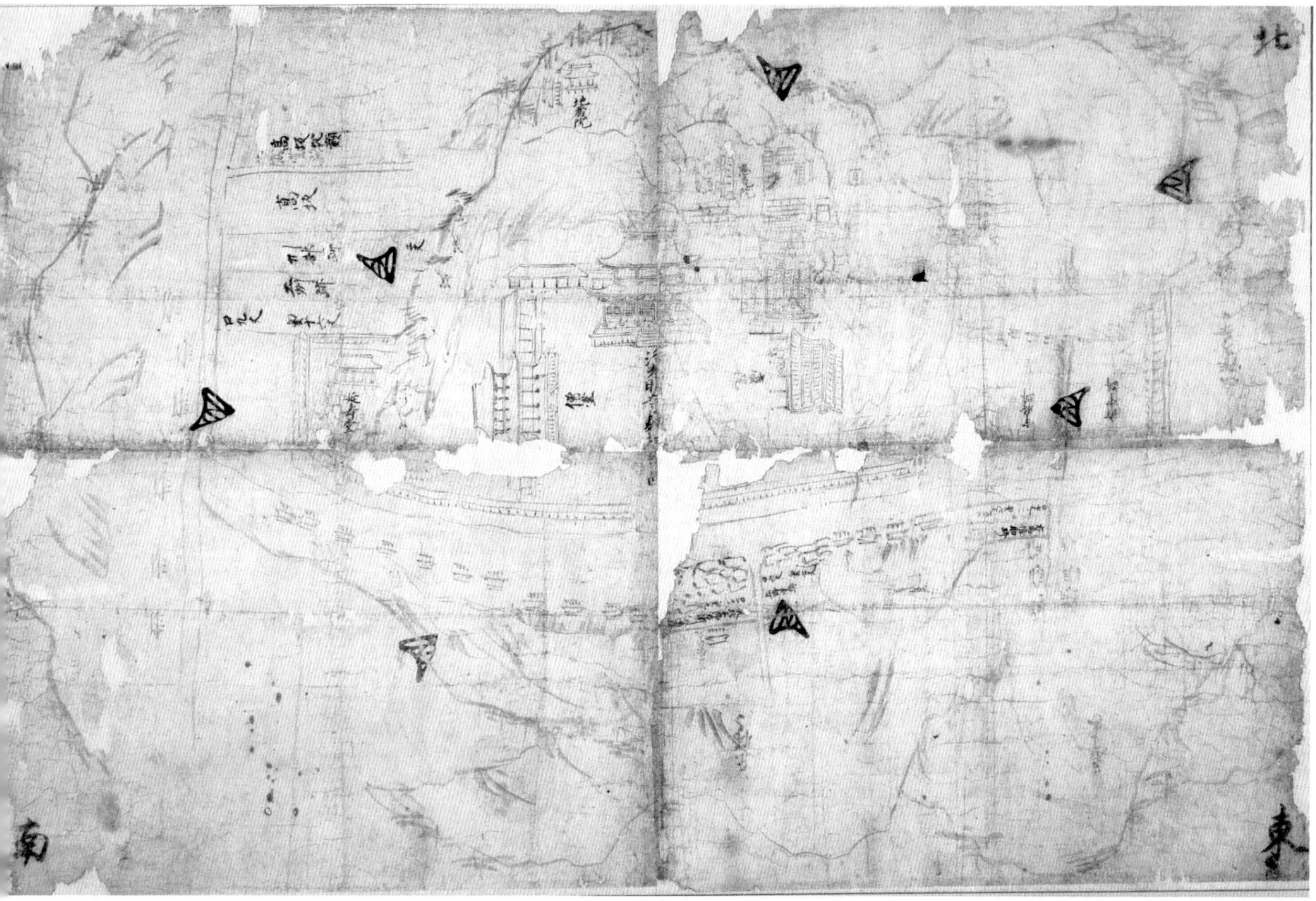

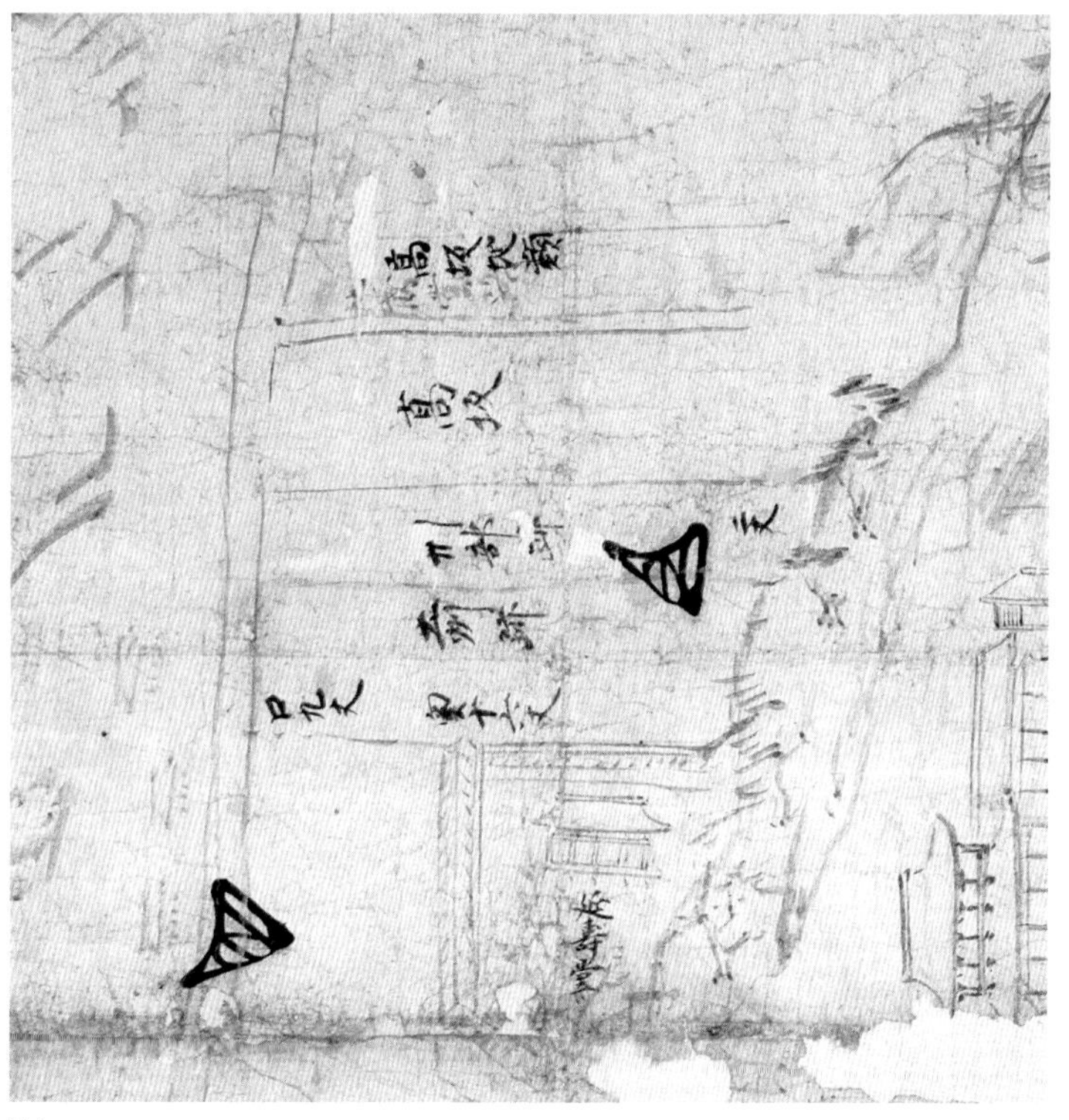

拡大

91
◎ 浄光明寺敷地絵図
南北朝時代
浄光明寺

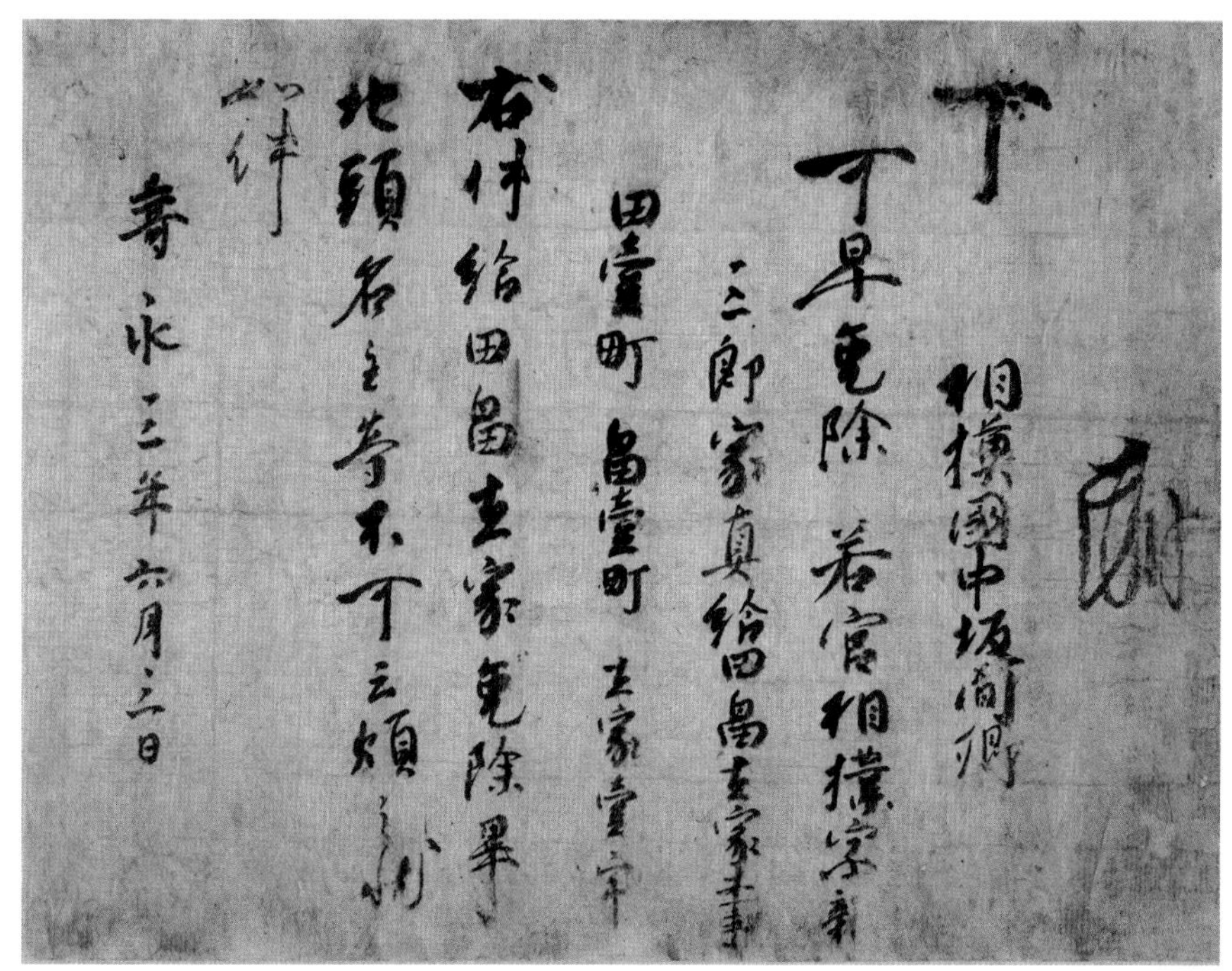
下
相模國中坂間郷
可早免除 若宮相撲字□
三郎家真給田畠在家事
田壹町 畠壹町 在家壹宇
右件給田畠在家免除畢
北頭名主等不可云煩之状
如件
寿永三年六月二日

92 源頼朝袖判下文 金子家文書
寿永三年（一一八四）
神奈川県立歴史博物館

部分

97 龍頭
室町～戦国時代
師岡熊野神社

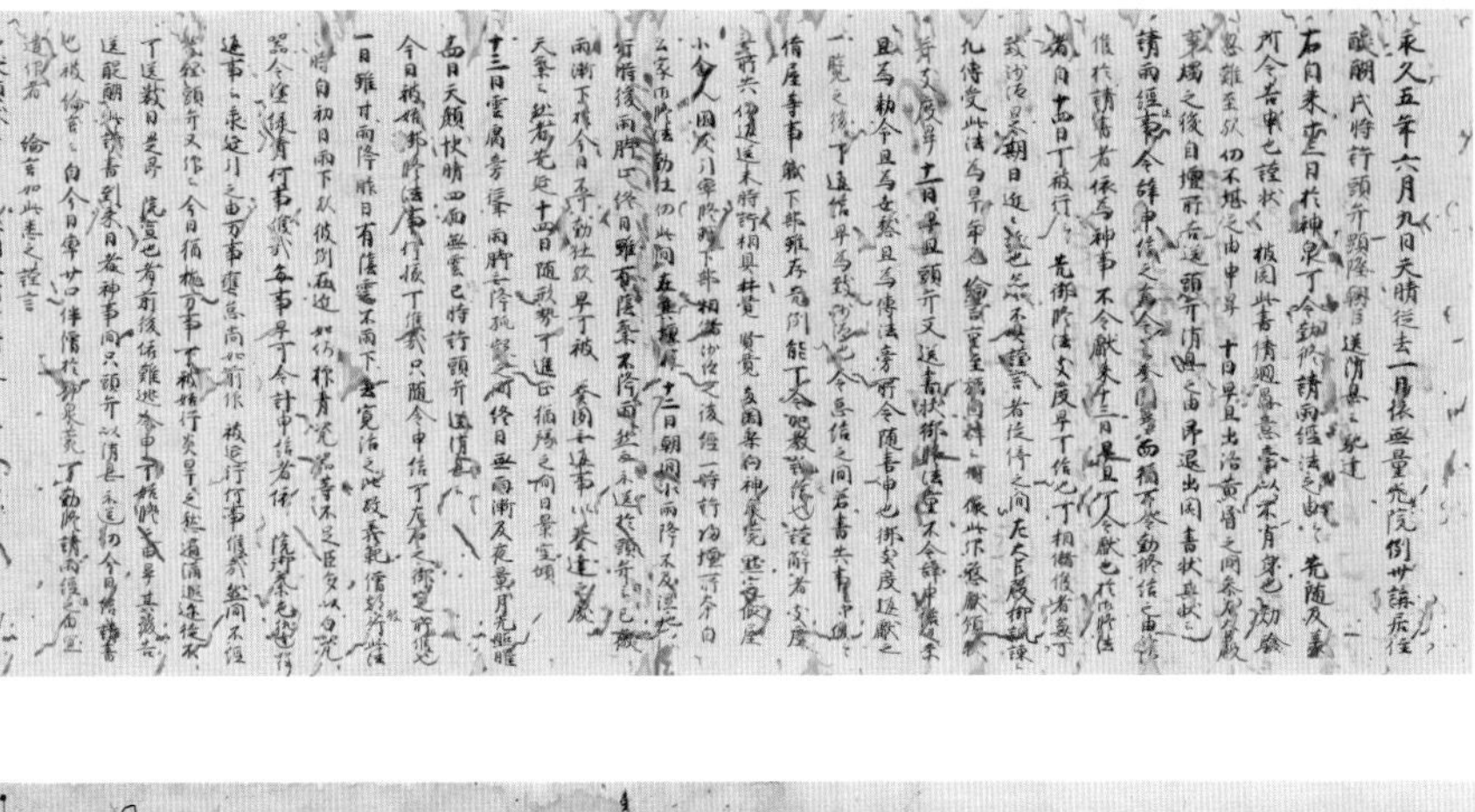

93 祈雨御修法日記
永久五年（一一一七）
田中穣氏旧蔵典籍古文書
国立歴史民俗博物館

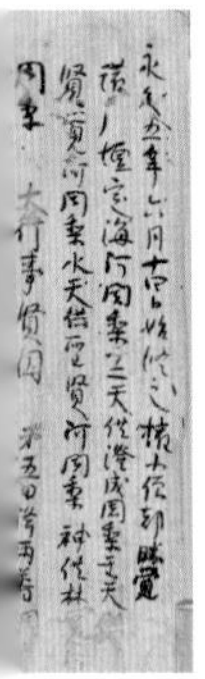

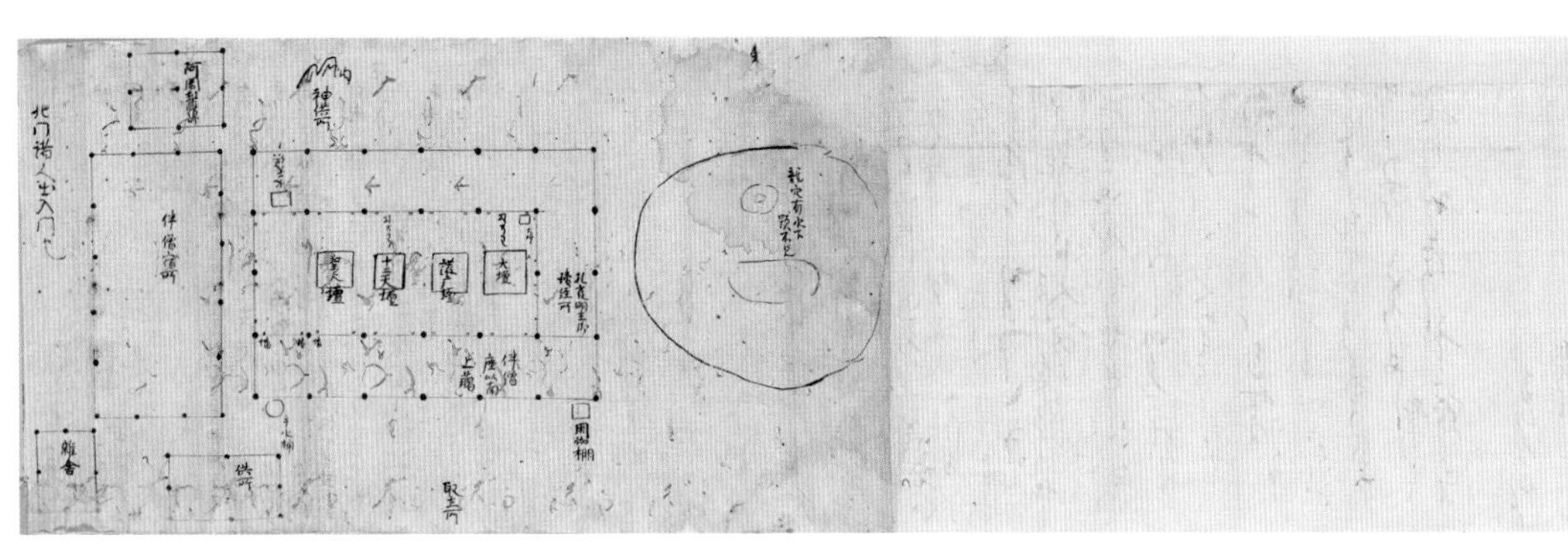

94 神泉苑請雨御修法記
永久五年（一一一七）
田中穣氏旧蔵典籍古文書
国立歴史民俗博物館

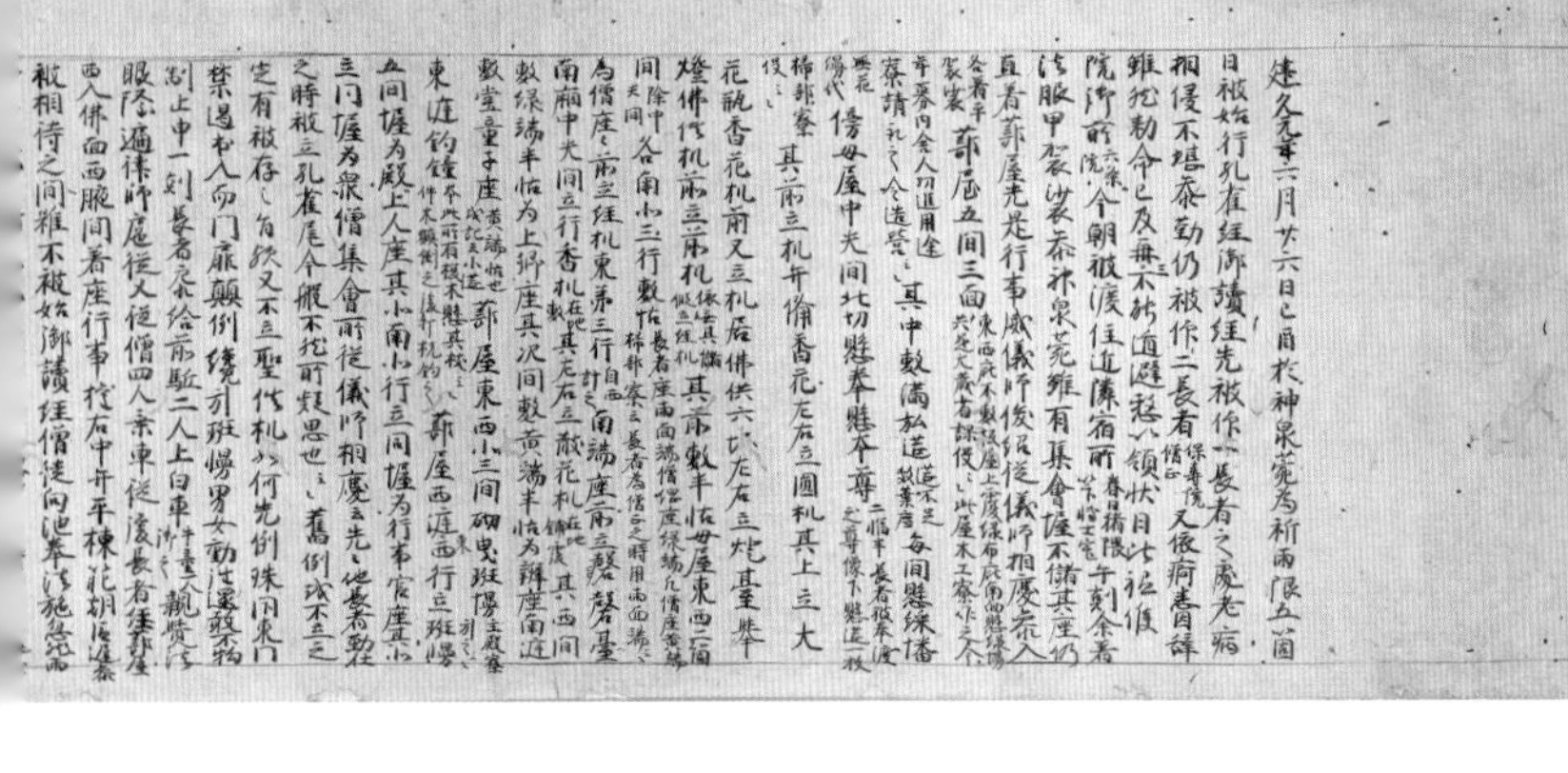

95 祈雨読経記
建久元年（一一九〇）
田中穣氏旧蔵典籍古文書
国立歴史民俗博物館

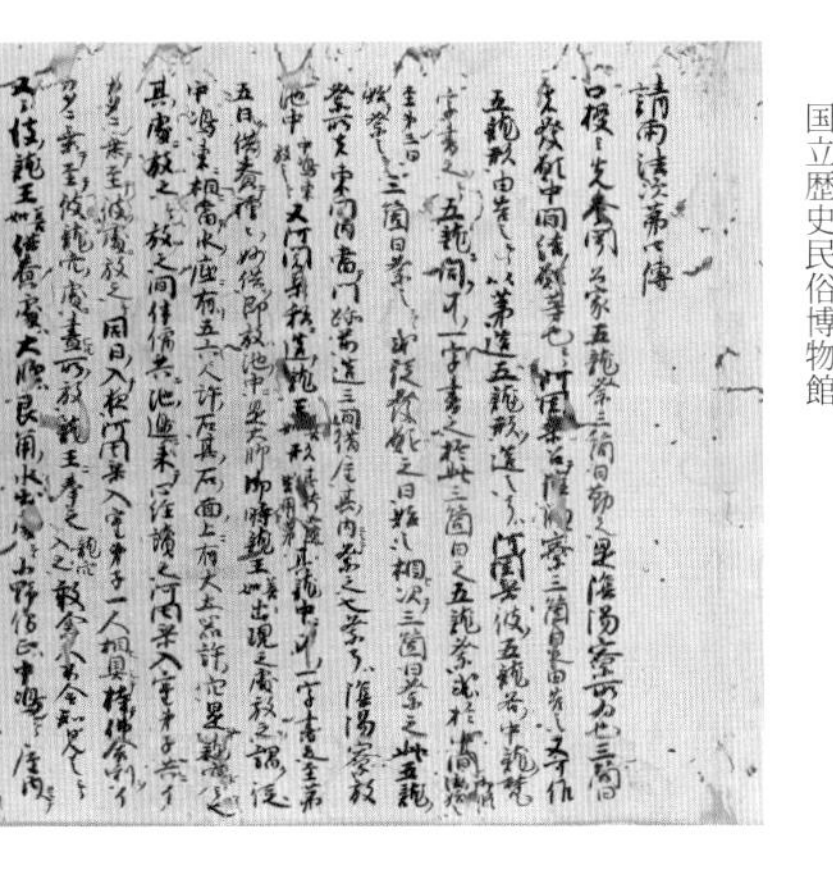

96 請雨法次第口伝
鎌倉時代
田中穣氏旧蔵典籍古文書
国立歴史民俗博物館

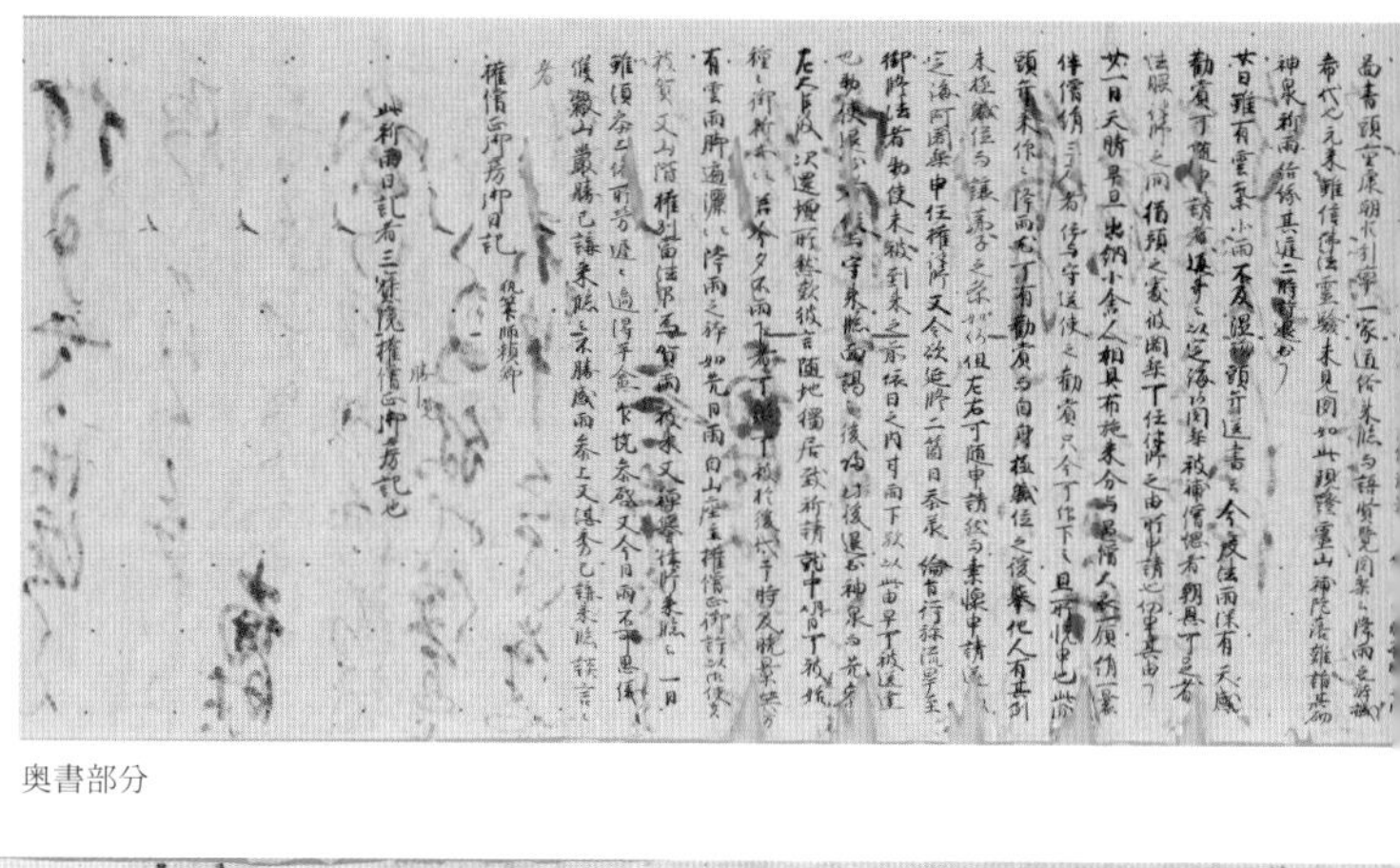

奥書部分

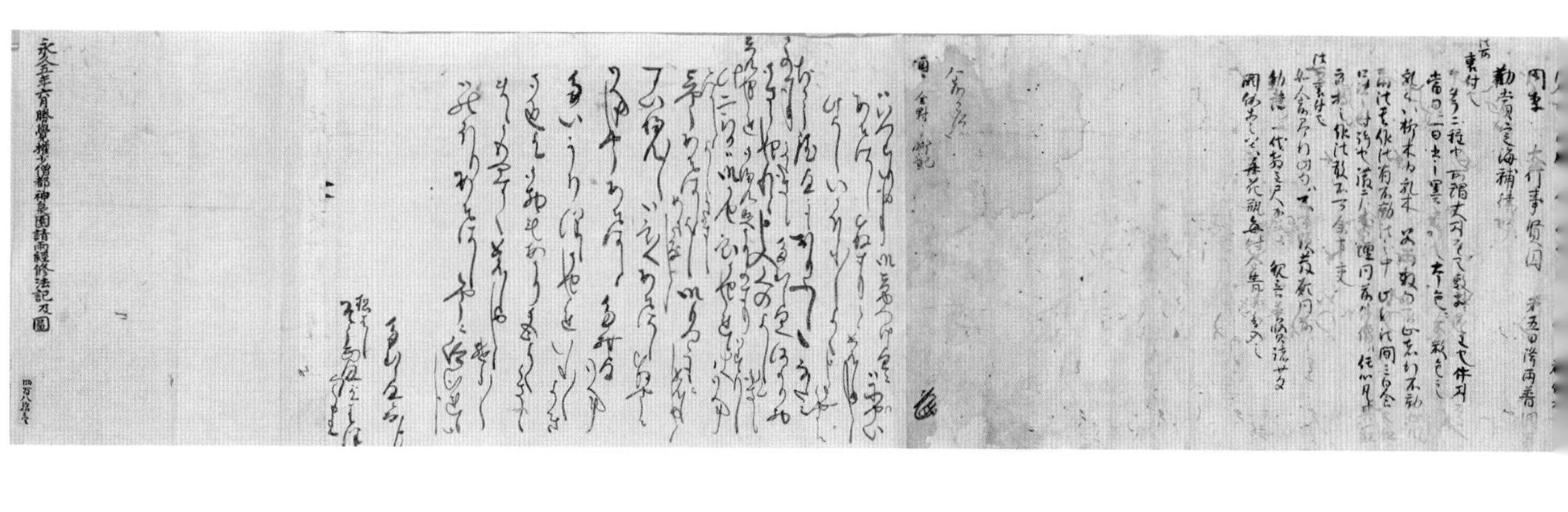

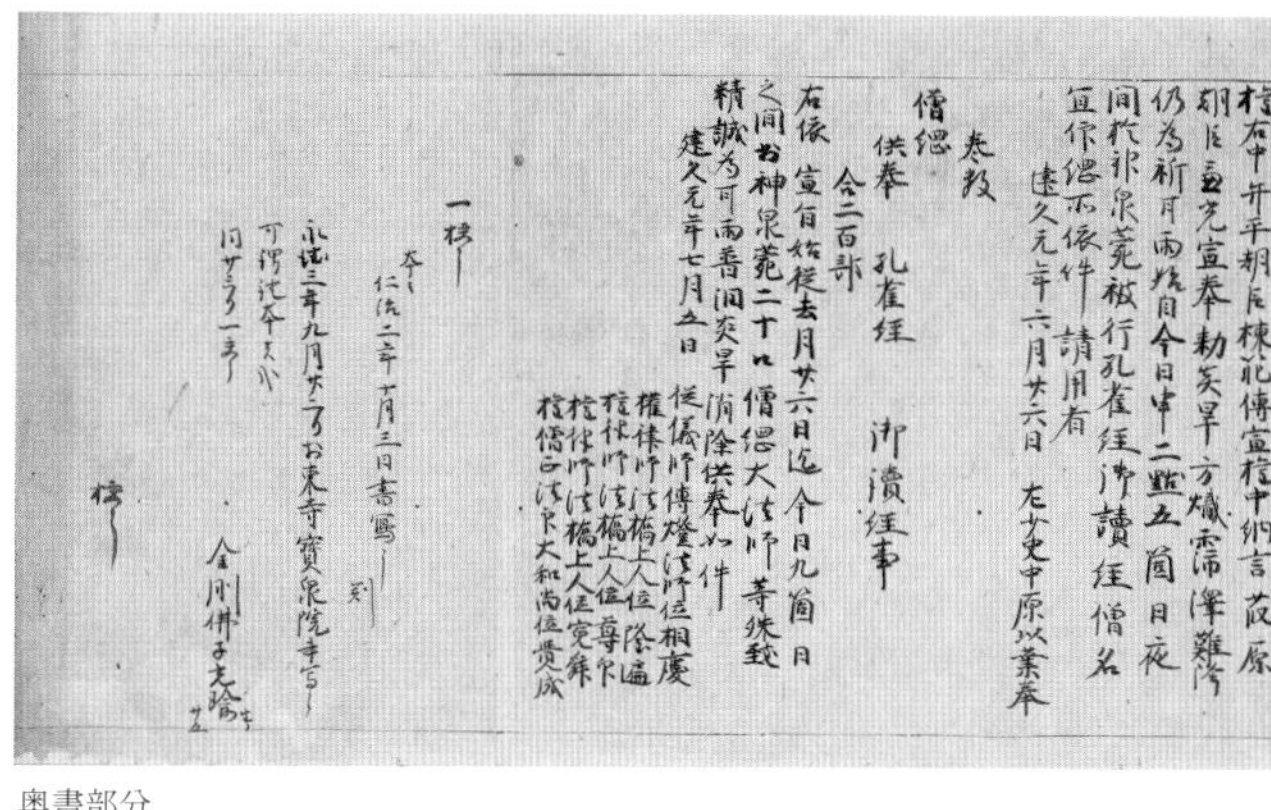

奥書部分

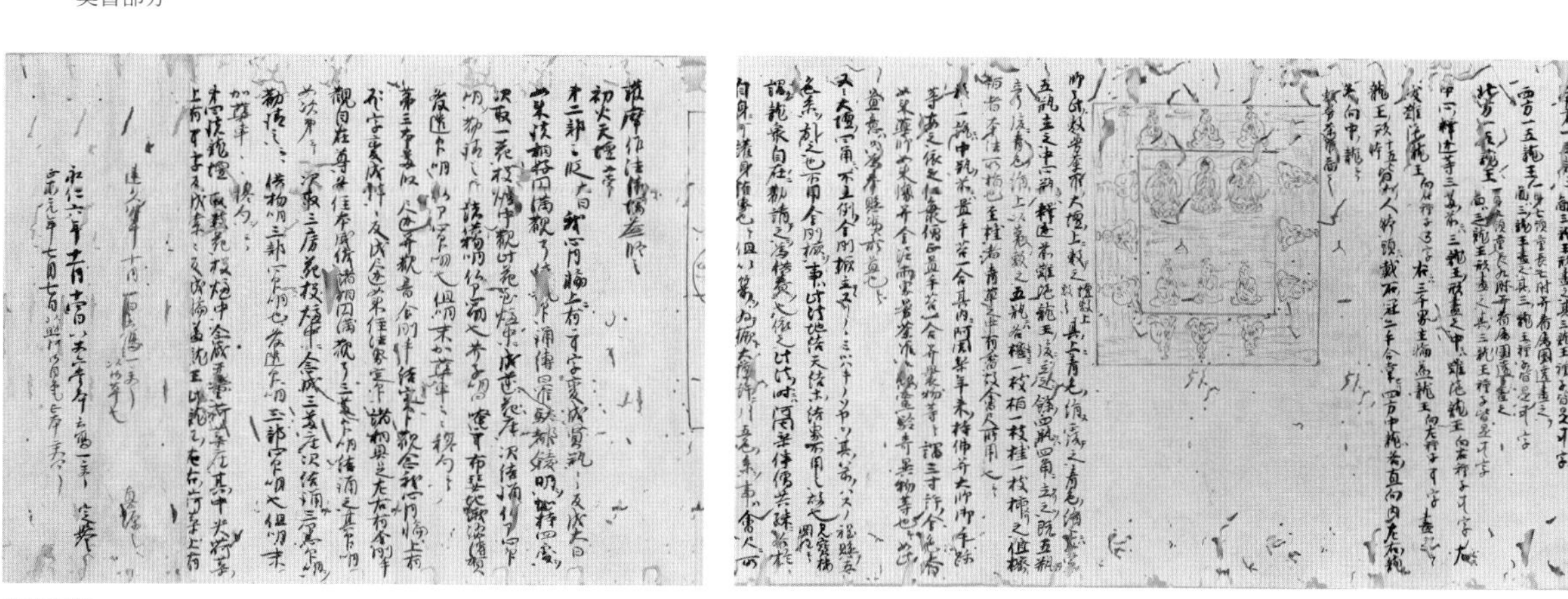

奥書部分

都市鎌倉に集う人々と京都政界

岩田慎平

源頼朝の鎌倉入りを画期とする都市鎌倉の文化的ステータスの変化について、京都からの人材流入という観点から考察するのが本稿の課題である。ここでは、伊豆国での挙兵から、元暦元年(一一八四)に頼朝の勢力が京都へ及んだ頃までを中心に、京都からの人材流入に関するいくつかの契機について考えてみたい。

伊豆国の流人を囲繞する人々

幕府と京都との関係について、かつては、晩年の頼朝が京都への憧憬を隠さなくなり、頼家・実朝に至ってはそのバランスを崩して京都風に傾き過ぎるという評価も見られた(龍粛「源頼朝の京都憧憬」『鎌倉時代(上)初期武家政治の性格と実態』春秋社、一九五七年)。つまり、両者の関係のあり方については、頼朝をはじめとする鎌倉殿個人の性向に関わるものとして位置付けられがちであった。

だが、頼朝は母方が後白河院近臣の熱田大宮司家出身であり、父である義朝は平治の乱で後白河院近臣の藤原信頼に属したことは周知のとおりである。そのような出自もあって、頼朝を取り巻く人脈の多くは後白河院とその周辺に集約されるという傾向があった(野口実「流人の周辺 ―― 源頼朝挙兵再考 ―― 」『増補改訂 中世東国武士団の研究』戎光祥出版、二〇二一年、初出は一九八九年)。つまり流人であったとはいえ、頼朝は後白河院近臣という立場で貴族社会に組み込まれた存在なのだから、挙兵当初より後白河院をめぐる政局と連動した行動形態を取ることは、むしろ当然であったといえよう。

近年の武士論研究から

さらに近年の武士論研究の成果に照らせば、どの武士も、程度の差こそあれ、一様に京都との関係を有する存在であったことが明確である(野口実『東国武士と京都』同成社、二〇一五年)。武士は頻繁な在京活動を伴う生業であり、そして京都と地方との連繫を担う存在であった。

頼朝は治承四年(一一八〇)八月に挙兵し、鎌倉を拠点として南関東を実効支配する。近年の研究によれば、頼朝が入る以前より、鎌倉は水陸交通の要衝としてすでに重要な都市であった(大澤泉【総論】古代鎌倉の様相」『企画展 頼朝以前』鎌倉歴史文化交流館、二〇二一年)。そのうえで頼朝の鎌倉入りに画期を求めるとするならば、ここを拠点とする地域的軍事権力が構築されたことにあったといえよう。以後の鎌倉は、各々の所領で京都との連繫を担う武士たちが集住する都市となり、それ自体が京都をはじめとする列島各地へ開かれた窓口として、発展を続けることになる。

挙兵後の従属

重代相伝の家人がいない頼朝は、帰服した武士たちはもちろん、伝手を頼って西国から鎌倉へ下向した者も家人に加えていった。同年一二月には平家に近江国を逐われた山本義経が土肥実平を仲介として、さらに平知盛の家人であった橘公長とその一族が甲斐源氏の加々美長清を仲介として、それぞれ頼朝麾下に加わるべく鎌倉へ下向している(『吾妻鏡』同年一二月一〇日・一九日条)。橘公長とその一族は、後白河院知行国であった讃岐国で数代にわたって目代を務めており、京都とその周辺の事情にも明るかった(拙稿「小鹿島橘氏の治承寿永内乱」『紫苑』八、二〇一〇年)。

もとより東国武士にも在京経験豊富な者はおり、橘氏も含む京都やその周辺の事情に明るい者たちは「馴京都之輩」として頼朝から遇された。

頼朝の本位復帰
―― 寿永二年十月宣旨 ――

だが謀叛人として挙兵した頼朝には、家人の参入ばかりではなく、離脱する者もいたようであったことが知られる(『玉葉』治承五年(一一八一)二月二〇日条、寿永二年(一一八三)閏一〇月一七日条)。自らの地位の正当化は、挙兵直後から頼朝の課題であった。

寿永二年(一一八三)八月、木曾義仲を中心とする勢力の攻撃によって都落ちを余儀なくされた平家と安徳天皇に代わって、後白河院が後見する後鳥羽天皇が践祚した。この直後から後白河院近臣の中原康貞を仲介者とする交渉に着手した頼朝は、まず本位(従五位下)復帰を実現させ、さらに「寿永二年十月宣旨」によって東海道・東山道諸国の在庁官人たちに対する指揮権を公認された。このような動きと軌を一にするように、さまざまな縁を頼りに鎌倉へ下向する人々の動きも目立つようになる。

頼朝の側近として活躍する大江広元と中原親能はこの頃からその活動が『吾妻鏡』にも記録されるようになり、挙兵以前から頼朝に音信を通じていた三善康信もこの時期に鎌倉へ下向している。頼朝の地位やその勢力が安定していくとともに、その政権を支える人々が、京都をはじめとする各地から続々と供給されるようになるのだ。

都市鎌倉の水と権力

宇都洋平

はじめに

中世都市鎌倉は、三方が標高約一一〇〜一四〇mの丘陵に囲まれ、南は海に面している。これら鎌倉を囲む丘陵には大小の谷戸が存在しており、現在でこそ暗渠となり目にすることは出来ないが、これらの谷戸を源流とした大小の河川が存在する。そのため鎌倉は周辺の地域と比べ地下水位は高く、水はけが悪いため一度大雨が降ると都市に大きな被害をもたらすことになる。

一、水害と溝・護岸

事実、『吾妻鏡』をはじめとした当時の記録を見ると洪水による被害の記録が散見され、幕府にとって都市の治水は重要な課題の一つであったと考えられる。このため鎌倉では幹線道路に大型の側溝が敷設され、また幕府の重要施設や有力御家人の屋敷地の区画にも溝が採用されている。これらは境界を示す目的のほかに、都市へ流入した雨水や地下水の排水を目的とした重要な施設であった事は想像に難くない。

二、木組みの側溝

若宮大路・小町大路・横大路など鎌倉内の主な幹線道路では一二世紀末から一三世紀前半までは素掘りの側溝が採用されているが、その後は木組みの側溝が採用される。側溝の構造は複雑であり、①柄穴を等間隔に穿った角材を掘り方底面に敷き、②柄穴には横板を抑える束柱を差し込み、束柱の上には笠木をはめ込み、③対面の構造物が土圧で倒壊しないよう梁を渡し、④場合によっては敷地側の構造物には拉材を付属させている(第1図)。

若宮大路側溝の発掘調査では、「一丈伊北太郎跡」をはじめとした人名木簡が出土していることから、若宮大路の側溝は御家人への賦課により造られたものと考えられている。これは若宮大路に限った事ではなく、その他の道からも同様の人名木簡が出土する事例があることから、木組みの側溝は幕府が主体となり造作した様子が伺える。

なお木組みの構造を持つ側溝は「蒙古襲来絵詞」や「北野天神縁起絵巻」などの絵画資料からもその姿を確認することができる(第2図)。

三、河川の護岸

鎌倉を流れる最大の河川である滑川では現在のところ明確な護岸の痕跡は確認されていないが、扇川や逆川などでは護岸の痕跡が確認されている。護岸は砂岩や泥岩を積み上げた石積みのものや、木組み構造の木製護岸が混在するが、ここでは木製護岸に注目したい。構造は木組みの側溝に非常に似ており、束柱こそ土台角材を使用せず河床に打ち込むが、その他は拉材を使用した木組み側溝と同様である。

この木製護岸の登場時期および消滅時期は木組みの側溝と同じくしている。

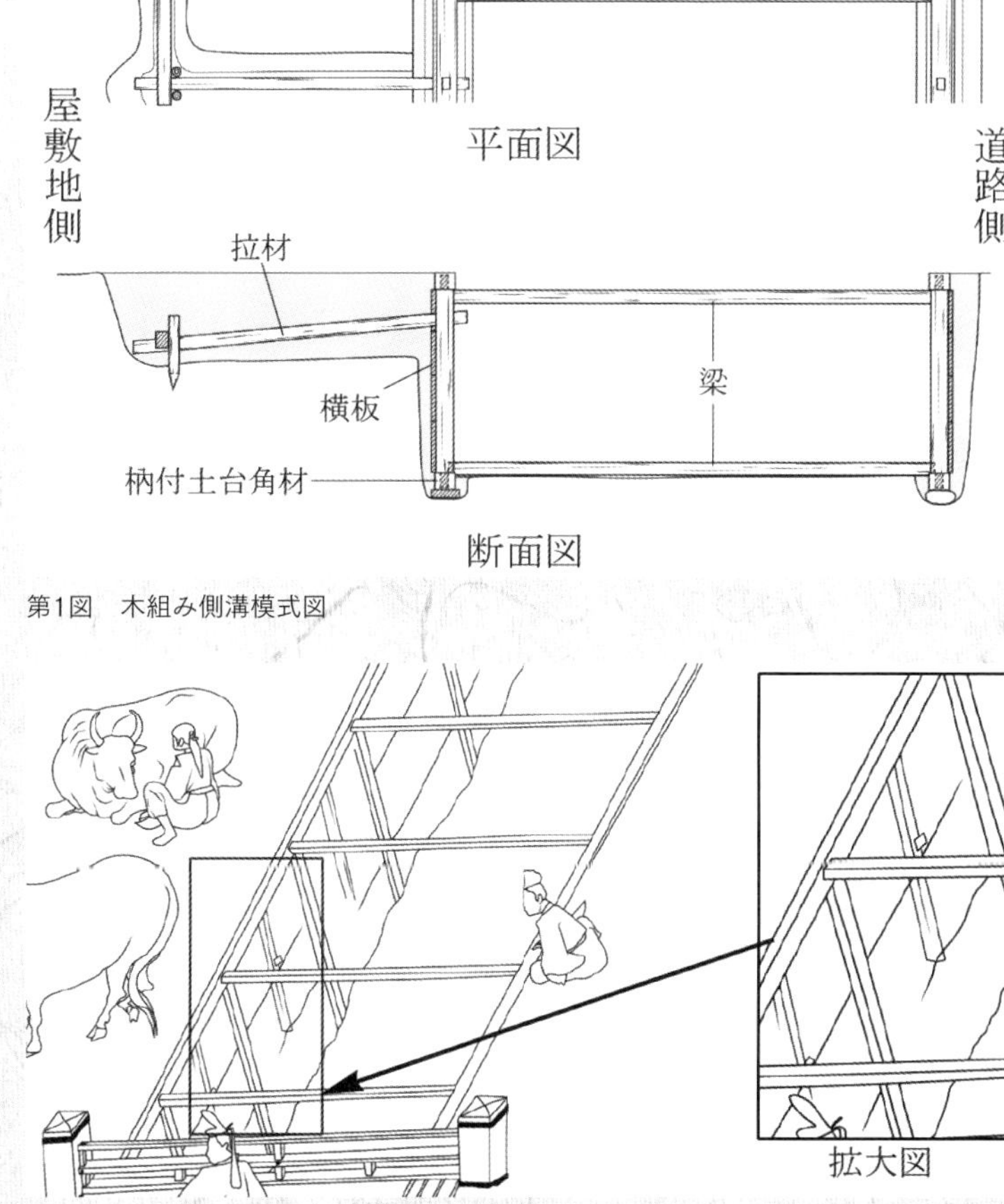

第1図　木組み側溝模式図

第2図　「北野天神縁起絵巻」菅原是善邸門前トレース図（宇都2013より）

ほぼ同一構造の木組みの側溝は鎌倉幕府が主体となって造作していることから、この木製護岸についても同じく幕府主体で敷設されたと考えられ、市中の排水のみならず河川氾濫など水害全般を強く意識していたと言えよう。

四、屋敷地内の木組み

なお木組み構造を持つ溝は、公共の場だけで採用されたわけではない。今小路西遺跡御成小学校地点では北条氏と関係性が指摘されている上級武士の屋敷跡が確認されているが、この中で北谷3B面大溝とした区画の溝には木組みの側溝が採用されている。また安達氏との関係が指摘されている同遺跡御成町171番1外地点のすぐ西側にあたる御成町200番2地点でも池の護岸に拉材を用いた木組み護岸が採用されている。

おわりに

このように木組み構造の施設は鎌倉時代に特徴的な構造物であり、道路側溝や河川の護岸の他に幕府の重要人物の屋敷地内にも敷設されていたことがわかる。このことは木組み構造の技術と幕府権力が密接な結びつきを持っていた可能性が考えられるものの、その技術がどのような経緯で採用されたかは不明な点が多い。今後木組み技術の系譜を検討を行うことで、新たな鎌倉幕府の一面を我々は知ることができるかもしれない。

【参考文献】

・秋山哲雄『北条氏権力と都市鎌倉』吉川弘文館、二〇〇六年
・宇都洋平「柄穴付き土台角材を使用する構造物について—都市鎌倉を事例として—」(『神奈川考古（第四九号）』神奈川考古同人会、二〇一三年)
・宇都洋平「鎌倉遺跡群における治水と木組み遺構について—道路側溝と区画溝を中心に—」(『中世東国武士の本拠と洪水—仮称「河越堤」を考えるために—』落合義明、二〇一八年)
・宇都洋平「検出された護岸遺構から見る中世都市鎌倉の治水」(『利水・治水に見る中世武士の本拠・報告集』落合義明、二〇一九年)
・高橋慎一朗「鎌倉と災害」(五味文彦・小野正敏編『開発と災害（中世都市研究一四）』新人物往来社、二〇〇八年)

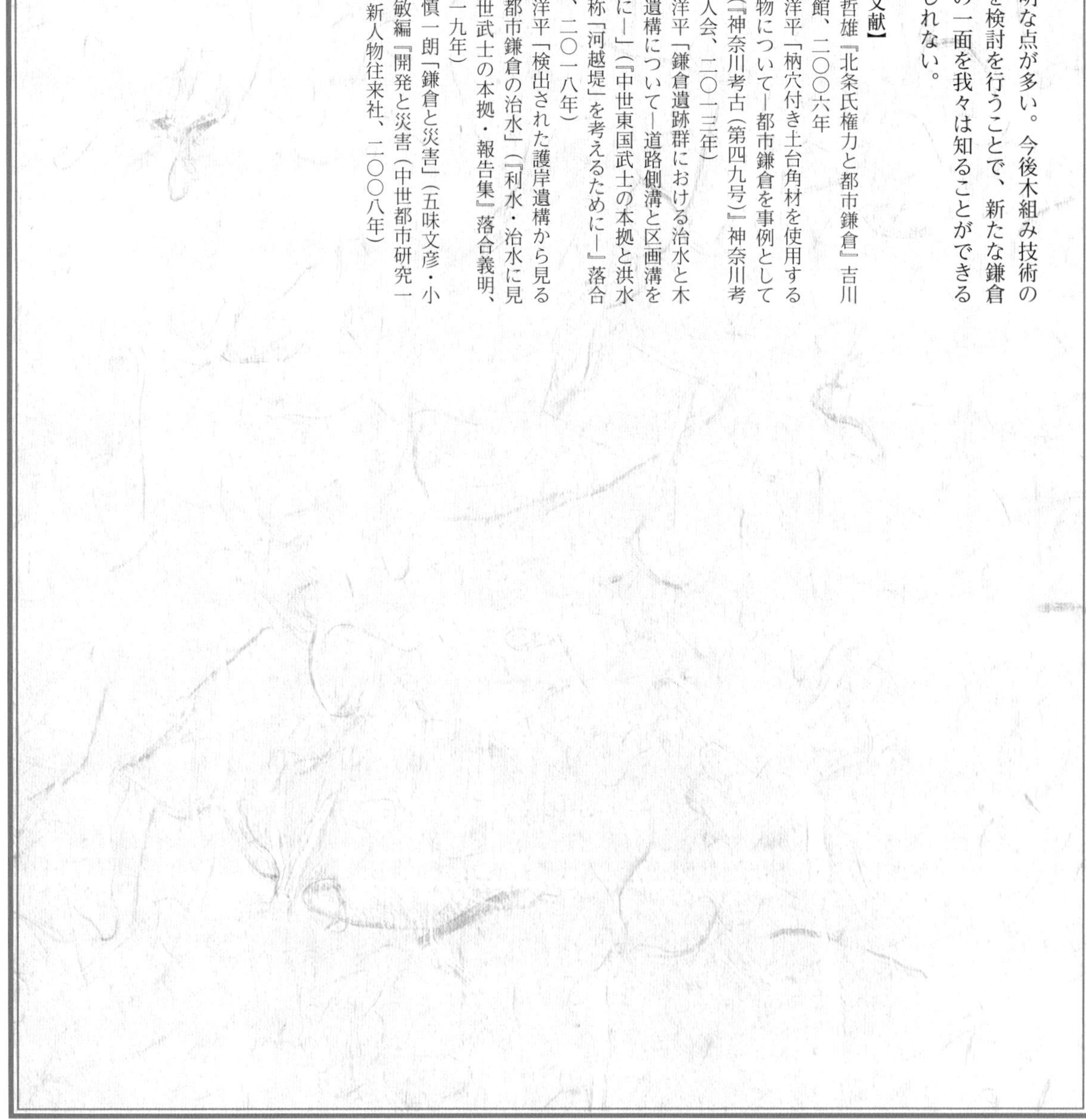

5章 神さびた中世仮面と音楽文化

荘厳された浄土世界を、人々に分かりやすく伝える手段に音楽がある。音楽は仏教儀礼には必須のものであり、鎮護国家・護国法会の手段として催された音楽をともなう宗教儀礼の整備は、鎌倉幕府が武家権門としての地歩を築いていく上で必要不可欠だった。鎌倉幕府は京都社会から積極的に音楽受容をはかり、永福寺や鶴岡八幡宮寺・勝長寿院は都市鎌倉の音楽文化の中心的役割を担うようになっていった。そして、これら都市鎌倉の音楽文化は東国へとひろがりをみせ、鎌倉や東国各地に中世仮面が遺されるようになる。本章は中世鎌倉と東国の音楽文化の残滓を示す仮面に着目しながら、音楽の受容と展開の様相を追ってみたい。

その1

98
菩薩（行道面）
平安時代
日光山輪王寺

その2

99
○王の舞面
鎌倉時代
津毛利神社

右側面

裏面

100
菩薩（行道面）
承安四年（一一七四）
阿弥陀寺

右斜側面

裏面

102
◎舞楽面　陵王
鎌倉時代
鶴岡八幡宮

101 ◎菩薩面
鎌倉時代
鶴岡八幡宮

103
◎舞楽面　散手
鎌倉時代
鶴岡八幡宮

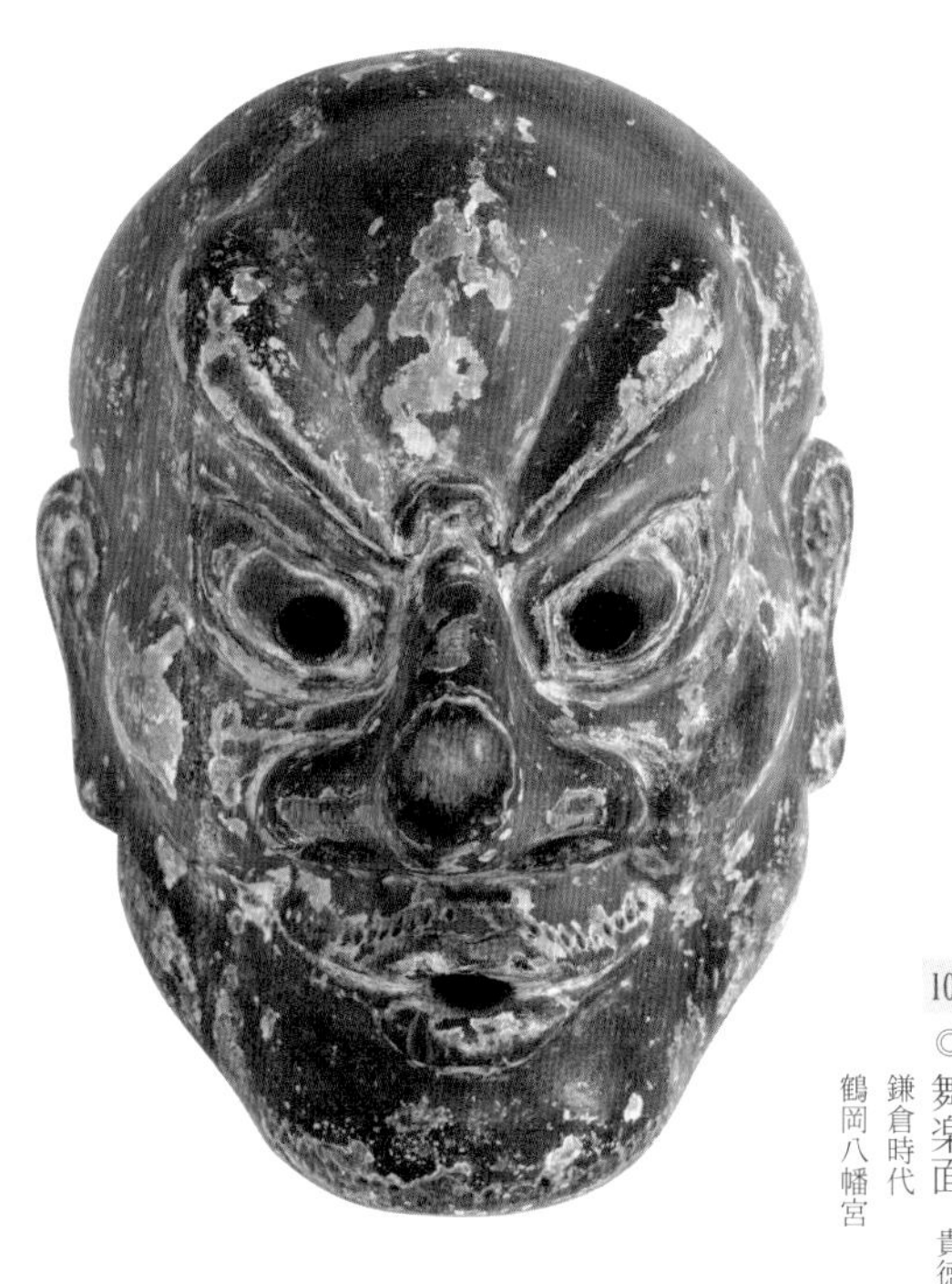

104
◎舞楽面　貴徳鯉口
鎌倉時代
鶴岡八幡宮

105
◎舞楽面　貴徳番子
鎌倉時代
鶴岡八幡宮

106
◎舞楽面　二ノ舞　咲面
鎌倉時代
鶴岡八幡宮

その2

その1

その4

その3

107-1 ○菩薩（行道面）
鎌倉時代
建暦寺

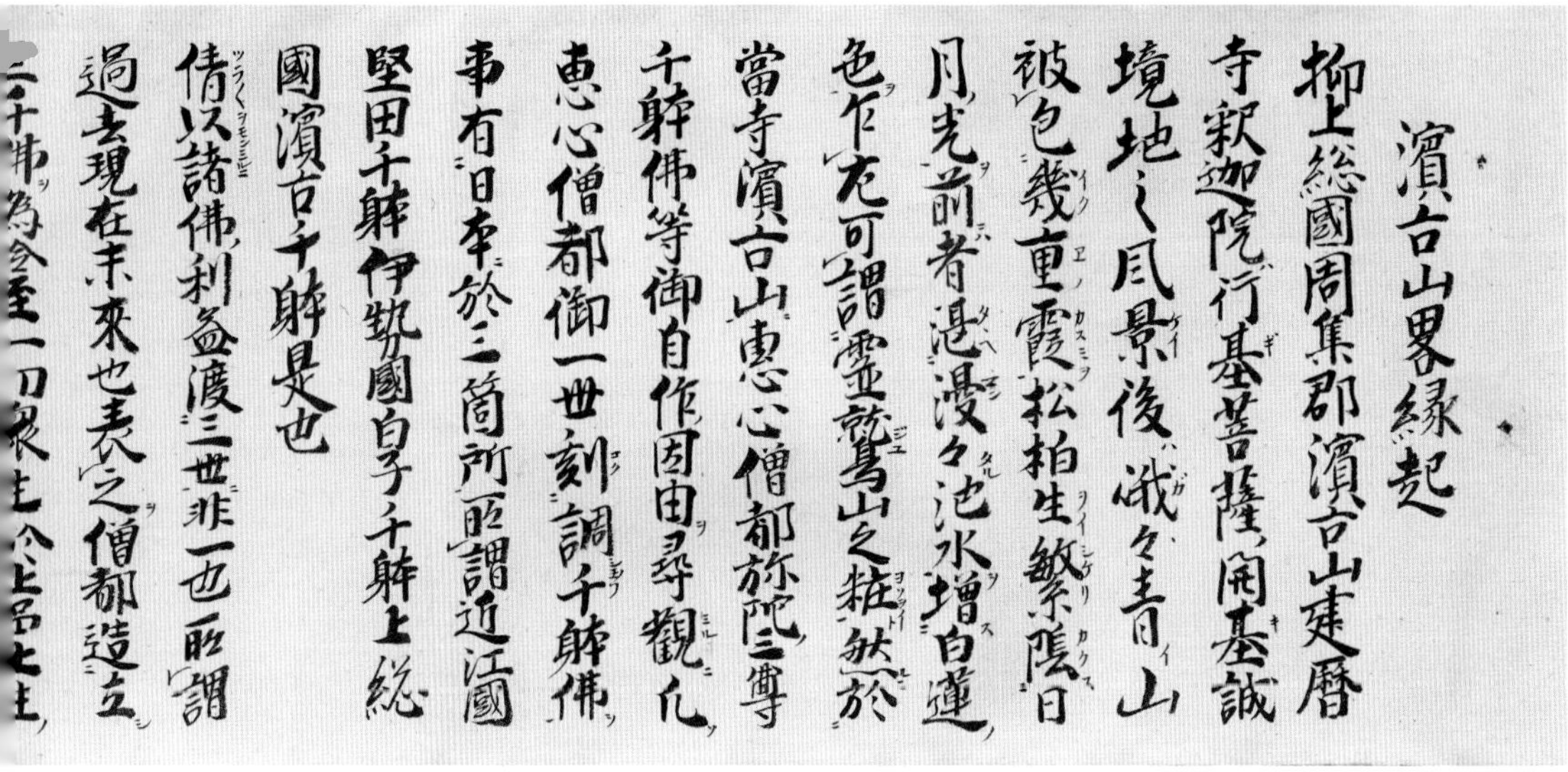

107-2 濱古山畧縁起

文化元年（一八〇四）

建暦寺

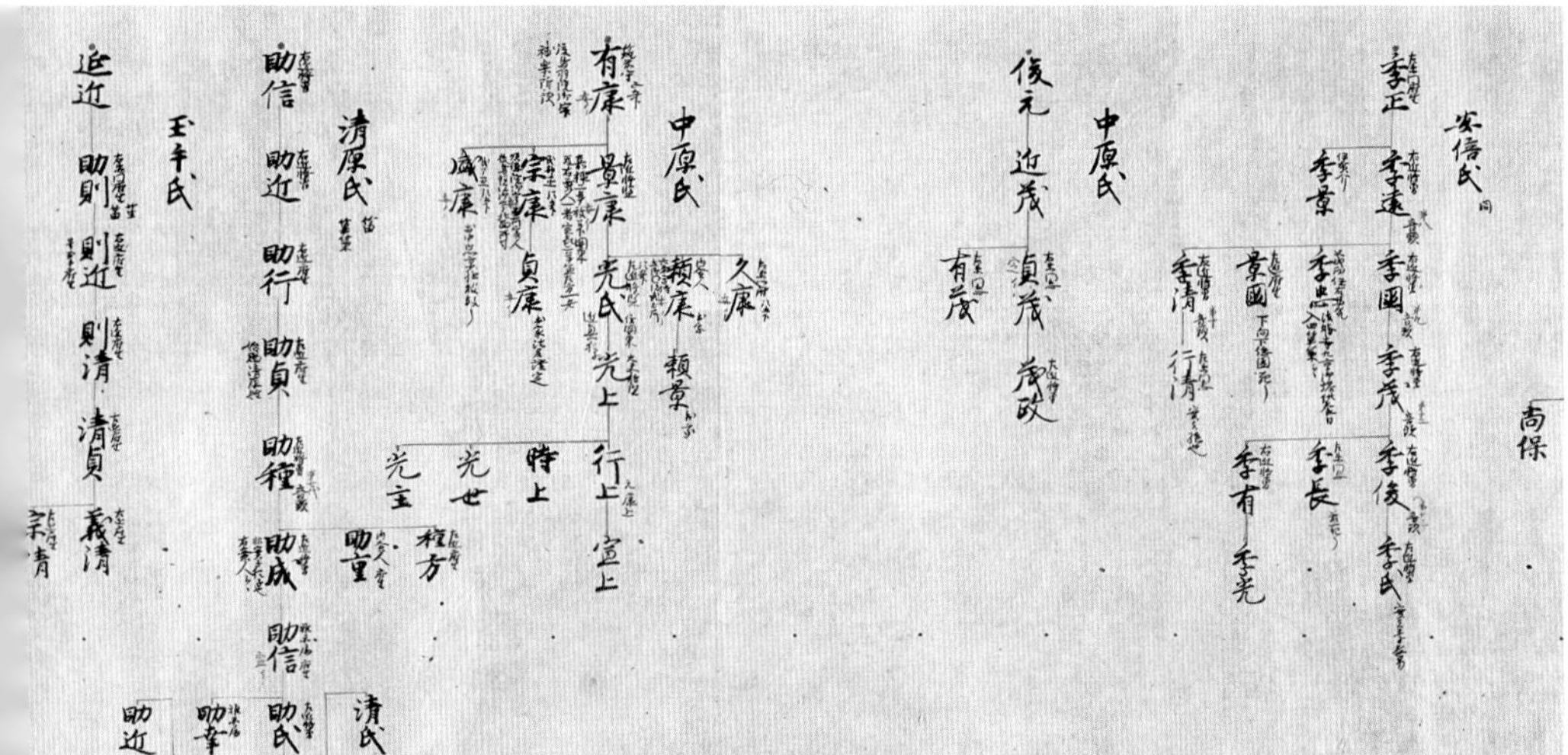

108 楽家系図

正和二年（一三一三）

宮内庁書陵部

110 琵琶秘曲伝授記（春衡記）

徳治二年（一三〇七）

宮内庁書陵部

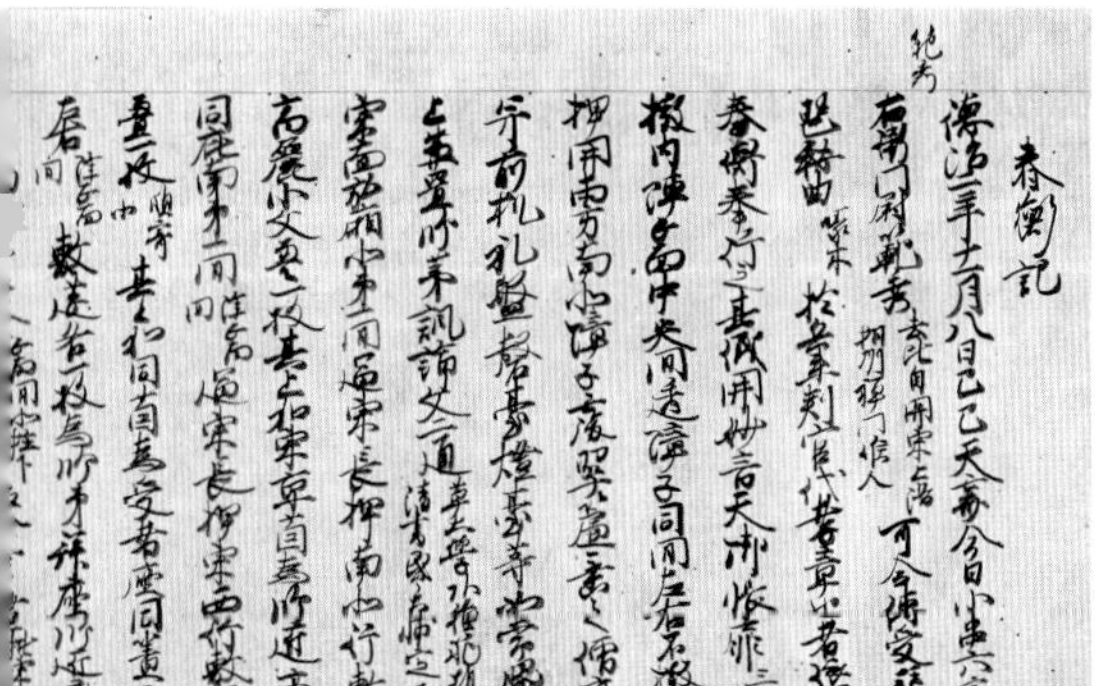

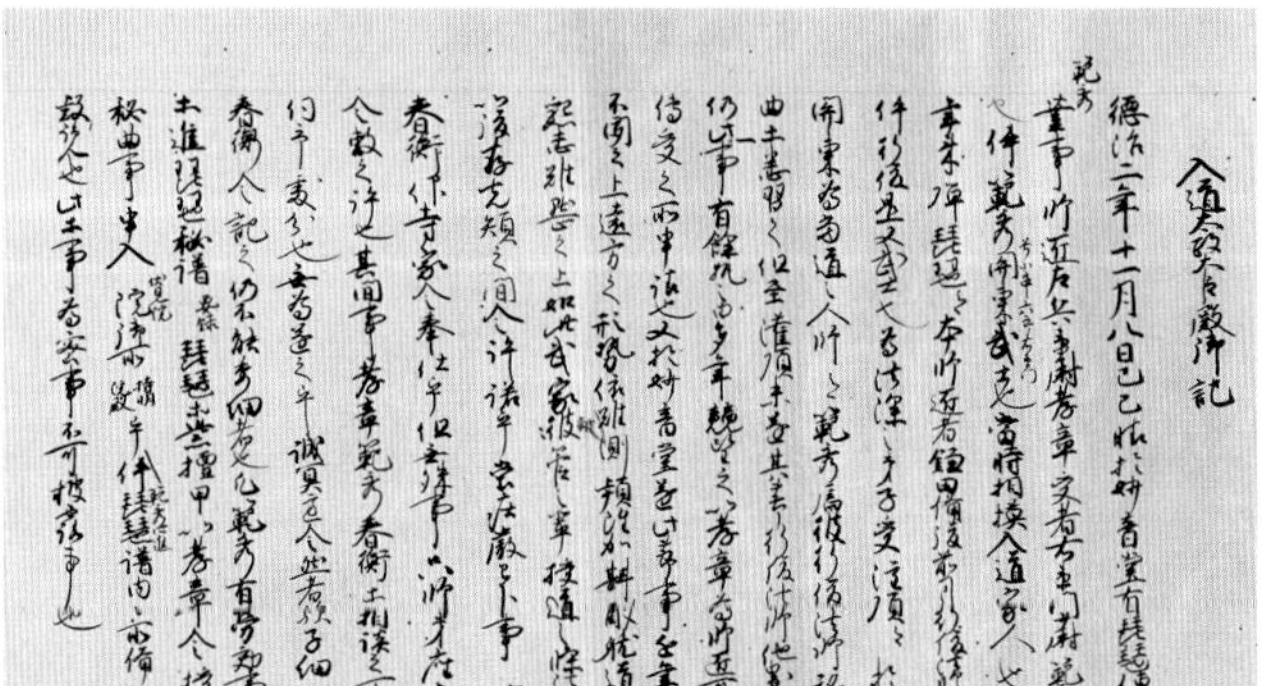

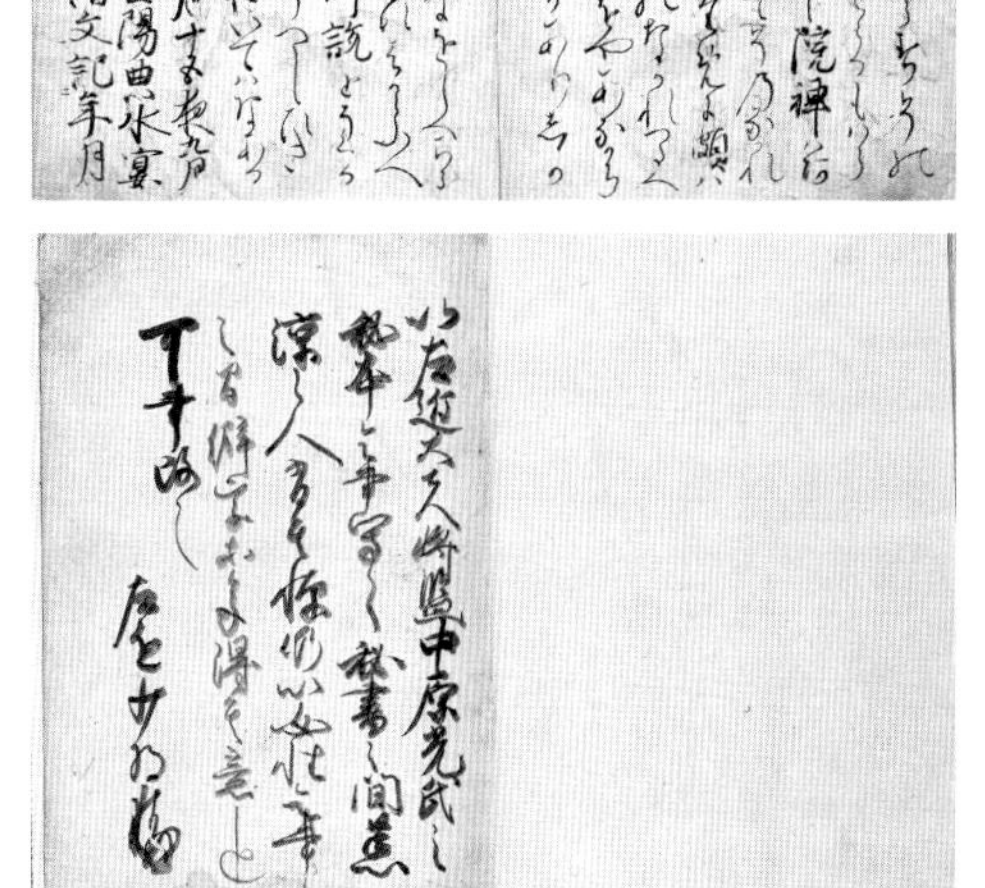

109
胡琴教録
南北朝時代
宮内庁書陵部

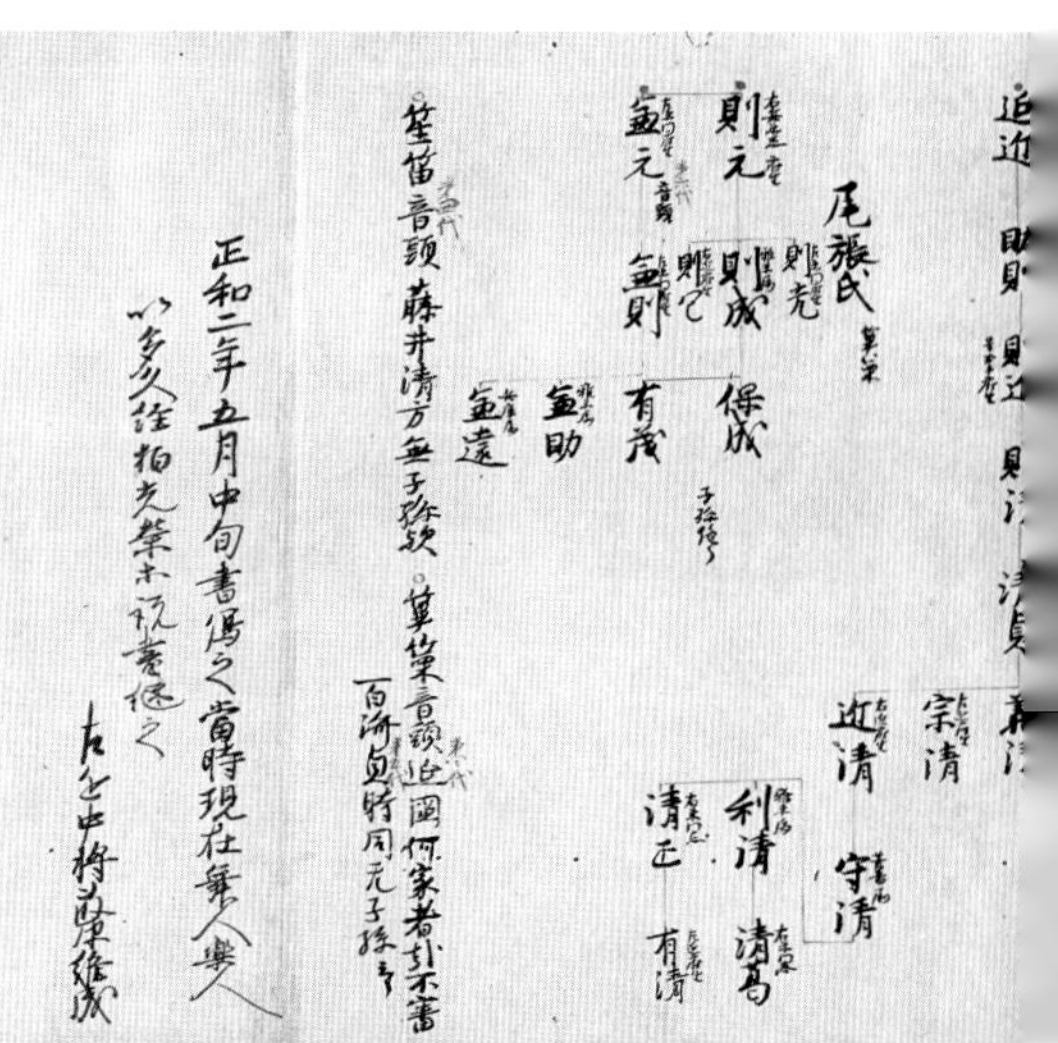

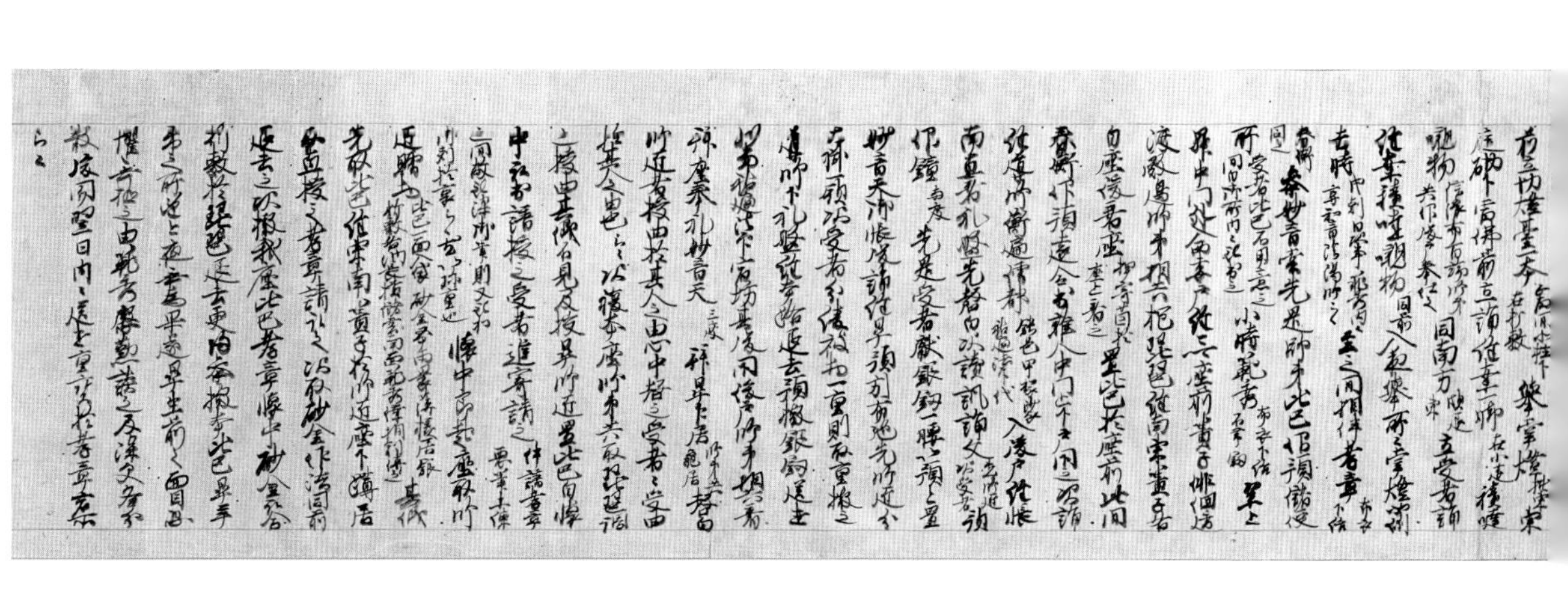

111 ◎弁才天坐像
文永三年（一二六六）
鶴岡八幡宮

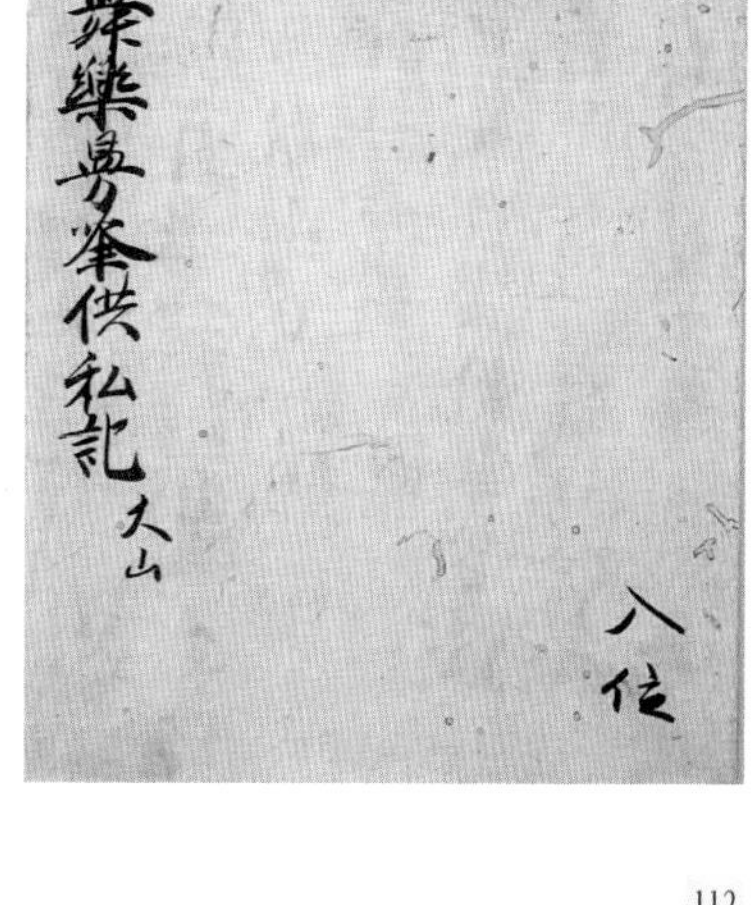

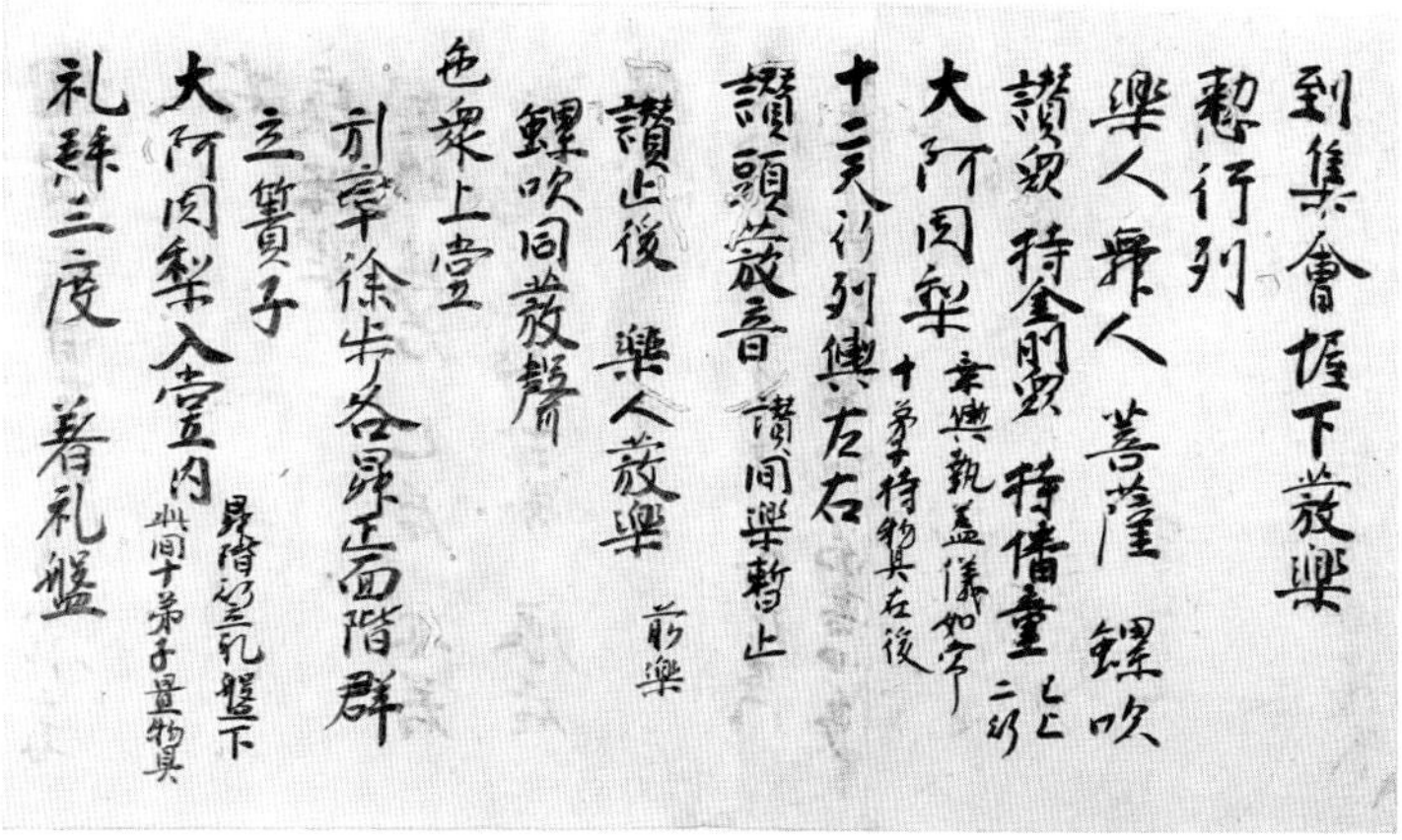

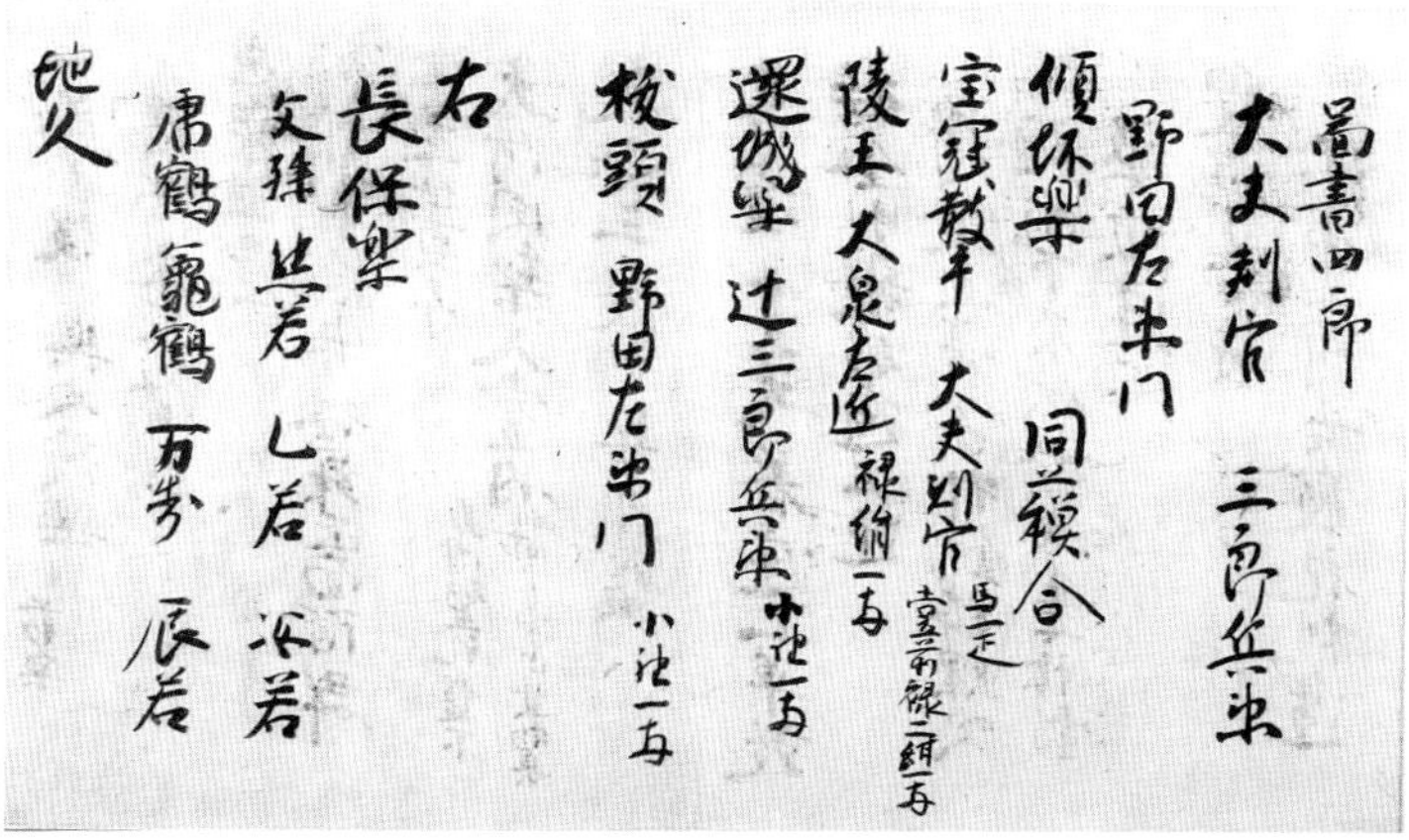

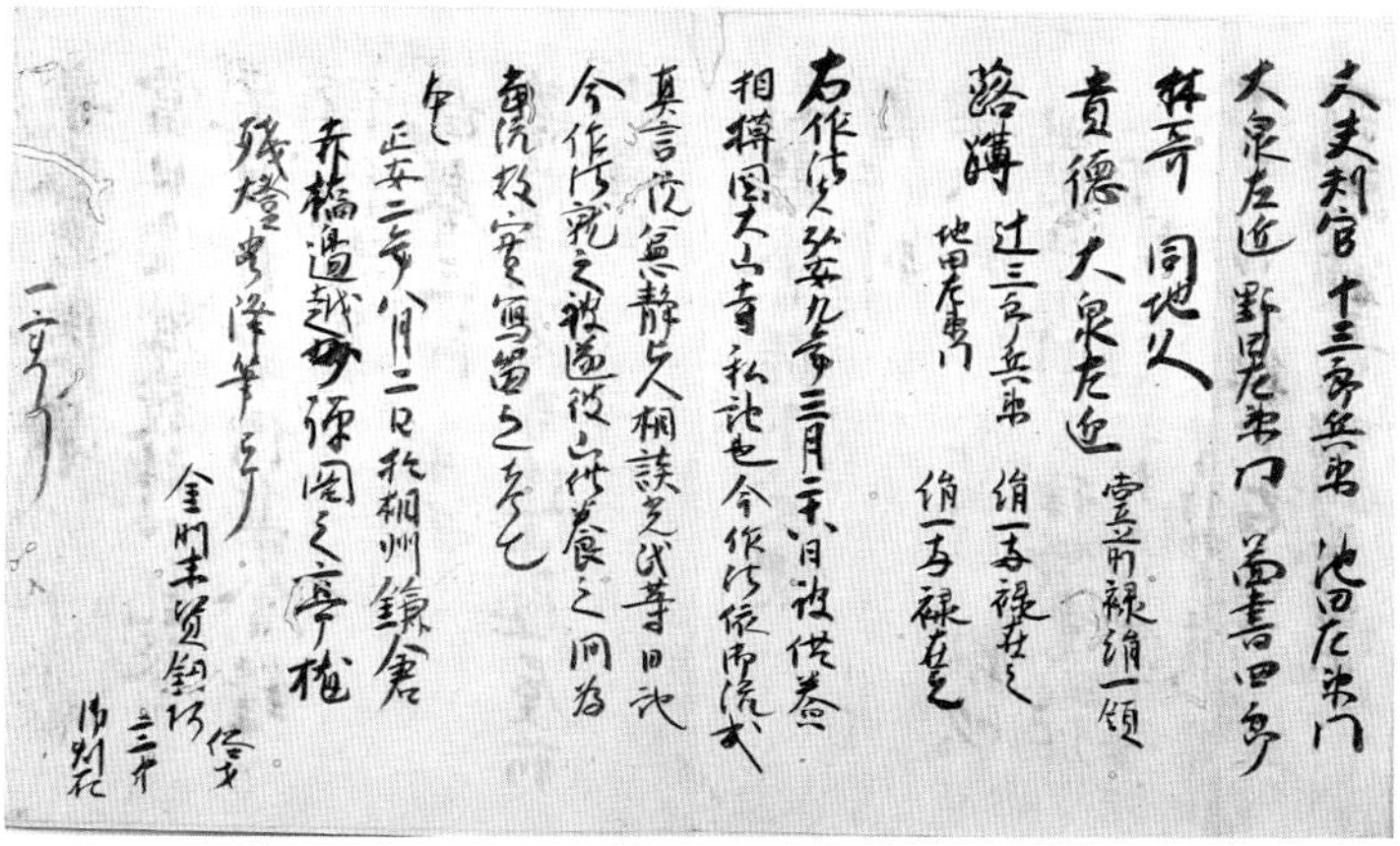

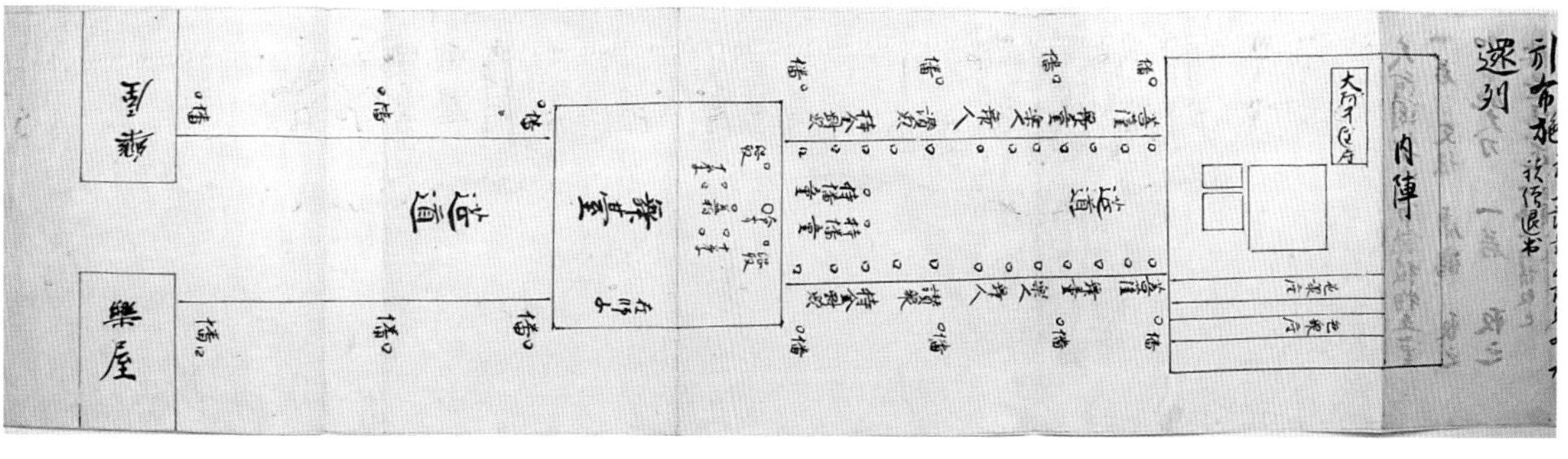

112
◉ 舞楽曼荼羅供私記〈大山〉 称名寺聖教
正安二年（一三〇〇）
称名寺

巻首

113 神武寺御縁起

文禄三年（一五九四）

神武寺

参考　弥勒菩薩坐像（神武寺）　当館撮影

参考　神武寺みろくやぐら　当館撮影

巻尾

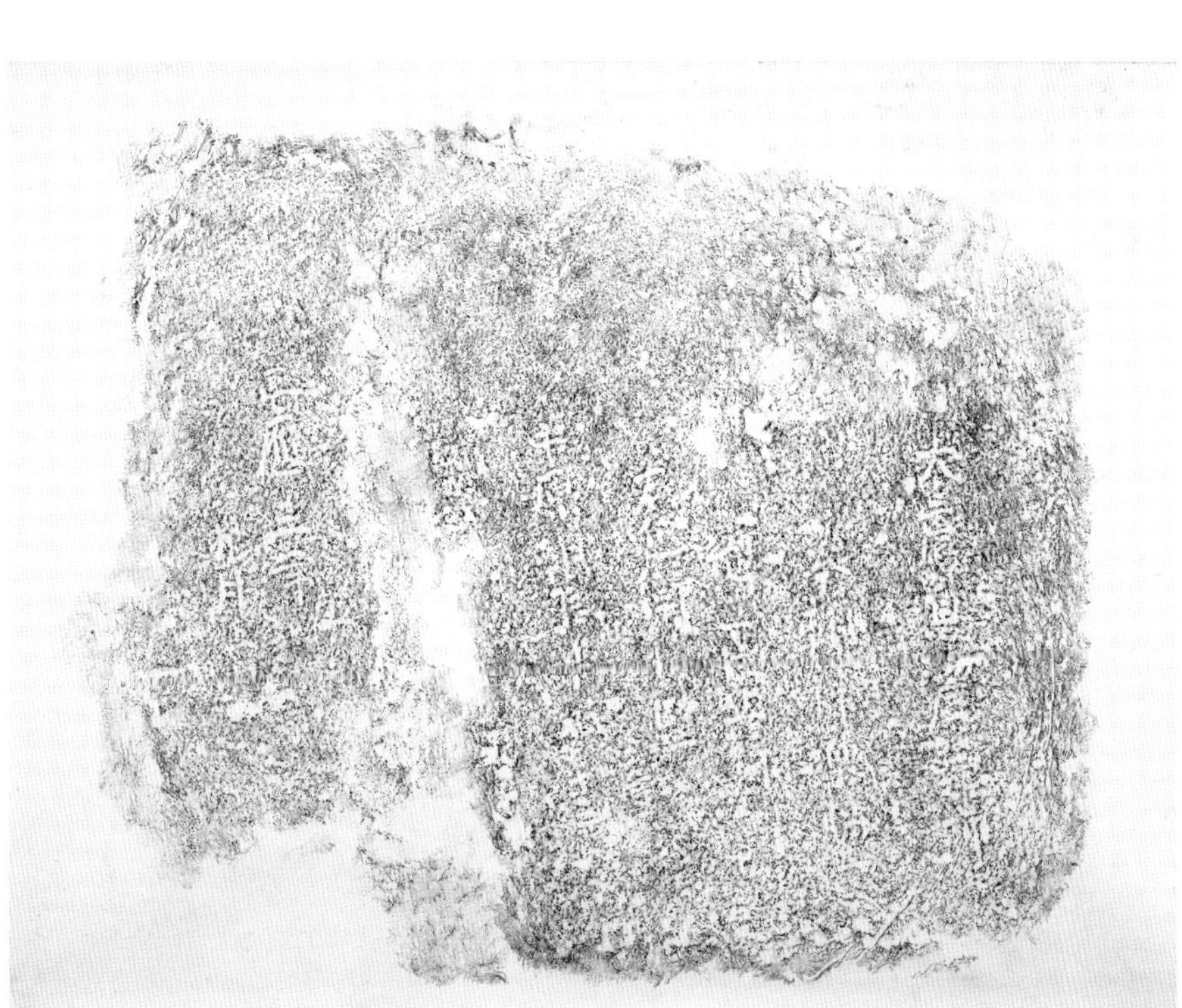

115
神武寺石造弥勒菩薩坐像銘文拓本
現代
神奈川県立歴史博物館

114
○千手観音菩薩像
鎌倉時代
神武寺

116
◎金銅骨蔵器（忍性塔納置品・嘉元元年十一月日刻銘）
嘉元元年（一三〇三）
極楽寺

117
◎銅骨蔵器（忍性塔納置品・嘉元元年十一月二十五日刻銘）
嘉元元年（一三〇三）
極楽寺

118
◎銅骨蔵器（順忍塔納置品・善願上人在銘）
鎌倉時代
極楽寺

119
◎金銅五輪塔（順忍塔納置品・延慶四年二月八日刻銘）
延慶四年（一三一一）
極楽寺

120
◎銅骨蔵器（順忍塔納置品）
鎌倉時代
極楽寺

121
極楽寺十三重塔供養日記
正和四年（一三一五）
極楽寺

122
舞楽面　還城楽
室町時代　極楽寺

123
舞楽面　抜頭
室町時代　極楽寺

神奈川の古面と永福寺

神野祐太

神奈川県の仮面研究

日本で仮面を用いる芸能として、伎楽、舞楽、行道、迎講、能狂言、神楽等が知られ、法会の追儺で使用される鬼面等さまざまな仮面がある。仮面類は芸能の上演に際して使用される道具・装置という性格を持つ。一方、仮面は木や漆で造られることから、文化財の指定では彫刻に含まれることが多い。古代や中世には仮面類を仏師が彫った例が散見され、仏像に準じるものとして扱われてきた。このような仮面のもつ多様な性格のため神奈川県の仮面研究は、無形文化財の分野と彫刻史の分野の二方面からのアプローチがなされてきた。神奈川県の文化財を網羅的に紹介した『神奈川県文化財図鑑』では、仮面は無形文化財篇（後藤淑執筆）に多く収録される。本特別展に出品される極楽寺の二面（122還城楽・123抜頭）、髙部屋神社の三面（129還城楽・130陵王・131癋見）、阿弥陀寺の一面（100菩薩）はこちらに掲載される。彫刻篇には鶴岡八幡宮の101菩薩面と102～106舞楽面五面が収録される。現在では仏師運慶の銘文があることで知られる横浜市瀬戸神社の抜頭と陵王も実は無形文化財篇で紹介される。仮面は無形文化財と彫刻にわかれていたことから、例えば伊勢原市・日向薬師宝城坊の獅子頭は、一九五五年に神奈川県の有形民俗文化財に指定され、二〇一六年に彫刻として国の重要文化財にも指定された。瀬戸神社の舞楽面二面も同様に県と国の二重指定となっている。近年では、この二つの分野だけでなく、鎌倉周辺に現存する仮面について文献史学からのアプローチも盛んになり、鎌倉を中心とする音楽芸能研究は新たな局面に入りつつある。

東国の仮面の展覧会

これまでの東国を中心とする古面を紹介する主な展覧会として、熱田神宮宝物館開催の「日本の仮面」（一九七九年）、秋田県立博物館「東北の仮面」（一九八一年）、町田市立博物館「関東の仮面」（一九九一年）、同「日光山輪王寺の仮面」（一九九二年）、東北歴史博物館の「東北地方の仮面——芸能と祈りのこころ——」（二〇〇〇年）、熱田神宮宝物館「仮面の美——華麗・荘厳・幽玄の世界——」（二〇〇四年）等が挙げられる。いずれも彫刻としてのアプローチであり、実物資料が展示の中心となる。神奈川県立歴史博物館では「神奈川の神道美術」（二〇〇七年）や「鎌倉ゆかりの芸能と儀礼」（二〇一八年）を開催しており、主に鎌倉周辺に伝わる仮面類が出品される。仮面中心ではなく、前者は神道美術として後者は民俗芸能に付属する重要な資料として紹介する。

東国の伎楽

日本の仮面芸能の中で最も古いのは伎楽（呉楽）である。伎楽ではおよそ一三種類二三面で一具をなし、各演者が役割に応じて伎楽面をかぶった。伎楽面は飛鳥～奈良時代の面が法隆寺献納宝物（東京国立博物館）に含まれ、正倉院宝物や東大寺に伝わる面は東大寺大仏開眼会に使用されたものが中心である。しかし、関東、広く東国の伎楽に関する実物資料や文献史料はほとんど残っていない。

わずかながら関東で造られたと考えられる伎楽面の一群が正倉院宝物の伎楽面中に含まれる。面裏に「相摸国」と墨書され相模国から貢納されたと考えられる一群である。大仏開眼会で使用された伎楽面と比較するとあきらかに作風が異なる。ほかにも「讃岐」や「周防」といった墨書を持つ面があり、各国ごとに作風が似通ることから、相模国で造られ運ばれた可能性がある。

史料としては長元三年（一〇三〇）の『上野国交替実録帳』が挙げられる。『上野国交替実録帳』は上野国司の交替に際して後任の国司のために作成した文書の草案で、官寺の仏像の破損状態や焼失や倒壊した建物、足りない仏具等を列挙する。伎楽に関する記述が見いだせるのは、金光明寺（国分寺）、定額寺の法林寺と弘輪寺である。金光明寺は現在その跡地が群馬上野国分寺跡として整備されるが、定額寺の二寺の所在地はわかっていない。法林寺と弘輪寺の記述には具体的な面の種類や数、装束に関する記述がある。注意を要するのは、ここに見える伎楽面等は長元三年時点ですでに失われており、新補・補充が必要とされる点である。一一世紀の上野国では金光明寺（国分寺）や定額寺といった官寺には伎楽面やその装束が伝えられたことがわかる。これらの仮面や装束類がどのように使用されていたのかは不明で、実際に伎楽が演じられたかどうかもこれらの記述からはわからない。現存する史料の中では上野国の状況が知られるにすぎないが、他の国に関しても同様に国分寺や定額寺では伎楽が実施されていた、もしくは、面や装束が伝来したことは想像に難くない。

仏師と仮面

一三世紀に成立した説話集の『古事談』の中には、平安時代に活躍した仏師定朝が舞楽の陵王面を彫り、弟子の覚助が彫り直した話がみえる。定朝に連なる奈良仏師たちが仮面を製作していることが現存作例や史料から知ることができる。たとえば、建久七年に仏師康慶が東大寺伎楽会のために造った治道（奈良東大寺）と力士（京都神童寺）が現存する。康慶は永福寺の造像にも関係したとみられる仏師運慶の父である。瀬戸神社の舞楽面に朱漆銘で運慶が製作したことが記される。また、運慶と同時期に活躍した快慶は兵庫浄土寺に伝わる菩薩面群を造った。定朝以来、仏師にとって仮面を彫ることは重要な仕事のひとつであったとみられる。そのため鶴岡八幡宮に伝わる菩薩面や舞楽面も運慶の作風に近似していることは一二世紀末から一三世紀初頭にかけての鎌倉で整備されていった法要や芸能で使用する仮面類を運慶らが一手に引き受けていた可能性について想像したくなる。永福寺で実施された舞楽をはじめとする法要に使用された仮面は運慶たちが製作したとしても不思議ではなかろう。

すでに田邉三郎助氏によって指摘されていることだが、鶴岡八幡宮の菩薩面と対比すべき鎌倉時代の菩薩面が奈良当麻寺の菩薩面群中にある。これらの面とは別に當麻寺には菩薩面の髻が伝来しており、その墨書銘によれば建保三年（一二一五）に範忠が造ったことがわかる。この髻と前述の菩薩面との関係は不明である。やや下るものの仁治三年（一二四二）には當麻寺本堂曼荼羅厨子の扉絵には北条泰時ら鎌倉幕府に関係する人物を含む結縁者の名前が記される。當麻寺と鎌倉幕府の関係がいつからはじまるかは不明であるが、源頼朝が建立した鶴岡八幡宮と鎌倉幕府が支援した當麻寺に共通する作風の菩薩面が伝来するのも、なんらかの関係があるのではないかと想像が膨らむ。

【主要参考文献】

・群馬県史編さん委員会編『群馬県史』資料編四、原始古代四、群馬県、一九八五年
・神奈川県教育庁社会教育部文化財保護課編『神奈川県文化財図鑑』無形文化財・民俗資料篇、神奈川県教育委員会、一九七三年
・神奈川県教育庁社会教育部文化財保護課編『神奈川県文化財図鑑』彫刻篇、神奈川県教育委員会、一九七五年
・奈良国立博物館編『運慶・快慶とその弟子たち』図録、奈良国立博物館、一九九四年
・奈良国立博物館編『第六十三回「正倉院展」目録』、奈良国立博物館、二〇一一年
・奈良国立博物館編『當麻寺―極楽浄土へのあこがれ―』図録、奈良国立博物館・読売新聞社、二〇一三年
・田邉三郎助『論集日本の仮面』上巻、中央公論美術出版、二〇一九年
・岩田茂樹「クリーブランド美術館と綱敷天満宮の伎楽面―補遺と訂正―」（『鹿園雑集』二三、二〇二一年）
・渡邊浩貴「二つの中世陵王面―鎌倉鶴岡八幡宮と六浦瀬戸神社―」上・下（『民具マンスリー』五四-三・四、二〇二一年・二〇二二年）

終章
武士本拠の景観と復原

鎌倉幕府によって永福寺で体現された浄土世界。これは地域の支配者にとって必須のツールと認識され、多くの鎌倉御家人の本拠地で模倣されていった。本展では、永福寺という鎌倉幕府が創り上げた一つの文化的装置が、いかに御家人たちに影響をあたえ、また永福寺の世界観が東国に拡散していったのかを追ってきた。

最後に、糟屋氏の本拠糟屋荘に関する平安末期から南北朝期にわたる遺構群を取りあげ、近年ホットな神奈川県内の御家人本拠と浄土世界を示す研究成果を紹介したい。永福寺建立以後にあたる武士本拠の事例から、永福寺研究の今後の可能性をみつめる。

124
獅子頭
江戸時代
海南神社

125
○三番叟面
江戸時代
海南神社

126 鎌倉北条九代記
江戸時代
神奈川県立歴史博物館

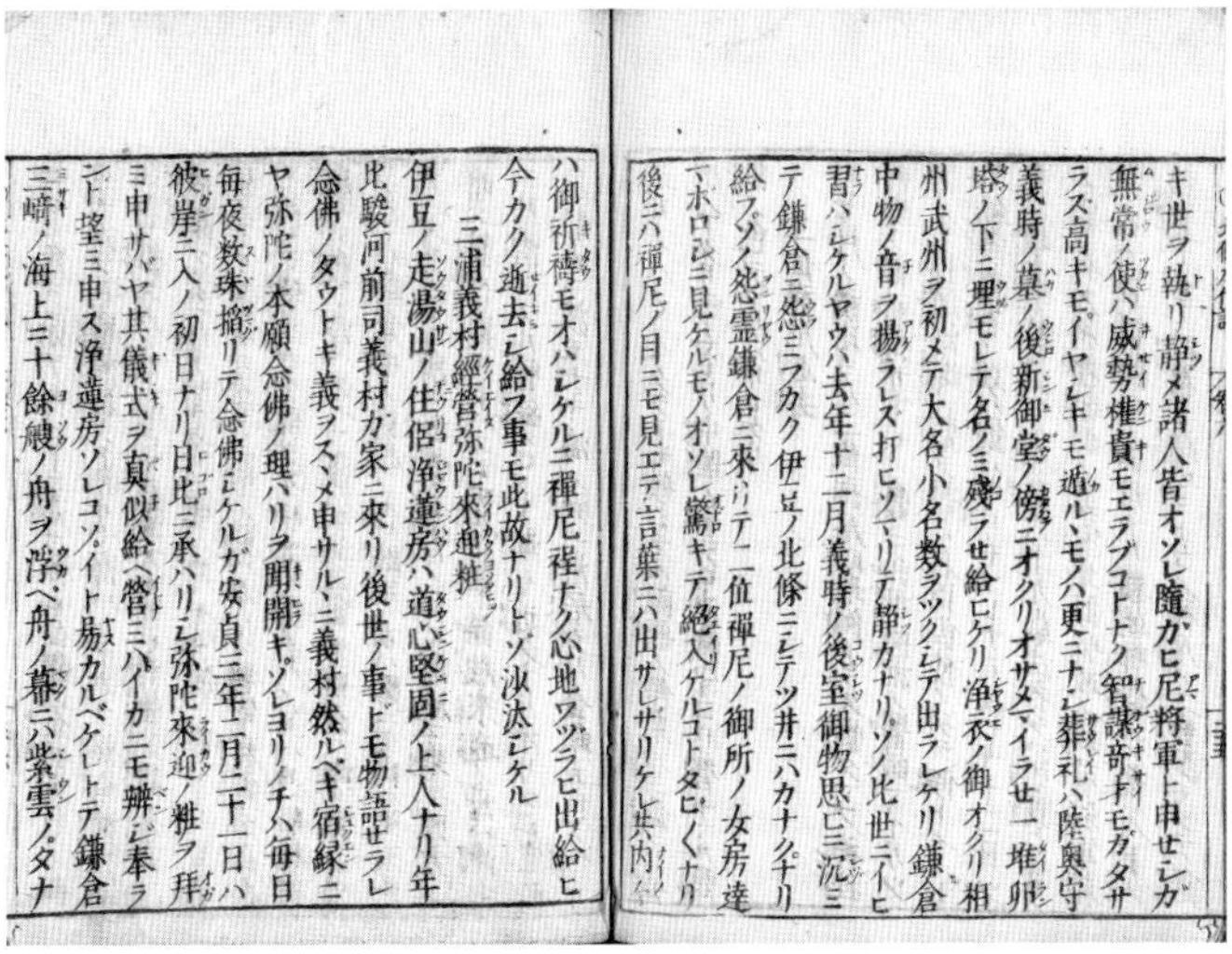

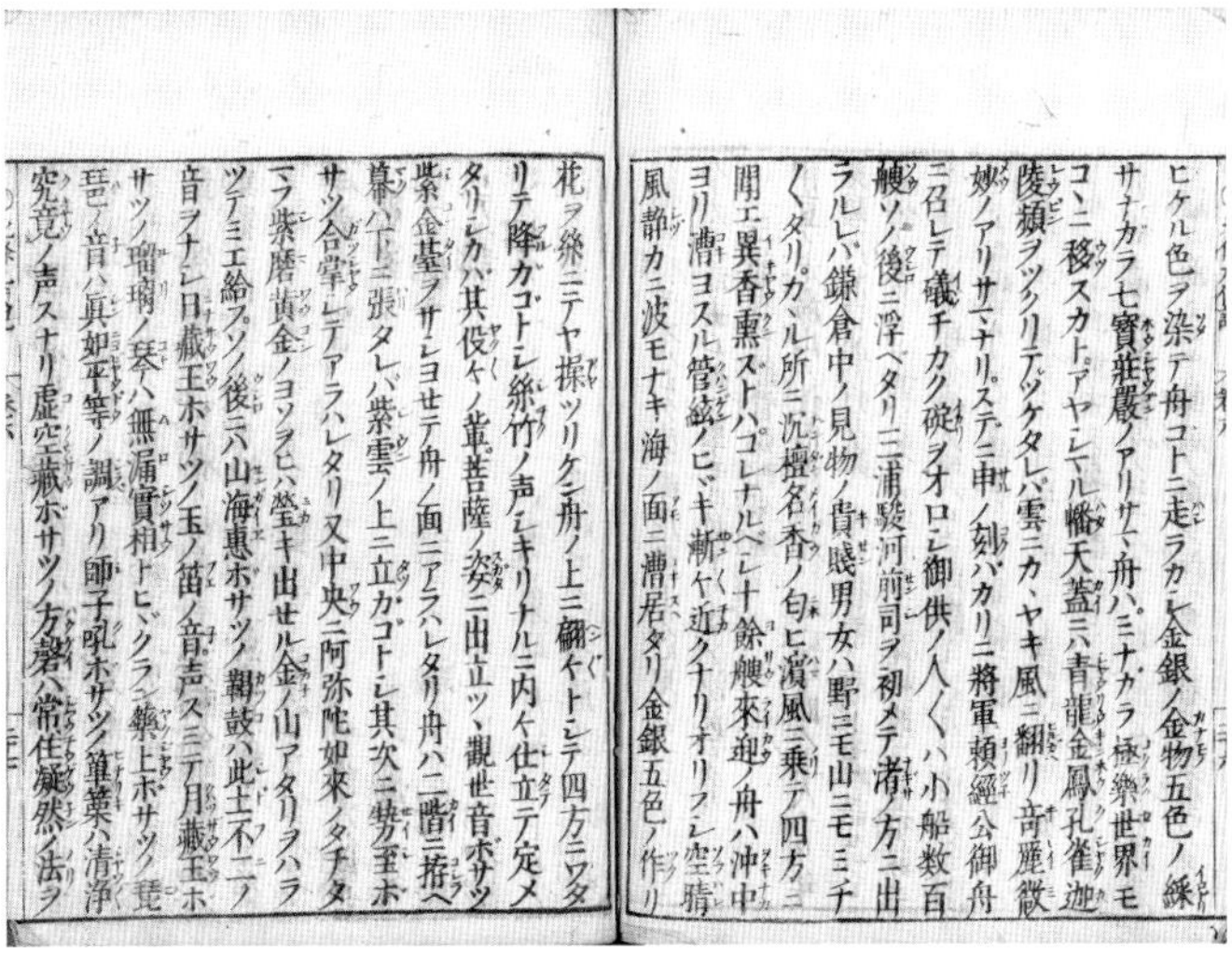

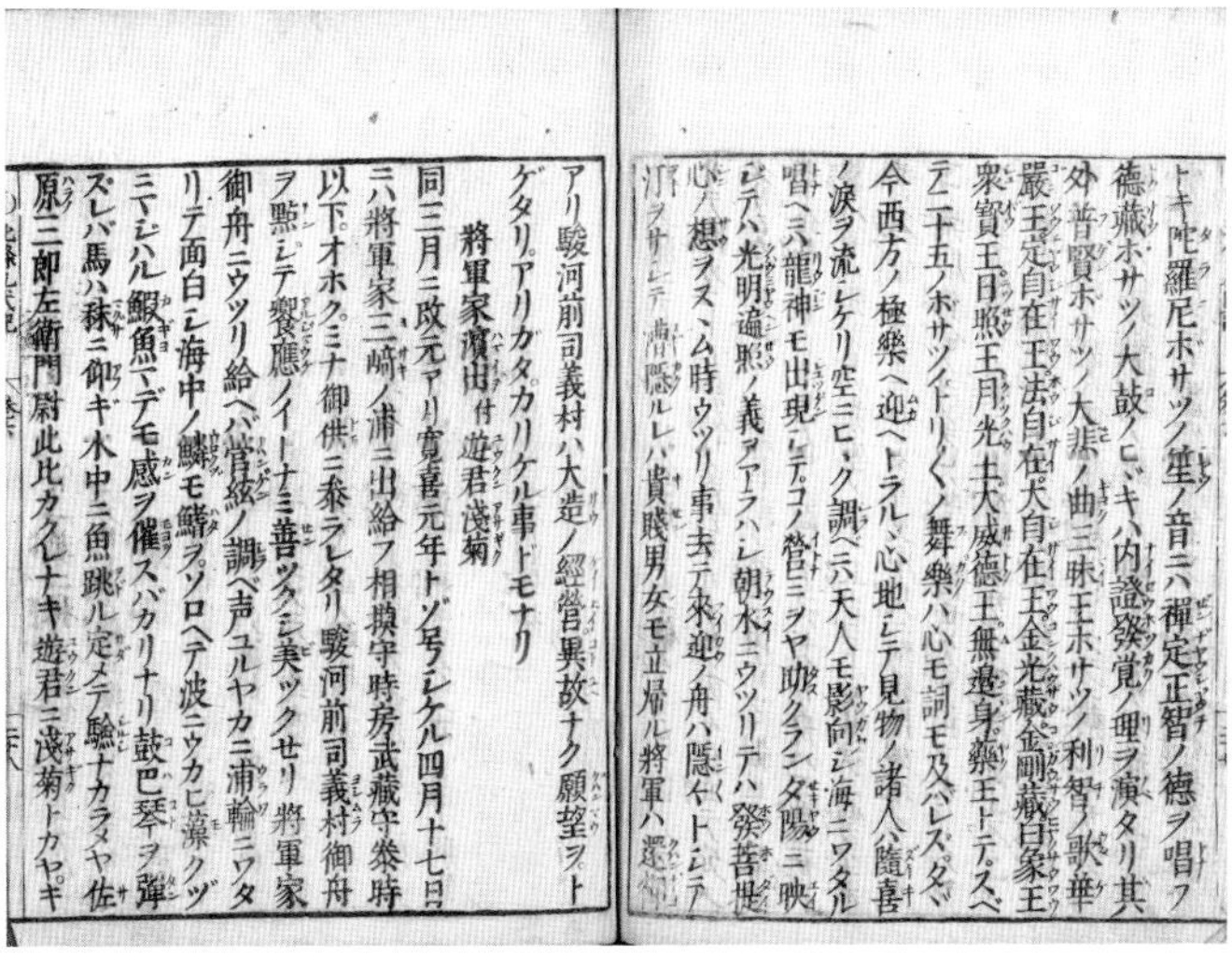

127 阿弥陀二十五菩薩来迎図
南北朝時代
神奈川県立歴史博物館

128 ○熊野権現影向図
南北朝時代
正念寺

129
舞楽面　還城楽
鎌倉時代
高部屋神社

右斜側面

裏面

130
舞楽面　陵王
室町時代
高部屋神社

右斜側面

裏面

131
能面　癋見
江戸時代
髙部屋神社

右斜側面

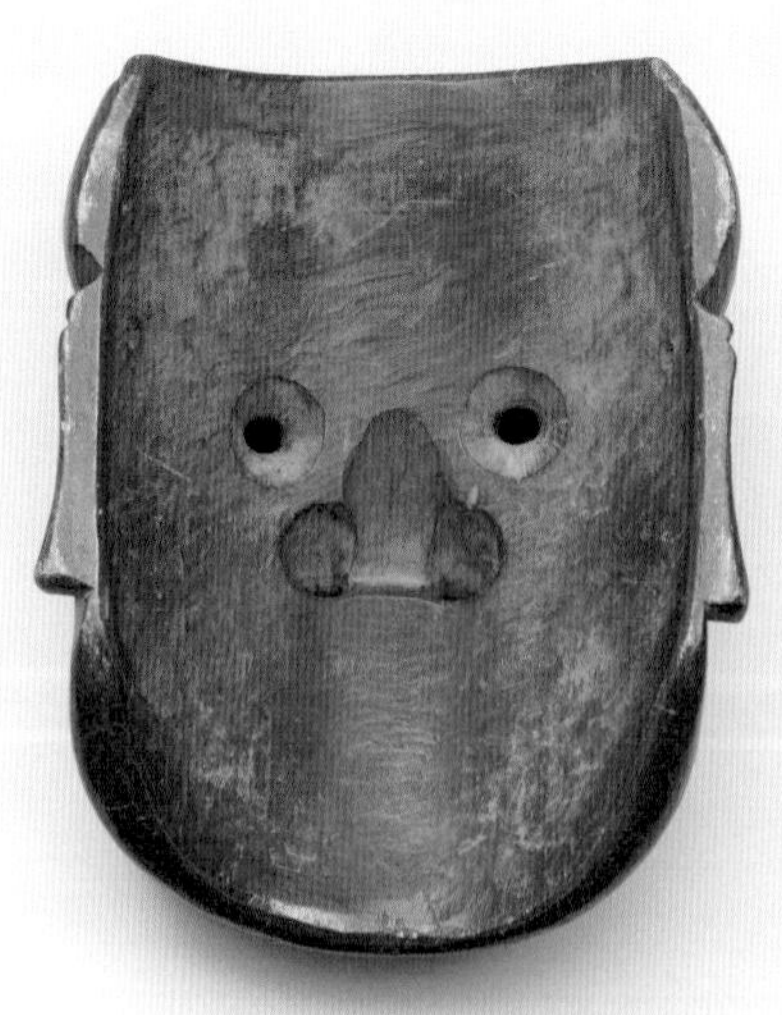

裏面

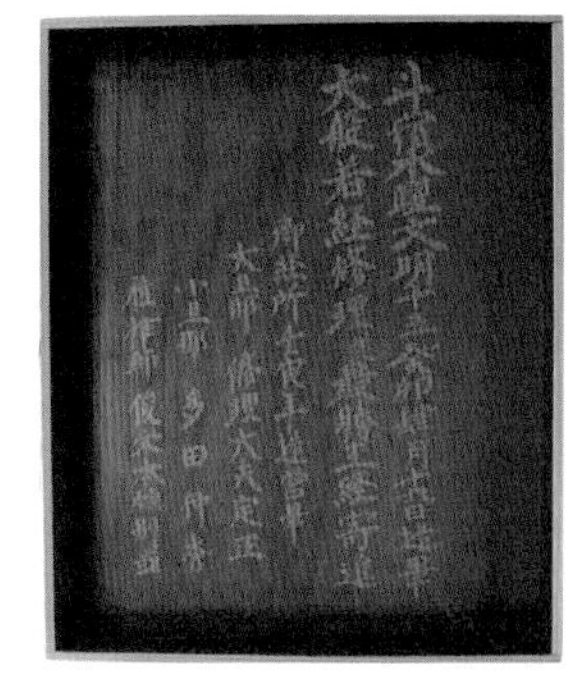

参考：複製箱蓋

132 大般若波羅蜜多経

室町時代

高部屋神社

巻五四

巻一〇八

巻一一九

133 摩訶般若波羅蜜経
室町時代
高部屋神社

巻一 奥書部分

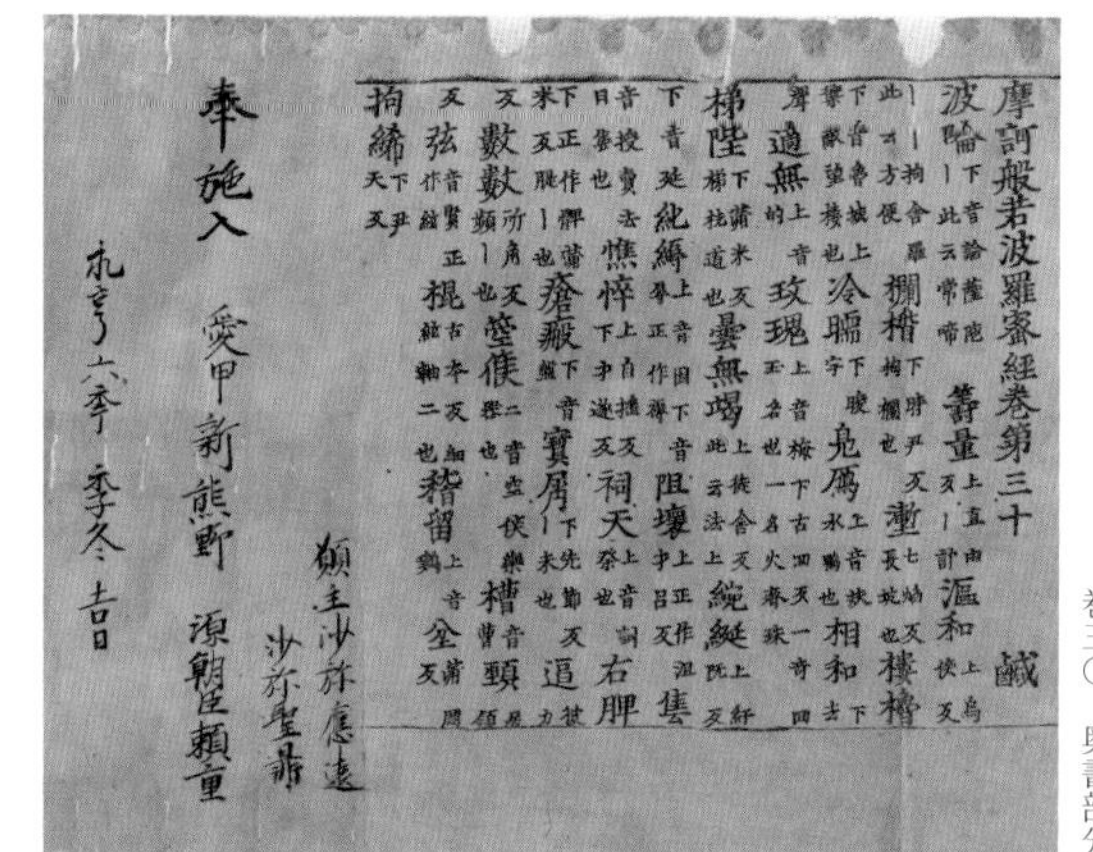

巻三〇 奥書部分

134 大方等大集経
室町時代
高部屋神社

巻三〇 奥書部分

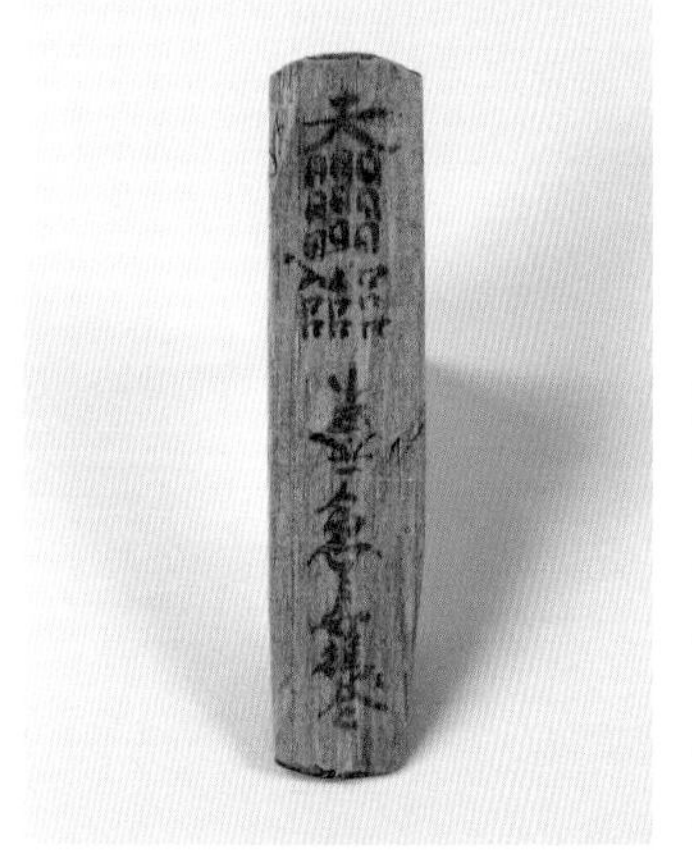

呪符木簡

135 子易・中川原遺跡出土品
鎌倉時代
神奈川県教育委員会

136 水晶数珠
神成松遺跡出土品
鎌倉時代
神奈川県教育委員会

相模国糟屋氏と比企氏・北条氏
――糟屋氏の動向と考古学研究――

渡邊浩貴

糟屋荘の中世遺構群をめぐって

近年、相模国糟屋荘地域では国道二四六号バイパス工事に伴う発掘調査が行われ、上粕屋・子易遺跡では一二世紀後半～一三世紀前半の大規模な区画溝を伴う複数の建物群が、神成松遺跡では先の遺跡と同時期頃と思われる方形居館が、子易・中川原遺跡では一三世紀前半～一四世紀代の建物群などが、重要な考古学的研究成果としてこれまで報告されている。

その一方で、平安末期から鎌倉期にかけて当該地域を本拠とし、「糟屋庄司」と称した相模国糟屋氏の実態について、文献史料の僅少さも相まってこれまで十分明らかにされたとはいえない。小稿では、前述の考古成果を踏まえつつ、糟屋氏の動向を文献史料に基づいて詳らかにしていく。

鎌倉幕府草創期の糟屋氏

糟屋氏の系譜関係について、系図類では祖先を藤原元方・盛季とするが（『糟谷系図』）、未詳な部分が多く、また以後の系譜についても諸本で異同がみられる。糟屋氏が最初に史料に登場するのは治承四年（一一八〇）の石橋山合戦で、源頼朝追討軍の大庭景親方に「糟屋権守盛久」がみえる（『吾妻鏡』）。盛久の官途は「筑後守」と系図にあるため（『糟谷系図』）、久寿元年（一一五四）での安楽寿院領糟屋荘の立荘を含む、鳥羽院への糟屋氏の奉仕に対する反対給付として筑後権守の官職が与えられ、後に盛久が権守と称したと考えられている。

頼朝挙兵当初、糟屋盛久は頼朝に敵対することとなったが、同族の糟屋有季（系図では盛久の孫に相当）は頼朝方に従属して平家追討軍に参加し、文治元年（一一八五）の鎌倉勝長寿院の落慶供養に随兵として加わっている。敵対した盛久は、以後史料に登場しなくなり、一方の有季が幕府内での活動が顕著となるため、前者はなんらかの処分を受け没落したと想像される。

有季については、建久七年（一一九六）に願主となって鋳造した糟屋荘内の極楽寺梵鐘が知られる。現品はすでに失われているが、銘文によると、鋳造は京都出身の関東で活躍する鋳物師広階氏の手により、また銘文は幕府吏僚の三善宣衡が作成するという豪華な布陣でなされる（以下『新編相模国風土記稿』）。もともと極楽寺は「曾祖父藤原盛季」の菩提寺であり（なお、盛季を有季の曾祖父とする記述は「糟谷系図」と齟齬する）、鎌倉幕府草創期における有季の勢力の程が窺い知れる。当該期、有季は京都での謀反人追捕や頼朝上洛の随兵など京都社会と積極的に交流しており（『吾妻鏡』）、かかる経験を通じた彼の経済力および文化レベルの高さも先の梵鐘から垣間見える。

以上のように糟屋有季は鎌倉幕府内で着実に地歩を築いてきた。ところが、初期の政争である比企氏の乱に関与したことで彼は没落してしまう。

- 元方……盛季（糟屋庄司）―久季―家季
  - 義忠（関本）
    - 光綱（糟屋）―盛久―久綱―有季
      - 有久
      - 有長
    - 盛時（糟屋）
      - 時村―行村
      - 延時
    - 盛員（城所）―有政―有基
    - 光久（四宮）―盛綱―景綱（大山）
    - 義久（新海）―真重―泰重
- 能員（比企）―女（有季と婚姻）

糟屋氏略系図（主に「糟谷系図」「別本糟谷系図」を参照）

比企氏ネットワークのなかでの糟屋氏

源頼朝の乳母比企尼（夫は掃部允）には三人の娘がおり、長女は安達盛長に、次女は河越頼重に、三女は伊東祐清（祐清死後は平賀義信に再嫁）に嫁がせている（「吉見系図」）。尼は武蔵国比企郡を請所に配流中の源頼朝へ援助を行っていた。治承・寿永の内乱期、比企一族には、朝宗と比企尼の猶子能員がおり、朝宗は在京活動が主で鎌倉幕府の北陸道勧農使になり北陸の武士勢力を編成している。能員は、もともと三浦義澄の家子出身で（『平家物語』）、他家から比企尼の猶子となって比企一族に加わる。能員は武蔵国に在国しつつ頼朝の側近として活動し、奥州合戦では北陸道大将軍として、大河兼任の乱では東山道大将軍として参戦している。能員は鎌倉初期から信濃国にも勢力を伸ばし、建久元年（一一九〇）頃には守護にも就任している。信濃地域は武蔵国比企郡から北陸方面を繋ぐ交通路上にあり、北条時政によって比企能員が滅ぼされた建仁三年（一二〇三）の比企氏の乱では、政変の影響が信濃国にも及び、源頼家側近で信濃国の武士小笠原長経と中野能成も処断され、政変後は信濃国の守護職は北条氏に移っている。

比企氏の本拠地武蔵国比企郡が古代東山道武蔵路の通過する要路にあるため、同氏の勢力圏は古代東山道武蔵路のネットワークを介した特徴を持つ。比企氏が上野国・信濃国守護職を有したのも、かかる本拠の立地環境によろう。さらに比企氏の姻戚関係は、相模国糟屋荘の武士糟屋氏にも及ぶ。糟屋有季は「比企判官能員婿也、能員一乱之時切腹」（「糟谷系図」）と系図に記載され、能員娘を娶っていたことが知られる。糟屋荘のある相模国大住郡は、古代東山道武蔵路が南下して相模国高座郡浜田駅で分岐し、さらに西側へ延びて余綾郡を通り足柄関へと至る交通路上に立地する。鎌倉幕府の成立後、比企氏は古代東山道武蔵路を基幹としつつも、武蔵だけでなく上野・信濃・北陸・相模へと鎌倉周辺地域へ急速に勢力を拡大させていた。比企氏の乱は、一般的に源氏将軍家外戚の立場をめぐる北条氏と比企氏の政治抗争と説明されるが、その背景に東国における交通網のイニシアティブをめぐる地域紛争が胚胎されていたのかもしれない。

　比企氏の乱に関与した糟屋有季は戦没し、以後嫡流系統の鎌倉幕府内部での活動が見られなくなる。その一方で、有季の子息有久・有長兄弟は後鳥羽院武者所に属して活動し、承久三年（一二二一）の承久の乱では京方として討死していることから、比企氏の乱後の糟屋氏嫡流系統はその活動基盤を京都に移していたことが窺える。彼ら一族は、鎌倉初期の段階で相模地域からの退場を強いられてしまうのである。ゆえに一三世紀前半までには、糟屋荘と糟屋氏嫡流との関係は断絶していた可能性が指摘できる。

北条氏被官としての道

　糟屋氏嫡流とは異なり、庶流系統は北条氏と密接に結びつくことで鎌倉御家人としての命脈を保っていく。正嘉二年（一二五八）、執権北条政村主催の垸飯で「糟屋左衛門三郎行村」という人物が馬引き役で登場する。この糟屋行村は政村の偏諱を受けた可能性が高く、また、文永三年（一二六六）七月に宗尊親王の謀叛を京都へ伝達する鎌倉幕府の使節に、糟屋行村と合田入道がみえ（「外記日記新抄」）、合田氏は北条得宗被官である。行村は得宗被官としての活動徴証も認められるのである。また、都市鎌倉内でも六波羅探題の北条時益の家人として「糟屋孫三郎入道」の宿所もみえている（元徳元年（一三二九）「崇顕（金沢貞顕）書状」）。鎌倉後期の糟屋氏（庶流）は、北条氏一門の被官となって忠節を尽くすことで、鎌倉では得宗被官として、京都では六波羅探題方被官として勢力を拡大させていく。その結果、摂津・加賀・丹波・伯耆・播磨など六波羅探題の守護分国を中心に守護代に就任し、六波羅探題の検断を担うなど、積極的に西国での活動をひろげていった。

　しかし、北条氏の栄華とともにあった糟屋一族は、鎌倉幕府の滅亡と命運をともにせざるを得ず、元弘三年・正慶二年（一三三三）に近江番場宿辻堂（蓮華寺）で自害した六波羅探題とその軍勢のなかに糟屋氏総勢一三名の名がみえる（「蓮華寺過去帳」）。南北朝内乱以降、糟屋荘内での糟屋氏の動向は史料上ほとんど確認できなくなるが、糟屋氏庶流の善波氏（本拠地は善波郷）が鎌倉公方に仕え室町期以降に活動している。

糟屋荘の中世遺構群と糟屋氏の盛衰

　これまで平安末期から鎌倉期までの糟屋一族の動向を紹介してきた。彼らの活動を、報告されている糟屋荘内の中世遺構群と比較することは、容易ではないものの大略以下になろうか。

　平安末期から鎌倉初期の方形居館、および建物遺構群が検出されている上粕屋・子易遺跡および神成松遺跡は、立荘当時から本拠地としていた糟屋氏の遺構群であり、比企氏の乱までの同氏との関係を伝えるものと想像される。一方の子易・中川原遺跡では一三世紀前半～一四世紀代の建物群が発見されており、あるいは鎌倉草創期段階の糟屋氏の霊場として、その後の北条氏被官となった糟屋氏関係の遺構と考えられるかもしれない。

ただし、右の理解については、今後の発掘成果の進展により変更が生じる可能性があることを付言しておく。それでも、これまでほとんど注目されてこなかった相模国糟屋氏の存在が、近年の発掘成果でクローズアップされていることは事実であり、如上の遺構群が豊かな中世武士本拠の実相を私たちに示してくれることは間違いない。これからも当該地での考古学研究の進展を見守っていきたい。

[参考文献]

・藤沢市教育委員会博物館建設準備担当編『神奈川の古代道』（藤沢市教育委員会、一九九七年）
・石井進「比企一族と信濃、そして北陸道」（『石井進著作集　第五巻　鎌倉武士の実像』岩波書店、二〇〇五年）
・湯山学『相模武士　第五巻』（戎光祥出版、二〇一二年）
・野口実『坂東武士団の成立と発展』（戎光祥出版、二〇一三年）
・松葉崇「相模と愛甲の豪族」（『厚木市史シンポジウム　愛甲の古代をさぐる予稿集』厚木市教育委員会、二〇一九年）
・渡邉浩貴「俊乗房重源と相模国糟屋荘地域」（『日本歴史』八七九、二〇二一年）
・落合義明「鎌倉幕府と武蔵武士―毛呂氏・比企氏を中心に―」（『大東史学』四、二〇二二年）

永福寺とその僧侶たち

平　雅行

一、鎌倉の仏教界の概観

永福寺は源頼朝が造立した三番目の将軍御願寺である。最初が鶴岡八幡宮寺（一一八〇年）、ついで勝長寿院（一一八五年）、そして永福寺（一一九二年）の順だ。そしてこの三寺が鎌倉の仏教界の中核となった。鶴岡について付言しておくと、鶴岡八幡は石清水八幡と同様に、僧侶が管理する施設である。中世は神仏習合の時代であり、寺院に神社（鎮守社）が置かれ、神社に寺院（神宮寺）が設けられるのが普通になるが、さらに進むと神社組織と寺院組織が一体化した。それが鶴岡や石清水である。そのため両者とも、神社名（八幡宮）と寺院名（八幡宮寺）を併有し、その長官の僧も神社風（社務）と寺院風（別当・検校）の二つの名をもった。鶴岡八幡を将軍御願寺といったのは、このためである。

さて、いま鎌倉を訪れると、建長寺や円覚寺などの禅宗寺院がめだつ。そのため、鎌倉武士を禅と結びつけて考えがちだが、それは早計である。第一に、鎌倉で禅が隆盛するのは北条時頼・時宗の時代であって、全般的に鎌倉で盛んだったのは天台・真言などの顕密仏教（旧仏教）だ。事実、北条氏で僧侶となった人物を検出してみると、全六〇名のうち顕密僧が五二名、禅僧が四名、律僧一名、不明三名である。北条出身僧の九割近くが顕密仏教の僧侶となっている。ところが、勝長寿院と永福寺は戦国期に廃寺となり、鶴岡八幡も明治の神仏分離で仏教的要素が撤去された。そのため、鎌倉を訪れても、鎌倉時代の仏教界の様相を感得するのがむずかしい。

第二に、かつての古典的歴史観では、武士・幕府・鎌倉新仏教を中世的と考え、貴族・寺社・朝廷・旧仏教を古代的と考えた。となれば中世を切り開いた鎌倉幕府が、古代仏教（旧仏教）を保護した理由が説明しにくくなる。そこで、どうしたか。その事実をスルーして、禅との関係を過剰に強調したのだ。日本史教科書の鎌倉の地図をみると、鎌倉五山のようなマニアックなものを掲載する一方、勝長寿院・永福寺といった重要寺院を漏らすものが多い。鎌倉の顕密寺院の存在を説明するのが難しいため、触れるのを避けたわけだ。

ところが半世紀前に中世史像の大転換がおき、「中世は武士の時代」との考えが批判された。そして、中世は鎌倉幕府から始まるのではなく、院政時代から始まるとされ、貴族・武士・寺社が協力しながら中世の社会や国家を運営した、と考えるようになった。また、顕密仏教も古代仏教ではなく、中世仏教の中核と位置づけられた。こうして永福寺という顕密寺院の存在を、鎌倉の歴史に正しく位置づける環境がようやく整った。今回の永福寺展には、こうした学術的背景がある。

そこで次に、鎌倉幕府の仏教政策の移り変わりを概観しておこう。【表1】は鎌倉で宗教活動を行った僧正を検出して、時期別に集計したものだ。顕密仏教の僧侶は官位をもったが、なかでも僧正は仏教界の頂点的高僧である。そこでその人数を指標にして、鎌倉幕府の政策の変遷を探ってみた。四期に分けて整理したところ、僧正の数は「一名→一三名→九名→五六名」と変化している。この数が直線的に増えるのではなく、第3期に一度減少し、第4期に爆発的に増えている。これは、幕府の政策に二度の転換

表1　鎌倉で宗教活動をした僧正

第1期	源氏将軍の時代（1180～1219）　1名
	禅律 1〔栄西〕
第2期	将軍九条頼経の時代（1219～1246）　13名
	東密 5〔定豪、厳海、良瑜、実賢、良恵〕
	山門 5〔成源、快雅、良信、印円、良禅〕
	寺門 3〔道慶、猷尊、道禅〕
第3期	北条時頼・時宗の時代（1246～1284）　9名
	東密 3〔良瑜、良基、定清〕
	山門 3〔良信、承澄、最源〕
	寺門 3〔道禅、隆弁、頼兼〕
第4期	北条貞時・高時の時代（1284～1333）　56名
	東密26〔良基、頼助、親玄、道朝、能厳、益助、定融、成恵、益性、元瑜、宣覚、隆勝、頼乗、聖済、経助、信忠、有助、道承、道乗、頼演、頼源、顕助、栄海、豪親、覚雄、禅秀〕
	山門16〔源恵、忠源、道潤、安忠、尊深、実誉、定祐、承教、経恵、憲雅、仁澄、良斅、雲聖、澄助、聖恵、源瑜〕
	寺門14〔公朝、覚乗、道瑜、親性、行讃、道珍、房海、房暁、上智、顕弁、契覚、房朝、増基、覚伊〕

（注）複数の時期にわたる者は、二度目の名に下線を引いた。法親王も入れたが、短期滞在の僧侶は除いている。東密は真言密教、山門は延暦寺系天台密教、寺門は園城寺系台密をいう。拙著『改訂　歴史のなかに見る親鸞』（法藏館文庫、2021年）の表10を転載したもの。

があったことを示唆している。契機となったのは、寛元・宝治・建長の政変（一二四六～五二年）とモンゴル襲来（一二七四年・八一年）だ。

まず、源氏将軍の時代は将軍御願寺を次々に造立して、鎌倉に顕密仏教を整備しようとした。しかし、優秀な僧侶の確保に苦労している。ハード面を整えたが、ソフトの充実がままならなかったのが、この時代である。それに対し将軍九条頼経の時代は、摂家将軍を護持するため京都から大量の顕密僧が流入し、顕密仏教が大いに発展した。幕府の権威をバックに京都に乗り込み、京都の仏教界を攪乱する僧まであらわれている。

このように将軍頼経のもとで、鎌倉の顕密仏教は急速に発展した。それにブレーキをかけたのが北条得宗と将軍権力との抗争である。北条氏は京から迎えた将軍を傀儡にしようと考えた。ところが九条頼経が成長すると彼は本物の将軍を目指した。こうして幕府の主導権をめぐって、得宗と将軍との間で激しい権力闘争が起きた。これを機に北条氏が分裂し、有力御家人も分裂し、さらに朝廷も分裂した。それに対し北条時頼は後嵯峨天皇と手を結んで九条道家・頼経・頼嗣を排除し、新たに後嵯峨の息・宗尊親王を鎌倉に迎えた。北条得宗が権力を確立したこの一連の政争を寛元・宝治・建長の政変と呼んでいる。

この政変は鎌倉の仏教界に激震を起こした。これまで鎌倉の仏教は将軍主導で整備されてきた。そのため、得宗との争いでは僧徒の多くが将軍方となって護持祈禱や呪詛を行い、得宗に敵対した。この戦いを乗り切った北条時頼は、鎌倉の顕密仏教を縮小して、得宗権力を象徴する新たな仏法として禅を選んだ。こうして建長寺や円覚寺が造立され、鎌倉で禅宗が大いに発展することになる。

だが、モンゴル襲来が事情を変えた。禅が盛んな宋は、あっけなくモンゴルに滅ぼされたが、日本は、顕密仏教の祈禱によって神風を吹かせてモンゴルを撃退した。モンゴルに対抗するには顕密仏教が有効と考えられ、こうして北条貞時・高時の時代に僧正の数が「九名→五六名」に激増する。『吾妻鏡』の記事が途絶えて史料が激減する時期であるが、それにもかかわらず鎌倉末期の鎌倉で顕密仏教が大発展したことが確認できる。

こうした鎌倉の仏教界の発展を、中心となって支えたのが永福寺である。そこで次に、永福寺に即してその歴史と代表的な僧侶を見てゆこう。

二、永福寺の歴史と主な僧侶たち

【表2】は「永福寺〈号二階堂〉別当次第」（実相院文書）を宗派別に整理したものだ。①②の数字は別当（住職）の就任順だが、⑧良瑜以前は混乱があるようだ。だが、他に十分信頼できる史料が存在しないため、これを参考に、主要な別当について概観しておきたい。

永福寺造営の事始めは文治五年（一一八九）一二月である。同年九月、頼朝は大軍を率いて奥州藤原氏を滅ぼしたが、そこで平泉の壮麗な寺院群に接した。特に中尊寺の二階大堂（大長寿院）の荘厳さに感銘をうけた頼朝は、それを模した寺を鎌倉に創建して、戦没者を鎮魂しようと考えた。し

表2　鎌倉・南北朝時代の永福寺別当と宗派

東密	①文覚、②性我（建久三年補之）、⑧良瑜、⑪良基、⑱親玄、⑲㉒道承、㉓覚雄、㉔道快、㉕頼印
寺門	③慶幸、④経玄、⑤遍曜、⑨道慶、⑫房源、⑬房喜、⑭盛朝、⑮公朝、⑯覚乗、⑰行讃
禅密	⑥栄西、⑦行勇、⑩了心
山門	⑳桓守、㉑澄桓

（注）「永福寺〈号二階堂〉別当次第」（実相院文書26函126号）をもとに作成。①②の数字は同史料での別当就任順。「禅密」は密教を併修した禅僧のこと。

かし、奥州の反乱や飢饉、それに頼朝の上洛が重なって造営が遅延した。建久二年（一一九一）二月、頼朝はみずから出向いて永福寺の寺地を選定している。造営事業を再開したのだ。近年紹介された同年二月一〇日藤原範綱の書状によれば、頼朝が康慶の鎌倉下向を朝廷に要請している。(1)康慶は運慶の父であり、快慶の師であって、奈良仏師慶派の指導者である。興福寺再建もあって康慶の鎌倉行きは実現しなかったが、時期からみて、康慶の招へいは永福寺造営のためとみてよい。ただし、同年三月に鎌倉で大火がおきた。鶴岡八幡宮などが類焼したため、そちらの再建を優先して永福寺造立はさらに遅れた。結局、建久三年一一月に二階堂永福寺が完成して供養が行われ、翌年には阿弥陀堂、建久五年には薬師堂が造営されて寺観が整うことになる。

さて、永福寺の最初の別当となったのは①文覚・②性我である。性我は永福寺が創建された建久三年の補任のため、少し検討が必要だ。(2)文覚（一一三九～一二〇三？）は神護寺復興に尽くした僧侶であるが、後白河法皇に荘園寄進を強請し、暴言をあびせて伊豆に流罪となった。そこで流罪中の頼朝と知り合い、挙兵の夢を語りあったという（『愚管抄』）。治承四年（一一八〇）に頼朝は挙兵して関東を制圧するが、頼朝の配下には朝廷との提携派と、上総広常のような東国独立派がいた。提携派の中心が文覚である。そして、彼の尽力で寿永二年（一一八三）一〇月、幕府と朝廷が正式に手を結んだ。頼朝は東国の王となるよりは、唯一の武家の棟梁になることを選んだのだ。そして後白河と頼朝はともに神護寺に荘園を寄進し、神護寺は朝幕の協調を象徴する寺院となった。

さて頼朝は元暦元年（一一八四）に文覚を介し、父源義朝の首を引き渡すよう朝廷に求めた。それが認められ、壇ノ浦合戦後の翌年八月に遺骨が鎌倉に届けられたが、神護寺再建に忙しい文覚はその役割を腹心の性我（一一五〇～一二〇〇）に託した。そこで性我は遺骨を届けて埋葬し、義朝のために創建された勝長寿院の別当に任じられた。性我と文覚は一心同体の関係であり、勝長寿院と永福寺の初代別当は、文覚の代官として性我が任じられたと考えられる。幕府と朝廷との間を取り次いだ文覚への報償である。

また性我は頼朝の最初の護持僧でもある。中世には二種の侍がいた。見える敵から主人を護る武士に対し、見えない敵の呪詛から主人を護ったのが護持僧である。護持僧はいわば冥界の侍であった。性我は鎌倉の僧侶で初めて伝法灌頂をうけて正式の密教僧となったが、これは頼朝を護持するための修行である。

とはいえ実際には、文覚も性我も鎌倉でさほど顕著な活動をしていない。当時の頼朝にとって一番重要な課題は、内乱期に創出した守護・地頭制度を平時に定着させることであった。そのため、頼朝は文覚らに命じて東寺などの顕密諸寺を再建させて、鎌倉幕府の有用性を朝廷に認知させようとした。幕府体制を平時に定着させるため、鎌倉の仏教界の整備よりは京都の顕密諸寺の修造を優先し、その役割を文覚・性我に託したのだ。

しかし源頼朝が亡くなると、後鳥羽上皇は文覚を疎んで流罪に処し、神護寺領も奪ってしまった。性我は神護寺を護るために別当を辞して上洛したが、体調をくずし、成果をあげることもできないまま死没した。

性我の後の別当は、⑥栄西、④経玄、③慶幸、⑤遍曜の順と思われる。栄西は禅の立宗を朝廷から咎められ京都を追放されて、流浪ののち鎌倉に逃れてきた。頼朝の死没直後のことである。密教の造詣も深く、中国仏教まで知悉した学識の高さを評価されて、別当に任じられたのだろう。そして幕府の支援で建仁寺を創建する。禅宗を禁じていた朝廷は、天台・真言を併置した顕密寺院の体裁をとることを条件に許可した。

やがて栄西は鎌倉を留守にしがちとなったため、経玄らの寺門僧が別当に補任された。寺門派の僧侶が登用されたのには訳がある。源頼朝は草創期に、従兄の円暁(寺門派)を招いて鶴岡八幡を託した。そのため、源氏将軍の時代は全般的に園城寺系が優位であった。ところが公暁による実朝暗殺(一二一九年)でそれが暗転する。将軍頼家の遺児であった公暁は園城寺で教育された。その責任を問われて寺門派優遇は終わり、鎌倉では寺門・山門・東密を対等に扱うようになった。鎌倉時代の永福寺・鶴岡八幡宮の別当に山門派がおらず寺門と東密だけだが、勝長寿院の別当は山門派が独占するようになったので、三派のバランスはとれていた。

その後、栄西の弟子の⑦行勇、そして⑧良瑜が任じられた。二人の前後関係は判断がむずかしいが、とりあえずここでは良瑜を取りあげよう。将軍九条頼経の時代になると、将軍護持のため九条家ゆかりの僧侶が大量に進出した。その代表が良瑜である。良瑜(一二〇四〜六七)は頼経の父九条道家の従弟であった。東密の弱小門流(安祥寺)の出身であったため、鎌倉で未来を切り開こうと考えたのだろう。貞永元年(一二三二)より幕府祈禱にたずさわって永福寺別当に任じられた。ところが延応二年(一二四〇)で良瑜の活動が途絶え、代わって⑨道慶が将軍祈禱の中心となる。道慶(一二〇五〜八五)は将軍頼経の叔父にあたり、良瑜よりも近しい。しかも道慶はすでに四条天皇の護持僧や、園城寺の長吏(長官)を歴任していて、経歴の面でも良瑜より、はるかに上だ。疎まれた良瑜は帰洛し、やがて道慶が永福寺別当に任じられた。

このころ、将軍と北条得宗との権力闘争が激化していた。折から鎌倉では疫病が流行しており、それによる体調悪化を敵の呪詛が原因と考え、双方とも疑心暗鬼となった。ときの執権は北条経時であったが、寛元四年(一二四六)に二三歳の若さで病没する。すると、「頼経の呪詛でのろい殺された」との噂が京都まで広まった。呪詛が真実と受け止められたのだ。北条時頼は兄のあとを継ぐと、九条頼経を追放して、名越一族(反得宗派の北条氏名門)を処罰した。有力御家人三浦氏を滅ぼしたうえ、さらに京・鎌倉から九条家一門を徹底排除している(寛元・宝治・建長の政変)。将軍方の中心として祈禱を担った道慶は、頼経と一緒に帰洛し、その後は勢威が凋落したという。

道慶らが去ると、北条時頼は⑩大歇了心を後任に補した。了心(?〜一二五七)は⑦行勇の弟子であり、入宋して禅を伝えた建仁寺の僧である。この任命は、時頼の禅宗興隆策の一環でもある。了心が亡くなると、その後任に選ばれたのが⑪良基である。良基(?〜一三〇八)は関白松殿基房の孫である。松殿基房は兄の近衛基実、弟の九条兼実と摂関家の主導権をめぐって争った。そして嫡流の近衛家が平家と結び、九条家が源頼朝と提携したのに対し、松殿家は木曾義仲と結んだ。そのため、義仲が滅びると松殿家は摂関家としての地位を失った。九条家と確執のあった松殿家出身の良基は、鎌倉で歓迎され将軍宗尊の護持僧に任じられた。また、九条頼経に疎まれた良瑜も、再び鎌倉を来訪して明王院別当に補されている。この二人が東密の中心となって、将軍宗尊の護持につとめた。

ところが、良基は宗尊の御息所近衛宰子と密通するようになる。文永三年(一二六六)にそれが露見するが、さらに将軍の陰謀が発覚したとして、宗尊は鎌倉から追放された。良基は高野山に逃れ、そこで断食死したという。ところが、断食死は意図的に流布されたニセ情報で、実際は良基と宰子は夫婦となって暮らしていた。追放から一三年後にそれが発覚し、幕府は宰子に与えた所領を没収している。

良基のあとは、⑫房源・⑬房喜兄弟など寺門派の別当が続くが、特に重要なのは⑭盛朝である。盛朝(?〜一二九二)は平泉惣別当でもあった。平泉惣別当は中尊寺・毛越寺など平泉の諸寺を知行するポストだ。鎌倉在住の僧侶が惣別当に任じられて莫大な収入を得ており、鎌倉幕府の奥州統治が苛酷な植民地的支配であったことをよく示している。ただし盛朝が重要なのは、彼が北条氏の出身(六波羅探題北条時盛の息)であることだ。鎌倉末期になると、頼助・有助・顕助・顕弁など北条氏出身の僧侶が数多く登場し、鎌倉の仏教界はもとより、東寺・東大寺・園城寺などを席巻するようになる。盛朝は、北条氏出身の僧侶が鎌倉の仏教界の主要ポストを占めるようになる、その先駆けである。

⑱親玄（一二四九?〜一三二二）は鎌倉末期の東密僧である。醍醐寺の出身で太政大臣久我通光の孫である。その『親玄僧正日記』は鎌倉末の動向がわかる貴重な史料だ。得宗北条貞時の護持祈禱を盛んに行い、嘉元四年（一三〇六）に東寺一長者となって真言宗の頂点をきわめた。ただし、一度も上洛することのないまま、一年後にそれを辞している。貞時に重用されて、鎌倉を離れられなかったのだろう。親玄が亡くなると、弟子の⑲道承が別当に任じられたが、やがて鎌倉幕府が滅亡することになる。

元弘三年（一三三三）足利尊氏が反旗を翻して六波羅探題を攻撃すると、子の竹若丸は鎌倉から京都に逃れる途中で殺された。一方、千寿王（足利義詮）は新田義貞の鎌倉攻めに加わり、幕府滅亡後は永福寺別当坊を本拠に独自の活動を行った。また北条氏が再起した中先代の乱（一三三五年）では、鎌倉に入った足利尊氏が永福寺別当坊を拠点にし、敗れた北条方は勝長寿院で集団自決している（『梅松論』）。建武政権が成立すると、後醍醐天皇は道承に代えて側近の⑳桓守を永福寺別当に任じたが、桓守は鎌倉に行った形跡がない。一方、道承は室町幕府が成立すると、永福寺別当に再任された。こうした経緯からすれば、道承は幕府崩壊後も鎌倉にとどまり、千寿王や尊氏の活動を支援したのではあるまいか。

以上、永福寺とその主な僧侶について概観した。

【註】

（1）藤原重雄・末柄豊「東京大学史料編纂所所蔵『和歌真字序集（扶桑古文集）』紙背文書」（『東京大学史料編纂所研究紀要』一七号、二〇〇七年）。

（2）以下の叙述は拙稿「鎌倉真言派と松殿法印」（京都学園大学『人間文化研究』三五号、二〇一五年）、同「鎌倉真言派の成立」（『同』四〇号、二〇一八年）を参照されたい。

永福寺と運慶

山本　勉

鎌倉二階堂の地に軒を連ねた永福寺の諸堂には、当然のことながら多くのみほとけがおわしたことであろう。廃絶した寺院の仏像であっても、その寺が近世ないし近代まで存続していたならば、そこから流出した仏像がどこかに伝えられているものなのだが、永福寺の場合は比較的早く室町時代初期の応永一二年（一四〇五）一二月に炎上したあと再建されなかったため、永福寺の旧仏と伝える仏像は知られない。寺跡から出土したわずかな断片や装身具が知られるのみである。ここでは、いま知られる史資料でかつて永福寺にあった仏像の復元をこころみ、その造像を主宰した可能性が高い仏師運慶（?～一二二三）のその時期の状況を語ったうえで、永福寺の運慶造像を想像するのにふさわしい現存仏像にもおよびたい。

一、永福寺の仏像

永福寺の造営計画が始まったのは文治五年（一一八九）一二月九日。工事開始は建久三年（一一九二）八月で、この年一一月二五日には伽藍中央の二階堂が、同四年一一月二七日にはおそらく阿弥陀堂が、同五年七月一四日には薬師堂が、あいついで供養されている（『吾妻鏡』）。

諸堂のうち薬師堂については、国立歴史民俗博物館本『転法輪鈔』第一帖[1]におさめる「鎌蔵薬師堂供養表白」に詳細が記され、「女大施主平氏」つまり御台所北条政子（一一五七～一二二五）が本願となって、三間四面の堂に周丈六薬師如来像、八尺日光・月光菩薩像、六尺不動明王・毘沙門天像、等身十二神将像という規模の大きい群像が安置されたことが知られる。二階堂や阿弥陀堂の安置像の詳細は知られないが、やはり大規模な巨像ないし群像であったろう。

薬師堂は本来は源頼朝（一一四七～一一九九）の御願であるが、「伽藍之造功」を譲って「室家之御願」としたとある。政子は造営工事が始まった建久三年八月に次男すなわちのちの三代将軍実朝（一一九二～一二一九）を産んでおり、薬師堂建立発願はそれとかかわりあるだろう。政子の何度かの参詣が知られる神奈川県伊勢原市・宝城坊（日向薬師）には政子参詣とのかかわりが説かれる周丈六の薬師如来坐像があり、その脇侍と伝える八尺の日光・月光菩薩立像が存する。これらなどは永福寺薬師堂薬師三尊像の規模をしのばせるものといえよう。

随侍像のうちに、おそらく一対をなす不動明王像と毘沙門天像がみえることに注意してよい。堂の中尊に不動・毘沙門を随侍させることは、平安時代、九世紀半ば、円仁が比叡山横川に根本中堂を建立し、観音像と不動明王像を安置したあと、十世紀半ば過ぎに良源が中堂に毘沙門天像を造ったことに始まる。以後、聖観音・十一面観音・千手観音などの両脇に不動・毘沙門の組み合わせを配することが天台寺院を中心に広まり、やがて多種の尊像の脇侍として採用されるようになり、天台のみならず他宗派にもその風はおよんだ。鎌倉周辺では文治五年六月に北条時政（一一三八～一二一五）が発願して供養された伊豆願成就院に阿弥陀三尊像の随侍像として不動明王・毘沙門天が安置された。前掲『転法輪鈔』第一帖におさめる「伊豆堂供養表白」は願成就院供養法会の冒頭に読まれたもので、不動・毘沙門それぞれに四魔降伏、仏法護持の功徳があるとされる。静岡県伊豆の国市・願

挿図1　浄楽寺阿弥陀三尊像

成就院に現存する不動明王・毘沙門天像の像内納入木札の銘によれば、これらは文治二年五月に運慶が造り始めたものであった。不動明王像には二童子像が付属している。文治五年に和田義盛(一一四七~一二一三)夫妻が発願してやはり運慶が造った横須賀市・浄楽寺諸像も阿弥陀三尊(挿図1)・不動明王・毘沙門天像という尊像構成である。これらに先行する寿永三年(一一八四)銘の、のちに源氏の武将としての活動が知られる藤原道綱らが発願した栃木県栃木市・住林寺阿弥陀三尊像にも不動明王・毘沙門天像が随侍している。東国の武家社会の造像でこの組み合わせがいちはやく採用された観がある。永福寺薬師堂の不動・毘沙門もこれらを継承していると思われる。

なお、薬師堂十二神将像についても、その図像について永福寺像にかかわる議論が最近あるが、それは別項で後述する。

二、運慶と鎌倉

永福寺のこれらの造像を担当したのは、鎌倉時代彫刻様式の根幹をつくりあげた大仏師運慶である可能性が高い。運慶は、平安時代末期、一二世紀なかばに、奈良仏師康慶(生没年不詳)の子として生まれた。父康慶が後白河院の蓮華王院造像に活躍するころに独立した造像を開始。いま知られる最初の遺作として安元二年(一一七六)銘の奈良市・円成寺大日如来像がある。その後、南都復興初期の興福寺西金堂本尊釈迦如来像の大仏師となって、文治二年(一一八六)正月には同像を西金堂に安置した(『類聚世要抄』)。同年五月には前記のように北条時政の伊豆願成就院の造像を開始した。北条氏は奈良仏師が本拠とした興福寺ともともと関係が深く、北条時政の運慶起用もそのことと関係する可能性があるが、より具体的には、前年一一月に時政が頼朝代官の京都守護として上洛し、造像始めの直前三月まで滞在したこと(『吾妻鏡』)が運慶の造像につながったのかもしれない。造像の場所が現地伊豆であったか中央であったか、すなわち運慶の東国下向非下向についてはかねてから議論があるが、造像開始の三ヵ月ほど前に運慶は興福寺西金堂本尊の安置に立ち会っており、他にも奈良の造像があったことも勘案すると、運慶はこの時期、中央を離れていないとみるのが自然であろう。ともあれ、諸像は平安時代彫刻とは完全に決別した力強い作風をみせ、鎌倉時代彫刻の新様式が運慶によって樹立されたことを示している。

願成就院造像の前年元暦二年(一一八五)五月に、源頼朝は父義朝の菩提をとむらう南御堂の仏像を造るため、康慶の師康朝の子である奈良仏師の嫡流成朝(生没年不詳)を鎌倉に招請し、丈六皆金色阿弥陀仏を造らせていた。南御堂は同年(文治元年)一〇月二四日に勝長寿院と号して供養をとげた(『吾妻鏡』)。成朝は運慶らからすれば本家筋の仏師であり、頼朝は鎌倉殿の大仏師にふさわしい技量の持ち主として成朝を抜擢した可能性があるが、このあと成朝が頼朝や幕府要人の造像を続けて担当した形跡はない。運慶はそこに入れ替わるように登場した観がある。その契機となったのが北条時政の願成就院造像であった。

運慶は続いて文治五年に、すでにふれた横須賀市・浄楽寺阿弥陀三尊像、不動明王像、毘沙門天像を造っている。このころには運慶は鎌倉に下向していたのではないだろうか。浄楽寺像は不動明王・毘沙門天像に納入する木札に、文治五年三月二〇日の日付けと願主平義盛(和田義盛)とその妻小野氏の名、「大仏師興福寺内相応院勾当運慶小仏師十人」などを墨書している。三月二〇日は願成就院の例にならうならば造り始めの日であろう。この年六月九日、鎌倉では、頼朝本願の鶴岡八幡宮寺御塔すなわち五重塔が供養されている（『吾妻鏡』）。伊豆の願成就院供養の三日後のことである。この塔についても国立歴史民俗博物館本『転法輪鈔』第二帖、称名寺本『転法輪鈔』密教帖下におさめる「鎌蔵塔供養表白」によって詳細が知られるが、「両部之大日」を安置し「四智如来」を副え、柱には三十七尊曼荼羅の諸尊、扉には護法神・四天王等を描いたというから、仏像は金剛界・胎蔵界の大日如来像二軀と五智如来中の四仏とあわせて六軀が安置されたことになる。これらの像の作者が運慶であり、運慶がこれらの頼朝の造像のために鎌倉に滞在していたとすれば、その間、ないし直後に、和田義盛のための造像を引き受けたことも自然なことのように思える。

実は浄楽寺造像の文治五年のあとの運慶の動向は、建久六年（一一九五）に東大寺大仏殿供養時に父康慶の譲りで法眼位をえるまで（『東大寺続要録』『東大寺縁起絵詞』）、中央でも東国でも知られない。鎌倉永福寺の造営期間は、ちょうどそこにあてはまる。この期間に運慶が「鎌倉殿の大仏師」として、永福寺の大規模造像に邁進していたとみれば、空白は埋まり、また永福寺後に頼朝政権が全力をあげて助成した奈良東大寺大仏殿の再興造像を康慶・運慶父子と一門が独占するにいたる経緯も、そしてその後の東国の造像が圧倒的なまでに運慶の新様式の影響下にあることも、すべて説明がつくのである（文末付記参照）。

『吾妻鏡』に運慶の名が最初に登場するのは、文治五年九月一七日、源頼朝が奥州征伐におもむき平泉藤原氏を滅ぼしたのち、平泉の諸寺院に寺領を安堵した際に貼り出された壁書の記載中であった。毛越寺金堂の本尊薬師如来像に随侍する十二神将像の作者として運慶をさすとみられる「雲慶」の名がここにあがる。藤原基衡発願の毛越寺造像が運慶によるとするのはもちろん付会に過ぎないが、永福寺が毛越寺金堂を模したものであるとの記載を勘案して、その伝説的記述に運慶が永福寺造像に従事したことの反映を想像するむきもある。(2) また、三本周作氏は、永福寺跡から出土した金銅製荘厳具断片が愛知県岡崎市・瀧山寺の運慶作と考えられる聖観音菩薩・梵天・帝釈天像の荘厳具と共通する特色をもつとする、かねてからの指摘にもとづいて、このことも永福寺の運慶造像を想定する補強材料となる可能性をのべている。(3) 永福寺跡出土の30鬼瓦の造形に運慶派仏師の造った鬼形像との共通をみる意見もある。(4)

三、永福寺時代の運慶と半蔵門ミュージアム大日如来像

以上のように想像を進めてくると、浄楽寺諸像は永福寺造像直前の運慶の作風を示していることになるのだが、諸像は願成就院諸像同様に力強い造形をみせるものの、これにくらべると、のびやかさや充実感にやや欠けるうらみがある。図像の点でも、各像の形式は少し後退して平安後期の一般的な像に戻ったようにもみえる。浄楽寺像の木札の銘記で運慶は大仏師を名のり、小仏師一〇人の存在を明記しており、願成就院像と浄楽寺像とで工房製作の状況が異なっていたことがそれらに関係するのではないかという重要な指摘がある。(5) そこでは両者のあいだに創作意欲のはげしさに違いがあったかとも想像されたのだが、浄楽寺像の場合、鶴岡八幡宮寺御塔や永福寺諸堂という鎌倉殿御願の造像と並行しておこなわれ、小仏師にまかされる部分も多かったという実情もあるいはあるのかもしれない。

いま一件、永福寺時代の運慶の作風を直接示すものとしてあげられるのが、東京都立川市・真如苑真澄寺が所蔵し、東京都千代田区・半蔵門ミュージアムに安置される79大日如来像(6)である。今回の永福寺展に、永福寺の造像を象徴するものとして、この像が出品されたのは、まことによろこばしい。

この像は栃木県足利市・鑁阿寺とその奥院として機能した樺崎寺（廃寺。足利市に寺跡が残る）に関する古記録『鑁阿寺樺崎縁起并仏事次第』にみえる、おそらく足利義兼（?～一一九九）発願の、下野樺崎寺下御堂にあった、

厨子に建久四年（一一九三）一一月六日の願文があったという三尺皆金色金剛界大日如来像にあたるものとみられ、浄楽寺像に近似する作風・構造技法やX線写真等で確認しうる像内納入品の状況などから運慶自身の作と考えられる。足利義兼は有力の御家人として鎌倉にいたが、父方でも母方でも頼朝と血縁関係にあり、頼朝正室政子の妹を娶るという姻戚関係もあって、和田義盛以上に頼朝に近かったとみられるから、永福寺造像のため鎌倉にいた運慶に、本貫の地に安置する大日如来像を発注したと想像できる。義兼は運慶とは特別の関係があったようにもみえ、おそらく建久一〇年三月、没する直前にも運慶に大日如来像を造らせている（足利市・光得寺像）。

半蔵門ミュージアム像の金剛界大日如来像としての姿は、運慶が安元二年（一一七六）に造った奈良市・円成寺像と基本的な形式が同一である。もちろんそのこともこの像を運慶作と推定する一つの根拠になっているのだが、その類似の理由は別の観点からみることもできる。運慶の円成寺像は、父康慶が京都蓮華王院五重塔の大日如来像四軀と四仏の都合八軀（『覚禅抄』『吉記』）を製作している最中の造像であり、円成寺像も蓮華王院五重塔大日如来像と像容を共有するものであったろう。八幡宮寺五重塔には前項でのべたように金胎両部大日と四仏を安置しているが、その安置像の形式は蓮華王院塔や先行する京都法勝寺九重塔のそれに共通する。一連の大日如来像の源流は平安前期、承和一一年（八四四）開眼の東寺講堂像までたどることができるが、半蔵門ミュージアム像は円成寺像の段階よりも諸点においてその源流に肉薄し、また鎌倉時代の運慶独自のあらたな要素も多くふくんでいる。鶴岡八満宮寺五重塔像の姿もこれに近いものだったであろう。

半蔵門ミュージアム大日如来像は運慶作品特有の表情をもちながら、後年の作品の厳しさとは異なる、かすかに弛緩した甘さが感じられる。それは浄楽寺阿弥陀三尊像にも共通するものであるが、半蔵門像の場合、繊細なやわらかさをもつ肉身や着衣の表現ともあいまって、像全体の独特の魅力につながっている。像高六〇cmあまりの小像であるが、この像から、永福寺諸堂にならんでいた、建久年間前半に鎌倉殿御願を具現するために運慶工房が造った巨像の姿を思い浮かべることができよう。

四、仮称永福寺薬師堂様の十二神将像

最後に、永福寺薬師堂の十二神将像をめぐる問題が提起されている横須賀市・曹源寺の十二神将像にふれておこう。

この一二軀は、横須賀市・満願寺菩薩・地蔵菩薩像などとともに鎌倉時代初期の東国に運慶派の高水準の造形が展開したことを示す代表的作例であるが、一具中の戌神像の正安二年（一三〇〇）修理銘中に「けんきうのころのほとけなり」、すなわち建久年間（一一九〇～一一九九）ごろの造立であることを暗示する文言がある。『新編相模国風土記稿』にみえる、この十二神将像を北条政子の寄進とする記事とともに、『吾妻鏡』建久三年八月九日条にみえる、この日曹源寺において政子の安産祈願をしたという記事との関連が想像されていたが、奥健夫氏はこの群像の成立を永福寺薬師堂像との関係で解釈することを提案した。[7] 曹源寺像の図像の形式が奈良市・新薬師寺像のような奈良時代の古典に学んで成立したことをのべたうえで、巳神（挿図2）が特別の大きさをそなえ端正な顔立ちに造られるのが建久三年八月九日の巳刻に生まれた源実朝の「あるべき姿としての武将の理想像」を

挿図2　曹源寺十二神将像巳神

あらわしたものと想像する。巳神の面貌は、願成就院像を初例とする運慶作毘沙門天のそれを転用したものだともする。そのうえで、曹源寺像と同系統の十二神将像がその後多数造り継がれるのは、同様に実朝誕生にかかわる由緒をもち、後代への大きな影響力を有した像を想定し、それが永福寺薬師堂に運慶が造立した十二神将像だとするのである。曹源寺像は、建久年間造立を認めるならば、比較的はやくに造られた、永福寺薬師堂の等身十二神将像の縮模像ということになる。

奥氏ものべるとおり、室町時代造立の後身像が鎌倉市・覚園寺に残る、建保六年（一二一八）ころ、北条義時の発願で造られた大倉薬師堂十二神将像も曹源寺像同様に永福寺薬師堂像を写した像だったのであろう[8]。そのなかの戌神には源実朝暗殺に先立ち夢告で義時に難を知らせたという霊験譚が語られるため、一具中の戌神が巻髪や犬に似た形相をもつ覚園寺像も、そして同系統で戌神をふくむ八軀が鎌倉時代中期の作である鎌倉国宝館像（鎌倉市・辻薬師堂旧蔵）も、しばしば話題になるが、原像が実朝暗殺以前に造られていたとすれば、それは一二軀とも基本的に永福寺薬師堂像の形式を踏襲するものであっただろう。霊験譚が大倉薬師堂系統の戌神の形式を改変させるのは、ややのちのことである[9]。

東京都あきる野市・新開院に現存する薬師三尊・十二神将像はもと鶴岡八幡宮寺薬師堂にあり、神仏分離後に八幡宮を出た、おそらく鎌倉時代中期製作の像であるが、十二神将像は曹源寺像とほぼ同じ形式である。いわば「永福寺薬師堂様」の十二神将像が鎌倉に定着していたことを示す作例というべきであろう。これらが随侍する薬師三尊像の形式についても検討の必要があるのかもしれない。

問題は薬師堂の像のみにとどまるものではない。鎌倉殿頼朝が発願し、おそらく運慶ひきいる仏師工房が造立を手がけた永福寺の巨像群は、いずれの堂の像も鎌倉を中心とする東国のその後の仏像史に、他の運慶作以上に大きな影響力をもったはずである。原像がすべて失われているために困難はつきまとうが、他の場所に現存する多くの作例の分析からつながりを丁寧にたどり、永福寺諸堂の群像を復元する作業を続けたいものである。

【注】

(1) 牧野淳司「翻刻 第一帖」（『国立歴史民俗博物館研究報告』一八八、二〇一七年）。

(2) 瀬谷貴之「東国武士と運慶」（『運慶―時空を超えるかたち―』〔『別冊太陽』日本のこころ一七六〕平凡社、二〇一〇年）。

(3) 三本周作「頼朝で聖徳太子な聖観音―瀧山寺の仏像を荘厳具から読み解く―」（『芸術新潮』六八ノ一〇、二〇一七年）。

(4) 瀬谷貴之「総論　運慶―鎌倉幕府と三浦一族―」「鬼瓦（永福寺跡出土）」（横須賀美術館・神奈川県立金沢文庫編『運慶―鎌倉幕府と三浦一族―』吉川弘文館、二〇二二年）

(5) 水野敬三郎「運慶と工房製作」（『日本彫刻史研究』中央公論美術出版、一九九六年、初出は一九七五年）。

(6) 山本勉「新出の大日如来像と運慶」（『MUSEUM』五八九、二〇〇四年）。

(7) 奥健夫「曹源寺十二神将像小考」（『MUSEUM』六六八、二〇一七年）。

(8) 本尊薬師如来像が運慶作と記録されることから十二神将像も無条件に運慶作とされることが多いが、厳密にいえば、それはわからない。

(9) 岩田尚一「北条義時の大倉亭と『吾妻鏡』戌神霊験譚の原史料」（『鎌倉遺文研究』四三、二〇一九年）参照。濱名徳順「富津市東明寺十二神将像と北条義時の戌神霊験譚」（『アジア民族造形学会誌』一八、二〇二二年）では、『吾妻鏡』にみえる寛元元年（一二四三）あるいは建長三年（一二五一）の大倉薬師堂罹災のあとの再興時を想定している。

［付記］

校正中に平雅行氏の教示により、建久二年（一一九一）二月に、後白河院側近藤原範綱と、当時在京の幕府重鎮大江広元とのあいだでかわされた、運慶の父康慶の鎌倉下向に関する議論を示す書簡の存在を知った（『和歌真字序集』紙背文書。平『改訂　歴史のなかに見る親鸞』〔法藏館文庫、二〇二一年〕ほか参照）。ここから永福寺造営期にあたるこの時期に、運慶が鎌倉に下向していたことや、康慶工房、頼朝、それぞれにとってのそのことの意味が読み取れる可能性があると思うが、詳細は別稿を期したい。

永福寺式軒瓦と鎌倉御家人

小林康幸

はじめに

奥州合戦の折、平泉の地で中尊寺二階大堂（大長寿院）などの精舎を目にした源頼朝が鎌倉に永福寺を建立したことは周知のとおりである。永福寺については発掘調査で伽藍の全貌が明らかになり、大量に出土した瓦によって往時の姿を知ることが出来る。永福寺は中世の東国を代表する寺院であり、その後に東国各地で鎌倉御家人が建立した寺院にも大きな影響を及ぼした。永福寺創建期に屋根に葺かれた瓦は極めて特徴的な瓦当文様をもち永福寺式軒瓦と呼ばれている。ここでは永福寺式軒瓦についての考古学的な分析から東国各地で寺院を造営した鎌倉御家人について検討を試みることとしたい。

一、永福寺式軒瓦とは

永福寺創建期の堂宇の屋根に葺かれた瓦のうち、軒先に用いられた蓮華文鐙瓦と唐草文宇瓦の組合せが永福寺式軒瓦である（図1）。『吾妻鏡』には文治五年（一一八九）永福寺事始、建久三年（一一九二）永福寺供養、同四年（一一九三）阿弥陀堂供養、同五年（一一九四）薬師堂供養などの記事があり、永福寺の創建が一二世紀末であることがわかる。これを根拠に永福寺式軒瓦の年代は一二世紀末とすることが出来る。

永福寺の出土瓦は発掘調査報告書において分類・整理が行われており、永福寺式軒瓦のうち、蓮華文鐙瓦にはＹＡＩ０１という型式名が、また唐草文宇瓦にはＹＮＩ０１、ＹＮＩ０３という型式名がそれぞれ与えられている。

これまでにＹＡＩ０１には八笵種、ＹＮＩ０１には一〇笵種、ＹＮＩ０３には一笵種の瓦当文様が確認されている。特に笵種の多い宇瓦ＹＮＩ０１はａ～ｋのアルファベットを付けて笵種が細かく分類されている。[1] 一〇笵種が確認されている宇瓦ＹＮＩ０１は、さらに基本笵七種類と改変笵三種類に分類できる。改変笵は基本笵の瓦当文様の一部（両端や中央）を割愛したもので、瓦当面の幅で五～六センチメートルほど小さい瓦である（図3）。改変笵によって製作された瓦は基本範と同様に永福寺創建期、一二世紀末の瓦と考えられ、永福寺跡出土瓦では改変笵が基本笵よりも年代的に後出するものとは考えていない。

永福寺式軒瓦のうち特に唐草文宇瓦ＹＮＩ０１はその瓦当部が顎貼り付け技法で製作されているが、同じ創建期の唐草文宇瓦ＹＮＩ０１でも瓦当部が折り曲げ技法で製作されている瓦が少量、確認されている。

一九九〇年代になると東国各地で永福寺出土瓦と同文の瓦の出土が多数確認され始めたが、永福寺式軒瓦という名称を提唱したのは二〇〇一年のことである。[2]

これ以降、桃崎祐輔[3]、深澤靖幸[4]、石川安司が相次いで永福寺式軒瓦に関する論文を発表し研究が進展してきた。特に石川は『歴史評論』掲載論文で永福寺式軒瓦の詳細な分析から、同笵関係に三つの分布相があることを見出し、永福寺式軒瓦の採用時期に差があることや国衙権力や御家人の関わ

りについても言及している。(5)

二、永福寺式軒瓦の源流

永福寺式軒瓦と同じ瓦当文様をもつ瓦は尾張国（愛知県名古屋市）の八事裏山窯で生産されており、瓦当文様から見る限り、永福寺式軒瓦の源流は尾張の瓦に求めることができる。八事裏山窯の瓦のうち永福寺式軒瓦と同じ瓦当文様をもつ瓦には尾野善裕の研究によって一二世紀第四四半期の年代が与えられている。(6)

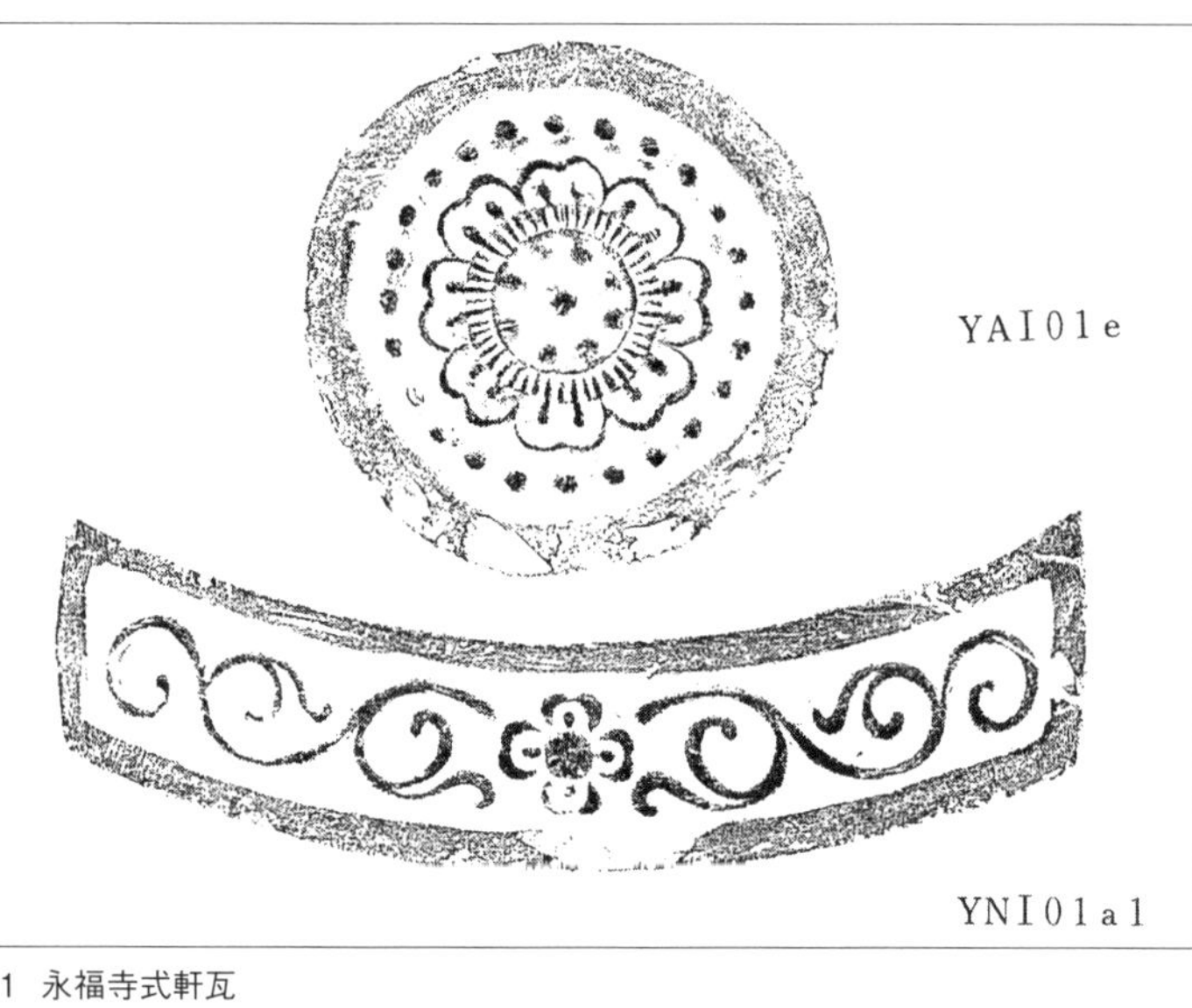

図1　永福寺式軒瓦

ここで明確にしておきたいのは、永福寺創建期の瓦は、ごく一部を除いて八事裏山窯で焼かれた瓦ではないということである。以前、永福寺式軒瓦の名称を提唱するまでは、これらの瓦を「八事裏山系」の瓦と呼称してきた。(7)両者は瓦当文様が同文の関係にあるものの、全く異質の瓦である。ではいったい永福寺創建期の瓦はどこで生産されたのであろうか。現時点においてもその生産地（生産窯）は不明である。だがしかし、瓦の粘土（胎土）や風合い（焼き具合）といった質感から考えると北武蔵、より具体的に言えば埼玉県北西部の群馬県に近い地域が生産地ではないかと推定している。

三、東国における永福寺式軒瓦の分布

令和四年現在、陸奥国から伊豆国にかけての東国各地で永福寺式軒瓦の出土が確認されている遺跡は合計二一遺跡である（永福寺跡及び鎌倉市内の遺跡を除く）。とりわけ北武蔵（埼玉県域）では一〇遺跡でその出土が確認されており、全体の半数を占める濃密な分布を示している。以下、各地の出土例を概観する（図2及び表1参照）。

（1）陸奥国

福島県伊達郡桑折町の下万正寺遺跡ではＹＮⅠ０１ｄの改変笵とみられる永福寺式宇瓦が出土している。(8)下万正寺遺跡は伊達氏の菩提寺である満勝寺の跡と推定されている遺跡である。瓦が出土した地点は伊達氏の祖・伊達朝宗の廟所と伝えられる場所に隣接している。出土した宇瓦と組み合う鐙瓦は三巴文鐙瓦であり、蓮華文鐙瓦ではない。つまり、下万正寺遺跡では本来の永福寺式軒瓦の組合せが失われている状況が認められている。これにより同遺跡出土瓦の年代が一二世紀末よりも後出となる可能性があり、一三世紀前半の年代を考えておきたい。なお宇瓦の瓦当部裏面には縦方向に縄目の圧痕があり、特殊な製作技法の存在を示唆している。(9)陸奥国ではこのほか南相馬市の真野神社東で中心の花弁がかなり退化した文様の宇瓦の出土が報告されている。(10)

（2）常陸国

茨城県つくば市の三村山極楽寺跡ではＹＮⅠ０１ｄとみられる永福寺式宇瓦が出土している。(11)極楽寺は八田知家を祖とする小田氏が建立した寺院

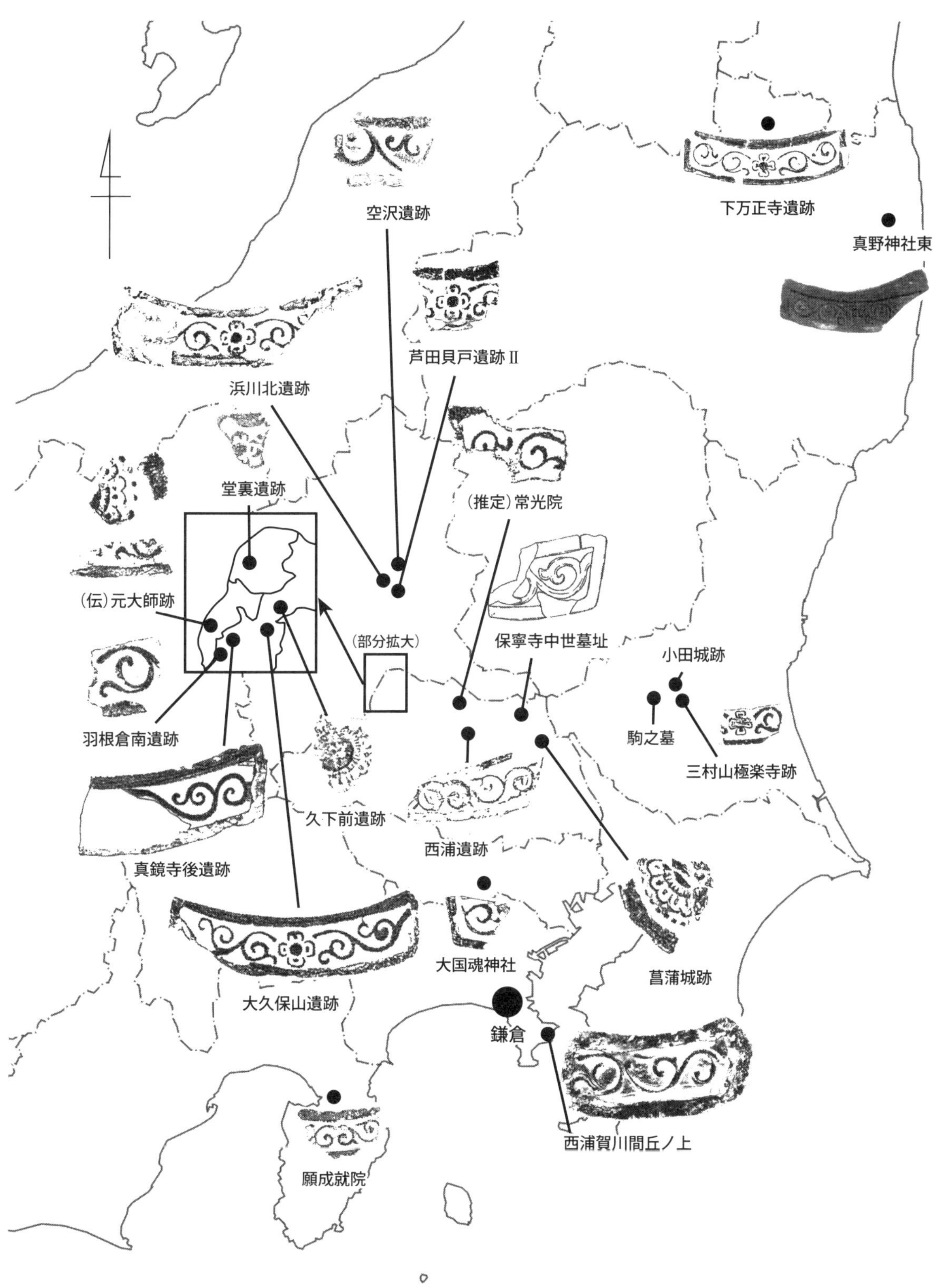

図２　東国における永福寺式軒瓦の分布

表1　東国における永福寺式軒瓦出土一覧表

鐙瓦（軒丸瓦）

遺跡名	所在地	永福寺跡出土瓦該当型式	備考	遺跡の性格	関係御家人ほか
(伝)元大師跡	埼玉県児玉郡神川町	ＹＡⅠ01	國學院大学大場磐雄資料(拓本)	寺院	
久下前遺跡(Ｆ1地点)	埼玉県本庄市	ＹＡⅠ01		館？	児玉党？
菖蒲城跡	埼玉県久喜市(旧：南埼玉郡菖蒲町)	ＹＡⅠ01		館？	

宇瓦（軒平瓦）

遺跡名	所在地	永福寺該当型式	備考	遺跡の性格	関係御家人ほか
下万正寺遺跡	福島県伊達郡桑折町	ＹＮⅠ01dの改変	推定、満勝寺(伊達氏菩提寺)	寺院	伊達朝宗(伊達時長)
真野神社東	福島県南相馬市(旧：相馬郡鹿島町)		採集資料		相馬氏？
三村山極楽寺跡	茨城県つくば市	ＹＮⅠ01d	建仁年間(1206～07)銘梵鐘	寺院	小田氏、八田知家
小田城跡	茨城県つくば市	ＹＮⅠ01d		館	小田氏
駒之墓	茨城県下妻市	ＹＮⅠ01d			下妻氏、下妻広幹
空沢遺跡	群馬県渋川市	ＹＮⅠ01h1			
浜川北遺跡	群馬県高崎市	ＹＮⅠ01f	来迎寺	寺院	長野氏
芦田貝戸遺跡Ⅱ	群馬県高崎市	ＹＮⅠ01fの改変		館	
堂裏遺跡	埼玉県児玉郡上里町	ＹＮⅠ01fの改変	大御堂	寺院	
(伝)元大師跡	埼玉県児玉郡神川町	ＹＮⅠ01a	國學院大学大場磐雄資料(拓本)	寺院	
真鏡寺後遺跡(Ｂ地点)	埼玉県本庄市(旧：児玉郡児玉町)	ＹＮⅠ01h1		館？	児玉党、塩谷氏
羽根倉南遺跡	埼玉県本庄市(旧：児玉郡児玉町)	ＹＮⅠ01a1		館	児玉党？
大久保山遺跡	埼玉県本庄市	ＹＮⅠ01fの改変	館内の持仏堂か？	寺院	児玉党？
(推定)常光院	埼玉県熊谷市	ＹＮⅠ01e2	常光院は建久3年創建。中条氏館跡	寺院	中条家長、中条常光
西浦遺跡	埼玉県東松山市	ＹＮⅠ03	野本氏館関連	館	野本氏(比企氏一族)
保寧寺中世墓址	埼玉県加須市(旧：北埼玉郡騎西町)	ＹＮⅠ01e2	保寧寺本尊は宗慶作の阿弥陀三尊像(建久7年在銘)	寺院	戸崎氏？、道智氏？、多賀谷氏？
大国魂神社	東京都府中市	ＹＮⅠ01e2	武蔵惣社六所宮採集資料	神社	
願成就院	静岡県伊豆の国市(旧：田方郡韮山町)	ＹＮⅠ03	南塔跡出土 南塔は承元元年(1207)建立	寺院	北条氏、北条時政
西浦賀川間丘ノ上	神奈川県横須賀市	ＹＮⅠ01e1	採集資料		

と考えられている。瓦には一三世紀前半の年代が考えられている。同遺跡出土の宇瓦がどのような鐙瓦と組合せを形成するのかは不明である。

常陸国ではこのほかつくば市小田城跡(12)と下妻市駒之墓(13)でも宇瓦ＹＮⅠ０１ｄの出土が確認されている。駒之墓の瓦は採集当時、永福寺式軒瓦と認識されていなかったが、近年、比毛君男によってこれが永福寺式軒瓦であることが明確にされた(14)。

(3) 上野国

群馬県高崎市の浜川北遺跡ではＹＮⅠ０１ｆの宇瓦が多数出土している(15)。この遺跡でも福島・下万正寺遺跡と同様に宇瓦と組合う鐙瓦は三巴文鐙瓦であり、蓮華文鐙瓦ではない。さらに浜川北遺跡で出土した永福寺式軒瓦(軒平瓦)の特徴は、瓦当面に接合された平瓦の凸面にみられる叩き目が斜格子の叩き目であることである。鎌倉・永福寺における永福寺式軒瓦(宇瓦)は、瓦当面に接合された平瓦の凸面にみられる叩き目は縄目の叩き目であり、永福寺の出土瓦に斜格子の叩き目が確認できるのは永福寺Ⅱ期(寛元・宝治年間修理期)の瓦である。このことから、浜川北遺跡の永福寺式軒瓦の年代は一三世紀前半と考えられる。

上野国ではこのほか高崎市芦田貝戸Ⅱ遺跡[16]でYNⅠ01fの改変笵とみられる宇瓦が、渋川市空沢遺跡[17]ではYNⅠ01h1の宇瓦がそれぞれ出土している。

(4) 武蔵国

埼玉県域は永福寺式軒瓦が東国のなかでも最も濃密に分布する地域である。埼玉県域における永福寺式軒瓦の出土については既に石川安司がまとめているとおりである[18]。YAⅠ01の蓮華文鐙瓦は神川町元大師跡、本庄市久下前遺跡[19]、久喜市（旧南埼玉郡菖蒲町）の菖蒲城跡[20]の三遺跡で出土しているが、他の地域では蓮華文鐙瓦YAⅠ01が全く出土していない。

児玉郡神川町の元大師跡ではかつてYAⅠ01の蓮華文鐙瓦とYNⅠ01aかとみられる唐草文宇瓦が採集されていることが國學院大學所蔵の拓本資料によって確認されており、鐙瓦・宇瓦が揃って出土している唯一の事例である。さらに元大師跡では発掘調査で常滑や渥美など中世の早い段階（一二世紀後半）の遺物が出土しており、瓦の年代が永福寺の創建年代よりも古い時期に遡る可能性のあることが指摘されている[21]。

本庄市の大久保山遺跡ではYNⅠ01fを改変したとみられる宇瓦が出土している[22]。大久保山遺跡は大規模な中世遺跡で多数の建物群が発見されている当該地域の拠点的な遺跡である。この遺跡で出土している宇瓦YNⅠ01f（改変笵）は、瓦当部裏面をタテ方向のナデによって整形しており、永福寺の創建期瓦とは製作（調整）技法が異なっている。

大久保山遺跡と同じく本庄市（旧児玉郡児玉町）に所在する羽根倉南遺跡ではYNⅠ01a1が、また真鏡寺後遺跡ではYNⅠ01h1の宇瓦が出土している[23]。真鏡寺後遺跡は塩谷氏に関連する館跡と推定されているが、この周辺に所在する他の遺跡もその多くは児玉党の武士に関連する館跡とみられる。

児玉郡上里町の堂裏遺跡でもYNⅠ01fの改変笵とみられる宇瓦が出土している[24]。堂裏遺跡の所在地は地元で大御堂と言われている場所である。

東松山市の西浦遺跡ではYNⅠ03の宇瓦が出土している[25]。西浦遺跡は比企氏の一族である野本氏の館跡の一角をなす館跡であるが、近隣には建久七年（一一九六）在銘の銅製経筒が出土した利仁神社経塚が所在している。

熊谷市の（推定）常光院は中条氏の館跡とされる遺跡であるが、ここでも永福寺式軒瓦YNⅠ01e2の宇瓦が出土している[26]。常光院は建久三年（一一九二）に中条家長を開基として創建された寺院である。

加須市（旧北埼玉郡騎西町）の保寧寺境内にある中世墓址では宇瓦YNⅠ01cに類似する永福寺式宇瓦が出土している[27]。保寧寺の本尊は慶派仏師宗慶が製作した建久七年在銘の阿弥陀三尊像である。

このほか武蔵国では国府所在地であった東京都府中市の大国魂神社では採集資料ではあるがYNⅠ01e2の宇瓦がかつて出土したことが確認されている[28]。

(5) 相模国

相模国のうち永福寺跡以外にも鎌倉市内には永福寺式軒瓦が出土する遺跡が多数存在している。ただし、これらの遺跡で永福寺式軒瓦を主体的に屋根に葺いた可能性があるのは鶴岡八幡宮寺や勝長寿院に限られていたと考えられる。横須賀市の西浦賀川間丘ノ上でもYNⅠ01e1とみられる永福寺式宇瓦が出土している[29]。

なお相模国では横須賀市の満願寺境内[30]や伊勢原市のコクゾウ塚[31]などで八事裏山窯産の瓦が出土している。満願寺は三浦氏の一族である佐原義連が治承八年（一一八四）頃に創建したと伝えられており、永福寺の創建よりも早い。相模国における尾張産瓦の出土については別稿で考察を述べている[32]。

(6) 伊豆国

静岡県伊豆の国市（旧田方郡韮山町）の願成就院ではYNⅠ03の永福寺式軒瓦（宇瓦）が出土している[33]。この瓦は願成就院の南の塔跡（承元元年・

一二〇七年建立）から出土したものである。出土点数が少ないため、願成就院ではＹＮＩ０３の宇瓦にただちに南塔の建立年代を与えることには注意が必要である。願成就院は北条時政が文治五年（一一八九）に建立した大御堂に始まる寺であり、運慶作の文治二年（一一八六）在銘の阿弥陀如来坐像など五躯が祀られていることは著名である。

四、永福寺式軒瓦製作技法の再検討

これまで東国各地に永福寺式軒瓦が出現する理由を永福寺創建期瓦の製作に使用された瓦の型（笵）に割れ等の傷みが生じ、劣化した後にそうした笵の一部を取り除いて笵を再利用したためと考えてきた。すなわち笵の瓦当面に彫られた唐草の蔓の左右両端を切り詰めることによって、蔓の反転が三回転から二回転に減少した瓦当文様が出現したと推定してきた。だが割れ等の傷みが生じる箇所が笵の両端ばかりとは考え難い。切り詰めという笵の改変を造瓦技術として復元的に実験していないので推測の域を出ないが、宇瓦の笵の両端を切り詰めて笵を再利用した場合、切り詰めた瓦当文様（唐草文）だけでなく同時に周縁（脇区）の部分も笵から除かれてしまうことになる。そうなると笵の除かれてしまった周縁（脇区）の部分を復元しなければ造瓦は完成しないはずである。だが改変笵で製作された瓦を観察しても宇瓦の左右両端に新しい粘土を補填した痕跡は確認出来ない。笵そのものを切り詰めて造瓦を行ったという従来の理解は再検討しなければならない。

各地の永福寺式軒瓦、特に宇瓦を観察するとその製作・調整技法は一律ではなく、異なった技法が確認できる。同じ瓦工が製作した瓦であれば、基本的に製作・調整技法が異なることはなく、瓦当文様の唐草の蔓や中心にある花弁の表現にも大きな変化は生じないであろう。この点を勘案するならば、永福寺の創建瓦を製作した瓦工とは別の瓦工が、本来の笵を見本にして新たに笵を彫り、新調した笵で造瓦を行った結果、各地に改変笵による永福寺式軒瓦が出現することになったと考えるべきであろう。

武蔵・大久保山遺跡の出土瓦のように基本笵と極めて同笵に近い改変笵の存在も見受けられることから、笵の彫り直しに携わった瓦工にも複数のグループが存在したことが想定できる。

基本笵を見本にして新たに笵を新調して造瓦が行われたと考えれば、均整唐草文宇瓦の中心に据えられていた四弁の花文を割愛した武蔵・西浦遺跡や伊豆・願成就院のようなＹＮＩ０３の成立も無理なく理解出来る。東国各地の永福寺式軒瓦の年代が永福寺創建瓦の年代と大きな隔たりを示さないことから、改変笵を作成したうえでの造瓦にはそれほど多くの時間を要さなかったと考えられる。基本範を模倣した改変笵を製作したうえで複数の瓦工グループが永福寺式軒瓦の造瓦を行ったことについては今後さらに具体的な検証をしなければならない。

瓦の大きさは瓦を葺く建物の規模と無関係ではない。永福寺の唐草文宇瓦ＹＮＩ０１の幅は三〇センチメートル前後であるが、先に述べたとおり、各地で出土している永福寺式宇瓦の幅は陸奥・下万正寺遺跡の出土瓦に顕著なように瓦当面の幅が約五～六センチメートル小さな事例が少なくない。また中心の花弁がない武蔵・西浦遺跡の出土瓦ＹＮＩ０３は瓦当面の幅が約一〇センチメートルも小さくなっている。宇瓦の瓦当面の幅が小型化することによって生じるのは平瓦の小型化であり、一緒に屋根を葺く丸瓦など瓦全体の小型化である。

各地で建立された堂宇はおそらく永福寺の堂宇ほど大きくなかったと想定される。

ゆえにそこに葺かれる瓦の規格も永福寺の瓦より小型の瓦であったと考えられる。現時点では各地で永福寺式軒瓦を葺いた建物の遺構が明確になっていないので仮説にすぎないが、一部の事例においては永福寺式軒瓦の出現、そして瓦の小型化は瓦葺建物の側から求められた現象であったのかも知れない。

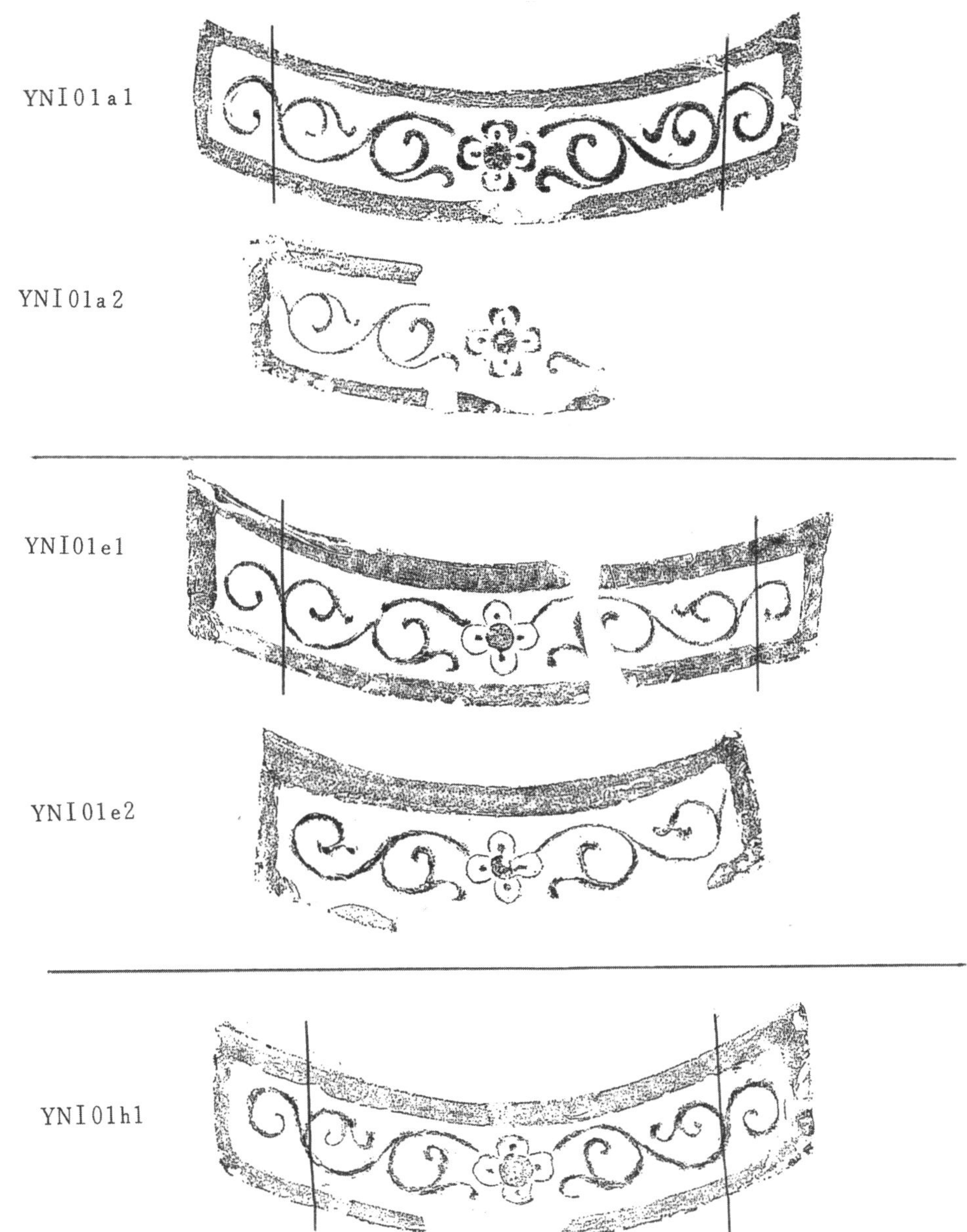

図3 永福寺式軒瓦の改変模式図

五、東国における永福寺式軒瓦出現と御家人の関係

永福寺式軒瓦の年代は各地の瓦に共通しておおむね一二世紀末ないし一三世紀初頭であると考えられる。東国各地の御家人たちは永福寺の創建に大きく遅れることなく、鎌倉時代前期に自らの本貫地で寺院や屋敷内に持仏堂を建て、その屋根に永福寺式軒瓦を葺いたのであろう。上野・浜川北遺跡、陸奥・下万正寺遺跡、常陸・三村山極楽寺跡など幾つかの瓦には一三世紀前半の年代が考えられる。こうした寺院では永福寺の創建からしばらく経ってから堂宇が建立され、その屋根に永福寺式軒瓦を葺いたのであろう。

表1には永福寺式軒瓦が出土した遺跡の性格とそれとの関係が想定される御家人を示した。遺跡の性格をみるとその大半が寺院や館のなかに設けた持仏堂のような小規模な瓦葺建物であるとみられる。遺物としての永福寺式軒瓦、瓦が出土した遺跡を特定の御家人に結びつけることは、考古学の手法からはかなり難しい問題である。だが当時寺院の建立や館内での持仏堂の建立を成し得たのは在地で一定以上の力（政治的権力・財力）をもつ御家人層に他ならなかったであろう。

『吾妻鏡』の記事をみると源頼朝にしたがって奥州合戦に参陣し、平泉の荘厳な堂宇を見た御家人、鎌倉での永福寺建立において奉行を勤めた御家人、さらに永福寺の落慶供養に参列して堂舎を目にした御家人が数多く存在する。東国の御家人たちが本貫地で永福寺式軒瓦を葺いた寺院を建立したことは、彼らの永福寺への憧憬であったのではないだろうか。それは永福寺を建立した源頼朝が平泉の精舎に抱いた憧憬と同様のものであったとみることが出来る。こうした現象を私は永福寺への「憧憬」としてとらえたが、石川安司は源頼朝への「結縁」とする見解を示している。[34]

荒川正夫は埼玉県児玉地域の方形館成立をモデルとして「在地領主たちは「物質面での館」と「精神面での寺」で在地支配を行っていた」と考察している。[35]永福寺式軒瓦の出現は単に永福寺への憧憬というノスタルジックな意味だけでなく、荒川が指摘するような政治的な意味でも理解できるのではないだろうか。寺院には地域の民衆を精神的に引きつける求心力が必要であり、源頼朝が建立した永福寺の軒を飾った瓦と同じ文様の瓦で寺院の屋根を葺くことが象徴的な演出であったと考える。

おわりに

寺院の造営は建立者の意志だけでなく、番匠、石工、瓦工、さらに仏師などさまざまな分野の職人が参画することによって具体化することは言うまでもない。したがって瓦の研究だけで寺院の建立やその造営背景を理解できたように考えることは厳に慎まなければならない。だがさまざまな関連分野の研究が十分に進展しない状況にあって、瓦研究が東国の御家人による寺院造営の解明に一定の成果をもたらすことが出来たと考えている。瓦を考古学的に考察する以上、遺物としての瓦を単体で検討することなく、可能な限り寺院の遺構との関係において検討することを忘れてはならない。遺構との関係が良好な瓦の出土を願わざるを得ない。

今後も永福寺式軒瓦の出土例は増加することが見込まれ、その分布域も広がることが予想される。このたびの特別展「永福寺と鎌倉御家人」を機会に永福寺式軒瓦についての理解が広まり、情報の蓄積と研究が進展することを期待する。

【註】

(1) 原廣志「第四章　出土瓦について」（『史跡永福寺跡』遺物編・考察編、鎌倉市教育委員会、二〇〇二年）。
(2) 小林康幸「埼玉県下に分布する永福寺式軒瓦について」（『埼玉考古』三六、二〇〇一年）。
(3) 桃崎祐輔「常陸三村山採集の永福寺系瓦と「極楽寺」銘梵鐘」（『歴史人類』三一、二〇〇三年）。
(4) 深澤靖幸「武蔵惣社六所宮の中世永福寺式瓦」（『府中市郷土の森博物館紀要』二〇、

二〇〇七年）。

（5）石川安司「瓦・仏像・浄土庭園遺構」（峰岸純夫監修・埼玉県立嵐山史跡の博物館編『東国武士と中世寺院』高志書院、二〇〇八年）。
石川安司「瓦当文から見た一二世紀の北武蔵」（『歴史評論』七二七、二〇一〇年）。

（6）尾野善裕「八事裏山窯址群の基礎的再検討」（『古代人』五三、一九九二年）。

（7）小林康幸「関東地方における中世瓦の一様相」（『神奈川考古』二五、一九八九年）。
小林康幸「鎌倉永福寺跡出土瓦の諸問題」（『立正考古』三一、一九九二年）。

（8）桑折町教育委員会『下万正寺遺跡試掘調査報告書』一九九一年。
山中雄志「東北地方における中世鎌倉期瓦の一例」（『東国史論』六、一九九一年）。

桑折町教育委員会『下万正寺遺跡（第三・四次試掘）調査報告書』二〇〇四年。

（9）山中雄志「陸奥南部」（中世瓦研究会編『中世瓦の考古学』高志書院、二〇一九年）。

（10）相馬市『相馬市史』第一巻通史編、一九八三年。

（11）橋場君男「三村山創建期瓦の問題点」（『中世の霞ヶ浦と律宗』土浦市博物館、一九九七年）。

（12）土浦市上高津貝塚ふるさと歴史の広場『第二三回企画展・古代から中世へ』、二〇二〇年

（13）佐久間秀樹「駒之墓表採の軒平瓦片について」（『下妻の文化』二三、二〇〇三年）。

（14）比毛君男「常陸」（中世瓦研究会編『中世瓦の考古学』高志書院、二〇一九年）。

（15）時枝務・五十嵐信「北関東における中世瓦の一様相（上）」（『高崎市史研究』六、一九九六年）。
綿貫鋭次郎「浜川北遺跡出土中世瓦資料整理報告」（『高崎市内遺跡出土資料整理報告書』一、高崎市教育委員会　一九九七年）。

（16）木津博明「第二部考古資料、三・遺物、（六）瓦類」（『高崎市史』資料編三・中世Ⅰ、一九九六年）。
木津博明「上野」（中世瓦研究会編『中世瓦の考古学』高志書院、二〇一九年）。

（17）大江正行「上州の中世瓦について」（『上州文化』四八、一九九一年）。
大江正行「上野国の古代・中世寺院」（『群馬風土記』三二、一九九三年）。

（18）石川安司「北武蔵」（中世瓦研究会編『中世瓦の考古学』高志書院、二〇一九年）。

（19）本庄市教育委員会『久下前遺跡Ⅴ（F1地点）・久下東遺跡Ⅵ（G1地点）』、二〇一三年。

（20）埼玉県埋蔵文化財調査事業団『菖蒲城跡』一九九九年。

（21）栗岡眞理子「神川町伝元大師跡の出土遺物について」（『研究紀要』一八、埼玉県立歴史資料館、一九九六年）。

（22）早稲田大学本庄考古資料館編『大久保山』ＸⅠ、早稲田大学　二〇〇四年。

（23）本庄市遺跡調査会『真鏡寺後遺跡Ⅳ』二〇〇九年。

（24）上里町教育委員会『堂裏遺跡発掘調査報告書』二〇一八年。

（25）埼玉県埋蔵文化財調査事業団『山王裏／上川入／西浦／野本氏館跡』一九九七年。
石川安司「東松山市西浦遺跡出土の中世瓦」（『比企丘陵』三・四、一九九八年）。

（26）前掲註（2）文献及び石川安司「常光院採集の中世瓦」（『熊谷市史研究』一二号、二〇二〇年）。

（27）騎西町教育委員会『騎西町史』考古資料編一、二〇〇一年。

（28）深澤靖幸ほか「五・大國魂神社周辺」（『東京の中世瓦』中世瓦研究会、二〇〇〇年）。
深澤靖幸「南武蔵」（中世瓦研究会編『中世瓦の考古学』高志書院、二〇一九年）。

（29）横須賀考古学会『神奈川の中世瓦集成図録』一九九〇年。

（30）横須賀市教育委員会『岩戸満願寺』一九九二年。

（31）厚木市『厚木市史』中世通史編、一九九九年。

（32）小林康幸「中世相模における尾張産瓦の受容（予察）」（『芙蓉峰の考古学』Ⅱ、六一書房、二〇二〇年）。

（33）韮山町教育委員会『伊豆韮山願成就院跡発掘調査概報』一九七一年。
伊豆の国市教育委員会『伊豆の国市埋蔵文化財調査報告』Ⅴ、二〇一一年。

原廣志「古代末～中世瓦の様相」（小野正敏・藤澤良祐編『中世の伊豆・駿河・遠江』高志書院、二〇〇五年）。

池谷初恵「伊豆・駿河・遠江」（中世瓦研究会編『中世瓦の考古学』高志書院、二〇一九年）。

（34）石川安司「鎌倉時代の中世瓦からさぐる地域の繋がり」（『シンポジウム中世都市鎌倉と武蔵資料集』河越館の会・中世をあるく会、二〇一九年）。

（35）荒川正夫「北武蔵における中世方形館の成立と集落」（『中近世土器の基礎研究』ⅩⅥ、日本中世土器研究会、二〇〇二年）。

中世鎌倉音楽史の射程

渡邊浩貴

はじめに

永福寺では、和歌や蹴鞠、四季折々の景勝を観賞する花見・雪見などの芸能、一切経会や二十五三昧会、法華経供養といった様々な仏教儀礼が催された。なかでも一切経会では舞楽（管絃の伴奏として舞を舞うこと）が毎回伴っており、将軍家の渡御を受け、舞御覧や郢曲なども行われるほど、都市鎌倉のなかで音楽文化が濃厚にみられる場の一つであった（以上『吾妻鏡』）。では、永福寺で認められるような音楽文化は、都市鎌倉のなかでいかに育まれてきたのであろうか。

律令国家成立以来、管絃歌舞を中心とする音楽（＝雅楽）は鎮護国家・護国法会の手段として整備され、朝廷での大内楽所の設置や演奏の担い手である楽人を輩出していく。さらに貴族社会や大寺社へ制度化されたものとして享受されるようになり、やがて民衆社会へとひろがる。こうした音楽は「管絃のをこりそのつたはれる事久し、（中略）讃仏敬神の庭、礼義宴饗の筵も、この声なければ其儀を調へず」（『古今著聞集』）という記述に端的に表されるように、国家儀礼を遂行する上で音楽は必要不可欠であって、『舞楽要録』には、朝廷や寺院諸儀礼での式次第が音楽によって仕切られ進行される様子が記される。つまり音楽がなければ儀式を行うことができないのだ。さらに音楽は浄土世界の現出を視覚・聴覚へ訴えかける役割も果たす。人々は舞楽を「功徳ねむごろにするには、舞楽をもってこそは供養すれ、これは極楽天上の様なり」（『今昔物語』）と、極楽世界を演出するものと認識していた。

ところで、これまでの中世音楽研究は、京都社会や畿内有力大寺社を対象に豊富な蓄積がされる一方で、それ以外での音楽研究（とくに地域の音楽史）は資料の僅少さも相まってほとんど明らかにされていないのが現状である。だが、例えば東国に誕生し武家権門として成長を遂げていく鎌倉幕府にとって、種々の宗教儀礼の整備とともに音楽が必要であったことは言うまでもない。しかし、草創期鎌倉幕府ではこれら諸制度は不十分な状態だった。従来の鎌倉幕府に関する音楽研究は鶴岡八幡宮寺そのものの整備に集中し、幕府自体の音楽文化受容に対する姿勢の変遷や都市鎌倉の整備の問題とは切り結ばず、鎌倉幕府における音楽文化の全体像が描かれることはなかった[1]。本稿では、かかる課題を認識した上で、永福寺でも頻繁に催される音楽文化がどのように都市鎌倉で受容され享受されるに至ったのかを明らかにするため、鎌倉幕府およびその膝下である都市鎌倉での音楽文化の事例を収集し、その変遷を〝鎌倉音楽史〟として再整理して概要を示すことを目的とする[2]。鎌倉幕府および都市鎌倉の音楽史を素描することで、京都だけではない、地域社会における音楽文化の歴史を提示してみたい。

一、初期鎌倉幕府の音楽と京都・地域
――「楽人招請型」の音楽受容――

表「中世都市鎌倉および鎌倉幕府関係者の音楽関係記事一覧」（一六六頁）

を参照しながら、鎌倉音楽史を概観する。鎌倉幕府での音楽受容には、①源頼朝期と②承久の乱から摂関家将軍九条頼経の下向期、の大きく二つの画期が存在した。まず①の時期でみえる音楽受容の特徴は、京都楽人を一時的に鎌倉へ招請し音楽教習を幕府関係者が受けることで成立していた形態――本稿では「楽人招請型」の音楽受容と呼称する――という点が指摘できる。

(1) 鎌倉幕府の音楽と地域社会

源頼朝が鎌倉入りを果たした治承四年(一一八〇)、鎌倉の地は「所素辺鄙、而海人野叟之外卜居之類少之」(『吾妻鏡』)と鄙びた景観が強調される。勿論、右の記述は文飾表現を多分に含むものだが、実際同年に頼朝は「当時鎌倉中無可然碩徳」(『吾妻鏡』)を理由に上総介広常に命じて上総国に配流中の僧を招聘し鶴岡供僧に補任しようと試みており、人材が不足していたことは事実だった。鶴岡の音楽儀礼でも、童舞を行う際には箱根権現・伊豆山権現の舞童を派遣してもらうなどの援助を受けている[表22・27・32・39ほか]。鶴岡では三月三日を式日とする一切経会が毎年催され、それは「鶴丘一切経会、神事如例」(『同』)と記されるように、「神事」として幕府では重要視されていた。この一切経会は院政期に摂関家法会として催されており、舞楽四箇法要(唄・散花・梵音・錫杖の四種の声明から構成)を採用し童舞が伴う音楽的側面の強い儀礼であった。(3) 鶴岡の重要神事を遂行するために、両権現からの舞童の派遣は必須だったのである。

また承元二年(一二〇八)には「上総国海北郡久吉郷住人僧善勝以下之輩、被加鶴岡職掌」(『同』)と鶴岡の神楽奉仕者を担う人材を上総方面から調達していることも注目される[表100]。房総半島には多くの京都出身の流人が送られ、また平安末期より京都文化が濃厚に認められる先進地域であるため、幕府の音楽受容政策において重要な地域基盤の一つであったと推測される。(4) 草創期の鎌倉幕府では、東国在来の箱根権現・伊豆山権現といった宗教勢力や、房総半島などを地域基盤としながら音楽受容がされたのである。

(2) 京都楽人の招請と後白河院周辺の人材供給

鎌倉の音楽制度の整備は京都なくして成し遂げられなかった。頼朝は京都楽人の招聘を積極的に進めており、建久二年(一一九一)の鶴岡焼失とその復興過程で大きく進展する。建久二年に京都の大内楽所右方一者である楽人多好方が鎌倉へ下向することが取り決められ、好方は畠山重忠や梶原景季(梶原景時の子息)に神楽の秘曲伝授を行う[表41・42]。同年には鶴岡に楽所が設置され、左一者に狛盛光が右一者に多節好が就く[表43]。さらに童舞の舞人は、これまでの箱根権現・伊豆山権現からの派遣ではなく鶴岡供僧門弟や御家人の大江広元・藤原俊兼・藤原邦通の子息が担うようになっていく[表53]。これまで東国在来の人材でまかなっていた鎌倉の音楽儀礼は、この段階で京都を模した形式へと大きな変化を遂げたといえよう。

その変化の背景には、源頼朝と後白河院の緊密な連携があったと考えられる。もともと頼朝の父義朝は平治の乱で後白河院近臣の藤原信頼に属して参戦し、また頼朝の母の出身である熱田宮司の藤原季範一族は後白河院の近臣を多く輩出していた。流人時代の頼朝を支えた人材に関しても、例えば彼に祇候した足立遠元と安達盛長の一族は後白河院近臣藤原光能と姻戚関係で結びつく。この光能の縁者には公武交渉で重要な役割を果たした大江広元をはじめ幕府政治の実務を担った三善康信・二階堂行政も連なり、他の京下りの吏僚中では政所別当に就いた源邦業も後白河院北面のメンバーであった。後白河院とその周辺に属した人々(とくに近臣藤原光能)に集約されるという指摘を踏まえるに、初期の源頼朝権力の人的基盤が後白河院の人脈に大きく依存していた可能性が高い。(5) 事実、先の鶴岡の童舞に子息を提供した大江広元や藤原俊兼は後白河院下北面出身でもあった(「後白河院北面歴名」)。先述の京都楽人の派遣に先立って、建久元年に頼朝は上洛を果たし、平治の乱以来久方ぶりに後白河院と対面し政治的和解を遂げる。その後に前述した京都楽人の鎌倉下向が実現するのである。鎌倉幕府から請われた多好方については、実は承安二年(一一七二)に後白河院中で催された鴨合せにおいて、多くの後白河院北面の参加者のなかに「右近将曹多好方・右近多成長等」の参加がみえる（『古今著聞集』）。彼は後白河院の北面等に名を連ねているわけではないが、後白河院の下北面に仏師・楽人・歌人などの芸能者が多く所属していることを勘案するに、好方の鎌倉下向の背景に後白河院の影響を想定することは十分可能であろう。(6)

鶴岡八幡宮寺の神事整備を通じて、京都地下楽家楽人の下向と秘曲伝授によって鎌倉幕府の音楽受容は源頼朝段階で到達点を迎える。本社石清水八幡宮に匹敵しうる神威の具備［表74］や都市鎌倉周辺で完結するような音楽儀礼（鶴岡陪従や鶴岡舞童の供僧門弟・御家人子息等で担われる楽舞）を鶴岡で整備するに至り、その音楽文化の遺産は次代の源頼家・実朝の両将軍へ継承される。一方で、頼家・実朝期で楽人の下向事例は見られず（ただし各御家人の伝手で舞女などが鎌倉に流入している［表82］）、頼朝期に育成された人材で鎌倉における音楽儀礼をまかない、その結果として京都音楽界との関わりの希薄化をもたらすこととなる。例えば、寛喜元年（一二二九）と文暦二年（一二三五）の執権北条泰時期、幕府は再び京都楽人からの音楽教習を実施して多好方・好節・好継らを指名するも、すでに十年以上前に好方・好継は没していた［表122〜124］。この事例から、幕府は京都楽人の動静に関する情報を持っていなかったことが判明し、両者の交流はしばらく途絶していたことになろう。

源氏将軍家の血筋が絶え、京都から摂関家将軍九条頼経（九条道家の子息）が下向してくると、右の通りに執権北条泰時期に京都音楽界との関係再構築が行われ、頼朝先例に擬えて再び京都楽人による音楽教習が復活する。初期鎌倉幕府の音楽受容は、一時的な断絶を経るものの基本的に京都楽人を招聘し秘曲をはじめ音楽伝習を受けることで成立していたのである。ただし、下向した京都楽人たちは鎌倉に定着した訳ではなく、一時的な滞在を経て帰洛してしまうため、鎌倉側の世代交代に伴う音楽文化の継承という点では課題の残る受容形態であった。

（3）鎌倉幕府の音楽受容基盤

鎌倉幕府の受容基盤に着目すると、楽人招聘型の受容時期で鎌倉側の音楽文化の担い手として登場する人物の大半が京都社会と強い繋がりを持っていた。

鶴岡陪従の大江一族［表45・46・49・61・62・70・74］や鶴岡舞人（舞童）を供出する大江広元・藤原邦通・藤原俊兼等もその出自は京都社会をルーツに持つ。また京都要人の饗応の場や、鎌倉で行われる遊興芸能の場では、在京経験を経て本場の音楽芸能を摂取している工藤祐経（院武者所に所属）や畠山重忠（京都大番役での上洛経験あり）、梶原景季・景高（父景時が徳大寺家に出仕）らが祇候し、京都楽人による音楽教授も受けている［表6・8・13・42・70ほか］。初期鎌倉幕府の音楽受容は、京都政界にルーツを持つ下級官人や在京経験のある御家人を担い手としながらなされていたのである。

初期鎌倉幕府での音楽受容形態は「楽人招聘型」であり、その受容基盤は京都政界にルーツを持つ下級官人や京都社会と関わり在京経験のある御家人たちに限定される。そのことは畢竟、地方政権であった初期鎌倉幕府の音楽文化そのものが、京都社会に属する、ないし関わる人材によって支えられていたことにほかならず、京都社会に依拠した音楽受容だったことになる。

二、中世都市鎌倉の発展と京都楽人
――「独自編成型」の音楽受容――

従来の「楽人招請型」の音楽受容に大きな変化がみられる契機が、承久の乱であった。これまで儀礼の都度鎌倉に来訪して帰洛する受容形式とは異なり、楽人の鎌倉定着による恒常的な音楽受容がなされるようになる――本稿では「独自編成型」の音楽受容と呼称する――。その結果、鎌倉の音楽文化は仁治三年（一二四二）時点で「中にも鶴が岡の若宮は、松柏みどりいよいよしげく、蘋蘩の供へ欠くることなし、陪従を定めて、四季の御神楽おこたらず、職掌に仰せて、八月の放生会を行はる、崇神のいつくしみ、本社(石清水八幡宮)に、かはらずと聞ゆ」(『東関紀行』)と京都人が紀行文に記すほど見劣りしないものへと成長していた。

(1) 承久の乱と京都楽人の鎌倉流入

承久の乱以後、後鳥羽院勢力に属して没落した人材などが多く鎌倉に流入しており、例えば鎌倉陰陽師の人数増加とその地位確立が執権北条泰時によって進められたという(7)。京都楽人も同様の事態が進行しており、ここでは大内楽所に属す楽人中原景安という人物を事例にみていきたい。彼は承久の乱後、「身に一事のたくわへなければ、又一日の活命もともはかりがたし」(『文机談』)という困窮した生活状況であった。景安は、かつて九条兼実の侍所に勤仕し、兼実・良通(兼実の子息)の琵琶御師という立場にあった著名な楽人中原有安の猶子である。ただし、楽人中原有安の系譜は、他の多氏や狛氏・豊原氏のように古代以来の歴史を有する重代楽家の家柄ではなく、有安を起点とする後進の楽家であるため、政治的後ろ盾であった兼実が没落してしまうと以後の有安の活動は見られなくなる(8)。加えて中原有安の嫡子宗安は「後鳥羽院御宇北面所司」との記述が見え、後鳥羽院北面に祇候していた(108「楽家系図」)。宗安の子息貞安が出家し以後の活動が見られなくなることから、嫡流系統が承久の乱で没落した可能性が考えられる。有安の猶子となって楽統を継受する猶子景安もその影響を免れることはできず、かつ後発の楽家という基盤の脆弱さも相まって先の困窮状況に追い込まれたと想像される。

しかし、この景安は「明暁すでに東国のかたへおもひたち候」「たゞさそふ水にもねをたえていなんとおもひ侍る也」(『文机談』)と述べ、鎌倉幕府からの誘いにより下向する旨を親交ある楽人藤原孝時に語る。鎌倉の様子は「かの堺を聞くにめぐみ柳下にゐて、ととのふるに子貢よりもはなはだし」(『同』)と述べられ、古代中国の賢人柳下恵や孔子の弟子子貢が登用によって栄達したとされる故実をひきながら、それよりも当地での人材登用が盛んであるという。実際に景安は、子息久安とともに嘉禄元年(一二二五)に鎌倉へ下り翌年に鎌倉の右舞人一者になっている(「楽家系図」「楽所補任」)。鎌倉に下向した藤原孝時が景安と再会を果たすと、昔語りなどしつつ景安に対し「正道が高麗にいたりて八座の営にほこりけるためし、かくやとおぼえ侍りき」(『文机談』)との感想を漏らす。かつて異国の高麗で参議まで昇進した橘正道の例に擬え、旧友の栄達ぶりに驚くのである。

以後、中原景安とその猶子光氏が鎌倉幕府の支援のもとで重代楽家の多氏・狛氏の秘曲を継承し、鎌倉音楽界のトップに君臨し多くの活動が認められるようになる[表138・139・163・172・176~178]。「楽家系図」には、中原景安・光氏に「被召下関東」「住関東」とそれぞれ註記され、彼らは鎌倉楽人としての道を選択する。同様に「楽家系図」を通覧してみると、鎌倉中後期以降に活躍した他の京都出身の楽家一族のなかにも、「関東一者」「同住関東」と記される多久光・久方親子や、「住関東」となった狛時真・近時・時葛・行葛・盛光・近政、豊原有秀・公直・公広・公氏・員秋などの名を挙げることができる。後進楽家の中原氏とは異なる、重代楽家一族達も鎌倉下向を果たして定住していく様子が窺える。承久の乱後、京都楽人の様子は「わづかに地下の楽人舞人とて、多氏・狛氏・太神・戸部氏・豊原、この四五家のともがらのみ踵ろつぎあなうらをひやして朝儀をかざるといへども、賞はまれに罰はきびしければ、ついに関をいづるともがらのみあり、みちには重代なし、かしこければこれをとり、をろかなればこれをすつ」(『文机談』)という困窮した状態であった。かかる彼らの経済的な逼迫状況が鎌倉下向を加速化させたのである。

弘安四年(一二八一)の鶴岡遷宮では鶴岡楽所に所属する楽人たちによる奏楽・乱声などが催され、そのなかに多くの鎌倉楽人やその系譜に連なる人物を見出すことが出来る[表176]。ここに鎌倉幕府は、京都の借り物ではない自前の楽人集団を組織し有することができるようになった。

（2）摂関家将軍九条頼経と都市鎌倉の整備

鎌倉幕府側にも京都楽人の定着を求めた理由があった。一つには摂関家九条頼経の鎌倉下向を契機に、摂関家の分家に相応しい将軍御所の儀礼整備が急務だったからであり、音楽儀礼も例外でなかった。貞永元年（一二三二）に勝長寿院で催された一切経会では「依有御意願、舞楽等殊被刷其儀」［表130］と記録される。九条頼経の意志によって、舞楽四箇度法要を採る一切経会での舞楽が、詳細は未詳ながらおそらく摂関家法会に近似する形式で威儀を整えられたという状況が看取される。

もう一つの理由に、都市鎌倉の整備があげられる。執権北条泰時段階での鎌倉幕府の音楽受容政策は、源頼朝以来一段と進展をみ、北条氏被官人への音楽教授の徹底や［表122・123］、定期的な京都楽人の下向時期を取り決めるなど［表133］、恒常的に京都社会の音楽を受容することが目指されていた。また同時期に、執権北条泰時就任当初の政治的な不安定性を克服するため、中世鎌倉の急速な都市整備事業が進められていた[9]。嘉禄元年（一二二五）に幕府は鎌倉街区の整備に着手し、京都の町割制度である丈尺制を導入。泰時は将軍御所を若宮大路周辺へ移転させ、泰時邸宅の隣に置いている。泰時は将軍権力を自身の邸宅に抱え込むことで自身の政治的地位の安定化を目指したのであり、都市鎌倉は執権北条泰時の時期に急速に整備された。貿易陶磁器の出土もこの時期から急増しており、鎌倉に流入する人・モノの動きに対応するために町場の整備が進展した。発展する中世都市鎌倉において、様々な人材が求められたことは想像に難くない。京都楽人たちが新天地として鎌倉を選択肢とするには十分だったのだろう。

（3）御家人の都鄙間交渉と鎌倉の音楽環境

摂家将軍九条頼経の周囲には三浦一族が祇候した。義村は九条道家・西園寺公経との連携によって三寅（九条頼経）の鎌倉下向を実現させ、また義村の子息光村は頼経の近習結番一番となって近侍し、九条道家への使者も勤める。とくに光村は優れた音楽家として京都でも知られ、琵琶西流師範家の藤原孝時へ師事し（『琵琶血脈』）、「於彼所和歌管絃等御会、能登前司（三浦光村）・壱岐前司（佐々木泰綱）等弾琵琶」［表148］や「於将軍（藤原頼嗣）御方有御酒宴、（中略）舞女〈祇光、今出河殿白拍子、年廿二、〉施妙曲、大蔵少輔朝広・能登前司光村・和泉前司行方・佐渡五郎左衛門尉基隆等答算（弁）猿楽云々」［表150］といった音楽芸能での活躍がみえる。摂家将軍頼経の周辺は三浦光村のように芸能に卓越した人材で囲繞されていたのである。

かかる光村の類い稀な音楽的才能を育んだのは、都市鎌倉の音楽環境だった。光村は建保六年（一二一八）に「被糺明去夜宮寺狼藉事、是三浦左衛門尉義村子息駒若丸〈光時（村）是也〉為張本云々」（『吾妻鏡』）と鶴岡での狼藉事件で同宮稚児として登場する。前述したように鶴岡ではすでに建久四年（一一九三）に童舞を御家人子弟が担うこととなり、寛喜二年（一二三〇）では御家人勝木宗則子息が鶴岡舞童の名手としてその名がみえる［表125・126］。当時の鶴岡は音楽伝習の場でもあり、稚児も童舞に従事していた。光村が備える芸能の素地は、幼少期の童舞参加を通じて形成されたもので、その背景に初期鎌倉幕府以来の都市鎌倉での音楽環境の整備があったことは間違いない。鎌倉の音楽環境で育まれた音楽的才能が、やがて在京活動で京都音楽文化に直に触れ、著名な楽人の知遇を得るにいたったのであろう。

そして光村の鎌倉・京都に跨がる活動により、彼を通じて鎌倉へ音楽的才能を持つ人材がリクルートされていく。京都楽人の藤原孝時が鎌倉に下向したおり、鎌倉在住の楽人の能力の低さを嘲笑して「はりま房もちゝ尼も、ともにかまくらにて比巴の師しける人々とぞうけ給はる、さて孝道ににげよといふなるべし、このはりま房は、もとこはたといふ所の住侶なり、もとは孝敏にぞならひける、みうらの能登守のあたりに侍りける也」（『文机談』）と記す。重要であるのは、光村に仕える京都出身の播磨房という音楽芸能者の存在である。その他に光村の父義村は「かまくらに、みうらのかしらにて、するがの守よしむらと申しし人のあたりに、大学の民部と申しし物かきは、もと久我殿に候ひけるひと也、宝治のみだれより後は出家して寺に入りて、ゑんみやう房といはれ侍りし人のむすめ、たつみの局とてものならひ侍りき」(『同』)と記され、義村の許に右筆として大学民部(円明房、元久我殿の祇候人)がおり、その娘が尾張尼に琵琶を習っていたという。以上の事例から、在京活動を通じて三浦一族は京都の人材を自身の家政機関に取り入れており、そうしたなかに音楽関係者が一定数存在したのである。

三浦光村の事例は、都市鎌倉の音楽環境で育った人材が、在京活動を経て京都社会に深く入り込み、音楽家としての評価を得、さらに京都出身の音楽関係者を鎌倉へリクルートしていく過程を明瞭に示す。なお、先に登場した鎌倉楽人中原氏について、光氏(中原景安の猶子)の墓所は三浦氏本拠内の神武寺(逗子市)にあって、同寺について**133「神武寺御縁起」**(文禄三年(一五九四))には「三浦の一門并氏人等執行す」「三浦荒次郎義澄も当山を信て年久し」「和田小太郎義盛・朝比奈三郎義秀等皆信心の力にて冥護あり」と三浦一族の外護を受けたことを記す。中原光氏の終焉の地が三浦氏と関わる点を踏まえるに、中原氏の鎌倉下向に三浦一族が介在していた可能性も想像したくなる。

(4) 中世都市鎌倉の求心力と影響力

武家権門鎌倉幕府の成長とともに整備された権門都市鎌倉には、次第に音楽技能を有した人材が多く集うようになる。これらの人材流入を媒介したのが、前述した三浦一族のような鎌倉・京都・地域などの都鄙間を活発に往来した御家人たちである。音楽芸能者も、例えば文治三年(一一八七)に鎌倉内の三浦義澄宅に信濃国保科宿の遊女長者が訴訟のために寄宿し、源頼朝と対面を果たしている[表18]。また鎌倉内の比企能員宅には京都から芸能に優れた舞女微妙という人物が訪れ、流罪となった父の消息を源頼家に訴える[表82]。彼らはそれぞれ三浦義澄・比企能員を頼って鎌倉に赴いているのであり、三浦・比企らの広範な人脈の存在も垣間見える。

その他、鶴岡で九条頼経・北条泰時の前で見事な童舞を披露した童子は、実は承久の乱で所領没収の憂き目にあった御家人勝木(香月)則宗の子息であり、子息の童舞の功績によって没収所領が返付されている[表125・126]。先の勝木則宗自身は後鳥羽院西面に属して在京活動を積極的に行った御家人であり、その子息が披露した鶴岡でも卓越した童舞の技芸というのは、おそらく本場の京都仕込みのものであろう。在京活動で育んだ子息の高度な音楽技芸が、やがて自己の失地回復に役立った事例となる。(10)

音楽史における都市鎌倉への求心性を支えたのは、確かに如上で示した列島規模の御家人ネットワークであるが、見逃してはならないのは鎌倉に赴いてくる芸能者の多くが何らかの訴訟案件を抱え、その問題の打開策として鎌倉幕府での有力者の伝手を頼りつつ将軍たちへ直訴している点である。これは鎌倉中期以降、増加の一途をたどる鎌倉幕府へもたらされる訴訟と、幕府の法圏拡大と無関係ではない。鎌倉後期では、幕府へ訴えるため鎌倉にやってきた訴訟人たちが鶴岡に神楽を奉納している様子もみえる(『親玄僧正日記』)。鎌倉への訴訟については、京都楽人の藤原孝道・孝時・孝行の父子三人が所領に関する訴訟のため将軍九条頼経、北条泰時・時房に直訴するため下向している(『文机談』)。その際に、鎌倉での音楽交流の記事もみえ、さらに帰洛する際には「いとま申さんとてわか宮の社に詣でける時、父子三人、孝道・孝時・孝行、やう〳〵の芸能どもをつくし」(『同』)と、鶴岡へ音楽奉納をしている。訴訟人にとって鶴岡への祈願は一種の恒例行事となっているが(『蒙古襲来絵詞』でも御家人竹崎季長が鶴岡で自己の訴訟の成就を祈願する)、鎌倉へもたらされる各地からの訴訟の増大こそ(そしてそれらを裁かざるを得なくなった幕府の法圏拡大)、人材流入と都市鎌倉での文化交流を促したのであろう。

都市鎌倉の発展に伴い、それまで京都楽人に依存していた音楽の秘曲伝授などを、鎌倉内部で行うような事例もみえるようになる。すでに登場した鎌倉楽人中原光氏は文永三年(一二六六)に**111弁才天坐像**を鶴岡舞楽院に奉納している[表174]。当時、光氏は京都楽人の多氏・狛氏の楽統を受け継ぐ楽人として、鎌倉内で卓越した存在だった。琵琶に優れた楽家の彼が奉納した弁才天坐像は、まさに鶴岡の音楽神と見做されうるものであり、京都楽人の妙音院藤原師長の流派が西園寺家妙音堂にある弁才天坐像の前で秘曲伝授していたものの鎌倉版となろう。また徳治二年（一三〇七）では琵琶秘曲の「啄木」が御家人鎌田行俊によって鎌倉内で伝授されていたこともみえる[11]［表189］。秘曲伝授が京都だけのものではなく、鎌倉内でも行われていた事例である。さらに鎌倉音楽の影響は地域へ波及していく。

建治二年（一二七六）、足利氏の氏寺である下野鑁阿寺で一切経会曼荼羅供が催行された際、その予算に「雪の下装束不足分借賃（鎌倉上下路銭給之）」とみえ、鶴岡楽人が着用する舞楽装束の借用賃と、楽人等の往復の交通費が記載されている［表175］。また弘安九年（一二八六）では相模国大山寺にて舞楽曼荼羅供が復興された折、鎌倉楽人の中原光氏の協力の下で鶴岡楽所楽人の大泉右近・辻三郎兵衛・野田左衛門等の参加によって舞楽が催されている［表177］。少ない事例ながら、地域で執行される音楽儀礼に、鎌倉楽人の参加が分かる点は重要であろう。鑁阿寺の事例は鶴岡楽人の下向が単なる音楽イベントでのゲストという可能性もあるが、大山寺の事例では儀礼復興に大きな役割を果たしており、鎌倉で培われた音楽文化が果たす影響力の程が窺える。初期鎌倉幕府の段階で、京都楽人の下向によってやや受動的に音楽文化を受け入れていた鎌倉は、やがて東国地域における音楽文化の中核として次第に存在感を持つようになったと考えられよう。

おわりに

本稿では中世鎌倉音楽史の展開を、京都や地域社会との関係を踏まえつつ概観してきた。要約するに、鎌倉幕府の音楽受容の形態は、おおまかに「楽人招請型」と「独自編成型」に大別され、その画期は前者では主に源頼朝期（頼家・実朝期は前者を継承）、後者は摂関家将軍九条頼経下向期となる。京都社会と交流しつつ、次第に鎌倉幕府は自前の音楽集団を抱えるようになり、やがて東国地域へも影響を及ぼすようになったのである。

かかる鎌倉における音楽変遷のなかに、あらためて永福寺を位置づけてみよう。源頼朝期に鶴岡から整備が始まった音楽文化は、やがて御願寺社への伝播が認められる。勝長寿院・永福寺・大慈寺などで音楽儀礼・芸能の記事が散見されはじめ、正治二年（一二〇〇）では源実朝が舞楽の見学のため永福寺を訪れ［表77］、その他に同寺には建仁三年（一二〇三）に同じく頼家が一切経会での舞楽を［表92］、建保五年（一二一七）では実朝が舎利会での舞楽を見学しに赴いている［表112］。これらの音楽文化は永福寺別当や鶴岡供僧らとの交流のなかで受容されたものと思われるが、鎌倉のなかで浄土世界を現出する永福寺では、まさに極楽世界を視覚・聴覚から訴えかける音楽（とくに舞楽）の存在は必須であった。そのような世界観を具備した寺院だからこそ、同寺ではさまざまな遊興や四季折々のイベントが催される、ある種の「芸能の寺」としての性格を持つようになっていったと考えられる。

中世鎌倉音楽史という、京都とは異なる地域で音楽変遷を辿ってみた。鎌倉の地は、武家権門の鎌倉幕府が置かれた権門都市という性格ゆえ、所謂地域社会の事例として今後敷衍できるかどうかについてはなお検討の余地を残す。しかし、音楽受容に際して、房総半島からの人材供給という地域的基盤の存在や、在京経験のある御家人や京都下向官人といった人的資源の動向に鑑みるに、京都文化を地域社会側がどのように取り入れようとしたのか、という視座は一定の有効性を持つと思われる。京都から鎌倉へ、という単線かつ一方通行的な理解を超えて、地域がどのように京都の文化を捉え、咀嚼（あるいはローカライズか）して受け入れようとしたのか、という立場から今後も鎌倉音楽史研究を深化させていきたい。それらはすべて今後の課題である。

【註】

（1）主な先行研究に、荻美津夫「鎌倉幕府と雅楽―鶴岡八幡宮を中心に―」（『雅楽界』五四、一九七八年（のちに同『古代中世音楽史の研究』（吉川弘文館、二〇〇七年）に所収））、同「鎌倉時代における舞楽の伝播について」（大隅和雄編『鎌倉時代文化伝播の研究』吉川弘文館、一九九三年）、湯山学「鶴岡の舞楽」（同『鶴岡八幡宮の中世的世界

―別当・新宮・舞楽・大工―」南関東中世論集第四、社会福祉法人光友会、一九九五年）、中本真人「鶴岡八幡宮の二季の御神楽―王朝文化東国伝播に関する一考察―」（『駒場東邦研究紀要』三六、二〇〇八年）、同「北条泰時と神楽歌―地下楽家との交流を中心に―」（『国語国文』七八、二〇〇九年）、ともに同『宮廷御神楽芸能史』（新典社、二〇一三年）に所収）、磯水絵「関東の雅楽―鶴岡八幡宮の音楽―」（『中世文学』五九、二〇一四年）などがある。

（2）本稿の前提として拙稿「中世都市鎌倉と地下楽家中原氏―中原有安・景安・光氏の系譜と活動を中心に―」（『神奈川県立博物館研究報告（人文科学）』四六、二〇一九年）、同「初期鎌倉幕府の音楽と京都社会―「楽人招請型」の音楽受容とその基盤―」（『神奈川県立博物館研究報告（人文科学）』四七、二〇二〇年）、同「二つの中世陵王面―鎌倉鶴岡八幡宮と六浦瀬戸神社―（上）（下）」（『民具マンスリー』五四―三、五五―一、二〇二一年・二〇二二年）があるため、併せて参照されたい。

（3）土谷恵「法会と舞楽―後白河院政期を中心に―」（五味文彦編『芸能の中世』吉川弘文館、二〇〇〇年）、斎藤利彦「平等院一切経会と舞楽」（『佛教史學研究』四五―二、二〇〇二年）を参照。

（4）拙稿前掲註（2）論文「二つの中世陵王面」。草創期鎌倉幕府における房総半島からの文化流入は主に六浦を窓口とし、そのルートには和田義盛や三浦一族が介在したと考えられる。

（5）上横手雅敬「院政期の源氏」（御家人制研究会編『御家人制の研究』吉川弘文館、一九八一年）、金澤正大『鎌倉幕府成立期の東国武士団』（岩田書院、二〇一八年）、野口実「流人の周辺―源頼朝挙兵再考―」（同『増補改訂　中世東国武士団の研究』戎光祥出版、二〇二一年（初出一九八九年））、本書掲載コラム岩田慎平「都市鎌倉に集う人々と京都政界」を参照。

（6）後白河院の北面については秋山喜代子『中世公家社会の空間と芸能』（山川出版社、二〇〇三年）を参照。なお後述する京都楽人の中原有安も後白河院下北面に名を連ねているが、有安は九条兼実の侍所に勤仕し、兼実・良通の琵琶御師という立場でもあった。頼朝と後白河院の建久元年の上洛から後白河院崩御までの政治的蜜月関係の時期において、九条兼実の利用価値は頼朝のなかで相対的に低下しており、中原有安が鎌倉に下向することはこの時点で想定されていなかったと思われる。

（7）鎌倉陰陽師については佐々木馨『日本中世思想の基調』（吉川弘文館、二〇〇六年）、赤澤春彦『鎌倉期官人陰陽師の研究』（吉川弘文館、二〇一一年）、上杉和彦『鎌倉幕府統治構造の研究』（校倉書房、二〇一五年）などを参照。

（8）楽家中原氏の系譜および諸活動については拙稿前掲註（2）論文「中世都市鎌倉と地下楽家中原氏」に詳しい。

（9）秋山哲雄『北条氏権力と都市鎌倉』（吉川弘文館、二〇〇六年）、同「鎌倉と鎌倉幕府」（『歴史学研究』八五九、二〇〇九年）、同『都市鎌倉の中世史』（吉川弘文館、二〇一〇年）、馬淵和雄「総論　鎌倉における中世的風景の成立と展開」（『月刊考古学ジャーナル』七一六、二〇一八年）などを参照。

（10）豊永聡美「中世における遊女の長者について」（安田元久先生退任記念論集刊行委員会編『中世日本の諸相　下巻』吉川弘文館、一九八九年）、岩田慎平「舞女微妙とその周辺」（『紫苑』九、二〇一一年）などを参照。

（11）豊永聡美「鎌倉武士と琵琶の文化圏」（福田豊彦・関幸彦編『「鎌倉」の時代』山川出版社、二〇一五年）を参照。

表　中世都市鎌倉および鎌倉幕府関係者の音楽関係記事一覧

番号	鎌倉殿	和暦	西暦	月日	記事（音楽儀礼・芸能関係箇所の抜粋）	内容（音楽儀礼・芸能関係箇所の概略）	人物（音楽儀礼・芸能の担い手）	典拠史料
1	源頼朝	治承四年	一一八〇	八月四日	兼日密々被遣邦通、…向兼隆之館、酒宴郢曲之際…、	山木兼隆館に藤原邦通が遣わされ、館にて酒宴郢曲が催される。		『吾妻鏡』
2		治承四年	一一八〇	八月一八日	八幡　若宮　…観音〈各一巻、可法楽云々〉、	北条政子が経師法音尼へ遣わした所作目録中に、心経十九巻の読誦・奏楽が記される。		『吾妻鏡』
3		治承五年	一一八一	閏二月二一日	今日以後七ヶ日可有御参鶴岳若宮之由立願給、…未明参給、被行御神楽云々、	源頼朝が七ヶ日の鶴岡八幡宮寺参詣を立願し、同日未明に鶴岡で御神楽が催される。		『吾妻鏡』
4		養和二年	一一八二	一月一日	卯剋武衛御参鶴岳宮、…其後於宝前令法楽法華経寿量品給云々、	源頼朝が鶴岡に参詣し、法華経の法楽が行われた。		『吾妻鏡』
5		寿永三年	一一八四	一月一日	鶴岳八幡宮有御神楽、前武衛無御参宮、去冬依広常事、営中穢気之故也、	鶴岡で御神楽が催されたが、頼朝は昨年冬の上総広常誅殺で生じた穢気により参詣せず。		『吾妻鏡』
6		元暦元年	一一八四	四月二〇日	被遣藤判官代邦通・工藤一﨟祐経并官女〈号千手前〉等於羽林之方、…遊興移剋、祐経打皷歌今様、女房弾琵琶、羽林和横笛、先吹五常楽、…次吹皇麞急…、…武衛令問酒宴次第給、邦通申云、羽林、云言語、云芸能、尤以優美也、	鎌倉へ護送された平重衡の許へ藤原邦通・工藤祐経等が頼朝により遣わされ、琵琶・横笛などの音楽が奏された。頼朝は、帰参した邦通から重衡の芸能について報告を受ける。	工藤祐経：打鼓・今様 女房〈千寿前〉：琵琶 平重衡：横笛・朗詠	『吾妻鏡』
7		元暦元年	一一八四	六月一八日	故一条次郎忠頼家人甲斐小四郎秋家被召出、是堪歌舞曲之者也。仍武衛施芳情、可致官仕之由被仰出云々、	頼朝、誅殺された一条忠頼の家人で歌舞曲に長けた甲斐〈大中臣〉秋家を召し出して赦免する。	大中臣秋家：歌舞曲	『吾妻鏡』
8		元暦元年	一一八四	一一月六日	於鶴岳八幡宮有神楽、武衛参給、御神楽以後入御別当坊、依奉請也、別当自京都招請児童〈号捴持王〉、去比下着、是郢曲達者也、…垂髪吹横笛、梶原平次付之、又唱歌、畠山次郎歌今様、武衛入興給、	鶴岡で御神楽が催された後、頼朝は円暁の招きにより別当坊に入る。そこで、京都から招聘された郢曲達者の捴持丸に、梶原景高の唱歌や畠山重忠の今様を添えて芸能の座が設けられる。	児童〈捴持王〉：郢曲 梶原景高：唱歌 畠山重忠：今様	『吾妻鏡』
9		元暦二年	一一八五	二月二七日	入夜為追討御祈於賀茂社被行御神楽、有宮人曲云々、	平家追討を祈念して京都賀茂社にて御神楽が催され、宮人曲が奏される。		『吾妻鏡』
10		元暦二年	一一八五	七月二三日	山城介久兼依二品之召、自京都参着、是陪従也、神宴等伎、当時無其人、仍態以令招下給云々、	頼朝、京都から大江久兼を御神楽等での陪従として招聘する。鶴岡には当時陪従はいなかったという。	大江久兼：御神楽	『吾妻鏡』
11		文治二年	一一八六	二月一日	左典厩能保并室家・男女御子息被参鶴岳八幡宮、被行神楽…、	鎌倉に滞在していた一条能保とその室・子息等が帰洛するため、鶴岡に参詣し御神楽が催される。		『吾妻鏡』
12		文治二年	一一八六	三月一六日	山城介久兼為施設上洛、被仰伊勢国神領顛倒奉行等事、又諸国兵粮米催事、漸可被止之由、被仰北条殿…、	頼朝、大江久兼を使節として上洛させ、北条時政に諸国兵粮米停止等を命じる。		『吾妻鏡』
13		文治二年	一一八六	四月八日	二品并御台所御参鶴岳宮、以其次召出静於廻廊、是可令施舞曲也、…然而貴命及再三之間、憖廻白雪之袖、発黄竹之謌、左衛門尉祐経皷、…畠山次郎重忠為銅拍子、静先吟出謌云…、	頼朝・北条政子が鶴岡に参詣した折、静を召し出し舞曲を施すよう命じる。静は固辞するも再三の命により舞曲を施すこととなり、工藤祐経が鼓を打ち、畠山重忠が銅拍子を打って静が歌を吟じる。	静御前：舞曲 工藤祐経：打鼓 畠山重忠：銅拍子	『吾妻鏡』

14	文治二年	一一八六	五月一日	自去比黄蝶飛行、殊遍満鶴岳宮、是怪異也、仍今日以奉御供之次、為邦通奉行、有臨時之神楽…、	鶴岡に黄蝶が充満するという怪異が発生したことで、藤原邦通を奉行として臨時の神楽が催される。		『吾妻鏡』
15	文治二年	一一八六	五月一四日	左衛門尉祐経・梶原三郎景茂…向静旅宿、玩酒催宴、郢曲尽妙、静母礒禅師又施芸云々、	工藤祐経・梶原景茂・千葉常秀・八田朝重・藤原邦通等が静の旅宿を訪ね。静母子が郢曲など芸を施す。	静御前・礒禅師：郢曲等	『吾妻鏡』
16	文治二年	一一八六	一二月一日	千葉介常胤自下総国参上、今日献盃酒、二品於西侍上…、常胤起座舞蹈、善信尽野(郢)曲、謌催馬楽云々、	千葉常胤が下総国より鎌倉に参上して盃酒を献じ、頼朝以下小山朝政・三善康信・岡崎義実等が宿老の面々と酒宴に及ぶ。常胤は起座して舞踏を披露し、康信は郢曲を尽くし催馬楽を詠じる。	千葉常胤：舞踏 三善康信：郢曲	『吾妻鏡』
17	文治二年	一一八六	一二月六日	御台所御参鶴岡、有神楽、巫女・職掌面々給禄云々、	政子、鶴岡に参詣して神楽が催される。		『吾妻鏡』
18	文治三年	一一八七	二月二五日	二品渡御三浦介義澄家、有御酒宴、折節信濃国保科宿遊女長者依訴訟事参住、召出其砌、聞食野(郢)曲云々、	頼朝、三浦義澄家に渡御した際、信濃国保科宿の遊女長者が訴訟のために当地におり、彼女の郢曲を聞く。	遊女長者：郢曲	『吾妻鏡』
19	文治三年	一一八七	七月二三日	二品逍遥海浜給、故一条次郎忠頼之侍甲斐中四郎秋家被召具之、以歌舞為業之者也、於由比浦小笠懸之後、入御岡崎四郎宅、御酒宴之間、秋家尽舞曲云々、	頼朝、海浜遊覧の折に、故一条忠頼の家人で歌舞を生業とする大中臣秋家を召し出す。由比浦の小笠懸後、岡崎義実宅での酒宴にて秋家は舞曲を披露する。	大中臣秋家：舞曲	『吾妻鏡』
20	文治四年	一一八八	一月二六日	早旦御台所并若公御参鶴岳宮、有御神楽、	早朝に政子と万寿(源頼家)が鶴岡に参詣し、御神楽が催される。		『吾妻鏡』
21	文治四年	一一八八	三月六日	梶原平三景時、依年来宿願、日来令持戒浄侶、書写大般若経一部訖、…仍欲奉納鶴岳之間、於彼宮可遂供養、称御旨、可啒請導師并舞童等之由、言上之間…、	梶原景時、年来の宿願として大般若経の書写を鶴岡若宮の宝前に奉納し、その供養の際の導師や童舞のための垂髪等を招請することを頼朝に言上し、許可を得る。	児童：童舞	『吾妻鏡』
22	文治四年	一一八八	三月一五日	於鶴岳宮遂行大法会、景時宿願大般若経供養也、…請僧三十口也、先舞楽〈筥根児五人、伊豆山児三人〉、次供養事訖曳布施、	梶原景時宿願の大般若経供養会が鶴岡で催され、舞楽では童舞を行うために箱根山から五名、伊豆山から三名の児童が招請される。	児童：童舞	『吾妻鏡』
				供養導師義慶〈供僧一和尚〉、請僧三十口願主梶原平三景時〈大法会始是也、舞童在之〉、	鶴岡大般若経供養会にて大法会が催さる。願主梶原景時の大法会が最初で、舞童も伴った「「円暁」項」。	児童：童舞	『鶴岡八幡宮寺社務職次第』
23	文治四年	一一八八	三月二一日	梶原平三於御所経営、頗尽美、…御酒宴及歌舞、此事、去十五日宿願無為遂行之間、所申慶也云々、	梶原景時、宿願成就の慶申の事として盃酒椀飯を献じ、酒宴および歌舞が催される。		『吾妻鏡』
24	文治四年	一一八八	六月一日	於大姫公御方山際前栽被殖田、美女等殖之、皆唱歌、又壮士中被召出有能芸之輩、為事笛鼓曲云々、	大姫(頼朝女)方にて田植行事があり、美女の田植に唱歌が伴い、芸能に長けた壮士等が歌笛を奏す。	美女・壮士：唱歌・歌笛	『吾妻鏡』
25	文治四年	一一八八	八月一五日	鶴岳放生会也、二品御参、先法会之舞楽、次流鏑馬、幸氏・盛澄等射之、	頼朝、鶴岡放生会に臨む。まず法会舞楽が行われ、次いで流鏑馬神事がされる。		『吾妻鏡』
26	文治四年	一一八八	一〇月二〇日	今日有移徙之儀、…二品入御彼所、若宮別当参会、御酒宴之間、児童及延年云々、	頼朝、鶴岡馬場辺の小屋へ渡御。若宮別当円暁も参会し酒宴が開かれ、児童の延年も催される。	児童：延年	『吾妻鏡』

No.	人物	和暦	西暦	月日	原文	内容	項目	出典
27	源頼朝	文治五年	一一八九	二月二一日	筥根児童等依召去夜参着、是為勤仕来月三日鶴岳舞楽也、童形八人、増寿・筥熊・寿王・閑房・楠鶴・陀羅尼・弥勒・伊豆石丸等也、於別当坊自今日始調楽、山城介奉行之、	箱根神社の児童、来月三日の鶴岡舞楽法会で童舞を勤仕するために童形八名が昨夜鎌倉に到着する。若宮別当坊にて本日より試楽が開始され大江久兼が奉行する。	児童：童舞	『吾妻鏡』
28		文治五年	一一八九	三月三日	鶴岳法会被始行之、巳刻二品御参宮、…舞楽、	先月より準備されていた鶴岡法会で舞楽が催される。		『吾妻鏡』
					大法会始行〈舞童在之〉、	鶴岡大法会にて舞童も伴われる「「円暁」項」。	児童：童舞	『鶴岡八幡宮寺社務職次第』
29		文治五年	一一八九	六月五日	若宮別当法眼相具垂髪并当宮供僧等、被向観性法橋旅宿、勧盃酒、及延年云々、	若宮別当円暁、垂髪等を伴い観性の旅宿に赴き、盃酒を勧め延年を催す。	児童：延年	『吾妻鏡』
30		文治五年	一一八九	六月九日	御塔供養也、導師法橋観性…、有舞楽、二品出御、	鶴岡八幡宮塔供養があり、舞楽も催される。		『吾妻鏡』
31		文治五年	一一八九	七月一日	鶴岳放生会也、…先法会舞楽、舞童八人相分左右、	鶴岡放生会があり、法会舞楽にて童舞が催される。	児童：童舞	『吾妻鏡』
32		文治五年	一一八九	八月一五日	今日鶴岳放生会也、去月朔日雖被行之、依為式日、故以有其儀、筥根山児童八人参上、有舞楽、	鶴岡放生会があり、先月も実施したが本日は式日なので特別に実施。箱根山から児童八名が参り舞楽を催す。	児童：童舞	『吾妻鏡』
33		文治五年	一一八九	一二月一八日	御台所御参鶴岡、…於宮寺有御神楽云々、	政子、鶴岡に参詣して御神楽が催される。		『吾妻鏡』
34		建久元年	一一九〇	六月一四日	一位家渡御小山兵衛尉朝政之家、御酒宴之間、白拍子等群参施芸、	頼朝、小山朝政家に渡御し、酒宴に白拍子等が集い芸が施される。	白拍子	『吾妻鏡』
35		建久元年	一一九〇	八月一五日	鶴岳放生会也、…先供僧等大行道、次法華経供養、導師別当法眼円暁、有舞楽、舞童自伊豆山参上云々、	鶴岡放生会があり、小山朝光等御家人の御剣役に続き供僧の大行道を伴い、次いで法華経供養、舞楽と続く。舞童は伊豆山から参上して催される。	供僧：行道 児童：童舞	『吾妻鏡』
36		建久元年	一一九〇	一〇月一八日	於橋本駅、遊女等群参、	頼朝の上洛途上の橋本駅にて遊女等が集う。	青墓宿長者大炊息女	『吾妻鏡』
37		建久元年	一一九〇	一〇月二八日	於青波賀駅被召出長者大炊息女等、有纏頭、故左典厩都鄙上下向之毎度、令止宿此所給之間、大炊者為御寵物也、	頼朝、上洛する途上で青墓宿を訪れ、当地の長者大炊の息女を召す。大炊はかつて源義朝の妾だった。		『吾妻鏡』
38		建久二年	一一九一	一月一日	千葉介常胤献椀飯、…盃酒及歌舞云々、	千葉常胤が椀飯を献じ、盃酒や歌舞も催された。	児童：童舞	『吾妻鏡』
39		建久二年	一一九一	三月三日	鶴岳宮法会、有童舞十人〈筥根垂髪〉、又臨時祭…、	鶴岡法会があり、箱根山から召された十名の児童により童舞が催される。	児童：童舞	『吾妻鏡』
					童舞十人、筥根山御経供養、	鶴岡で十名に児童による童舞が催される。	児童：童舞	『鶴岡社務記録』
40		建久二年	一一九一	八月一五日	鶴岳放生会、幕下御参宮、経供養、導師安楽房重慶、有童舞〈筥根児童云々〉、	鶴岡放生会があり、箱根山児童により童舞が催される。	児童：童舞	『吾妻鏡』
41		建久二年	一一九一	一〇月二五日	来月鶴岳可有遷宮之子細被凝群儀之、…為令唱宮人曲、召下多好方云々、	来月の鶴岡遷宮に関して群議が開かれ、宮人曲を奏すため京都楽人の多好方を招聘することが決まる。	多好方：宮人曲	『吾妻鏡』
42		建久二年	一一九一	一一月一九日	召右近将監好方於幕府賜盃酒、好方尽野(郢)曲、善信候御前、助音太絶妙也、又重忠・景季等、依仰於当座習神楽曲、両人器量之由、好方感申云々、	多好方が召され、幕府にて三善康信の助音を得つつ郢曲を披露し、当座で畠山重忠・梶原景季に神楽曲を伝習する。両人の技量に好方は感嘆する。	多好方：郢曲 三善康信：助音 畠山重忠・梶原景季：神楽伝習	『吾妻鏡』

43		建久二年	一一九一	一一月二一日	鶴岳八幡宮并若宮及末社等遷宮也、…好方唱宮人曲、頗有神感之瑞相云々、	鶴岡遷宮の儀が行われ、多好方が宮人曲を唱奏す。	多好方：神楽	『吾妻鏡』
					遷宮為御神楽宮人之曲被召下、左近将監多好方云々、…楽所此時被始置之、左一者平内府生狛盛光、右一者多左衛門尉景節、	鶴岡遷宮の儀にて御神楽で宮人曲が多好方により奏せらる。この時初めて楽所が鶴岡に設置され、左一者に狛盛光、右一者に多好節を任じる。	狛盛光・多好節	『鶴岡社務記録』
44		建久二年	一一九一	一一月二二日	多好方等欲帰洛之間、自政所賜餞別、	好方・好節等、帰洛につき政所から餞別を賜る。		『吾妻鏡』
45		建久二年	一一九一	一二月一九日	為鶴岳神事、遣山城江次久家以下侍十三人、可伝神楽秘曲之由、所被成下御教書於好方之許也、	幕府、鶴岡神事のため、多好方に大江久家以下十三名への神楽秘曲伝授を依頼する。	多好方：神楽 大江久家等：神楽伝習	『吾妻鏡』
46		建久二年	一一九一	一二月一九日	頼朝、鶴岡八幡宮ノ伶人山城久家等十三人ヲ京都ニ遣シ、多好方ニ就キテ神楽ノ秘曲ヲ受ケシム、	頼朝、鶴岡伶人の大江久家等十三名を京都に派遣し、多好方より神楽秘曲を伝習させる。	多好方：神楽 大江久家等：神楽伝習	『鶴岡八幡宮寺社務職次第』
47		建久三年	一一九二	二月一二日	鶴岡御神楽、幕下御参云々、	鶴岡にて御神楽が催される。		『吾妻鏡』
48		建久三年	一一九二	三月三日	鶴岡法会舞楽如例、幕下御参、若公扈従給云々、	鶴岡法会にて恒例の舞楽が催される。		『吾妻鏡』
49		建久三年	一一九二	三月四日	江次久家為相傳神楽秘曲等上洛、	大江久家等、神楽秘曲伝授のため上洛。	大江久家：神楽伝習	『吾妻鏡』
50		建久三年	一一九二	四月三〇日	若宮職掌紀藤大夫宅焼亡、	若宮職掌の紀藤大夫の宅が焼失した。	紀藤大夫：職掌	『吾妻鏡』
51		建久三年	一一九二	八月一五日	鶴岡放生会舞楽也、将軍家無御出、上総介義兼為奉幣御使、着廻廊、有経営舞楽等、	鶴岡放生会にて舞楽が催される。		『吾妻鏡』
52		建久三年	一一九二	一一月二二日	於鶴岡宮有御神楽、是御堂供養不可有魔障之由御祈禱也、	来月実施予定の御堂供養で支障のないよう鶴岡で御神楽を催す。		『吾妻鏡』
53		建久四年	一一九三	二月七日	来三月三日鶴岡法会舞楽事、先々召伊豆・筥根両山児童等雖遂行之、供僧門弟等已有数、又御家人子息等中、撰催可然少生、可調楽之旨、被仰若宮別当法眼云々、因之因幡前司子息摩尼珠、判官代子息藤一、筑後権守子息竹王等応其撰云々、	来月三月三日の鶴岡法会の舞楽では、これまでの伊豆山・箱根山の児童による童舞ではなく、鶴岡八幡宮寺の供僧門弟や御家人子息で実施することとなり、御家人子息では大江広元子息の摩尼珠、藤原邦通子息の藤一、藤原俊兼子息の竹王が選ばれる。	児童：童舞 供僧門弟：童舞 大江広元子息麻尼珠：童舞 藤原邦通子息藤一：童舞 藤原俊兼子息竹王：童舞	『吾妻鏡』
54		建久四年	一一九三	二月二七日	鶴岡宮寺舞殿、此間新造、今日被立之、	鶴岡の舞殿が新造される。		『吾妻鏡』
55		建久四年	一一九三	三月三日	鶴岡法会、将軍家御参、舞楽如例、但当宮別当供僧等門弟并御家人子息等為舞童也、	鶴岡法会にて恒例の舞楽が催されるが、童舞は鶴岡別当供僧・門弟や御家人子息が担った。	供僧門弟・御家人子息：童舞	『吾妻鏡』
					若宮児十二人并御所侍子息等童舞始在之、	鶴岡供僧児童十二名と御家人子息等の童舞が初めて実施される。	供僧門弟・御家人子息：童舞	『鶴岡社務記録』
56		建久四年	一一九三	五月一五日	手越・黄瀬川已下近辺遊女令群参、列候御前、而召里見冠者義成、向後可為遊君別当…、	頼朝、富士野・藍沢の巻狩の間、手越・黄瀬川近在の遊女が群集し、里見義成を召して遊君別当に任じ、以後遊女に関する事は義成が取り次ぐ。	遊女	『吾妻鏡』
57		建久四年	一一九三	五月二八日	爰祐経・王藤内等所令交会之遊女、手越少将、黄瀬川之亀鶴等則喚、此上祐成兄弟討父敵之由発高聲、	曾我兄弟による工藤祐経と王藤内の殺害現場には、手越の少将・黄瀬川の亀鶴など遊女が居合わせていた。		『吾妻鏡』
58		建久四年	一一九三	六月一日	曽我十郎祐成妾大磯遊女〈号虎〉、雖被召出之、如口状者、無其咎之間、被放遣畢、	曽我兄弟による工藤祐経襲撃事件の後、曽我祐成の妾大磯遊女の虎が放免される。		『吾妻鏡』

59	源頼朝	建久四年	一一九三	六月一三日	放生会童舞習始之、	鶴岡放生会に向けた童舞の伝習が開始させる。	児童：童舞	『鶴岡社務記録』
60		建久四年	一一九三	六月一八日	故曽我十郎妾〈大磯虎、雖不除髪、着黒衣袈裟〉…則今日遂出家、赴信濃国善光寺…、	曽我祐成の妾大磯遊女の虎が、箱根山別当行実坊にて亡父の仏事を営み、その後出家し善光寺へ赴く。		『吾妻鏡』
61		建久四年	一一九三	七月一八日	鶴岳若宮陪従江右近将監久家、属右近将監好方、為傳神楽秘曲、…宮人曲申秘蔵之条、雖可謂勿論、令傳久家者、奉授将軍之由可思食准也云々、	鶴岡陪従の大江久家に神楽秘曲を伝授する件について、多好方が秘蔵を理由に拒むも幕府は将軍に伝授するのと同じであると再度久家への伝授を依頼。	多好方：神楽 大江久家：神楽伝習	『吾妻鏡』
62		建久四年	一一九三	一〇月七日	多好節依召自京都参着、来月於鶴岡依可有御神楽也、又右近将監久家同帰参、是為令相伝秘曲、先日所上洛也、宮人曲不残一事伝授之由申之…、	鶴岡御神楽のため多好節が京都より参着。大江久家も宮人曲をを習得して帰参。多好方の添状には、本来宮人曲は譜第への伝授に限られる旨が記される。	多好方・好節：神楽 大江久家：神楽伝習	『吾妻鏡』
63		建久四年	一一九三	一一月四日	鶴岡八幡宮神事、…次及深更有御神楽、多好節唱宮人曲…、	鶴岡神事があり、夜更けに御神楽が催される。鎌倉に滞在していた多好節が宮人曲を奏す。	多好節：神楽	『吾妻鏡』
64		建久四年	一一九三	一一月一二日	右近将監多好方承神楽賞、今日以飛騨国荒木郷地頭職、被成政所御下文訖…、	多好方が神楽秘曲伝授の褒賞として、幕府から飛騨国荒木郷地頭職を賜る旨、政所下文が発給される。		『吾妻鏡』
65		建久五年	一一九四	二月二日	江間殿嫡男〈童名金剛、年十三〉元服、…次三献、椀飯、其後盃酒数巡、殆及歌舞云々、	北条義時嫡男泰時の元服の儀にて、恒例の式三献や椀飯、盃酒が執り行われ、歌舞にも及ぶ。		『吾妻鏡』
66		建久五年	一一九四	三月一五日	将軍家渡御于若宮別当坊、是別当法眼自京都招下垂髪、尤堪郢律舞曲、可覧其芸之由…僧徒及延年…、	頼朝、若宮別当法眼の招きで、京都から呼ばれた郢曲堪能の児童の芸を覧じ、僧徒の延年も披露さる。	児童：郢曲 僧徒：延年	『吾妻鏡』
67		建久五年	一一九四	六月一一日	鶴岳伶人等可令善信奉行之旨、被仰下云々、	頼朝、鶴岡楽所所属の楽人奉行を三善善信に命ず。	伶人	『吾妻鏡』
68		建久五年	一一九四	八月一五日	鶴岳放生会、有舞楽。	鶴岡放生会があり、舞楽が催される。		『吾妻鏡』
69		建久五年	一一九四	閏八月二日	於三浦又小笠懸、昨日勝負云々、其後、於船中興宴、遊女棹一葉参、猿楽小法師中太丸参施芸、上下解頷云々。	頼朝・政子等、三浦に渡御。三浦での小笠懸の後に、船中での酒宴が催され、遊女の小舟一艘が参り、また猿楽師中太丸が呼ばれ芸を披露する。	遊女 猿楽師中太丸：猿楽	『吾妻鏡』
70		建久五年	一一九四	一一月四日	鶴岳八幡宮御神楽也、…右近将監大江久家唱秘曲等、畠山次郎重忠・梶原左衛門景季候付歌云々。	鶴岡で御神楽が催され、陪従の大江久家が秘曲を奏し、畠山重忠・梶原景季が唱和する。	大江久家：神楽 畠山重忠・梶原景季：唱歌	『吾妻鏡』
71		建久六年	一一九五	二月一一日	鶴岳八幡宮御神楽。	鶴岡にて御神楽が催される。		『吾妻鏡』
72		建久六年	一一九五	七月二九日	早旦渡御濱御所…又聞食管弦妙曲、北条殿経営。	頼朝、浜の御所に渡御し、管弦を鑑賞する。		『吾妻鏡』
73		建久六年	一一九五	八月一五日	鶴岡放生会也、…有舞楽。	鶴岡放生会があり、舞楽が催される。		『吾妻鏡』
74		建久六年	一一九五	一一月一〇日	鶴岳御神楽也、…陪従江左衛門尉景節唱秘曲等。于時風雨俄起、殆有神感之瑞云々。	鶴岡で御神楽が催され、陪従の大江景節が秘曲を奏す。その効験は多氏と同等のものとして記載さる。	大江景節：神楽	『吾妻鏡』
75	源頼家	正治元年	一一九九	三月一一日	御神楽被行之、去二月延引故也、	二月の御神楽が延期したため、本日催される。		『鶴岡社務記録』

番号	人物	年号	西暦	月日	原文	内容	芸能者	出典
76		正治元年	一一九九	一一月八日	右近将監多好方、去建久四年依宮人曲賞、自故右大将賜飛騨国荒木郷訖、…可譲補子息好節之由申之。	多好方、宮人曲伝授の褒賞として賜った飛騨国荒木郷地頭職を子息好節に譲与する旨、認められる。		『吾妻鏡』
77		正治二年	一二〇〇	閏二月二九日	羽林歴覧永福寺已下近辺勝地給、…於永福寺有郢曲之、僧児童等参釣殿、頻申行盃酒。	源頼家、永福寺以下の景勝地を巡覧し、夜に永福寺にて郢曲が催され酒宴が開かれる。		『吾妻鏡』
78		正治二年	一二〇〇	六月一五日	勝長寿院一切経会、結構舞楽、羽林出御。	勝長寿院一切経会にて舞楽も行われる。		『吾妻鏡』
79		正治二年	一二〇〇	一一月三日	鶴岡被行臨時祭御神楽、尼御台所并羽林御参宮。 御神楽并臨時祭、流鏑馬十騎被始之、	鶴岡で臨時の御神楽が催される。 鶴岡で臨時の御神楽が催される。		『吾妻鏡』 『鶴岡社務記録』
80		建仁元年	一二〇一	六月一日	左金吾御参江島明神、…今夜到大磯令止宿給、召遊君等被尽歌曲。	頼家、江島明神への参詣の折に大磯に至り止宿す。遊女が呼び出され歌曲が尽くされる。	遊女	『吾妻鏡』
81		建仁元年	一二〇一	六月二日	金吾令出大磯宿給処、遊君愛寿俄以落飾。	昨晩の頼家御遊に呼ばれなかった遊女愛寿が出家。	遊女（愛寿）	『吾妻鏡』
82		建仁二年	一二〇二	三月八日	其後入御于比企判官能員之宅、…爰有自京都下向舞女〈号微妙〉、…此舞女依有愁訴之旨、凌山河参向。	頼家、比企能員宅に渡御し、京都の舞女微妙が召し出され歌舞が尽くされる。微妙は奥州へ配流された父の消息を訪ねて旅する身の上を訴える。	舞女（微妙）：歌舞	『吾妻鏡』
83		建仁二年	一二〇二	三月一五日	其後尼御台所入御左金吾御所、召舞女微妙。	政子、頼家御所に渡御し、舞女微妙が召される。	舞女（微妙）：歌舞	『吾妻鏡』
84		建仁二年	一二〇二	六月二五日	於東北御所有勧盃、及数巡、召舞女微妙、有舞曲、知康候鼓役、酒宴皆酣。	政子、頼家御所に渡御し蹴鞠会を覧ず。酒宴が催され、舞女微妙を召し、平知康が鼓で拍子を取る。	舞女（微妙）：歌舞 平知康：打鼓	『吾妻鏡』
85		建仁二年	一二〇二	八月五日	舞女父為成已亡云々、彼女涕涙悶絶躃地。	微妙の父はすでに亡く、彼女は泣き悶えた。		『吾妻鏡』
86		建仁二年	一二〇二	八月一五日	入夜、舞女微妙於栄西律師禅坊遂出家〈号持蓮〉。	舞女微妙、栄西の許で出家し亡父を追善する。		『吾妻鏡』
87		建仁二年	一二〇二	八月一八日	鶴岳若宮西廻廊鳩飛来、数剋不立避、仍供僧等恠之、真智房法橋・大学房等、修門答講一座、令法楽之、将軍家為見聞参給、	鶴岡若宮西廊廻に鳩が飛来し数刻立ち去らなかったため、鶴岡供僧らはこれを怪しんだ。鶴岡では真智房法橋隆宣・大学房行慈などが門答講一座を行い法楽が催されていた。これを見物するため源頼家が参詣していた。		『吾妻鏡』
88		建仁二年	一二〇二	八月二四日	是古郡左衛門尉保忠、為訪舞女微妙出家事、	古郡保忠、微妙の出家を受け従僧等を打擲す。		『吾妻鏡』
89		建仁二年	一二〇二	一一月九日	鶴岳御神楽如例、善進士宣衡歌庭火曲。	鶴岡で恒例の御神楽が催され、三善宣衡が庭火曲を歌う。	三善宣衡：神楽	『吾妻鏡』
90		建仁三年	一二〇三	一月二日	将軍若宮一万君、御奉幣鶴岳宮…被行御神楽之処…。	頼家息の一幡が鶴岡に参詣し、御神楽が催される。		『吾妻鏡』
91		建仁三年	一二〇三	二月四日	午剋、有祭并御神楽、将軍家御参宮、御奉幣如例。	鶴岡で祭礼と御神楽が催され、頼家が参詣する。		『吾妻鏡』
92		建仁三年	一二〇三	三月一五日	永福寺一切経会、将軍家為覧舞御出。	永福寺一切経会で舞を覧ずるため頼家が参詣する。		『吾妻鏡』
93	源実朝	元久元年	一二〇四	二月九日	鶴岳御神楽如例。	鶴岡で恒例の御神楽が催される。		『吾妻鏡』

94	源実朝	元久元年	一二〇四	八月一五日	鶴岳放生会、…令出由比浦給、粧一両艘船、召六七輩伶人、管弦各尽妙曲、	実朝、鶴岡放生会の後に由比浦を遊覧し一艘の船を浮かべ数人の伶人を伴い管弦を尽くす。	伶人：管弦	『吾妻鏡』
95		建永元年	一二〇六	八月一五日	鶴岡放生会、舞楽如例、将軍家御参、	鶴岡で恒例の舞楽が催され、実朝が参詣する。		『吾妻鏡』
96		建永二年	一二〇七	八月一五日	鶴岳放生会、…舞楽等入夜取松明有其儀、	鶴岡放生会の遅延で、舞楽は夜に催される。		『吾妻鏡』
97		承元元年	一二〇七	一一月八日	鶴岳宮御神楽、将軍家御参宮、	鶴岡で御神楽が催され、実朝が参詣する。		『吾妻鏡』
98		承元二年	一二〇八	二月三日	鶴岳宮御神楽如例、将軍家依御疱瘡無御出、	鶴岡で恒例御神楽があるも、実朝は疱瘡で不参。		『吾妻鏡』
99		承元二年	一二〇八	一一月七日	鶴岳宮御神楽、	鶴岡で御神楽が催される。		『吾妻鏡』
100		承元二年	一二〇八	一二月一四日	上総国海北郡久吉郷住人僧善勝以下之輩、被加鶴岡職掌云々、	上総国海北郡久吉郷住人僧善勝以下の人々が鶴岡の職掌に加えられた。	善勝以下：職掌	『吾妻鏡』
101		承元三年	一二〇九	一一月一日	鶴岳宮神楽也、	鶴岡で御神楽が催される。		『吾妻鏡』
102		承元三年	一二〇九	一一月七日	去四日弓勝負事、負方衆献所課物、仍営中及酒宴乱舞、公私催逸興、	弓勝負での賦課物が献じられ、営中で酒宴乱舞が催される。		『吾妻鏡』
103		承元四年	一二一〇	八月七日	鶴岳放生会舞童十二人参幕府、別当相具之、即於鞠御壷及調楽云々、	鶴岡放生会での童舞の児童十二名が鶴岡別当に伴われ参着し、鞠の庭にて童舞の試楽が執り行われる。	児童：童舞	『吾妻鏡』
104		承元五年	一二一一	二月八日	鶴岳御神楽、臨時祭如例、	鶴岡で臨時の御神楽が恒例通り催される。		『吾妻鏡』
105		建暦元年	一二一一	八月一五日	鶴岳放生会、将軍家依聊御不例無御出、…密々覧舞楽、	実朝、鶴岡の放生会を病欠するも廻廊の簾中より非公式に舞楽を覧ず。		『吾妻鏡』
106		建暦二年	一二一二	三月九日	将軍家渡御三浦三崎御所、…鶴岳別当相具児童等参、儲於船中、有舞楽興等云々、	実朝、三浦三崎の御所に渡御。鶴岡別当が児童等を連れ船中で座を設けて舞楽等が催される。	児童：童舞？	『吾妻鏡』
107		建暦二年	一二一二	八月一五日	鶴岳放生会、将軍家御参宮如例、…為覧舞楽渡御廻廊、	実朝、鶴岡の放生会に参り、舞楽を覧ずるために廻廊へ出る。		『吾妻鏡』
108		建暦二年	一二一二	一一月一四日	去八日絵合事、負方献所課、又召遊女等、…各郢律尽曲、此上堪芸若少之類及延年云々、	絵合勝負の負方が賦課物を献じ、遊女も呼ばれ参加者も童形にやつして郢曲が尽くされる。芸能に堪能な若人は延年まで披露する。	遊女・若人等：郢曲・延年	『吾妻鏡』
109		建保元年	一二一三	一一月一九日	将軍家為御覧山家景趣、…有和謌管弦等御遊宴、	実朝、山里風景を遊覧し、二階堂行光宅で和歌管弦の宴が催される。		『吾妻鏡』
110		建保二年	一二一四	八月一五日	鶴岳放生会也、…経会舞楽早速被遂行也、	月蝕のため早々に一切経会・舞楽が催される。		『吾妻鏡』
111		建保三年	一二一五	三月三日	将軍家鶴岳宮御参詣、法会舞楽如例、	実朝、鶴岡に参詣し恒例の法会舞楽が催される。		『吾妻鏡』
112		建保五年	一二一七	九月三〇日	永福寺始被行舎利会、尼御台所・将軍家并御台所御出、法会次第、舞楽已下尽美尽善、	永福寺で舎利会が開始され、政子・実朝とその室が参詣。法会の次第や舞楽以下は善美が尽くされる。		『吾妻鏡』
113	九条頼経	貞応元年	一二二二	八月一五日	鶴岡八幡宮放生会、舞楽御経供養如例、	鶴岡放生会にて恒例の舞楽等が催される。		『吾妻鏡』
114		嘉禄二年	一二二六	二月一日	鶴岳八幡宮恒例御神楽之間…、	鶴岡にて恒例の御神楽が催される。		『吾妻鏡』
115		嘉禄二年	一二二六	七月一一日	於勝長寿院被修之、有一切経供養之儀、奏舞楽、	勝長寿院での一切経会で舞楽も奏される。		『吾妻鏡』
116		安貞元年	一二二七	一一月二二日	為御祈、於常陸国鹿嶋宮、仁王経并信読大般若経被講之、可被行御神楽之由、有其沙汰、	幕府、祈禱のため常陸国鹿島宮にて仁王経・大般若経供養および御神楽を催す旨を命じる。		『吾妻鏡』

117		安貞二年	一二二八	六月三〇日	有去廿六日杜戸遠笠懸負態、…召加舞女等、	遠笠懸負方が賦課物を献じ、酒宴に舞女も召される。	舞女	『吾妻鏡』
118		安貞二年	一二二八	七月二四日	有田家御遊興、舞女数輩群集云々、	藤原頼経、逗留先の民家での酒宴に舞女が集う。	舞女	『吾妻鏡』
119		安貞三年	一二二九	二月二〇日	竹御所并武州室令出三浦三崎津給、是駿河前司義村可構来迎講之儀由、依申之也、	竹御所(頼家女)等、三浦義村が迎講を催すにより三浦三崎へ渡御する。		『吾妻鏡』
120		安貞三年	一二二九	二月二一日	於三崎海上、有来迎之儀、走湯山浄蓮房依駿河前司之請、為結構此儀、兼参儲此所、浮十餘艘之船、其上有件構、荘厳之粧映夕陽之光、伎楽音如添晩浪之響也、	三崎の海上にて迎講が催される。三浦義村の招請で走湯山から予てより浄蓮房が参じ、迎講の儀を準備・執行する。海上に十数艘の船が浮かび、迎講の荘厳さと伎楽の音色が夕陽と波音と相まって増す。	浄蓮房：迎講	『吾妻鏡』
121		寛喜元年	一二二九	四月一七日	将軍家御出于三崎津、…有管弦詠歌之儀、佐原三郎左衛門尉相伴遊女等棹一葉参向、	頼経、三浦三崎に渡御。船中で詩歌管弦の儀が催され、佐原家連が遊女等を伴い一艘の小舟で参じる。	遊女	『吾妻鏡』
122		寛喜元年	一二二九	九月九日	武州以南条七郎次郎…被差遣京都、…可傳神楽秘曲之由、所被仰右近将監多好方之許也、	北条泰時、南条七郎次郎以下三名の被官人を京都の多好方の許へ派遣し、神楽秘曲等の伝授を命ず。	多好方：神楽 南条・横尾・美濃沢：神楽・和琴伝習	『吾妻鏡』
123		寛喜元年	一二二九	一二月一七日	武州被遣御書於右近将監多好方、	泰時、御教書にて被官人への秘曲伝授を好方に命ず。	多好方：神楽 南条・美濃沢：神楽・和琴伝習	『吾妻鏡』
124		寛喜二年	一二三〇	閏一月七日	而好方近日可参向関東之由、有其聞、仍今日重而被御書於好方、止下向儀、閑可授彼曲之旨被載之云々、	多好方が秘曲伝授のため関東下向を試みるも、泰時は京都での伝授を再度命じる。	多好方：神楽	『吾妻鏡』
125		寛喜二年	一二三〇	二月六日	鶴岡別当法印参御所、奉盃酒、…爰上綱具参児童之中芸能抜群之者、…将軍家又御感之餘、令問其父祖給、法印申云、承久兵乱之時、不図被召加官軍之勝木七郎宗則子也、	将軍御所での酒宴に、鶴岡別当法印定親に仕え芸能堪能な児童が童舞を将軍頼経・泰時以下に披露する。この児童は承久の乱で所領没収を受けた勝木宗則の子息であった。	勝木則宗子息：童舞	『吾妻鏡』
126		寛喜二年	一二三〇	二月八日	勝木七郎則宗返給本領筑前国勝木荘也、…依被賞子息児舞、給則宗畢、	勝木(香月)則宗が、承久没収地の本領を子息の童舞の功により、泰時から返付される。	勝木則宗子息：童舞	『吾妻鏡』
127		寛喜三年	一二三一	七月九日	渡御駿河前司義村宅、…召伶人并舞女等、	頼経、三浦義村宅に渡御。伶人・舞女も召される。	児童：延年	『吾妻鏡』
128		寛喜三年	一二三一	一二月五日	…武州被参、垂髪等及延年云々、	御所にて児童による延年が催される。		『吾妻鏡』
129		寛喜四年	一二三二	三月三日	於宮寺法華経供養、…舞楽如例、	鶴岡にて法華経供養があり、恒例の舞楽も催さる。		『吾妻鏡』
130		貞永元年	一二三二	七月一五日	勝長寿院一切経会、依有御意願、舞楽等殊被刷其儀、	勝長寿院一切経会にて、頼経の希望により特に舞楽等の威儀を整えられて催される。		『吾妻鏡』
131		貞永元年	一二三二	閏九月二〇日	依災変御祈、於鶴岳有臨時神楽、	災変祈禱のため、鶴岡で臨時の御神楽が催される。		『吾妻鏡』
132		文暦二年	一二三五	閏六月二四日	為来八月鶴岡放生会舞楽、被召右近将監多好節、但公役不指合者可参向、若又有障者、可差多好継之由、今日被仰京都云々、	幕府、八月実施の鶴岡放生会舞楽のため、京都楽人の多好節の派遣を命じるが、支障がある場合は多好継を下向させる旨を京都に命じる。	多好節・好継：舞楽	『吾妻鏡』

番号	将軍	年号	西暦	月日	史料	概要	人物	出典
133	九条頼経	嘉禎元年	一二三五	八月一八日	舞人多好氏在鎌倉之処、可令帰洛之旨、自殿下被申之間、所被差進也、則将軍染御自筆、令申御請文給、又御馬一疋白鹿毛、賜好氏、両三年一度、放生会之時可参仕之由、以木工権頭被仰含好氏云々、	鶴岡放生の舞楽には多好氏が派遣されており、帰洛するよう九条道家から命ぜられる。頼経より賜物が授けられ、三年に一度放生会舞楽のために勤仕するよう命ぜられる。	多好氏：舞楽	『吾妻鏡』
134		嘉禎元年	一二三五	一二月二四日	重為御祈、於所々本宮、令転読大般若経、可修御神楽之由、被仰下、	頼経病気平癒のため、各地の本宮に大般若経転読と御神楽を催すよう幕府から命ぜられる。		『吾妻鏡』
135		嘉禎二年	一二三六	二月一四日	右近将監多好節調進和琴太笛等、武州殊所令自愛給也、	多好節、泰時に和琴・太笛を献ず。泰時は大層気に入った。		『吾妻鏡』
136		嘉禎二年	一二三六	八月一五日	鶴岳放生会、将軍家御出、法会舞楽如恒、	鶴岡放生会にて恒例の舞楽が催される。		『吾妻鏡』
137		嘉禎三年	一二三七	六月一一日	奉為二位家追善、於大慈寺供養一切経、…有舞楽、	大慈寺にて政子の追善供養があり、舞楽も催される。		『吾妻鏡』
138		嘉禎三年	一二三七	七月八日	就江右近次郎久康申請、可令授神楽歌曲於久康之旨、被遣御教書於左近将監中原景康、是為鶴岳御神楽也、	大江久康の申し出により、鎌倉在住の中原景安に御教書をもって久康へ秘曲伝授するよう命じる。	中原景安：神楽 大江久康：神楽伝習	『吾妻鏡』
139		嘉禎三年	一二三七	七月一〇日	神楽曲可授久康事、景康進領状請文云々、	中原景安、久康への神楽秘曲伝授を了承する。	中原景安：神楽 大江久康：神楽伝習	『吾妻鏡』
140		嘉禎三年	一二三七	八月一五日	鶴岡放生会、…法会舞楽如例、	鶴岡放生会にて恒例の舞楽が催される。		『吾妻鏡』
141		延応元年	一二三九	七月二〇日	将軍家俄渡御于佐渡前司基綱宅、…召勝長寿院児童等、有管弦舞曲等遊興云々、	頼経、後藤基綱宅に渡御し、同宅では勝長寿院の児童が招かれ、管弦舞曲の遊興が催された。	児童：童舞？	『吾妻鏡』
142		仁治元年	一二四〇	八月五日	被遂三島御奉幣、入夜、走湯山御奉幣也、当山衆徒延年、	頼経、三島社・走湯山への奉幣を果たし、走湯山衆徒の延年が催される。	走湯山衆徒：延年	『吾妻鏡』
143		仁治元年	一二四〇	一二月一六日	今日於御所有評定、二所三島并春日等社、毎日可有御神楽之由、将軍家有御立願、是已可為莫大用途、毎月被沙汰遣之条、御家人煩也…、	幕府評定にて、将軍家の二所・三島・春日社での毎日催される御神楽について、費用が嵩むため毎月に頻度を減らすことが決定される。		『吾妻鏡』
144		仁治二年	一二四一	八月一五日	鶴岡放生会、…法会舞楽如例、	鶴岡放生会にて恒例の舞楽が催される。		『吾妻鏡』
145		仁治二年	一二四一	九月一三日	今夜、於御所被行柿本影供、…管弦児童等并楽所輩候之、	御所にて柿本影供が催され、管弦奏楽の児童や楽所楽人が招かれた。	児童：童舞？ 楽所(楽人)	『吾妻鏡』
146		仁治二年	一二四一	一一月二九日	是三浦一族与小山之輩有喧嘩、…於下々馬橋西頰好色家有酒宴乱舞会、	鎌倉内の遊女宿にて、酒宴乱舞の会が三浦一族と小山一族の間でそれぞれ催されていた。		『吾妻鏡』
147		仁治二年	一二四一	一二月八日	小侍所番帳更被改之、毎番堪諸事芸能之者一人、必被加之、手跡・弓馬・蹴鞠・管弦・郢曲以下事云々　、諸人随其志可始如此一芸之由被仰下、是於時依可有御要也、	幕府小侍所の番帳が改められ、各番には必ず諸道(書跡・弓馬・蹴鞠・管弦・郢曲など)に通じた芸能達者の御家人を登用することが決定され、これらの芸能を習得するよう将軍から命令が下る。		『吾妻鏡』
148		寛元元年	一二四三	九月五日	将軍家入御佐渡前司基綱大倉家、…於彼所和歌管弦等御会、能登前司・壱岐前司等弾琵琶、…舞女両三輩参入、翻廻雪之袖、人々及猿楽…、	頼経、大倉の後藤基綱邸に入御し、和歌管弦の会がもたれる。三浦光村と佐々木泰綱が琵琶を奏す。舞女も招かれ、猿楽も催された。	三浦光村：琵琶 佐々木泰綱：琵琶	『吾妻鏡』
149		寛元二年	一二四四	一月二二日	箱根御奉幣也、衆徒与供奉人等方延年、各施芸云々、	将軍家による箱根奉幣が行われ、箱根山衆徒と幕府供奉人等で延年が催される。	衆徒・供奉人：延年	『吾妻鏡』

150	九条頼嗣	寛元二年	一二四四	五月一一日	於将軍御方有御酒宴、（中略）舞女〈祇光、今出河殿白拍子、年廿二、〉施妙曲、大蔵少輔朝広・能登前司光村・和泉前司行方・佐渡五郎左衛門尉基隆等答算猿(弁)楽云々	将軍御所での酒宴にて、舞女の祇光(西園寺公経の白拍子で齢二二歳)が妙曲を披露。また結城朝広・三浦光村・二階堂行方・後藤基隆らが猿楽を披露。	舞女祇光 結城朝広：猿楽 三浦光村：猿楽 二階堂行方：猿楽 後藤基隆：猿楽	『吾妻鏡』
151		寛元二年	一二四四	八月一五日	鶴岡八幡宮放生会也、…御覧舞楽之後、酉刻還御、	鶴岡放生会にて将軍の舞楽御覧があった。		『吾妻鏡』
152		寛元三年	一二四五	八月一五日	鶴岡八幡放生会也、将軍家御出、…法会舞楽、	鶴岡放生会にて恒例の舞楽が催される。		『吾妻鏡』
153		寛元三年	一二四五	八月一六日	鶴岡馬場之儀、…神子・田楽・馬場等如常云々、	鶴岡馬場の儀にて恒例の田楽が催される。		『吾妻鏡』
154		寛元四年	一二四六	一〇月八日	左親衛被進盃酒於将軍家御方、舞女翻廻雪袖、	北条時頼、将軍方にて盃酒を献じ舞女が舞を披露。	舞女	『吾妻鏡』
155		宝治元年	一二四七	九月一六日	相模国毛利荘山中有怪異等、毎夜成田楽粧之由、土民等言上云々、	相模国毛利荘の山中で怪異が住民から報告され、毎晩田楽装束が目撃されている。		『吾妻鏡』
156		建長二年	一二五〇	六月一五日	将軍家令逍遥造泉殿辺給、…白拍子参上施芸、和泉前司行方以下及猿楽云々、	藤原頼嗣、泉殿を遊覧す。白拍子が参上して芸を、二階堂行方らが猿楽を披露した。	白拍子 二階堂行方：猿楽	『吾妻鏡』
157		建長三年	一二五一	一月九日	政所・問注所等勝負、延年云々、	幕府政所・問注所で延年の勝負が行われた。		『吾妻鏡』
158		建長三年	一二五一	二月一日	鶴岡臨時之祭、御神楽如例、	鶴岡臨時の祭礼があり、恒例の御神楽が催される。		『吾妻鏡』
159		建長三年	一二五一	八月三日	今夕雪下及三島新宮遷宮之義、陪従・御神楽、有童舞・延年等云々、	鎌倉雪下へ三島社新宮の遷宮が行われ、陪従・御神楽や、童舞・延年が催される。		『吾妻鏡』
160	宗尊親王	建長四年	一二五二	五月一日	鶴岡宮恒例御神楽也、	鶴岡で恒例の御神楽が催される。		『吾妻鏡』
161		建長四年	一二五二	八月二五日	…於件三所、奉転読大般若経、又可有御神楽之由、	宗尊親王病平癒により、二所・三島で御神楽あり。		『吾妻鏡』
162		建長五年	一二五三	三月一日	於御所鞠御壷覧童舞、是明日鶴岡法会調楽云々、	宗尊親王、鞠の庭にて調楽の童舞を覧ず。	児童：童舞	『吾妻鏡』
163		建長五年	一二五三	八月一四日	鶴岡上下宮為正殿遷宮也、…有御神楽、右近将監中原光上唱宮人曲云々、	鶴岡八幡宮正殿の遷宮が行われ、御神楽において右近将監中原光上が宮人曲を奏ず。	中原光上：宮人曲	『吾妻鏡』
164		建長六年	一二五四	五月八日	於聖福寺神験宮有舞楽云々、	鎌倉聖福寺の神験宮にて舞楽が催される。		『吾妻鏡』
165		正嘉二年	一二五八	三月三日	鶴岡法会、舞楽如例、	鶴岡法会にて恒例の舞楽が催される。		『吾妻鏡』
166		正嘉二年	一二五八	三月一〇日	鶴岡三月会、舞童等依召参御所、於鞠御壷施舞曲、	鶴岡三月会にて、舞童による舞曲が披露される。	児童：童舞	『吾妻鏡』
167		正嘉二年	一二五八	八月一五日	鶴岡放生会、将軍家御参宮、…於廻廊簾中覧舞楽、	宗尊親王、簾中にて鶴岡放生会の舞楽を覧ず。		『吾妻鏡』
168		正嘉二年	一二五八	一二月九日	於鶴岡八幡宮、被修諸神供養音楽云々、	鶴岡にて諸神供養の音楽が執り行われた。		『吾妻鏡』
169		正元二年	一二六〇	一月二〇日	於御所中、被定置昼番衆、…歌道・蹴鞠・管弦・右筆・弓馬・郢曲以下、都以堪一芸之輩、於時依可有御要、被定結番、去比御要之時、無人之間、殊以此御沙汰出来…、	将軍御所にて昼番衆が設けられ、出仕する御家人は歌道・蹴鞠・管弦・右筆・弓馬・郢曲の諸芸能に堪能でなければならないが、近年は御所の諸用の際に人員がおらず、改めて昼番衆を設置した。		『吾妻鏡』

No.	将軍	和暦	西暦	月日	史料	内容	担い手	出典
170	宗尊親王	文応元年	一二六〇	一一月二八日	御奉幣箱根御山、衆徒等湖上浮船延年、垂髪翻廻雪之袖、尽歌舞之曲、	箱根山へ奉幣し、箱根衆徒が船上で延年を催し、児童による歌舞も披露される。	箱根山衆徒：延年　児童：童舞？	『吾妻鏡』
171		弘長元年	一二六一	八月一五日	鶴岡放生会、御息所為覧舞楽渡御、	近衛宰子、鶴岡の舞楽を覧ずるため渡御。		『吾妻鏡』
172		文永二年	一二六五	三月四日	於御所鞠御壷覧童舞、…又右近将監中光氏廻雪奏賀殿之間給禄物（五衣）、	将軍御所の鞠の庭にて童舞が催される。また楽所楽人の中原光氏が賀殿を奏して褒賞される。	児童：童舞　中原光氏：賀殿	『吾妻鏡』
173		文永二年	一二六五	三月九日	於鶴岡若宮宝前、被行管弦講、…其後有御神楽、人長松若丸、本拍子…、	鶴岡若宮にて管弦講が催され、舞童により御神楽が催された。	児童：御神楽（和琴・篳篥など）	『吾妻鏡』
174	惟康親王	文永三年	一二六六	九月二九日	文永三年丙寅九月廿九日戊午／始造立之奉安置舞楽院／従五位下行左近衛将監中原朝臣光氏	文永三年、幕府の楽所楽人中原光氏が木造弁才天坐像を鶴岡舞楽院に奉納する。		木造弁才天坐像（鶴岡蔵）
175		建治二年	一二七六	二月二三日	雪の下装束不足分借賃（鎌倉上下路銭給之）、	下野足利氏の鑁阿寺で一切経会曼荼羅供が催された際に、その予算額に鶴岡楽人が着用する舞楽装束の借用賃と、往復の交通費が計上されていた。	鶴岡楽人	「鑁阿寺文書」（『栃木県史史料編中世四』）
176		弘安四年	一二八一	八月二九日	寅一点開仮殿御戸、此間楽人等奏乱声、…今度任先例、有宮人曲、臨期自御代官被立御使、供奉人、可奏宮人曲、本拍子久光、末拍子光上可勤仕之由、被仰含之、曲畢之後、召久光并光上有禄、色々衣一領、役人供奉人、抑於宮人曲者、依為神楽第一之秘事、天下無双之秘曲、於公家被行其節之時、必被仰下勧賞者也、諸社遷宮厳重御祈之時被哥之、依之建久当社御鎮坐之時、被召下多好方好節等哥之、宛給一村地頭職畢、建長御修理之時、光氏哥之、今度彼好方五代之孫右兵衛尉好久又参上、雖申入子細、久光・光上等重代相伝之、依旧労奉公、被仰付之畢、	鶴岡八幡宮遷宮に際し、八月二九日に幕府楽所に所属する楽人等による奏楽・乱声が行われる。また神楽秘曲の宮人曲が、中原光上等により奏される。	楽所楽人	「弘安四年鶴岡八幡遷宮記」（『続群』第3輯上）
177		弘安九年	一二八六	三月二八日	…右作法者、弘安九年三月廿八日被供養相模国大山寺私記也、今作法、依御流式真言院憲静上人相談光氏等日記、	弘安九年三月二十八日に仁和寺流様式で大山寺舞楽曼荼羅供が復興され、楽所楽人中原光氏や鶴岡楽人の大泉右近・辻三郎兵衛・野田左衛門等も関わる。	中原光氏（楽所楽人）・大泉右近・辻三郎兵衛・野田左衛門など（鶴岡伶人）	「舞楽曼荼羅供私記大山」（金沢文庫古文書288函48）
178	久明親王	正応三年	一二九〇	九月五日	大唐高麗舞師／本朝神楽博士／従五位上行／左近衛将監／中原朝臣光氏（行年／七十三）／正応三年（庚寅）／九月五日	逗子市神武寺のみろく窟に安置される石造弥勒坐像の銘文。中原光氏の没年が記される。	中原光氏	石造弥勒菩薩坐像（神武寺蔵）
179		正応五年	一二九二	八月一一日	今日為庭舞見物、相州来臨、雖降雨無事…、	鶴岡での庭舞見学に北条貞時が参加。		「親玄僧正日記」
180		正応五年	一二九二	八月一三日	今日舞有見物了、	親玄、鶴岡の舞を見学。		「親玄僧正日記」
181		正応六年	一二九三	一月三日	恒例田楽、	鎌倉佐々目にて恒例田楽。		「親玄僧正日記」
182		正応六年	一二九三	八月一三日	舞ソロヒ、ヤフサメソロヒ、	流鏑馬とともに、鶴岡放生会の試楽がされる。		「親玄僧正日記」
183		正応六年	一二九三	一〇月二一日	今日諸訴人神（群カ）集社壇、…結構御神楽云々、	鶴岡社頭にて七〇〇人の群衆により神楽の興行。		「親玄僧正日記」
184		永仁二年	一二九四	一月九日	自今夜児神楽始之、	今夜より七箇日の児神楽が始まる。	児童：児神楽	「親玄僧正日記」

No.	将軍	年号	西暦	月日	記事	内容	担い手	出典
185		永仁二年	一二九四	一月一五日	今夜児神楽結願、交裏頭之雑人見聞了、	児神楽が結願し、親玄は裏頭の人々に混ざり見物。	児童：児神楽	『親玄僧正日記』
186		永仁二年	一二九四	一月二三日	太守禁忌事出来、仍田楽等延引云々、	北条貞時、憚りが生じたため田楽が延引する。		『親玄僧正日記』
187		永仁二年	一二九四	三月一日	今日舞楽合也、	鶴岡で舞楽合わせが催される。		『親玄僧正日記』
188		永仁二年	一二九四	八月一五日	舞童猶於舞台舞云々、指唐笠之由有其聞、	雨天の鶴岡放生会で、唐笠を指して童舞がされる。	児童：童舞	『親玄僧正日記』
189		徳治二年	一三〇七	一一月八日	範秀／徳治二年十一月八日、己巳、晴、於妙音堂有琵琶伝業事、師匠左兵衛尉孝章、受者右衛門少将範秀也、件範秀関東武士也(号小串六郎右衛門)、当時相模入道家人也、年来弾琵琶云々、本師匠者鎌田備後前司行俊師云々、件行俊是又武士也、為法深之弟子、受灌頂云々、於関東為当道之人師云々、範秀属彼行俊法師、秘曲等悉習之、但至灌頂未遂、其節行俊法師他界云々、仍此事有余猶之由、多年競望之、以孝章為師匠可伝受之所申請也、	徳治二年、西園寺家妙音堂で琵琶秘曲の啄木が、藤原孝章から御家人小串範秀に伝授された。範秀は得宗被官であり、琵琶を弾奏し、御家人鎌田行俊に師事していた。しかし秘曲を伝授する前に行俊が死去したため、範秀が秘曲伝授を孝章に依頼してきた。	藤原孝章：琵琶 小串範秀：琵琶 鎌田行俊：琵琶	「春衡記」(『図書寮叢刊 伏見宮旧蔵楽書集成 二』)
190	守邦親王	延慶元年	一三〇八	年末頃	…大はんにやよませ、ミかくらし候ハん、	金沢貞顕の女性宛書状のなかに、仏事の指示が記され、僧正による大般若経供養と御神楽も行われる。		「金沢貞顕書状」(『金沢北条氏編年資料集』422)
191		正和四年	一三一五	七月九日	先寅一点、神分乱声、…菩薩・舞人・楽人左右相分向衆僧(集脱カ)会所、発楽、	極楽寺十三重塔の供養式が催され、衆僧の乱声や舞人・楽人の奏楽や獅子、菩薩舞の行道などが伴う。	舞人・楽人：菩薩舞など	「極楽寺十三重塔供養日記」(『鎌遺』三三－二五五六二)
192		嘉暦三年	一三二八	一月三〇日	一、田楽之外、無他事候、あなかしく、	金沢貞顕の、日野資貞の帰京や六波羅探題の案件を伝えるなかに、鎌倉での田楽の様子が記される。		「金沢貞顕書状」(『金沢北条氏編年資料集』812)
193		元徳元年	一三二九	九月八日	一、放生会者、将軍御重服之間、被付社家候了、十五日舞童以下如先々候けり、十六日者田楽相撲等計にて候けるよし承候、…十三日舞調深雨之間、十四日云々、	将軍守邦親王の重服により、八月十五日の鶴岡放生会の執行は鶴岡八幡宮に委託され、例年通りに舞童や翌十六日に田楽・相撲が催された。舞調は雨天により十四日に延期して実施された。	児童：舞童など	「金沢貞顕書状」(『金沢北条氏編年資料集』851)
194		元徳二年	一三三〇	六月一一日	てんかくの事も、かまくらのさたとも、…うけたまはり候ぬ、	金沢氏被官人の書状とされ、状中に田楽や鎌倉幕府での沙汰が記されるが詳細は未詳。		「氏名未詳書状」(『金沢北条氏編年資料集』936)

※1：本表は『吾妻鏡』を中心に、音楽関係記事が最初に登場する治承四年(一一八〇)から関係記事を採録している。『親玄僧正日記』は『内乱史研究』一四号～一六号を参照した。

※2：採録した記事のなかには、慣用句として「詩歌管弦」「歌舞」などが酒宴に付随して用いられている事例も散見されるが本表では掲出している。こうした用語が使われない・記録されない酒宴(例えば将軍渡御など)が圧倒的に事例として多いことを踏まえると、前述の用語が使われる・記録される事例には音楽的素養を備えた人物の参加が想定される。

※3：本表では音楽実施記事や音楽用語の採録を目的としているため、「人物(音楽儀礼・芸能の担い手)」の項目については、担い手が記されていない記事や、音楽芸能の実施が推定されるも、その担い手を推測できない記事(例えば『吾妻鏡』中で鶴岡八幡宮寺での恒例御神楽・放生会の実施のみが記録される場合がある。この場合、儀礼には童舞の舞楽が伴い、その担い手として児童(垂髪)が存在したことを想定しうるが、記録として記載されていない)は排除している。

※4：本表は主に記録・古文書類を中心に採録しており、都市鎌倉の音楽文化や鎌倉楽人に触れる『文机談』『胡琴教録』『教訓抄』などの音楽説話・楽書類は採録していない。前者の史料と異なり、後者は家の正統性の主張などの文飾もみられ史料的性格を踏まえて論じる必要があり、ひとまず前者とは区別している。

※5：本表の一部は拙稿「初期鎌倉幕府の音楽と京都社会―「楽人招請型」の音楽受容とその基盤―」(『神奈川県立博物館研究報告(人文科学)』四七号、二〇二〇年)掲載のものと重複するが、発表後に見出した追加・遺漏史料により補完している。

永福寺関連年表

和暦	西暦	月日	事項	備考
文治五年	一一八九	一二月九日	永福寺事始。	同年鋳物師真継宗明が二階堂の鐘を鋳、その鐘供養で田楽・猿楽が奉仕された。
建久三年	一一九二	正月二一日	源頼朝、新造御堂の地に渡御し、犯土(地鎮祭)に臨む。	
		六月一三日	源頼朝、新造御堂の地に渡御し、畠山重忠等が棟梁(屋根の棟と梁)を引いた。その力に頼朝は感じ入る。	
		八月二四日	源頼朝臨場のもと、二階堂の地に初めて池を掘る。	
		八月二七日	源頼朝、二階堂に渡御し僧静玄を召して堂前の池の立石の事を打ち合わせる。	
		九月一一日	源頼朝臨場のもと、静玄が堂前の池石を立てる。	
		一〇月二五日	二階堂の惣門が立つ。	
		一〇月二九日	二階堂の扉並びに仏後の壁の画図が完成。藤原秀衡建立の円隆寺のものを模したもの。	
		一一月一三日	二階堂の池の奇岩、源頼朝が気に入らなかったので静玄を召して直させる。	
		一一月二〇日	永福寺の営作終わる。	
		一一月二五日	永福寺供養。曼陀羅供を行った。導師大僧正公顕。	
			この年、性我永福寺別当となる。	
建久四年	一一九三	三月一三日	後白河法皇の冥福を祈るために若宮・勝長寿院などと共に永福寺の僧が千僧供を修す。	
		六月二〇日	鶴岡・勝長寿院と共に永福寺の僧が祈雨法を奉仕する。	
		一一月二七日	源頼朝渡御し永福寺薬師堂供養が行われる。導師は京より下った前権僧正真円。	
建久五年	一一九四	正月一八日	源頼朝、永福寺と勝長寿院等に詣でて礼仏(仏像を礼拝)。	
		七月一四日	永福寺郭内に一棟の伽藍を建立し、源頼朝臨席のもと上棟する。	
		八月二六日	源頼朝、一条高能と共に勝長寿院と永福寺等に参る。	
		八月二七日	勝長寿院・永福寺・持仏堂に安置するために金泥法花経五部を京都より整えさせる。	五部は勝長寿院・永福寺(二階堂・阿弥陀堂・薬師堂)・持仏堂か。
		九月一一日	永福寺内新造御堂の宿直人決定する。	
		一〇月一三日	永福寺内新造堂の事について、供養の導師として東大寺別当勝賢への依頼が決まり、依頼の使節が上京した。	
		一一月七日	源頼朝臨席のもと、永福寺内新造御堂に扉を立てる。	
		一二月二日	永福寺・同阿弥陀堂・同薬師堂など御願の寺社に奉行人を置く。	
		一二月一三日	御堂供養導師の使節、京より鎌倉に下着。勝賢が既に下向と報告。	
		一二月一五日	御堂供養の導師(勝賢)が近日中に鎌倉に下着するとの先使が到来したので、迎えの御家人が出発する。	
		一二月一九日	御堂供養の導師である東大寺別当勝賢が鎌倉に下着。	

		一二月二六日	源頼朝臨席のもと、永福寺内新造薬師堂供養。導師勝賢。	
		一二月二八日	源頼朝・御台所政子・若君頼家、新造の薬師堂に参り礼仏。	
建久六年	一一九五	七月一五日	源頼朝、永福寺で礼仏。	
正治元年	一一九九	九月二三日	雷雨により源頼家、永福寺での蹴鞠を止める。	
		一一月一八日	梶原景時を鎌倉から追放し、その家を破却して永福寺僧坊に寄付する。	
正治二年	一二〇〇	閏二月二日	彼岸の初日、尼御台所北条政子の願として、永福寺供僧を衆として法華懺法を故将軍源頼朝の法華堂で行う。	
		閏二月八日	法華懺法結願。	彼岸の終日。
		閏二月二九日	源頼家、永福寺以下の近辺の勝地を歴覧す。夜に永福寺において郢曲(謡い物)が行われ、僧・児童等と釣殿で酒宴。	
建仁二年	一二〇二	三月一四日	永福寺多宝塔供養。北条政子と源頼家が結縁のために参る。導師栄西律師。頼家の乳母入道武蔵守源義信の亡妻の追福。	
建仁三年	一二〇三	二月一七日	道曜、文殊師利所説礼北斗星本命属星陀羅尼経を永福寺僧坊で書写す。	
		三月一五日	永福寺一切経会が行われ、源頼家舞を見るために出御。	
		一一月一五日	鎌倉中の寺社の奉行を定める。永福寺は畠山重忠・三浦義村・三善宣衡、阿弥陀堂は北条時房・源光行・足立遠元、薬師堂は源親広・千葉常秀・二階堂行光。	
		一二月一四日	源実朝、永福寺以下の御堂に参り礼仏。	
元久元年	一二〇四	八月三日	鎌倉中の寺社領の事を定め、中原仲業を永福寺公文職に補す。	
元久二年	一二〇五	二月二一日	武蔵国土袋郷の乃貢(年貢)を永福寺供僧等の役料に充てる。	武蔵国土袋郷は現在の埼玉県比企郡川島町一帯。
建永二年	一二〇七	三月一日	永福寺から桜梅等の樹木を北御壺(将軍御所北の中庭)に多く引き移して植える。	
承元二年	一二〇八	七月一五日	武蔵国威光寺領に乱入・刈田狼藉を行った狛江入道増西の罪科を永福寺宿直百箇日で償わせる。	武蔵国威光寺は現東京都豊島区南池袋にある威光山法明寺。
		七月一九日	永福寺阿弥陀堂で二十五三昧会が行われ、北条政子と源実朝並びに実朝室の坊門信子が聴聞のために参堂する。	
承元三年	一二〇九	一〇月一〇日	二階堂行光が永福寺の傍らに伽藍を建立する。	『鎌倉攬勝考』では東光寺。
		一二月二三日	源実朝、勝長寿院・永福寺・法華堂等に参る。	
承元五年	一二一一	閏正月九日	永福寺辺から梅を一本御所の北面に移す。	この梅は北野廟庭の種。
建暦元年	一二一一	四月二九日	源実朝、昨朝郭公の初声を聞いたとの話で永福寺に詣でる。しかし聞く事叶わず。	
		一〇月一九日	源実朝臨席のもと、永福寺で宋本一切経五十余巻の供養・曼陀羅供を栄西と讃衆三十口、題名僧百口で行う。	
		一〇月二二日	伊賀守朝光永福寺の傍らに一寺を建立。導師栄西で供養。	
		一一月三日	永福寺の惣門と源義信建立の塔婆一基焼亡す。	
		一二月二二日	源実朝、勝長寿院・永福寺等に詣でる。これは歳末の恒例。	
建暦二年	一二一二	七月二三日	永福寺並びに大蔵堂等の惣門を建てる。	永福寺惣門は昨年焼亡。

		一一月二一日	萩野三郎景継（梶原景時の次男景高の子）が失態を犯し永福寺で出家。	
建暦三年	一二一三	五月二日	和田合戦に際し、源実朝が二階堂に逃れたとの風聞あり。	
		九月一八日	永福寺別当美作律師経玄入滅。	
		一〇月一四日	前日からの異変により、大江広元を奉行として、鶴岡、勝長寿院、永福寺等の供僧と陰陽道の輩に祈禱が命じられる。	
		一一月二四日	源実朝臨席のもと、恒例の一切経会行われる。	
建保二年	一二一四	三月九日	源実朝、観桜のために永福寺出御。	
		三月一一日	山城判官二階堂行村、二階堂奉行となる。	
		一二月一〇日	源実朝、恒例の一切経のために永福寺に出御。	
建保四年	一二一六	八月一九日	尼御台（北条義時室）、故伊賀守朝光追福のために永福寺郭内に塔婆を造立供養。	尼御台は伊賀守朝光の娘伊賀の方。
		一二月二五日	源実朝、方違えのために永福寺内僧坊に渡御。	
建保五年	一二一七	三月一〇日	源実朝、桜花観覧のため永福寺出御。	
		九月三〇日	永福寺で始めて舎利会を行う。尼御台所北条政子と源実朝、御台所（坊門信清女）が参列。法会の次第では舞楽以下美・善を尽くす。	
		一二月二五日	源実朝、方違えのために永福寺内僧坊に渡御。終夜歌会を行う。	
建保七年	一二一九	三月一日	永福寺別当慶幸を鶴岡別当に補し、遍曜を永福寺別当に補す。	
承久元年	一二一九	九月二二日	鎌倉中焼亡し、永福寺惣門に及ぶ。	
承久二年	一二二〇	一二月二日	地震。永福寺内僧坊三宇焼亡。	
承久三年	一二二一	五月二六日	世上無為の祈禱鶴岡で始める。仁王百講を修め、鶴岡・勝長寿院・永福寺・大慈寺等の供僧参加する。	
貞応三年	一二二四		『海道記』作者、二階堂を礼す。	
嘉禄二年	一二二六	九月二日	藤原頼経、密かに勝長寿院・永福寺に渡御。	
寛喜元年	一二二九	三月一五日	藤原頼経、花観覧のため永福寺に出御。	
		一〇月二六日	藤原頼経、蹴鞠観覧のため永福寺出御。その後和歌会開催。	
寛喜二年	一二三〇	三月一五日	藤原頼経臨席のもと、永福寺で恒例の一切経会開催。	
寛喜三年	一二三一	三月一五日	永福寺恒例舎利会に藤原頼経が御台所（竹御所、源頼家女）と共に渡御。	
		一〇月六日	藤原頼経の御願寺建立のため、永福寺・大慈寺等の内を点定。	
		一〇月一六日	二階堂の内に五大尊堂（頼経の御願寺）を建てるべき地の犯土（地鎮祭）のために方角を糺す。二階堂後山より方角を校量す。	
		一〇月一九日	御堂（五大尊堂）の地を二階堂から甘縄に改める。	
		一〇月二五日	北条時房の公文所が焼亡し、永福寺惣門の内に及ぶ。	
貞永元年	一二三二	一一月二九日	藤原頼経、林の辺りを見るために永福寺に渡御。雪見をする。釣殿に入って和歌会開催。	
文暦元年	一二三四	七月二九日	藤原頼経室竹御所の葬送に二階堂僧加わる。	
文暦二年	一二三五	七月五日	永福寺総門の上棟に藤原頼経臨席。	

延応二年	一二四〇	六月九日	永福寺別当行勇に祈雨法命ず。	
仁治二年	一二四一	三月一五日	永福寺一切経会に藤原頼経臨席。	
仁治三年	一二四二		『東関紀行』の作者、二階堂に参詣。	
寛元二年	一二四四	七月五日	永福寺並びに両方脇堂の修理始まる。	
寛元三年	一二四五	一〇月一二日	久遠寿量院（源頼朝持仏堂）で如法経十種供養を行い、永福寺奥山に納経した。	
宝治元年	一二四七	六月九日	宝治合戦に際し、三浦光村永福寺惣門内に従兵八十余騎と陣を張る。	
宝治二年	一二四八	二月五日	北条時頼、永福寺興行の夢告を受け、遅延している永福寺三堂の修理を図る。	
		三月一五日	永福寺の法会に北条時頼結縁。	
		一〇月二一日	永福寺修理の事を沙汰。清左衛門尉満定奉行す。	
建長元年	一二四九	八月九日	永福寺修理用途に薩摩国阿多郡北方地頭職を充てる。	
		一一月二三日	永福寺供養。導師隆弁法印若宮別当。	
建長三年	一二五一	三月一〇日	藤原頼嗣、永福寺の花を観覧。	
		三月一五日	永福寺恒例の法会。	
建長四年	一二五二	七月六日	祈雨の事。勝長寿院・永福寺・明王院等に命ず。	
正元二年	一二六〇	二月一八日	宗尊親王、桜花観覧のため永福寺出御。	
文応二年	一二六一	二月二三日	鶴岡で仁王会が行われ、永福寺僧等が参ず。	
弘長三年	一二六三	五月一七日	鷺が永福寺山へ飛来するにより、陰陽師祈祷する。	
文永一一年	一二七四	三月四日	永福寺薬師堂供僧職に刑部律師を補す。	
弘安七年	一二八四		忍性、二階堂五大堂大仏別当に補任される。	
正安元年	一二九九	一〇月二七日	永福寺薬師堂供僧等と相模国飯田郷一分地頭との相論に裁許。	
正安三年	一三〇一	九月一一日	永福寺薬師堂供僧職に下野僧都を補す。	
延慶三年	一三一〇	一一月六日	安養院の失火により、二階堂など多くの寺社焼失。	安養院は鎌倉市大町の寺院。北条政子が源頼朝の菩提を弔うために建てた長楽寺が前身。
元応二年	一三二〇	六月一六日	永福寺修造用途を八月中に沙汰するよう命ず。	
元亨二年	一三二二	三月六日	永福寺別当職を親玄が一期分として二条僧正道承に譲与。	
元徳三年	一三三一	八月二七日	永福寺薬師堂供僧伊与法印厳演の訴えにより、相模国飯田郷一分地頭飯田五郎家頼知行分を下地中分。	
正慶二年／元弘三年	一三三三	五月二一日	新田義貞による鎌倉陥落の後、足利義詮が二階堂別当坊に滞在する。	
建武二年	一三三五	八月一八日	中先代の乱にて足利尊氏は北条時行を破り、その後、尊氏・直義が二階堂別当に入る。	
文和元年／正平七年	一三五二	三月一二日	観応の擾乱後、足利尊氏が鎌倉に入り二階堂別当坊に滞在する。	
応永一二年	一四〇五	一二月一七日	永福寺炎上する。	

【出典】平成一五年度～一七年度科学研究費補助金（基盤研究（B））研究成果報告書『吾妻鏡と中世都市鎌倉の多角的研究』（研究代表者：五味文彦、二〇〇六年）を参照。

永福寺紀行文史料集

種別	和暦(西暦)	資料名	著者名	永福寺記述
和歌集	建暦三年（一二一三）	金槐和歌集	源実朝	[巻之上冬部] 建保五年十二月方違のために**永福寺**の僧坊にまかりて、あした帰り侍るとて小袖を残しおきて 春待て霞の袖にかさねよと霜の衣のおきてこそゆけ
紀行文	貞応二年頃（一二二三）	海道記	不詳	[貞応二・四・一八] 次に、東山のすそに臨みて、**二階堂**を礼す。此は、余堂に踔躒して、感嘆及び難し。第一第二重なる檐には、玉の瓦、鴛の翅をとばし、両目両足の並び給へる台には、金の盤、雁灯を挑げたり。大方、魯般、意匠を窮めて、成風、天の望に冷しく、毘首、手功を尽せり、発露、人の心に催す。見れば又、山に曲木あり、庭に怪石あり、地形の勝れたる、仙室と云ひつべし。三壺に雲浮べり、七万里の浪、池の辺によせ、五城に霞峙てり、十二楼の風、階の上にふく。誤ちて半日の客たり、疑ふらくは、七世の孫に会はん事を。
紀行文	仁治三年頃（一二四二）	東関紀行	不詳	そもそも鎌倉の初めを申せば、故右大将家と聞え給ふ、水の尾の御門の九つの世のはつえを武人に受けたり。去りにし治承の末にあたりて、義兵をあげて朝敵をなびかすより、恩賞しきりにくはりて将軍のめしを得たり。営館をこの所に占め、仏神を砌にあがめ奉るよりこの方、いま繁昌の地となれり。中にも鶴が岡の若宮は、松柏みどりいよいよしげく、蘋蘩の供へ欠くることなし。陪従を定めて、四季の御神楽おこたらず、職掌に仰せて、八月の放生会を行はる。崇神のいくつしみ、本社にかはらずと聞ゆ。**二階堂**は殊に勝れたる寺なり。鳳の甍日にかがやき、鳧の鐘霜にひびき、楼台の荘厳よりはじめて、林池のありどにいたるまで、ことに心とまりて見ゆ。大御堂と聞ゆるは、石巌の厳しきを切りて、道場の新たなるを開きしより、禅僧庵を並ぶ、月おのづから紙窓の観を訪ひ、行法座を重ね、風とこしなへに金磬の響を誘ふ。しかのみならず、代々の将軍以下、つくり添へられたる松の社葎の寺、町々にこれ多し。
紀行文	弘安三年（一二八〇）	春のみやまち（深山路）	飛鳥井雅有	[十一月] 廿六日、疾く発たむとすれば、この者ども来て、なほ強ひ居たり。日闌けて出でぬ。暮るる程に、**永福寺**の僧房に着きぬ。年来住み慣れし故郷は焼けて、かかる所に来ぬれば、あらぬ世の心地して、いとど都のみ恋しきこと、いはむ限りなし。
紀行文学	徳治二年頃（一三〇七）	とはずがたり	後深草院二条	[巻四] 明くれば鎌倉へ入るに、極楽寺といふ寺へ参りて見れば、僧のふるまひ都に違はず。(中略)かくて、荏柄、**二階堂**、大御堂などいふ所ども拝みつつ、
年代記	元徳二年頃（一三三一）	北条九代記	鎌倉幕府吏員	[下、弘安] 三年庚辰 今年十月廿八日丑刻右大将幷義時時房等朝臣。法花堂荏柄社弁尼寺。**二階堂**相州館已下焼失。火本中下馬橋中条判官宿所。 [下、弘安十年八月] 廿四日二階堂修理供養。導師公朝僧正。 [下、延慶三年] 十一月六日自二安養院一失火。焼失所所。勝長寿院。法花堂。神宮寺。浄光明寺。多宝寺。理智光院。杉本。田代。**二階堂**。大門。荏柄社。其外堂社不レ知二其数一。将軍御所最勝園寺禅閣館。両国司以下大名小名館宿等大略焼失訖。前代未聞之由有二其沙汰一。
歴史書	貞和五年頃（一三四九）	梅松論	不詳	[上、元弘三年、義詮関東討伐後二階堂に御座す] さても関東誅伐の事は義貞朝臣、其功を成ところに、いかゞ有けん、義詮の御所四歳の御時大将として御輿にめされて義貞と御同道有て、関東御退治以後は**二階堂**の別当坊に御座ありし。諸侍悉四歳の若君に属し奉りしこそ目出けれ。是実に将軍にて永々万年御座あるべき瑞相とぞ人申ける。 [上、建武元年、護良親王鎌倉下向] 同十一月親王をば細川陸奥守顕氏請取奉て関東へ御下向あり。思ひの外なる御旅のそら申も中〳〵をろかなり。宮の御謀反、真実は叡慮にてありしかども御科を宮に譲り給ひしかば、鎌倉へ御下向とぞきごえし。宮は**二階堂**の薬師堂の谷に御座ありけるが、武家よりも君のうらめしくわたらせ給ふと御独言ありけるとぞ承る。 [上、建武二年、尊氏・直義鎌倉入] 去程に将軍御兄弟鎌倉に打入**二階堂**の別当に御座ありしかば、京都より供奉の輩は勲功の賞にあづかる事を悦、又、先代与力の輩は死罪・流刑を宥められしほどに、元非をくひていかにも忠節をいたさん事をおもはぬ者こそなかりける。

歴史書	一四世紀半ばか	保暦間記	不詳	【建久三年】同八月頼朝鶴岡八幡宮ニ始テ放生会ヲ行フ。同十一月廿五日**永福寺**ヲ造立シテ供養ヲ遂グ。導師ハ公顕僧正也。此寺ハ専ラ池ノ禅尼ノ孝養トゾ聞エシ。誠ニ平治ノ乱ノ時。此尼公ノ入口ニ依テ助リ給シカバ。報答モ其故有トゾ覚ケリ。
日記	文和四年頃（一三五五）	鶴岡社務記録	不詳	【承久】三辛巳　五月廿六日於二当社一、大仁王会始行レ之、講師安楽房法橋重慶、読師民部卿律師隆修、此会関東始云々、請僧百口、当社 勝長寿院**永福寺**大慈寺供僧等也、 【元亨】元辛酉　依二辛酉一於二当社一御修法、正月**二階堂**別当僧正親玄金門鳥敏法、二月大御堂別当僧正道潤中薬師法、三月法花堂別当僧正顕弁北斗法被二勤仕一之、三門跡如レ此、二月廿九日大仁王会、講読師如二去年一、放生会九月被レ行之、 【正中二年五月】同廿五日、為二炎旱祈雨一、相二催供僧等一、殊可レ致二精誠一之由、御教書到來、御前奉行摂津刑部大輔入道々準、後藤信濃前司奉行也、則被レ下二御教書案於執行賢淳法印一畢、勝長寿院**永福寺**同被二仰下一云々、 【暦応三年二月】十一日朝弁法印依二同類白状一、於二**二階堂**一被二召取一畢、 【康永三年十月】廿六日為二天変御祈一若宮参籠、其外**二階堂**金□五大堂薬師、 【文和元年三月】十二日将軍鎌倉入、**二階堂**別当房、
歴史書	江戸時代前期	櫻雲記	不詳	【元弘三年】十二月廿八日成良親王関東為管領源直義執権シテ鎌倉ニ下向二階堂小路山城美作カ館ニ居ス
紀行文	一七世紀前半か	玉舟和尚鎌倉記	玉舟宗璠	**永福寺** 寺地何方ともたづねきかざりし也。二階堂の跡とて、ゑがらより東、薬師堂谷より南の方に石ずへの跡ありといへり。
地誌・案内記	万治二年（一六五九）	鎌倉物語	中川喜雲	一 **四石** 大塔ノ獄ヲ下テ、前ナル大道ノ傍ニ石四ツアリ。古ヘ此辺ニテ合戦アリ、阿左井那(朝夷名)ノ三郎モ寄手ノ人数也。今ノ四石ノ処ニ門アリ。三郎大力ヲ出テ門ヲ推セドモ門堅シテタヲレズ。其夜帰テ妻告テ云ク、我大力ノ名ヲ得テ、此門ヲ破ルコトアタハズ、甚ダ是ヲ遺恨トス。妻ノ云ク、扉ヲ推スニハ破ルコトアタハザルベシ。シキミ(ヰ)ヲ取テ前へ引カバ、門必ズタヲルベシト。翌日ノ戦ニ三郎妻ノ言ノ如クス。門便、破テ其戦終ニ勝ツ。今ノ四石ハ其門ノ礎也ト云伝ル也。
紀行文	万治二年頃（一六五九）	金兼藁	林羅山門人	**二階堂** 出荏柄西北行二町、曰二階堂。其内曠茫、而旧跡多矣。【東鑑】云、二階堂地、始被堀池。地形本自水木相応所也。仰近国御家人、召各三人匹夫云々。池之跡、今無所見、郷人亦不知其処。曽聞此有池、其地靡人知、木茂小流下、径荒徒自傷。 （中略） **永福寺**【東鑑】云、文治五年十二月九日、今日永福寺事始也。於奥州、令覧泰衡管領□(之か)精舎、被企当寺華構之懇府、且宥数万之怨霊、且救三有之苦果也。抑彼梵宇之中、有二階堂〈号大長寿院〉専依被摸之、別号二階堂歟云々。寺今不存。 陸奥摸来創宝坊、巍々華構二階堂、祖先已有前蹤在、耳納寺成知戦場。
紀行文	延宝二年（一六七四）	鎌倉日記	徳川光圀	**永福寺** 西御門ヘ入口ノ右ニ見ユル谷也。今ハ寺ハ亡ビ、田中ニ礎ノミアリ。頼朝奥州ノ泰衡退治ニ下向有テ、秀衡建立ノ金堂ヲ見テ、帰テ此寺ヲ建立ス。建久三年ヨリ土石ヲ運ビ地引ス。同十一月廿五日、永福寺供養、将軍御参詣、寛喜四年九月廿九日、頼綱(経)将軍永福寺ノ林頭ノ雪見ン為ニ出ラレ、歌ノ会アリ。判官基綱・武州泰時等ノ倭歌アリ。
地誌	貞享二年（一六八五）	新編鎌倉志	河井恒久	【二巻】○**永福寺**(エウフクジ)**旧跡** 永福寺旧跡は、土籠の北方なり。昔二階堂の跡なり。里俗は山堂(サンダウ)とも光堂(ヒカリダウ)とも云ふ。田の中に礎石今尚存す。俗に四石(ヨツイシ)・姥石(ウバイシ)など云あり。【東鑑】に、文治五年十二月九日、永福寺事始也。奥州に於て、泰衡管領の精舎を御覧ぜしめ当寺の華構を企てらる。彼梵閣等並宇之中、二階堂あり。大長寿院と号す。専これを摸せらるに依て、別して二階堂と号す。建久三年十一月廿日、営作已に其功を終ふ。御台所御参とあり。其外池をほり、阿弥陀堂・薬師堂・三重の塔・御願寺等建立の事あり。元久二年二月、武蔵国土袋郷を、永福寺の供料に募らるとあり。貞永元年十一月廿九日、頼経将軍、永福寺の林頭の雪覧給ん為に渡御、倭歌の御会あり。但し雪気雨脚に変ずるの間、余興未尽して還御す。路次にて判官基綱申して曰く、雪為雨無全、武州泰時これをきかしめ給ひ、仰られて云く、「あめの下にふればぞ雪の色も見る」とあれば、又基綱、「三笠の山をたのむかげとて」とあり。【梅松論】に、義詮御所、四歳の御時、大将として。御輿にめされて、義貞と御同道有て、関東御退治以後は、二階堂の別当坊に御座ありし、諸士悉四歳の若君に属し奉りしこそ、目出けれとあるは、此寺の別当坊也。

歴史書	江戸時代中期	鎌倉九代後記	不詳	[満兼、応永一二年] 同年十二月十七日**永福寺**炎上。
紀行文	安永九年（一七八〇）	山東遊覧志	葛郛	○**永福寺**　旧跡　土籠の北の方なり。礎石今尚存す。二階堂の跡なり。
案内記	天明四年（一七八四）	鎌倉名所記	鎌扇人	東御門 えがら天神社 社宝多し **二かいどう** 大楽寺 こゝろみふどう しゆほう堂
紀行文	寛政九年（一七九七）	相中紀行	田良道子明甫	又籠の北の方に**永福寺**の旧跡有、是昔の二階堂の跡也、俗是を山堂とも光堂ともいふ。田の中に礎石今尚存せり。（中略）又永福寺旧跡の北山の嶺ニ獅子巌といへる巌有、其形獅子の如し、俗是を二階堂の獅子舞の峯といふ。昔ハ永福寺の内也。永福寺の内ニ二階堂有て、繁昌の時ハ寺内広して、此辺より遙東南の村までを今に於て二階堂村といふ也。
名所図会	寛政九年（一七九七）	東海道名所図会	秋里籬嶌	[巻六] **二階堂**（かいだう） 土の籠の北にあり、永福寺の廃跡（はいせき）也、古礎（こそ）ありて姥（うば）石、四（よ）ツ石の名あり、又字（あざな）を山堂光堂と呼ぶ
鎌倉絵図	寛政一〇年（一七九八）	鎌倉勝概図（木版彩色）	秦檍丸（図）	「**永福寺旧跡**」「**二かいどう**」
鎌倉絵図	寛政一〇年頃（一七九八）	鎌倉勝概図（木版墨摺）	秦檍丸（図）	「**永福寺旧跡**」「**二かいどう**」、包紙「此図は万葉集よりさくるのさらしものかたり和名抄及東鑑太平記にのする名勝神社仏閣蓬室貴人の旧宅杣又墳墓にいたるまでつまひらかたり、行程ハ鎌倉志にあらはれたり」
紀行文	享和元年（一八〇一）	江島鎌倉往来	不詳	東御門（ごもん）は荏柄天神、和田平太胤長屋舗、覚園寺（かくえん）、大塔宮（おゝとうの）土籠、石塔を拝し、**永福寺**の旧跡といへる山の巓には獅子窟と云あり。
鎌倉絵図	明和年間以降（一七六四）	鎌倉名勝図	須原茂兵衛	「永福寺跡」
地誌	文化一二年（一八一九）	鎌倉攬勝考	植田孟縉	[巻之七 廃寺] [**二階堂廃跡**] 今は二階堂村と称し、古への結構も名のみ残れり。土人は山の堂又は光堂とも唱へ、礎石今田の中に存す。土人呼で四ツ石・姥石の名あり、右大将家の刱建なり。其発起のことは、奥州平泉の秀衡建立せし二階堂に擬して、造営しける梵閣なり。寺号は永福寺と名附給ふ。文治五年十二月九日、今日永福寺二階堂別当事始なり。嚮に奥州にて、泰衡管領の精舎を一覧し給ひ、華構の企をせらる。是は数万の怨霊を宥め、且は三有の苦果を救はん為なりといふ。抑彼梵閣宇を並べたる中に、二階堂有〈号大長寿院。〉もつぱら是を摸し給ふ。別号を二階堂と称せり。梢雲天を挿み揚金荊玉紺殿を飾れり。 [上総五郎兵衛尉忠光] 是は上総介忠清が男にて、悪七兵衛景清が兄なり。平氏敗亡の後、忍びて鎌倉に来り、一階堂造立し給ふ頃ゆへ、匹夫に貌をやつし、右大将家を伺ひ謀らんとし、建久三年正月廿一日、将軍家新建の御堂の地に渡御し給ふ。この時土石を運ぶ匹夫の中に交れり。然るに頼朝卿覧佐（ミアヤシミ）給ひ、左の眼盲（マナコメシイ）の男あり。彼者いづくより、誰人の遣するやのよし尋給ふ。仍て景とき、此事を相尋といへども分明ならず。御前に召寄、佐貫四郎大夫御旨を得て是を面縛する処に、懐中に一尺余の打刀を帯し、殆ど寒氷のごとし。又其盲をみるに、魚鱗をもて眼の上を覆ふ。いよ〳〵害心あるものと知し食の間、推問せらる。名揚申ていふ、上総五郎兵衛尉なり、幕下をはかり奉らんと、数日鎌倉中を経廻せしといふ。則此ものを和田義盛に下し給ひ、同意の輩の有無、召尋べき旨仰含らる。推問せしに、申て云、更に同類なし、但し越中次郎兵衛尉盛継、去年の頃丹波国に隠れ居れり。彼もおな敷会稽の志しをぞんずるか、当時は在所知がたし。曾て一所に住居を定めつるよし、聞及びしと云云。同二月廿四日、武蔵国六浦の海辺にて、忠光を梟首す。義盛奉之、日来醤水を断しといふ。 （上総忠光生捕らるゝ図） 同六月十三日、幕下永福寺に渡御、畠山次郎・佐貫四郎大夫・城四郎・工藤小次郎・下河邊四郎等、棟梁の材木を引運ぶ。其力は、数十人の力士の働のごとし。各々一時に功を成と。観る者目を驚す。幕下御感じ給ふ。同年十一月廿日、永福寺

分類	年	書名	著者	本文
地誌	文化一二年（一八二九）	鎌倉攬勝考	植田孟縉	造営畢、雲軒月殿、絶妙無比類。誠に是ぞ西土九品の荘厳を、東関の二階堂に移せり。今日御台所御参と云云。同廿五日供養有。曼荼羅供、導師は本覚院大僧正公顕なり。将軍家出御、供奉五十二人と云云。元久二年二月、武蔵国土袋郷を永福寺供料に附し給ふ。承元五年十月十九日、永福寺に宋本一切経五千余巻有曼陀羅供、大阿闍梨葉上房律師栄西、讃衆三十口、題名僧百口なり。将軍家〈実朝〉、御出と云云。建保二年三月九日、将軍〈実朝〉、俄に永福寺の桜花御覧の為に御出の事あり。修理亮泰時・山城判官行村・東平太重胤・宮内兵衛尉公氏等御供に候す。上下歩儀なり。戌の刻還御のときに及び、御車を寺門に儲くと云云。同五年十二月廿五日、将軍家〈実朝〉、御方違として永福寺の僧坊に渡御ありて、九枝を挑て終夜歌の御会あり。御止宿。翌廿六日に、未明還御し給ふとき、御衣二領を僧坊にのこし置れ、一首の御詠を副らる。このとき事々に御芳情をつくさるといふ。 　春待て霞の袖にかさねよと、霜の衣をおきてこそゆけ 同四年九月晦日、永福寺にて初て舎梨会執行せらる。尼御所・将軍家〈頼経〉、幷御台所御出、舞楽をも執せらる。貞永元年十一月廿九日、将軍家〈頼経〉、永福寺の林頭の雪を覧給はんとて、武州〈泰時〉を初、ほかに携れる輩を御ゑらみ御供、寺門の辺にて卿僧正快雅参会、釣殿に入御、和歌の御会あり。但し雪気雨脚に変ずるの間、余興いまだ尽ずして、還御の路次にて、大夫判官基綱申して云く、雪は雨の為に全き事なし。武州是を聞給ひて、「雨の下にふれはそゆきの色も見る」とありければ、又基綱付申ていふ、「三笠の山をたのむかけとて」と云云。【東関紀行、引用略】建長三年十月七日、宇佐美判官祐泰が荏柄の家より失火して。薬師堂は残らず焼亡し、火延て、二階堂迄悉く焼失せしとあれば、此とき二階堂回禄に及びしは、惜むべきことなり。抑文治五年より、宝治三年まで六十年にして修理有て、建長三年迄纔に三年を過たり。前後合せて、六十三年に至りて灰燼となれり。是より別当永福寺は再建有しかど。二階堂は此後廃跡となれり。【梅松論、元弘三年引用略】、おなじ記にいふ、同年の冬〈元弘三年の冬なり。〉成良王征夷将軍として鎌倉御下向、下御所左馬頭殿〈直義なり兼相模守〉供奉し申されしかども、東八ケ国の輩大略属し奉り、鎌倉は去る夏の乱に地払せしかども、此夏大守御座有ければ、庶民安堵の思ひをなしけりとあり。按ずるに、此とき成良親王を供奉し直義下向、去る五月大乱後にて多く焦土となり、仮の御所もなければ、二階堂別当を以て宿営とせられ、建武二年七月、相模次郎時行が乱のとき、鎌倉を発足せられ、又矢矧より両御所一同、八月十九日鎌倉へ入給ひし比も、二階堂別当に御座有て、先祖の旧跡をゑらび、御所を経営せんと議せらるゝと云云。
紀行文	天保四年（一八三三）	金草鞋	十返舎一九	〔瑞泉寺〕〔天台山〕大とうのみやのつちのらうは二かいどうむらの山ぎわにあり。**二かいどう**は**ゑいふくじ**（永福寺）のあと、いしずへ（礎）ばかりのこれり。
地誌	天保一二年（一八四一）	新編相模国風土記稿	昌平坂学問所地誌調所	〔鎌倉郡巻之二十三山之内庄二階堂村下〕○**永福寺蹟** 土籠の北方にあり今尚柱礎四隅に存す故に其前の小路を四ツ石小路と呼べり、是は文治五年頼朝奥州より凱旋の後奥の大長寿院の二階堂に擬して当所に二階堂を建立し三堂山永福寺と号す〈土俗光堂、或は山堂と唱へしとぞ〉十二月九日事始あり〈【吾】文治五・一二・九〉、建久三年正月廿一日頼朝土石の運送を監臨あり、上総五郎兵衛尉偽て隻眼となり、幕下を謀らんとして事ならず、面縛せられしは此時なり〈【吾】建久三・一・二一〉、十月二十五日総門を建らる〈【吾】建久三・一〇・二五【保】建久三・一一・二五〉、二十九日扉壁等画図の功成れり〈【吾】建久三・一〇・二九〉、十一月二日堂供養の事及び導師以下雑事等の沙汰あり〈【吾】建久三・一一・二〉、二十日営作の功終りしかば夫人政子参詣あり〈【吾】建久三・一一・二〇〉、二十五日堂供養に因て頼朝参詣導師請僧等に施物を授与す〈【吾】建久三・一一・二五〉、四年三月後白河法皇の御為千僧供養あり、当寺も其衆に加へらる〈【吾】建久四・三・四〉、六月祈雨法を修行す〈【吾】建久四・六・二〇〉、五年八月金泥の法華経を当寺に収む〈【吾】建久五・八・二七〉、十二月当寺奉行人を増加せらる〈【吾】建久五・一二・二〉、正治元年十二月梶原景時が家屋を破却ありて当寺に寄附せらる〈【吾】正治一・一二・一八〉、二年閏二月二日彼岸初日たる故、法華堂に於て法華繊法を行はる当寺も其衆に加へらる〈【吾】正治二・閏二・二〉、建仁三年三月一切経会を行ふ、此間頼家参詣あり〈【吾】建仁三・三・一五〉、十一月当寺の奉行人を定めらる〈【吾】建仁三・一一・一五〉、元久元年八月鎌倉中寺社領の沙汰あり、右京進仲業当寺公文職に補せらる〈【吾】元久一・八・三〉、

地誌	天保一二年（一八四一）	新編相模国風土記稿	昌平坂学問所地誌調所

二年二月武州土袋郷を当寺の供料に募せらる〈【吾】元久二・二・二一〉、承元二年七月武州威光寺の訴により柏江入道増西当寺の宿直百箇日を役して其過失に替へらる〈【吾】承元二・七・一五〉、建暦元年四月山城守行村に当寺の奉行を命ず〈【吾】建暦一・四・二九〉、十月十九日宋本一切経の供養あり、依て実朝渡御あり〈【吾】建暦一・一〇・一九〉、十一月三日総門回禄の災にかゝれり〈【吾】建暦一・一一・三〉、十二月実朝歳末の恒規として参詣あり〈【吾】建暦一・一二・二二〉、二年七月総門再建就れり〈【吾】建暦二・七・二三〉、建保元年十月十四日大江広元奉行として祈祷あり、是は去夜変異あるに依てなり〈【吾】建保一・一〇・一四〉、二年十二月一切経会を行ふ、恒例に依て将軍実朝参詣あり〈【吾】建保一・一二・一〇〉、五年九月晦日舎利会を行はる〈【吾】建保五・九・三〇〉、十二月二十五日方違として実朝夜陰僧坊に渡御の事あり〈【吾】建保五・一二・二五〉、翌日帰館の時衣二領に一首の詠歌を添へ、彼坊内に残し置れしとなり〈【吾】建保五・一二・二六【金槐集】詠歌〉、承久元年九月二十二日鎌倉中焼亡して当寺の総門に至れり〈【吾】承久一・九・二二〉、二年十二月二日又寺内坊中両三宇回禄にかゝれり〈【吾】承久二・一二・二〉、寛喜三年十月二十五日当寺総門等回禄の災に罹れり〈【吾】寛喜三・一〇・二五〉、四年十一月二十九日頼経当寺林頭の雪を一覧として渡御、詠歌の催あり〈【吾】寛喜四・一一・二九〉、嘉禎元年七月五日総門上棟に依て将軍頼経渡御あり〈【吾】嘉禎一・七・五〉、寛元二年四月堂宇修理の沙汰あり〈【吾】宝治二・二・五〉、七月五日堂舎修補の事始あり〈【吾】寛元二・七・五〉、三年十月将軍頼嗣書写の法華経を当寺奥の院に奉納あり〈【吾】寛元三・一〇・一二〉、宝治二年二月当寺三堂修理懈怠するにより更に急速の沙汰あり〈【吾】宝治二・二・五〉、三月十五日法会を行ふ、諸人群参す〈【吾】宝治二・三・一五〉、十月清左衛門尉満定奉行として修理の条目を沙汰す〈【吾】宝治二・一〇・二一〉、建長三年十月七日又回禄の災にかゝる〈【吾】建長三・一〇・七〉、四年七月祈雨の祈祷を命ぜらる〈【吾】建長四・七・六〉、元弘三年高時亡びし後新田義貞足利千寿王〈義詮幼名、于時四歳〉を倶して須臾当寺に逗留あり〈【梅】元弘三〉、建武二年八月尊氏下向あり、相模次郎時行等の凶徒追伐の後、直義と共に当寺に在陣ありて賞罰を行ふ〈【梅】建武二・八・一九〉、至徳二年十二月地蔵院僧正道快当寺の別当に補せらる〈【我覚院文書】至徳二・一二・二五〉、当時補任の撰に定まれる例格あり、必鶴岡若宮幷に大御堂両別当に其僧の事業を僉議ありて補せられしなり、彼両所別当の補任も是と同じく当寺別当に是否を訊問ある事なり〈【鶴岡八幡社務職次第】〉、応永十二年十二月十七日回禄の災にかゝれり〈【鎌倉九代後記】応永一二・一二・一七〉、廿九年九月持氏の沙汰として寺領武蔵国春原庄の地諸役免除あり〈【最明寺蔵古文書】応永二九・九・一五〉、管領成氏の時毎年正月十一日評定始に当寺の事を記す、但し勝長寿院と隔年なり、当時回禄せし後は更に除かれしとなり〈【鎌倉年中行事】正月一一日〉、当寺古昔は無双の大伽藍たり、【海道記】に粗其形状を載す〈【海道記】貞応二・四・一八〉、又【東関紀行】にも殊勝の荘厳たる由見えたり、古昔のさまを想像するに足れり〈【東関紀行】仁治三〉、当時全く頽廃せしは享徳の頃なるべし、

△薬師堂　頼朝の建立にて建久五年七月十四日上棟頼朝監臨ありて工匠に禄を与ふ〈【吾】建久五・七・一四〉、九月十一日当堂宿直詰番の士を定めらる、結城朝光・畠山重忠・和田義盛等其員にあり〈【吾】建久五・九・一一〉、今度堂供養の導師として東大寺の別当勝賢を招ん為、十月十三日右京進季時使節の命を奉はりて上洛す〈【吾】建久五・一〇・一三〉、十一月七日扉立頼朝監臨して工等に禄を与ふ〈【吾】建久五・一一・七〉、廿日堂供養の時導師等に与ふべき施物の類、京より到著す〈【吾】建久五・一一・二〇〉、十二月二日当堂奉行人を定らる〈【吾】建久五・一二・二〉、十五日近日導師下著により招請使を定め、並に伝馬を宛らる〈【吾】建久五・一二・一五〉、十九日導師下著して先八田知家の宅に入る〈【吾】建久五・一二・一九〉、廿六日供養を行ふ〈【吾】建久五・一二・二六〉、廿八日頼朝幷夫人政子幼子万寿参詣あり〈【吾】建久五・一二・二八〉、建仁三年十一月又当堂の奉行人を定らる〈【吾】建仁三・一一・一五〉、寛元二年七月修理を加ふ〈【吾】寛元二・七・五〉、宝治二年二月五日又修理の沙汰あり〈【吾】宝治二・二・五〉、当時飯田村〈今上下二村に別称す〉に当堂の供田あり、正嘉二年已来地頭私曲せしめ、収納減少ある旨供僧等歎訴に及びしかば正安元年十月召決せられ、未進の分は速に究済すべき旨公裁あり〈【我覚院文書】正安一・一〇・二七〉、

△阿弥陀堂　創建の年代を伝へず、建久五年十二月当堂にも奉行人を置る〈【吾】建久五・一二・二〉、建仁三年十一月又当

地誌	天保一二年（一八四一）	新編相模国風土記稿	昌平坂学問所地誌調所	堂の奉行人を定めらる〈【吾】建仁三・一一・一五〉、承元二年七月十九日、二十五三味を行はる〈【吾】承元二・七・一九〉、 △多宝塔　建仁二年三月十四日供養あり、導師は栄西なり、此日二位の禅尼頼家参詣あり、是は頼家の乳母武蔵守義信亡妻の為なり、二位の禅尼導師に施物を与ふ〈【吾】建仁二・三・一四〉、建暦元年十一月三日回禄の災にかゝれり〈【吾】建暦一・一一・三〉、 △塔　建保四年八月十九日故伊賀守朝光追福の為に建る所なり、其日の導師は荘厳房行勇〈鶴岡八幡供僧〉施主は北条義時の室弁朝光が子太郎左衛門尉光季、式部丞光宗なり〈【吾】建保四・八・一九〉、【東鑑】を参考するに朝光は刑部丞光郷の男にて承元四年伊賀守に任じ、建暦二年従五位上に叙せらる、建保三年九月十日四頓滅翌日山城前司行政が家の後山に葬す、義時其所を監臨せしとなり、其地即当所にして行政が山荘、今其蹤跡を伝へざれど子孫二階堂をもて称せらるれば此山麓にありし事論ずべからず、さては朝光が墳墓当寺郭外にありしと覚ゆれど今其蹤だになし、 △池　建久三年八月廿四日に穿ちし池なり、頼朝監臨あり、時に近国の諸士に各役夫三口を宛らる〈【吾】建久三・八・二四〉、廿七日岩石数十箇を召寄せ、池辺に積て高岡をなせり、僧静玄此事を役す〈【吾】建久三・八・二七〉、九月十一日静玄指揮して奇石大石を池辺に居う、畠山重忠一人躬づから運致す〈【吾】建久三・九・一一〉、十一月十三日池辺の巌石頼朝意に応ぜざる趣ありとて重て静玄に下知あり、即畠山重忠・佐貫四郎大夫綱広・大井次郎実久等命を承て巌石を運び意の如く立革む、其力量百人の功に等しとて感賞あり〈【吾】建久三・一一・一三〉、已上の古跡当寺頽廃の後共に亡て遺蹤も詳ならず、又当寺の傍に建暦元年伊賀守朝光梵刹を営し事【東鑑】に見えたれど〈【吾】建暦一・一〇・二二〉、是も何れの頃廃せしにや今は遺蹤をだに伝へず、
鎌倉絵図	嘉永三年（一八五〇）	鎌倉一覧之図	常陸屋伊三郎板	「二階堂村」「永福寺礎石四つ石」
鎌倉絵図	明治一五年（一八八二）	鎌倉絵図	編集人近藤瓶城	（瑞泉寺東側）「**永福寺旧跡**東将軍頼経此ニ看雪和歌会アリ」
地誌	明治二八年（一八九五）	鎌倉旧蹟地誌	山名留三郎	**○永福寺蹟** 土牢ノ北方ニ在リ、今尚柱礎四隅ニ存ス、故ニ其前ノ小路ヲ四ツ石小路ト呼ヘリ、文治五年頼朝奥州ヨリ凱旋ノ後奥ノ長寿院ノ二階堂ニ擬シテ之ヲ建ツ、三堂山永福寺ト号ス、頼朝土石ノ運送ヲ監臨アリ、上総五郎忠光頼朝ヲ刺ントシテ縛セヲレシハ此時ナリ 宝治元年六月三浦泰村ノ法華堂ニ走ル時弟光村従兵八十余、此寺ニ在リ、使者ヲ兄所ニ遣シテ云ク、当寺特殊ノ城郭タリ、此所ニ於テ討手ヲ待ツヘシト泰村答云、縦ヒ鉄壁城郭アリト雖遁ルヘカラス、同シ事ナラハ故将軍御影前ニ於テ終ヲ取ラント欲ス、早ク来リ会スヘシト、光村寺門ヲ出テ法華堂ニ向フト○元弘三年高時亡ヒシ後新田義貞足利千寿王ヲ倶シ須臾当寺ニ逗留アリ、建武二年八月尊氏時行討伐ノ時直義ト共ニ当寺ニ在リテ将士ノ賞罰ヲ行フト云

表凡例

近世紀行文・地誌類を中心に関連資料から永福寺について記述の有る箇所のみ抜粋した。抜粋箇所冒頭［］内に巻号もしくは日付等を記載した。旧字は基本的に新字に改めた。割注は〈〉に収めた。近世紀行文・地誌類中において中世資料を参考文献としたことが示される場合は【】に資料名を記載した。「新編相模国風土記稿」中において参考文献の引用が認められる場合には文献名（略字の場合は次の通り【吾】：吾妻鏡、【梅】：梅松論）および日付を記載し、省略した。

各資料参考文献は以下の通り

「東海道名所図会」「鎌倉勝概図」（神奈川県立歴史博物館蔵）／山名留三郎『鎌倉旧蹟地誌』（富山房、一八九五）／『史籍集覧　第三冊』（近藤出版部、一九〇六）／『新編鎌倉志 鎌倉攬勝考』（大日本地誌大系刊行会、一九一五）／『続群書類従　第二九輯上 雑部』（続群書類従完成会、一九二三–二六）／『続群書類従　第一八輯下 日記部』（続群書類従完成会、一九二四–二六）／『群書類従　第二六輯 雑部』（続群書類従完成会、一九二九）／『群書類従　第二〇輯 合戦部』（続群書類従完成会、一九五二）／『日本古典文学大系』二九（岩波書店、一九六九）／鈴木棠三編著『鎌倉 古絵図・紀行 紀行篇』（東京美術、一九七六）／澤寿郎『復原鎌倉古絵図』（東京美術、一九七六）／白石克「「鎌倉名所記」諸版について」（『斯道文庫論集』一四、一九七七）／蘆田伊人編『新編相模国風土記稿第四巻』（雄山閣、一九八〇）／『鎌倉市史　近世近代紀行地誌編』（鎌倉市、吉川弘文館、一九八五）／『新編日本古典文学全集』四七、四八（小学館、一九九四）

資料解説

・寸法の単位はすべて㎝である。
・資料の時代区分は主に歴史資料での表記に準拠する。
・文化財指定略記号は、◉国宝、◎重要文化財、○都道府県指定文化財、□市区町村指定文化財として表示する。
・陸奥国平泉を本拠とする藤原氏について、従来は慣習的に「奥州藤原氏」と表記されてきたが、藤原氏の勢力圏が出羽国まで含むことに鑑み、近年では同氏を「平泉藤原氏」と呼称するようになっているため、本展でも同様の呼称を採用する。なお文治五年（一一八九）の所謂「奥州合戦」については代替名が提案されていないため、従来通り「奥州合戦」と表記する。
・釈文は、解説本文に関わる場合のみ掲載しており、必ずしもすべての資料に釈文を付しているわけではない。
・【参考文献】の表記は、本書巻末「主要参考文献」に記載のあるものについては適宜省略した。

序章◆発掘された永福寺と鎌倉研究

1 赤星直忠氏資料

神奈川　赤星直忠博士文化財資料館

1-1 赤星直忠氏調査ノート
現代

1-2 鎌倉諸所採集瓦（永福寺跡）
鎌倉時代

1-3 ガラス乾板写真（永福寺跡）
現代

国指定史跡永福寺跡では、鎌倉市によって昭和五六年（一九八一）に試掘調査が開始されて以来、平成二三年（二〇一一）に至るまで多くの発掘調査が実施されてきた。これらの調査に先んじて、大正一四年（一九二五）以降に赤星直忠（一九〇二～一九九一）が永福寺跡で古瓦を表面採集しており、その後、昭和六年に永福寺跡での浴場建設計画が持ち上がり水田を発掘したところ古瓦片や杭が発見されるや、赤星は精力的に発掘現場に足を運び永福寺の堂塔位置や苑池の配置の調査研究を開始している。この調査では庭石などの庭園遺構が確認されている。

赤星直忠は大正・昭和期に神奈川県三浦半島を中心に考古学・民俗学・文献史学に関する調査研究を行った在野の研究者で、彼の精力的な資料収集および調査研究の活動は、黎明期にあった神奈川県域における文化財保護の端緒となっていった。赤星が記録した全六冊に及ぶフィールドノートは通称「赤星ノート」（記録期間：一九二二～一九五二）と呼ばれ、県域の出土品や遺跡についてスケッチを交えながら克明かつ膨大な情報量を残している。すでに失われた資料や遺跡も多く記録されており貴重な歴史資料である。この1-1赤星直忠氏調査ノートには昭和七年より永福寺調査の記録が詳細に載せられ、赤星が採集した永福寺跡の1-2鎌倉諸所採集瓦や当時の永福寺跡の景観や発掘調査の様子が1-3ガラス乾板写真として残されている。その後、赤星は昭和一三年に永福寺復元図を作成し、「当然史蹟に指定すべきである」との言葉を添えて県に報告書を提出しており（『神奈川県史蹟名勝天然記念物調査報告書』第六輯、一九三八年）、永福寺研究の先鞭を付けるとともに、同寺跡保存運動の端緒となった。（渡邊）

【参考文献】赤星直忠『中世考古学の研究』（有隣堂、一九八〇年）、高橋慎一朗編『鎌倉の歴史』（高志書院、二〇一七年）、『赤星直忠旧蔵資料目録　神奈川県立歴史博物館資料目録』（神奈川県立歴史博物館、二〇二一年）

2 八幡義生氏資料

現代

2-1 八幡義生氏鎌倉遺跡調査ノート
神奈川　鎌倉市中央図書館

2-2 鎌倉諸所採集拓本
神奈川　神奈川県立歴史博物館

2-3 雑誌『國寶史蹟』
個人

2-4 雑誌『星月』
個人

黎明期の永福寺研究は赤星直忠によって先鞭が付けられるが、その保存運動では同じく在野の研究者八幡義生（一九〇七～一九七五）が果たした役割は大きい。八幡は関東大震災で被災して鎌倉へ移住し、その後有志で在野の市民研究団体である國寶史蹟研究会を発足させ初代会長となる。鎌倉を中心とした史跡や文化財調査を行い、これらの研究成果は会誌2-3『國寶史蹟』や2-4『星月』に発表され、新出資料の発見報告など貴重な歴史資料の情報が多く残されている。八幡個人の調査記録も膨大に残され、神奈川県域を中心に国産・貿易陶磁器や古瓦、また板碑・宝篋印塔・梵鐘などの拓本が記録されている。これらの資料群は現在主に鎌倉市中央図書館と当館に所蔵されている。

永福寺跡では昭和二七年（一九五二）春頃にテニスコート建設計画が持ち上がり、苑池跡の埋め立てが開始されてしまう。昭和一三年に赤星直忠によって永福寺復元図および調査報告書の提出がなされたものの、アジア・太平洋戦争のなかで隣組の共同農地となり終戦後は鎌倉宮が土地を所有していた。その後、先述の国体に備えたテニスコート建設が昭和二七年に本格着手され、苑池の大部分が埋め立てられる状況にあったのである（『神奈川新聞』昭和二七年九月一七日版）。こうした動向を受けて、八幡義生をはじめとする國寶史蹟研究会役員会では同年九月一四日に永福寺史跡保存に向けた五箇条の提言を行っている。その末尾には「吾人は、今後本遺蹟の保存に関して最大の努力をなさんとするのであるが、國・縣・市、夫々関係方面の一段の盡力を以て速かに適切なる處置を構じ、永久に本遺蹟を保存せられんことを祈念するのである」と記す。赤星直忠を端緒とする永福寺研究の成果を踏まえ、八幡義生は文部省文化財保護委員や県文化財保護審議会議長とともに保全措置の陳情を行い、市民の力で永福寺保全運動を展開したのである。

こうした努力が実り、昭和二八年に神奈川県指定史跡となり、苑池の大部分は保全されることとなった。八幡は会誌『國寶史蹟』に「永福寺之記」や「永福寺跡神奈川縣文化財保護条例による史蹟指定」などを執筆し、一連の保存運動のあらましについて『鎌倉・永福寺址史蹟保存に関する要録』（2―1八幡義生氏鎌倉遺跡調査ノート所収）を残し、先の『國寳史蹟』二七号の編集後記で「永福寺史蹟が神奈川縣史蹟指定になったにつき、かつて本会も多少助力した事ここに報告してまとめた」と結んでいる。（渡邊）

【参考文献】平成二四～二六年度科学研究費補助金（基盤研究（C）（一般））研究成果報告書『中世鎌倉地域における寺院什物帳（文物台帳）と請来遺品（唐物）の基礎的研究』（研究代表者：古川元也、二〇一五年）

3 アルバム『昭和初期の鎌倉古写真』（高見千代子氏旧蔵）

昭和八年（一九三三）以降

神奈川　鎌倉市中央図書館

鎌倉在住の個人が所有していた永福寺の古写真。まだ開発の手が及んでいない頃の永福寺谷の景観を伝え、地中より露出した礎石や湿地の様子が良くうかがえる。写真右下には、畠山重忠が一人で持ち上げたという『吾妻鏡』の記述にちなんだ伝承を残す力石が頭をのぞかせている。

昭和三〇年代から四〇年代は鎌倉の宅地開発が大規模に進められた時期であり、平地の少ない地形にあるため丘陵の廃寺跡ややぐらなどの遺跡が相次いで破壊されていった。永福寺跡でも今でこそ国指定史跡として保存されているが、たびたびの都市計画により、周辺の谷戸田の様子や湿地景観などは激変してしまっている。こうした失われてしまったかつての景観を甦らせてくれる資料が古写真である。永福寺跡もかかる古写真アルバムによって宅地造成以前の景観を知ることができる。（渡邊）

4 相州鎌倉之図

江戸時代

縦一〇二・四×横一一四・六

神奈川　神奈川県立歴史博物館

鶴岡八幡宮を中心に鎌倉七口及び山ノ内地区の範囲を描いた絵図写本。朱線で道筋をあらわし、山林地を緑で描く。谷戸とその名称、寺院、武家屋敷所在地等が記される。谷戸部分が細かく示される一方、鶴岡八幡宮以南の平地面に描かれる情報は少ない。寛永一九年（一六四二）創建の高松寺の名がみえることからこの時期以降に作成された元図を筆写したと考えられる。元図は明らかではないが、類似する写本は東北大学附属図書館狩野文庫本、慶應義塾大学図書館本など本図以外にも五点が確認されている。一連の写本は地名の誤記が多く、地理に明るくない人物によって筆写されたことが指摘される。本図も「覚圓寺（覚園寺）」「サマアシリ（サヤアミタ、鞘阿弥陀）」など多数の誤りがある。

本図裏面には「相刕謙倉之図」「宗直」「鎌倉図」の墨書があり積徳堂蔵書印が朱で捺される。積徳堂は兵学者山鹿素行の晩年の書斎であり、のちに平戸に移転し山鹿流兵学・古学の道場として栄えた。国文学研究資料館蔵山鹿文庫中には宗直記名の図も見られ（「縄張図」のうち延宝七年巳未卯月廿四日など）、本図筆写年代も類推し得る。本図と類似する狩野文庫本は旧桑名藩甲州流兵学者杉山家の収集と考えられる『杉山家伝来城郭図叢』に収められており、本図同様兵学、古学の教導に用いられたのだろう。泰平の世を生きる近世の武士たちは学問として体系づけられた兵学からも鎌倉に親しんだ。（寺西）

【参考文献】白井克「慶応義塾図書館所蔵相州鎌倉之図（江戸時代後期写）」（『斯道文庫論集』二〇、一九八四年）

古宮雅明「資料紹介 新収蔵の「相州鎌倉之図」について」（『神奈川県立歴史博物館だより』二〇八、二〇一八年）

1章◆京・平泉の浄土世界

5 鳥羽離宮金剛心院跡出土品

平安時代

5-1 □鴛鴦文金具

京都　京都市考古資料館

5-2 □方形金具

京都　京都市考古資料館

5-3 □飾金具（天蓋瓔珞・八双金具・鈴・舌ほか）

京都　京都市考古資料館

5-4 □垂飾

京都　京都市考古資料館

5-5 □瓔珞

京都　京都市考古資料館

5-6 □玉類

京都　京都市考古資料館

5-7 □水晶玉

京都　京都市考古資料館

鳥羽離宮は応徳三年（一〇八六）に白河上皇によって造営が開始され、その後、白河院の孫にあたる鳥羽院によって造営事業が継承され最大級の離宮が平安京九条大路から南側へ約三キロメートル離れた南郊一帯の景勝地に造られた。鳥羽離宮には、南殿・

北殿・泉殿・東殿・田中殿と呼ばれる御所があり、それらの御所には証金剛院・勝光明院・成菩提院・安楽寿院・金剛心院の御堂が付属している。周辺には船を浮かべられるほどの巨大な苑池を伴い、西方浄土の世界観が表現されていた。なかでも金剛心院の様子は詳細に判明しており、境内には中央に釈迦堂、西側に寝殿とさらに西南に九体阿弥陀堂が置かれ、釈迦堂東面には翼廊状の廓が苑池へと延びていた。また九体阿弥陀堂の東側にも南北に細長い苑池が築かれ、阿弥陀堂正面には東西方向の橋が架けられていた。苑池の東岸には滝が設けられており、庭石と石敷を組み合わせて水が流れおちる仕組みになっていた。

鳥羽離宮跡ではこれまで一五〇次を超える発掘調査がなされ、仏像を安置する須弥壇や仏像を飾る荘厳具などの多彩な考古遺物が報告されている。以下、注目される飾金具などの金属製品を紹介しよう。**5-1鴛鴦文金具**は、左側を欠損するも須弥壇の框(かまち)を飾る金具である。柔和な表情の二羽の鴛鴦が羽を広げて向かい合い、頸部には宝相華唐草文が巻かれる。尾羽の先は宝相華となって金具の上部へと大きくダイナミックに展開する。文様は毛彫りで地文は魚々子(ななこ)を打ち、魚々子地は銀、それ以外は鍍金が施される。**5-2方形金具**は中央に蓮華文で周囲に蔓と宝相華を表現し、蓮華文のなかには円形の鉛ガラスを嵌め込み裏から銅板を当てて鋲留めがされる。また**5-5瓔珞**は釣鐘状に加工した二枚の蔓を十字に組み合わせて立体的に仕上げており、天蓋の垂飾とされる。その他、珠文金具や厨子などに使用された**5-3八双金具**は、裏面まで細やかな文様が表されており、金剛心院の豪華な装飾の様子が窺い知れる。**5-4垂飾**は、極めて薄い芯に漆を盛って漆泊仕上げにしたもので、同院での多様な荘厳具の存在を示す。

（渡邊）

【参考文献】京都市埋蔵文化財研究所編『鳥羽離宮跡 1 金剛心院跡の調査 京都市埋蔵文化財研究所調査報告第二〇冊』（京都市埋蔵文化財研究所、二〇〇二年）、『平清盛―院政と京の変革―』（公益財団法人京都市埋蔵文化財研究所、二〇一二年）、公益財団法人京都市埋蔵文化財研究所編『平成二八年度 京都市埋蔵文化財出土遺物文化財指定準備業務報告書 鳥羽離宮金剛心院跡出土品』（京都市文化市民局、二〇一七年）、鈴木久男『平安末期の広大な浄土世界 鳥羽離宮跡』（新泉社、二〇一八年）

5-8 □鬼瓦
京都 京都市考古資料館

5-9 □蓮華文軒丸瓦（播磨産）
京都 水垂収蔵庫

5-10 □唐草文軒平瓦（播磨産）
京都 水垂収蔵庫

6 鳥羽離宮跡東殿出土品
平安時代
京都 水垂収蔵庫

6-1 三巴文軒丸瓦（尾張産）
6-2 唐草文軒平瓦（尾張産）

7 鳥羽離宮跡白河天皇陵出土品
平安時代
京都 水垂収蔵庫

7-1 三巴文軒丸瓦（山城産）
7-2 下向き剣頭文軒平瓦（山城産）

8 円勝寺跡出土品
五輪塔文軒丸瓦（和泉産）
平安時代
京都 水垂収蔵庫

9 常盤仲ノ町遺跡出土品

五輪塔文軒丸瓦（和泉産）
平安時代
京都 水垂収蔵庫

鳥羽離宮では非常に多くの瓦が出土しており、金剛心院の釈迦堂と阿弥陀堂は瓦葺であったことがこれまで知られている。鳥羽離宮の造営では京都（山城）産の瓦もみられるが、それだけでは供給が追いつかず、各地から運ばれた搬入瓦が大量に出土している。主な産地は播磨・讃岐・尾張が多く、その他に大和・河内・和泉も少量確認されている。

とりわけ播磨産の瓦は鳥羽離宮跡から広範囲に出土し、金剛心院では軒瓦の半数以上を占める。当該期の播磨で稼働していた瓦窯は、兵庫県の神出窯跡（神戸市）・林崎三本松瓦窯跡（明石市）・魚橋瓦窯跡（高砂市）・久留実窯跡群（三木市）などが知られ、金剛心院造営のための専用瓦である**5-9蓮華文軒丸瓦**と**5-10唐草文軒平瓦**などが生産されていた。いずれも文様の大きさが同一規格であることが指摘されている。金剛心院釈迦堂の造営は「播磨国所課」とあって（『兵範記』）、同国が造営に深く関与していたのは、かかる瓦生産の供給地と目されたからであろう。**5-8鬼瓦**も播磨産と考えられており、木目が認められることから木製の笵で成形した後に、細部を箆(へら)で調整したものとみられる。

また灰釉が特徴的な尾張産の**6-1三巴文軒丸瓦**や**6-2唐草文軒平瓦**も鳥羽離宮跡の東殿でのみ出土している。なお尾張産瓦の供給については安楽寿院領や美福門院領の荘園内瓦窯の存在も想定されており、荘園間での瓦供給ネットワークの可能性も想像される。

（渡邊）

【参考文献】京都市埋蔵文化財研究所編『鳥羽離宮跡 1 金剛心院跡の調査 京都市埋蔵文化財研究所調査報告第二〇冊』（京都市埋蔵文化財研究所、二〇〇二年）、公益財団法人京都市埋蔵文化財研究所編『京都発掘ものがたり』（公益財団法人京都市埋蔵文化財研究所、二〇一七年）、前田義明「鳥羽離宮跡出土の遺物」（京都渡来文化ネットワーク会議編『鳥羽離宮跡を歩く』京都三星出版、二〇一七年）、上原和直「鳥羽離宮金剛心院跡出土瓦類の検討」（公益財団法人京都市埋蔵文化財研究所編『平成二八年度　京都市埋蔵文化財出土遺物文化財指定準備業務報告書　鳥羽離宮金剛心院跡出土品』京都市文化市民局、二〇一七年）

10 柳之御所遺跡出土品

平安時代

10-1 ◎青白磁碗
岩手　平泉町教育委員会

10-2 ◎白磁四耳壺
岩手　岩手県教育委員会

10-3 ◎折敷（人々給絹日記）
岩手　岩手県教育委員会

10-4 ◎人面墨画土器
岩手　岩手県教育委員会

10-5 ◎烏帽子
岩手　平泉町教育委員会

10-6 ◎金付着礫
岩手　岩手県教育委員会

11 白山社跡出土品

かわらけ（ロクロかわらけ・手づくねかわらけ）
平安時代
岩手　平泉町教育委員会

12 泉屋遺跡出土品

柱状高台
平安時代
岩手　平泉町教育委員会

柳之御所遺跡（岩手県平泉町）は、かつて奥州・羽州地域に強大な勢力を誇った平泉藤原氏の政庁跡で、史料では「平泉館」としてしばしば登場する（『吾妻鏡』）。平泉藤原氏はもともと鎮守府の在庁官人出身であるが、次第に勢力を拡大し国司と同等の権力を持つようになった。三代藤原秀衡（一一二二～一一八七）が「御館」と呼称されたのも、国司として地域で見做されかつ彼が国府政庁を基盤としていたからであり、平泉藤原氏の権力の源泉とその正当性は国司権力の継承にあろう。そうした事情を如実に示すように、藤原氏以前に存在した清原氏などの国司館と、柳之御所遺跡をはじめ平泉遺跡群の居館には、その周囲を巨大な堀や土塁で囲繞するという共通性が見出されている。先の柳之御所遺跡の堀は清原氏館とされる大鳥井山遺跡（秋田県横手市）のものの系譜を引くと考えられており、堀という存在は平泉藤原氏にとってまさに権力の象徴でもあった。

平泉政庁としての性格を持つ柳之御所遺跡および周辺の平泉遺跡群は多様な考古遺物で溢れる。平泉藤原氏の経済力を示す遺品として、**10-1青白磁碗**など希少価値のあった中国産輸入陶磁器類や**10-6金付着礫**といった溶解した金が表面に付着した礫も出土している。後者は奥羽地域での砂金流通を掌握した同氏ならではの遺物であろう。また甕や壺などの貯蔵具も多くあり、一二世紀後半の中国福建省産の**10-2白磁四耳壺**には首から肩付近にかけて漆を染みこませた麻布が付着している。これは四耳壺全体を漆で塗り固めて陶胎漆器を作ろうとしたものであろう。

平泉藤原氏権力の人的基盤を示す遺品に**10-3折敷（人々給絹日記）**がある。これは杉材の折敷に、儀礼で衣服類を給与するために人名や絹織物名等が漢字と仮名文字を交えて書き留められた日記で、藤原秀衡期のものとされる。本資料で実施された年輪年代法の科学調査でも一二世紀前半の結果が出ている。折敷内の人名には、秀衡の子息である「信寿太郎殿」（国衡）、「小次郎殿」（泰衡）がみえ、「橘藤四郎」「橘藤五」など京都出身の実務官僚、「海道四郎殿」「石埼次郎殿」などの独立性の強い在地領主、宗教者と想定される「大夫四郎殿」など複数のグループの存在が指摘されている。記載される人名は秀衡の近親者およびより近しい家人クラスであり、「人々給絹日記」の背後には本資料に記されない家臣団の存在も想像される。秀衡の家臣集団間に彼との距離に基づく差異が生じていたことも垣間見える。また身分表象のアイテムである**10-5烏帽子**も見つかっており、口縁部には縫目や紐も認められる。

同遺跡で最も多く見つかっているのが「かわらけ」である。常に新品の使用が重視されたかわらけは、ハレの場などで重要な儀式や宴会で用いられており、これらが出土する場所は地域のなかで極めて重要な政治的場であったと考えられている。かわらけの製法には在地の官衙由来のロクロ成形のものと、京都での技術的系譜を引く手づくね成形のものに分かれる。平泉遺跡群のなかで宗教施設として機能した白山社跡でも**11かわらけ**のように大小さまざまなロクロ成形・手づくね成形のかわらけが出土している。これら手づくねかわらけは、京都から平泉へと下向してきた貴族たちがもたらしたものと想定されている。平泉藤原氏は、柳之御所遺跡の堀に象徴されるような在地の官衙の系譜を継承しながら権力を確立する一方で、京都の技術などを取捨選択して自己の権威を上昇させるのに利用したと考えられる。その他、何らかの呪術で使用された**10-4人面墨画土器**や、柳之御所遺跡の南側にある泉屋遺跡からは宗教儀礼で供え物の器を載せるための**12柱状高台**なども

出土している。（渡邊）

【参考文献】『平泉　みちのくの浄土』（仙台市博物館・福岡市博物館・世田谷美術館、二〇〇八年）、柳原敏昭『東北の中世史一　平泉の光芒』（吉川弘文館、二〇一五年）、八重樫忠郎『北のつわものの都・平泉』（新泉社、二〇一五年）、八重樫忠郎『東北中世史叢書二　平泉の考古学』（高志書院、二〇一九年）

13　無量光院跡出土品

◎金銅装飾金具

平安時代

岩手　平泉町教育委員会

無量光院跡（岩手県平泉町）の本堂跡から出土した円形装飾金具で、扉の装飾金具と考えられている。無量光院は三代藤原秀衡が『観無量寿経』で説かれる浄土世界を体現するものとして京都の宇治平等院を模して建立したもの。その様相は「秀衡建立之、其堂内四壁扉、図絵観経大意、加之、秀衡自図絵狩猟之体、本仏者阿弥陀丈六也、三重宝塔、院内荘厳、悉以所模宇治平等院也」（『吾妻鏡』）と詳細に記録されており、秀衡自らが狩猟の様子の図絵を描いていることも分かる。これは殺戮を職能としなければならない武士の秀衡が、自己の極楽往生を願ってわざわざ描いたものと考えられている。

宇治の平等院を模した無量光院であるが、発掘成果ではやや異なる性格が見出されている。それは先の柳之御所遺跡でもみた堀・土塁の存在であり、京都の平等院鳳凰堂が広々とした空間のなかに設置されたのに対して、無量光院は周囲を土塁で囲繞され周囲から隔絶された空間の印象を持つ。この理由について考古学側では、無量光院では平等院のすべてを模倣したわけでなく、その中心の鳳凰堂のみを切り抜いて模倣したが故に、堀や土塁で外界から遮断する措置が必要だったと指摘されている。平泉藤原氏にとって、京都の平等院はすべてを模倣すべき対象ではなく、その中核となるものさえ模倣できればよかったのであろう。無量光院の事例は、単なる京都のモデルが地域へ伝播したのではなく、それを地域側がどのような判断に基づいて取捨選択して受容したのかを示す好例である。（渡邊）

【参考文献】『平泉　みちのくの浄土』（仙台市博物館・福岡市博物館・世田谷美術館、二〇〇八年）、八重樫忠郎『北のつわものの都・平泉』（新泉社、二〇一五年）、同『東北中世史叢書二　平泉の考古学』（高志書院、二〇一九年）

14　金鶏山経塚出土品

平安時代

東京　東京国立博物館

14-1　経筒

14-2　甕（常滑窯産）

14-3　刻線文壺（渥美窯産）

花立廃寺（一二世紀の寺院跡。現平泉文化遺産センター）後背の金鶏山山頂にある経塚。発掘調査・記録類によって知られる壺類・経筒の組み合わせから、少なくとも九基の経塚が造営されていたと考えられているが、現存は銅製の14-1経筒のみである。出土遺物のうち、14-3刻線文壺は肩から下にかけて幅広の平行沈線によって袈裟襷文が施されており、形姿・文様、目の粗い押印などから一二世紀前半頃の渥美窯壺であると考えられている。平泉での経塚は、中尊寺境内で数カ所あるが、金鶏山の九基は最大級の数である。

一二世紀前半頃の造営である金鶏山経塚は、その膝下にある花立廃寺とともに二代藤原基衡（生没年不詳）の時期に収まる。経塚の立地景観は、柳之御所遺跡のうち、基衡館から西方に花立廃寺を臨んだときの後背山山頂にあたる。そして基衡が建立した最大の臨池伽藍を備える毛越寺では、金鶏山山頂から南側へ延びる子午線が同寺東側の土塁状高まりの線に合致する。つまり金鶏山経塚は毛越寺の鬼門を守護する立地にある。金鶏山経塚の造営当初は、基衡期には自身の館と寺院群の延長にあって西方浄土を体現する聖地としての性格が付与されていたことになろう。その後、三代秀衡の時期になると、無量光院の中軸線を西側に延長させると金鶏山山頂にあたる。今度は金鶏山経塚の立地を意識して、無量光院が建立されたのである。そのため、同経塚の意義は造営当初の基衡館や毛越寺の鎮護から、都市平泉全体の鎮護へと変化していったと評価されている。（渡邊）

【参考文献】八重樫忠郎『北のつわものの都・平泉』（新泉社、二〇一五年）、同『東北中世史叢書一　平泉の考古学』（高志書院、二〇一九年）

2章◆永福寺の偉容と鎌倉幕府

15〜41　永福寺跡出土品資料

鎌倉時代

神奈川　鎌倉市教育委員会

15　永福寺跡内経塚出土品

15-1　○甕（渥美窯産）

15-2　○片口鉢（渥美窯産）

15-3　○銅製経筒（有蓋）

15-4　○白磁有蓋小壺

15-5　○皆彫骨扇

15-6　○木製櫛

15-7　○数珠

15-8　○金の粒（舎利）

15-9　○短刀

永福寺経塚は、永福寺の三堂（中心伽藍跡）に東面する山の尾根南端の舌状地上で発見された。経塚の立地はほぼ永福寺二階堂と阿弥陀堂の正面にあたり、永福寺全体を見下ろす地点にある。経筒は円形に掘られた土坑のなかから、15-1甕（渥美窯産）が経筒外容器に、また15-2片口鉢（渥美窯産）が外容器の蓋として転用された状態で出土している。この土坑から、大ぶりな宝珠で鋲留めされた15-3銅製経筒と副納品の15-4白磁有蓋小壺、15-5皆彫骨扇、15-6木製櫛などが見つかっている。

これらの埋納品に年紀等は認められず、永福寺経塚自体が文献史料に記録されないため正確な経塚造営の目的およびその年代は未詳である。しかし、埋納品の中国景徳鎮窯産の白磁小壺や渥美窯産の甕・片口鉢は一二世紀末頃に生産されたものであり、経塚造営の時期はおおよそ一二世紀末期から一三世紀初頭頃の永福寺創建期とみられている。造営の目的としては、永福寺創建とともに当該地域を聖地化する鎌倉幕府の意向が反映されていたのであろう。なお副納品に櫛や扇、数珠などがみられるが、これらは平安期に造営された経塚埋納品としては一般的であり（永福寺では他よりも櫛の出土点数が多い）、むしろ呪術的な意味合いを纏ったものだったと考えられる。（渡邊）

【参考文献】網野善彦『異形の王権』（平凡社、一九九三年）、網野善彦「市につどう人々」（国立歴史民俗博物館編『中世商人の世界』日本エディタースクール出版部、一九九八年）、村木二郎「近畿の経塚」（『史林』八一-二、一九九八年）、小林康幸「鎌倉永福寺経塚の造営に関する一考察」（『考古学論究』六、一九九九年）

16 苑池南岸Ⅳ期池中出土品

16-1 □透彫金具
16-2 □幡吊金具
16-3 □装身具片（臂釧カ）

17 苑池東岸Ⅲ期池中出土品

17-1 □装身具片（瓔珞カ）
17-2 □桶状金属器
17-3 □蕁状金具片
17-4 □鈴

19 遺水（5溝、7溝）・取水遺構出土品

19-1 □銀象嵌白毫
19-2 魚文漆絵椀

24 苑池南岸Ⅰ・Ⅱ期池中出土品

□縁金具

40 漆絵椀

永福寺は瓢箪型の苑池を持つ臨池伽藍を備え、南北約二〇〇メートル、東西五〇～七〇メートルの範囲で中央にくびれがある。永福寺二階堂の正面が苑池のくびれ部分にあたる。苑池の時期区分は大きくⅠ期（永福寺創建期）・Ⅱ期（鎌倉中期）・Ⅲ期（鎌倉後期）・Ⅳ期（室町期以降）の四つに分けられている。三堂（二階堂・薬師堂・阿弥陀堂）の中心伽藍をはじめ堂舎が密集していた苑池の西岸から東岸にかけて橋が架けられ、苑池北側には水を取り込むⅣ期の取水遺構も見つかっている。

苑池の東岸・南岸からは本資料にあるような銅製荘厳具が多数出土しており、16-1透彫金具は精緻な宝相華文の透彫が施され、須弥壇高欄で用いられた飾金具とされている。また16-2幡吊金具も重厚な作りに表裏ともに魚子地を宝相華文で飾る。また遺水・取水遺構付近では19-2魚文漆絵椀が出土しており、朱漆で魚文が描かれる珍しい漆器文様である。

金属製荘厳具のなかでも16-3装身具片（臂釧カ）は彫刻史のなかで注目される資料である。この分厚く立体的な荘厳具は、運慶作の滝山寺（愛知県岡崎市）の聖観音・梵天・帝釈天の諸尊像や運慶周辺の仏師作とみなされる満願寺（横須賀市）の菩薩立像との類似性が指摘されている。つまり、荘厳具が後補ではなく造像当初からすでに備わっていたという観点に立つならば、これらの金具の類似性から永福寺に安置された諸像に運慶が関わっていた可能性が想定できるのである。運慶工房のなかで重用され活動した金具工人の動向も、これら荘厳具から垣間見えよう。（渡邊）

【参考文献】『鎌倉市二階堂国指定史跡　永福寺跡　国指定史跡永福寺跡環境整備事業に係る発掘調査報告書―遺物編・考察編―』（鎌倉市教育委員会、二〇〇二年）、三本周作「鎌倉時代前・中期における仏像の金属製荘厳具―意匠形式の分類と制作事情を中心に―」（『佛教藝術』三一三、二〇一〇年）

18 苑池西岸雨落ち内瓦溜り・池中出土品

18-1 □黒漆地螺鈿装燈台断片
18-2 □黒漆地螺鈿装断片

永福寺の三堂・堂舎群側の苑池西岸から出土した螺鈿遺物。いずれも焼痕が認められるため、永福寺焼失後に苑池へ投棄されたものである。螺鈿文様は一二世紀の様式でありながら、黒漆地という一三世紀の技法を持ち合わせ、大体彫り法と素地貼付法によって嵌装（がんそう）される。螺鈿文様・技法ともに平泉藤原氏の中尊寺金色堂や中尊寺大長寿院内の螺鈿装飾との共通性が指摘される。螺鈿工人の性格については、京都から下向し鎌倉に在住した工人が想定されており、鎌倉で制作されたからこそ中央の京都や平泉とは異なる、黒漆地というやや特異な仕上がりになったものと考えられる。（渡邊）

【参考文献】『鎌倉市二階堂国指定史跡　永福寺跡　国指

定史跡永福寺跡環境整備事業に係る発掘調査報告書―遺物編・考察編―』（鎌倉市教育委員会、二〇〇二年）、『甦る永福寺―史跡永福寺跡整備記念―』（鎌倉歴史文化交流館、二〇一七年）

20 苑池西岸下層遺構面・下層池中出土品

20-1 □鈴
20-2 □垂飾
20-3 □釘隠
20-4 □縁金具
20-5 仏像断片（手）
20-6 仏像断片（巻髪）
20-7 □台座蓮弁

21 2溝出土品

21-1 □釘隠
21-2 □釘
21-3 □燈台上部金具

22 苑池西岸瓦積み・瓦溜り・池中・地山面出土品

22-1 □隅金具
22-2 □座金
22-3 □鈴
22-4 □縁取金具
22-5 □板状縁取金具

41 5溝（遺水）出土品

五輪塔地輪（「明徳三年正月廿六日」銘）
明徳三年（一三九二）

永福寺北翼廊から南翼廊を越える南北に細長い苑池の伽藍側汀より出土したもの。上層の池底からは20-5仏像断片（手）や20-6仏像断片（巻髪）などが出土し、焼痕のある漆塗仏像残片が検出されている。永福寺火災後に苑池へ投棄されたものとみられる。

また出土地の2溝は永福寺三堂の後背山の山際を平行する溝内で、一三世紀後半に開削されている。遺水の5溝は、もともとⅢ期（鎌倉後期）の遺水流路であったが、鎌倉府時代の明徳三年（一三九二）の年紀を持つ41五輪塔地輪など、多くの石塔石材が検出されており、室町期にはすでに遺水の流路として機能していなかったことが窺える。

（渡邊）

【参考文献】『鎌倉市二階堂国指定史跡　永福寺跡　国指定史跡永福寺跡環境整備事業に係る発掘調査報告書―遺物編・考察編―』（鎌倉市教育委員会、二〇〇二年）、『甦る永福寺―史跡永福寺跡整備記念―』（鎌倉歴史文化交流館、二〇一七年）

23 北複廊出土品

□釘

25 滝口出土品

□蓮華座片

26 苑池北岸池中出土品

26-1 仏像断片（焔髪）
26-2 仏像断片（天衣）
26-3 □蓮華中房

27 苑池北岸・東岸池中出土品

□蓮華蕾断片

永福寺苑池の北側で、取水口周辺から北翼廊脇までの汀から出土したもの。永福寺創建以前は、杉ヶ谷と西ヶ谷からの流路の合流地点であり深い谷戸田の入り口にあたる。苑池北岸では、一四世紀後半の面に26-1仏像断片（焔髪）や26-2仏像断片（天衣）が出土しており、鎌倉府時代に投棄されたことが窺える。これらの資料以外にもかかわらけ、国産・貿易陶磁器類、漆器、木製品なども出ており、永福寺北側の僧坊に関わる遺物が混入している可能性も想定されている。

（渡邊）

【参考文献】『鎌倉市二階堂国指定史跡　永福寺跡　国指定史跡永福寺跡環境整備事業に係る発掘調査報告書―遺物編・考察編―』（鎌倉市教育委員会、二〇〇二年）、『甦る永福寺―史跡永福寺跡整備記念―』（鎌倉歴史文化交流館、二〇一七年）

28 薬師堂出土品

28-1 束柱（薬師堂）
28-2 束石（薬師堂）

29 北翼廊出土品

柱根（北翼廊・釣殿）

主に二階堂をはじめ阿弥陀堂・薬師堂などの堂舎群のあった苑池西側の陸地から出土した遺物。遺構にともなう遺物は多くないものの、創建期の木製基壇束柱が出ており、建築史の観点から注目される。28-1束柱は永福寺薬師堂創建期の基壇が木製であったことを示す資料で、樹種はヒノキである。その後、火災による寛元・宝治年間の永福寺修理事業では従来の木製基壇を廃して、28-2束石から分かるように石材の基壇を用いるようになった。

また北翼廊でも29柱根が出土しており、そのうち翼廊ではヒノキ材の径九寸の円柱が使用され、また釣殿では面取りされた角柱であったことが知られる。

（渡邊）

【参考文献】『鎌倉市二階堂国指定史跡　永福寺跡　国指定史跡永福寺跡環境整備事業に係る発掘調査報告書―遺物編・考察編―』（鎌倉市教育委員会、二〇〇二年）、『甦る永福寺―史跡永福寺跡整備記念―』（鎌倉歴史文化交流館、二〇一七年）

30 鬼瓦（Ⅰ期）

31 唐草文軒平瓦（Ⅰ期）

32 蓮華文軒丸瓦（Ⅰ期）

33 巴文軒丸瓦（Ⅰ・Ⅲ期）

34 上向き剣頭文軒平瓦（Ⅲ期）
35 下向き剣頭文軒平瓦（Ⅱ期）
36 寺銘軒丸瓦（Ⅱ期）
37 寺銘軒平瓦（Ⅱ期）
38 軒平瓦片（「永福寺」銘）
39 軒平瓦片（「文暦二年永福寺」銘）

永福寺では約一三万点に及ぶ膨大な中世瓦が出土しており、そのほとんどが鎌倉時代に属す。これまでの研究で永福寺の瓦葺に使用された瓦の編年は、同寺の修理時期を踏まえてⅢ期に区分されている。

まず永福寺が創建された建久三年（一一九二）から惣門が焼失した寛喜三年（一二三一）までをⅠ期（永福寺創建期）とし、大きな**30鬼瓦**や宝相華唐草文を施した**31唐草文軒平瓦**と八葉蓮華文を施した**32蓮華文軒丸瓦**のセット、また剣頭文軒平瓦と**33巴文軒丸瓦**のセットが主要瓦として登場する。いずれも本瓦葺（総瓦葺屋根）による大型セットであり、これらには宗清・宗俊・守光・国元などの瓦工人と思しき人名の押印がされているのも注目される。産地は胎土の様子から北武蔵地域が想定されている。Ⅰ期瓦のなかには、少量ながら尾張国の八事裏山窯産（愛知県名古屋市）の唐草文軒平瓦や剣頭文軒平瓦、巴文軒丸瓦が出土しており、一部の尾張産瓦が永福寺の瓦葺に用いられていたことが窺える。

次に、嘉禎元年（一二三五）の惣門再建から寛元二年（一二四四）に開始され宝治二年（一二四八）頃までに施された修理事業、さらに弘安三年（一二八〇）の鎌倉大火による焼失までをⅡ期（寛元・宝治年間修理期）とする。主に寛元・宝治年間の永福寺修理に使用された大型の瓦であり、**35下向き剣頭文軒平瓦**と巴文軒丸瓦のセットや、寺銘「永福寺」が陽刻された**36寺銘軒丸瓦**と**37寺銘軒平瓦**のセットも登場するのがこの時期である。また年紀のある瓦では、Ⅱ期の初頭に作られた**39軒平瓦片（「文暦二年永福寺」銘）**もある。主要産地は武蔵国水殿瓦窯（埼玉県児玉郡美里町）と考えられており、当該期に武蔵国守護である北条氏の影響が想定されている。

極楽寺の忍性が永福寺を再建した弘安一〇年（一二八七）から延慶三年（一三一〇）の火災までの期間をⅢ期（弘安年間修理期）と呼ぶ。当該期の瓦はこれまでのⅠ・Ⅱ期に比べて小型化した規格で総量も極めて少なくなる。このことから、Ⅲ期瓦の使用目的として、すでに堂舎がこれまでの本瓦葺ではなくなり、屋根の棟だけを瓦で覆った甍棟へと変化したか、あるいは修理の際に適宜差し替え程度で実施された可能性が考えられる。なお鎌倉末期になると金沢北条氏の称名寺堂舎群などは檜皮葺・甍棟風となっており（『称名寺絵図』）、維持コストのかかる本瓦葺が次第に採用されなくなる傾向も窺える。瓦の文様は**33巴文軒丸瓦**と**34上向き剣頭文軒平瓦**のセットで構成される。Ⅲ期の同笵（同じ木型で文様を施すこと）・同文（同じ文様を施すこと）は、鎌倉の鶴岡八幡宮や極楽寺・覚園寺、金沢北条氏の称名寺、伊豆韮山の北条氏館跡周辺でも出ている。なお、Ⅲ期以降では、延慶三年（一三一〇）の火災や元応二年（一三二〇）の永福寺修造もあったため、その際に使用された再建瓦までを含めてⅢ期としたり、あるいはⅢ期と切り離してⅣ期とする考えもある。（渡邊）

【参考文献】原廣志「鎌倉における瓦の様式」（『佛教藝術』一六四、一九八六年）、小林康幸「鎌倉永福寺跡出土瓦の諸問題」（『立正考古』三一、一九九二年）、『鎌倉市二階堂国指定史跡 永福寺跡 国指定史跡永福寺跡環境整備事業に係る発掘調査報告書―遺物編・考察編―』（鎌倉市教育委員会、二〇〇二年）、原廣志「永福寺所用瓦について」（平成一五年度～一七年度科学研究費補助金（基盤研究（B））研究成果報告書『吾妻鏡と中世都市鎌倉の多角的研究』（研究代表者：五味文彦、二〇〇六年））、『甦る永福寺―史跡永福寺跡整備記念―』（鎌倉歴史文化交流館、二〇一七年）

42 若宮大路周辺遺跡群出土品
唐草文軒平瓦（Ⅰ期・八事裏山窯産）

43 鶴岡二十五坊跡出土品
蓮華文軒丸瓦（Ⅰ期・八事裏山窯産）

43蓮華文軒丸瓦が出土した鶴岡二十五坊跡とは、鶴岡八幡宮境内の北側にある供僧坊の遺跡名で、室町期の土層から見つかっている。胎土および灰釉がかかった点より尾張国八事裏山窯産（愛知県名古屋市）のものとされる。同様に**42唐草文軒平瓦**が若宮大路周辺から出土しているが、これは未報告資料である。八事裏山窯の活動時期は先行研究で四期に区分されており、同窯で生産され搬入された鶴岡二十五坊遺跡出土（鎌倉市）・千葉地東遺跡出土（同）・コクゾウ塚出土（伊勢原市）の軒瓦類はみな一二世紀末期のⅣ期に属し、いずれもごく少量が見つかっている。永福寺跡からも少量の八事裏山窯産の瓦が出土しているため、これらの尾張産瓦は寺院堂舎における瓦葺の一部に用いるために搬入されたのであろう。（渡邊）

【参考文献】原廣志「鶴岡二十五坊跡出土の鐙瓦について」（『鎌倉考古』一一、一九八一年）、尾野善裕「八事裏山窯址群の基礎的再検討」（『古代人』五三、一九九二年）、小林康幸「中世相模における尾張産瓦の受容（予察）」（池上悟先生古稀記念会編『芙蓉峰の考古学Ⅱ』六一書房、二〇二〇年）

44 転法輪鈔
田中穣氏旧蔵典籍古文書
鎌倉時代
第一帖：縦一六・〇×横一三・八

第二帖：縦一六・〇×横一三・八
第三帖：縦一六・〇×横一三・八
第四帖：縦一六・〇×横一三・八
千葉　国立歴史民俗博物館

国立歴史民俗博物館に所蔵される『転法輪鈔』（田中穣氏旧蔵典籍古文書、全四帖）は、安居院流唱導資料のなかでも最も大部な類聚を誇り、主に仏事法会で用いられる表白（導師が法会の趣旨を読み上げること）などの唱導を集成する。『転法輪鈔』については、これまで目録や部分的な抄録にとどまっていたが（金沢文庫保管称名寺聖教「転法輪鈔目録」）、本資料によって表白全体の内容が明らかとなり、供養内容の実態を知ることができる。安居院流とは天台宗の澄憲（一一二六～一二〇三、藤原通憲の子）とその子息聖覚（一一六七～一二三五）より始まる唱導の流派。安居院流唱導は平安末期の朝廷や京都社会で多く読まれており、本資料は澄憲没後の建保四年（一二一六）に書写されたもので、安居院流唱導書の初期形態を示す点でも貴重な資料である。内容は鎌倉幕府首脳陣と関係するところでは、第一帖に俗人による持仏堂で読まれた供養表白を収め、北条時政を施主として願成就院で読まれた「伊豆堂供養表白」や北条政子を施主として永福寺薬師堂で読まれた「鎌蔵薬師堂供養表白」などがある。第二帖は密教関係仏事で読まれた表白を収め、源頼朝を施主として鶴岡八幡宮寺五重塔供養で読まれた「鎌蔵塔供養表白」がみえる。

永福寺との関係ではとりわけ第一帖の「鎌蔵薬師堂供養表白」が注目される。これは建久五年（一一九四）に永福寺に薬師堂が建立された際に読まれた表白で、「女大施主平氏」（北条政子）が供養主体となっている。薬師堂内の諸像や堂舎の描写が具体的に記され、「薬師如来」「日光月光二菩薩」「十二神将」などの造像の様子とその偉容のほどが知られる。なお祈願文に着目すると、頼朝は治承・寿永の内乱で平家を滅ぼした後に「卜此東夷之地、頻弘西天之教、処々建伽藍、堂々安仏像、今日御願、是其一也」と、寺院を建立して仏教を外護することの重要性を述べており、戦時から平時へと社会が移り変わるなか、仏教を保護し、東国の治者としてアピールしようとする意識が垣間見える。

永福寺薬師堂については、二つ存在したことが従来より指摘されており、北条政子を施主とする本供養では、これを第二の薬師堂造営の事例とする見解もある。表白内の「今日善根、専訪先妣」にある「先妣」は政子の亡母を指すため、第二の薬師堂は亡き伊東祐親の娘を供養するために政子を施主として建立されたものであろう。（渡邊）

【参考文献】赤星直忠『中世考古学の研究』（有隣堂、一九八〇年）、牧野淳司「国立歴史民俗博物館蔵『転法輪鈔』解題」（『国立歴史民俗博物館研究報告』一八八、二〇一七年）、秋山哲雄『鎌倉を読み解く—中世都市の内と外—』（勉誠出版、二〇一七年）、山野龍太郎「河内源氏の供養と鎌倉幕府の成立—安居院流唱導の表白を題材として—」（近本謙介編『ことば・ほとけ・図像の交響—法会・儀礼とアーカイヴ—』勉誠出版、二〇二一年）

45 東鑑（慶長古活字版）

江戸時代
縦二八・二×横二一・二
神奈川　神奈川県立歴史博物館

慶長年間（一五九六～一六一五）に開版された鎌倉幕府の準公式歴史書『吾妻鏡』の版本。全二五冊。『吾妻鏡』とは治承四年（一一八〇）から文永三年（一二六六）までの鎌倉幕府に関する事蹟を編年体で綴った編纂物。編纂にあたっては、幕府奉行人の記録を中心に文書・記録・説話などが取り込まれており、また原史料に拠らない編者の作文も加えられている。

永福寺に関する記載はそのほとんどを『吾妻鏡』に拠らなければならず、とくに二階堂・阿弥陀堂・薬師堂の三堂をはじめとする堂舎の建立や苑池の造作の様子については『吾妻鏡』が最も詳細を記す。『吾妻鏡』での永福寺の初見は文治五年（一一八九）の「永福寺事始」で、永福寺建立計画が立案される。永福寺伽藍の造営のあらましは、建久三年（一一九二）の間に二階堂が着工および完成し、建久五年までには阿弥陀堂・薬師堂が建立され三堂の伽藍が完成した。二階堂建立と同時期に惣門・苑池の造作も行われており、とくに源頼朝は京都の僧静玄を招いて苑池造作の指揮をとらせ、近隣御家人たちに人夫と数十個の岩石を用意させて堂前池に庭石として配置させている。その他に、南門・釣殿・多宝塔・塔婆・僧坊も順次造作され、永福寺伽藍の規模は現在の小字三堂・四つ石・西ヶ谷・亀淵にわたる範囲に広がっていた。

永福寺ではとりわけ歴代将軍たちの参詣が多く、同寺では舞楽・蹴鞠・花見・雪見・歌会などの様々な芸能行事が催されていた。三代将軍源実朝期には勝長寿院とあわせて将軍による参詣が恒例行事化しており、寺社奉行人の員数も勝長寿院の四人に比して、永福寺では各堂に三人ずつ配置されるなど同寺への参詣が重要視されていたことが窺える。以後、御願寺の永福寺は源頼朝期建立の寺院として鎌倉幕府の庇護を受け、他の頼朝期建立の鶴岡八幡宮寺・勝長寿院とともに栄華を極めていく。（渡邊）

46 作庭記写

天正二〇年（一五九二）
縦三二・四×横六八五・九

個人

『作庭記』とは院政期頃に成立した寝殿造庭園を造作するための指南書。内容は苑池の景観を作る際に留意すべき事項（庭園建造物や荒磯・遣水・州浜・樹木・島）などが詳細に記述される。本史料は「于時天正廿年八月吉日　大宮殿河原之善阿弥入道／同助左衛門尉甥」の奥書を持つ天正二〇年（一五九二）に書写された『作庭記』の写本類で、全一五紙からなる。前半部分を欠損するも立石の配置や島の作り方などが箇条書きで列記された後に、各庭園を指図入りで紹介しており、原本の『作庭記』とは記述内容も含めて異同がある。

『作庭記』の記述に則って作庭された庭園は多く、なかでも平泉藤原氏の毛越寺や観自在王院・無量光院では同書を手本として造作されたことが知られる。これらの庭園を模して造作されたのが永福寺であり、三堂の前面に広庭を配して池泉を作り、池泉には翼廊を延ばして橋を架けるという構成は平安期に流行していた庭園造作のあり方と大きく変わらない。ただし、『作庭記』で説かれる苑池には橋を中島に結ぶように架けるため、両岸から二本の橋が必要になり平泉毛越寺でも同様のスタイルが踏襲されている。一方の永福寺では橋は一つで、中島は二階堂正面で見当たらないものの苑池南部で旧状をよくとどめている。永福寺の苑池は、『作庭記』を手本に造作した平泉毛越寺・観自在王院・無量光院を模倣とするも、あくまで庭園を構成する個々のパーツは準備し、永福寺の立地景観に合わせて現地で改変が加えられたのであろう。（渡邊）

【参考文献】馬淵和雄「鎌倉永福寺とその苑池」（『佛教藝術』一六四、一九八六年）、『鎌倉市二階堂国指定史跡永福寺跡　国指定史跡永福寺跡環境整備事業に係る発掘調査報告書―遺物編・考察編―』（鎌倉市教育委員会、二〇〇二年）

47 鴨長明海道記

江戸時代
縦二五・五×横一六・六
千葉　国立歴史民俗博物館

貞応二年（一二二三）四月に京都から鎌倉へ下り帰京した際の鎌倉期紀行文で著者は不詳。本史料は全二冊の『海道記』の寛文版本で、題箋には「長明海道記」の上下とあり、内題は鴨長明海道記とする。『海道記』の著者には鴨長明・源光行・藤原秀能など諸説あるが現時点では未詳。

永福寺に関する史料は大半が『吾妻鏡』に拠るが、鎌倉を訪れた旅行者による記録も残され、例えば『東関紀行』には「二階堂は殊にすぐれたる寺也、鳳の甍日にかゝやき、鳧の鐘霜にひびき、楼台の荘厳よりはじめて、林池の麓に至るまで、殊に心とまりて見ゆ」とあり、同寺の荘厳な様子が記録される。また本資料の『海道記』にも「二階堂を礼す、此は余堂に踔躒して、感嘆に及び難し、第一第二重なる檐には、玉の瓦、鴛の翅をとばし」と、その壮麗な外観が賞賛される。その他に『春の深山路』では「永福寺の僧房に着きぬ、年来住み慣れし故郷は焼けて、かかる所に来ぬれば、あらぬ世の心地して、いとど都のみ恋しきこと、いはむ限りなし」と極楽浄土を現す永福寺の姿が、かえって京都人の郷愁をかき立てている。

これら紀行文の存在は、京都人からみた永福寺の印象を伝えるもので重要な情報を多く含む。とくに、永福寺の素晴らしさを表現する際に、決まってその外観を「第一第二重なる檐には、玉の瓦、鴛の翅をとばし」（『海道記』）や「二階堂は殊にすぐれたる寺也、鳳の甍日にかゝやき」（『東関紀行』）と本瓦葺の姿を賞賛する。そもそも本瓦葺の寺院堂舎が稀少ななか、臨池伽藍を備えた永福寺の景観は、まさしく京都人から見て浄土世界を体現する空間であり、鎌倉幕府の経済力をも示すものだったのであろう。（渡邊）

【参考文献】『新編日本古典文学全集四八　中世日記紀行集』（小学館、一九九四年）

48 □関東下知状

神田孝平氏旧蔵文書（第一巻）
元徳三年（一三三一）
縦三二・四×横五〇・五
神奈川　鎌倉国宝館

永福寺薬師堂領相模国飯田郷の相論について、鎌倉幕府が薬師堂供僧厳演の訴えに基づいて、同郷を中分して寺領とすることを命じた文書。相論の内容によると、飯田郷一分地頭の鎌倉御家人飯田家頼が、永福寺薬師堂供僧へ本来負担すべき年貢米を未進しており、鎌倉幕府の裁定により未進分の支払いが命じられていたが一向に支払わない状態が続いていた。幕府は永福寺側の訴えに基づいて近隣御家人の二宮忠行を動員して督促したところ、家頼は鎌倉に参上して弁明する意志を伝えてくるも、その後も音沙汰はなかった。そこで幕府は、家頼の飯田郷知行分のうち半分を召し上げて永福寺薬師堂供僧領とする決定を下したのである。

係争地の飯田郷は鎌倉郡内の地に比定されており、同地の一分地頭飯田氏は源頼朝挙兵の際には石橋山合戦で平家方の大庭景親軍に「飯田五郎家能」がおり（『吾妻鏡』）、その後頼朝に従い御家人として存続していく。もともと相模国内を基盤とした武士であったと考えられる。本史料での相論は永仁六年（一二九八）から継続しているもので、地頭方による年貢未進は年々かさみ、永福寺薬師堂の経営に重大な支障を来していたことが窺える。それゆえ、本裁定で示される下地中分という結果を招いたのであろう。（渡邊）

［釈文］

永福寺薬師堂供僧伊予法印厳演申、相模国飯田郷一分地頭飯田五郎家頼不弁供米事、

右、自正中二年至嘉暦二年未進参石壱斗可究済之由、去元年十二月七日成敗之後、去年四月廿五日直雖遣奉書、不叙用之間、同六月五日、今年三月二日託二宮右衛門五郎忠行加催促訖、如執進四月廿五日請文者、致弁帯返抄之処、中付御教書之条難堪次第、企参上可明申之旨、雖載之、于今無音、於弁償之段者、不実之由、厳演所申也、家頼難遁下知違背之咎、然則於家頼知行分者、中分下地、以一方可付寺家、次未進事、相分地本之上、不及沙汰之状、依将軍家仰下知如件、

元徳三年八月廿七日

右馬権頭平朝臣（花押）（北条茂時）

相模守平朝臣（花押）（赤橋守時）

【参考文献】福田以久生『駿河相模の武家社会』（清文堂出版、一九七六年）

3章◆象徴たる永福寺式瓦と鎌倉御家人

49 八事裏山窯跡出品

鎌倉時代

愛知　荒木集成館

49-1 蓮華文軒丸瓦

49-2 唐草文軒平瓦

平安後期の尾張・三河地方では猿投窯・知多窯などの窯跡から瓦生産窯が出現し、とくに尾張では多くの瓦生産遺跡が見つかっている。そのうち東山地区にある八事裏山窯（愛知県名古屋市）で出土した瓦は、京都の鳥羽離宮や鎌倉の鶴岡二十五坊遺跡といった消費地で同文・同笵の瓦が出土しており、広域な瓦供給の様子が窺える。永福寺Ⅰ期瓦に特徴的な唐草文様は、この八事裏山窯で生産された瓦当文様から採用されたと考えられており、灰釉陶器を生産していた窯であるため瓦にも自然釉がかかっている点が特徴的である。

八事裏山窯の窯業活動時期は四期に区分されており、同窯で生産され搬入された鶴岡二十五坊遺跡出土（鎌倉市）・千葉地東遺跡出土（同）・コクゾウ塚出土（伊勢原市）の軒瓦類はみな一二世紀末期のⅣ期に位置づけられている。この時期になると、それまで鳥羽離宮など京都方面への瓦供給であったのが、鎌倉方面へ移行している。だが、これらの八事裏山窯産の瓦は、相模国内で決して多くの点数が見出されているわけでなく、同窯で生産された瓦が永福寺の創建を主目的に供給されていなかった点は注意を払う必要がある。永福寺創建期のⅠ期瓦の生産地は北武蔵が有力視されており、八事裏山窯産瓦の永福寺への供給は一部に止まっていたと考えられる。

しかし、尾張産瓦が鎌倉幕府草創期の相模地域に供給されていたこと、永福寺Ⅰ期瓦の文様のルーツに同窯産軒平瓦が影響している点を踏まえるに、やはり一二世紀末期頃の相模地域へ尾張産瓦が受容・供給される契機を検討する必要がある。そこで、八事裏山窯に近在する尾張国御器所保に注目してみよう。同所はもともと熱田神宮へ土器類を供給する地とされ、一二世紀後期には平家の影響下に置かれた国衙領だった。しかし、治承・寿永の内乱で源頼朝が勝利すると、この御器所保は文治六年（一一九〇）に平家没官領として鎌倉幕府が管理することとなり、後に頼朝の妹である一条能保室に与えられる（『吾妻鏡』）。源義朝が熱田大宮司一族と姻戚関係を築き頼朝をもうけている点や、義朝の家人で尾張地域一帯に勢力を有する長田忠致が知多半島の野間内海荘を拠点とした点などを踏まえるに、頼朝と尾張地域の関係は密接と考えられよう。一二世紀末期段階で八事裏山窯周辺地が鎌倉幕府および頼朝関係者の所領になっていたことは注目すべきで、相模地域への八事裏山窯産軒瓦の供給時期ともおおよそ合致する。

朝廷との協調関係を重視した源頼朝は、京—鎌倉間の交通整備も進め、東海地域への勢力扶植を推進したことが知られる。尾張国御器所の獲得もその一環と考えられるが、その意義は単なる所領獲得以上に、鎌倉幕府が創建した永福寺瓦の文様選択へと繋がる重要な文化的契機であったとも想像される。（渡邊）

【参考文献】小林康幸「関東地方における中世瓦の一様相」（『神奈川考古』二五、一九八九年）、尾野善裕「八事裏山窯址群の基礎的再検討」（『古代人』五三、一九九二年）、桐山秀穂「尾張・三河」（中世瓦研究会編『中世瓦の考古学』高志書院、二〇一九年）、小林康幸「中世相模における尾張産瓦の受容（予察）」（池上悟先生古稀記念会編『芙蓉峰の考古学Ⅱ』六一書房、二〇二〇年）

50 千葉地東遺跡出土品

蓮華文軒丸瓦（八事裏山窯産）

鎌倉時代

神奈川　神奈川県教育委員会

鎌倉市御成町の千葉地東遺跡より出土した蓮華文軒丸瓦。この瓦は河川覆土から出土したもので、特定の建築遺構や遺構面に伴う遺物でないため明確な使用年代を特定することは困難である。本資料は尾張国の八事裏山窯跡で出土する軒瓦と同文関係にあるため、同窯の製品であることは間違いない。（渡邊）

【参考文献】小林康幸「中世相模における尾張産瓦の受容（予察）」（池上悟先生古稀記念会編『芙蓉峰の考古学Ⅱ』六一書房、二〇二〇年）

51 コクゾウ塚出土品

鎌倉時代

神奈川　あつぎ郷土博物館

51-1 **唐草文軒平瓦（八事裏山窯産）**

51-2 **軒平瓦片（八事裏山窯産）**

伊勢原市石田に所在したコクゾウ塚で採集された瓦で、径二メートル程の塚上部に多数の自然石とともに発見された。灰釉がかかる軒平瓦は唐草文を瓦当文様とし、八事裏山窯産の製品と判断されている。同窯産瓦の東国への供給時期が一二世紀末期頃であることを踏まえるに、出土地点は安楽寿院領糟屋荘の領域にかかわる可能性があるものの、石田地域では鎌倉初期に三浦一族の活動も見られるため、確定については今後の課題である。（渡邊）

【参考文献】小林康幸「鎌倉永福寺跡出土瓦の諸問題」（『立正考古』三一、一九九二年）、同「中世相模における尾張産瓦の受容（予察）」（池上悟先生古稀記念会編『芙蓉峰の考古学Ⅱ』六一書房、二〇二〇年）

52 下万正寺遺跡出土品

鎌倉時代

福島　桑折町教育委員会

52-1 **巴文軒丸瓦**

52-2 **唐草文軒平瓦**

下万正寺遺跡（福島県伊達郡桑折町）より出土した永福寺創建期のⅠ期に相当する巴文軒丸瓦と唐草文軒平瓦。残存する各地の永福寺Ⅰ期瓦のなかで最北限に位置する。出土地は陸奥国の鎌倉御家人伊達氏の寺院「満勝寺」跡地（現在は大字万正寺）に相当するため、これら永福寺式瓦の移入に伊達氏の関与が窺える。

そもそも伊達氏は陸奥国において外来・後発の武士勢力であった。史料上では、源頼朝と愛妾との間で男児が生まれた記事に、その妾の名が「常陸介藤時長女」（『吾妻鏡』）とあるのが初見である。「常陸介」を称することから、常陸国が親王任国で常陸介が事実上国司に相当するため、本来は藤原姓の京都出身の中流・下流官人の出で、後白河院近臣の関係者と考えられている。また藤原時長の子息為宗は「伊佐為宗」と称したため、彼ら一族の本貫地は常陸国伊佐荘（茨城県下館市）であったと推測される。その後、奥州合戦に従軍して伊達郡を獲得すると、先の藤原時長は「伊達常陸入道念西」と名乗るようになり、ここに陸奥国伊達郡を本拠地とする鎌倉御家人伊達氏が誕生する（仙台に進出するのはもっと後の時代である）。

伊達氏は旧郡衙とされる桑折郷と梁川城跡（伊達氏館）を拠点とし、本資料は桑折郷の伊達氏寺院・満勝寺跡地より出土しているものの、同寺は弘安年間（一二七八～八八）に伊達政依の創建と伝承されるため、Ⅰ期瓦の時期と齟齬が生じ、満勝寺に先行する鎌倉初期寺院の存在が想定されている。征服者として奥州の地に進出を果たした伊達氏にとって、既存の地域基盤はなく（ただし、常陸と奥州の交流の歴史は長い）、源頼朝個人ないし鎌倉幕府の権威を利用したことが想像される。（渡邊）

【参考文献】滑川敦子「「常陸入道念西」小考」（『紫苑』一四、二〇一六年）、『伊達市埋蔵文化財調査報告書　第30集　梁川城跡　総合調査報告書』（伊達市教育委員会、二〇一八年）、伊藤喜良『伊達一族の中世―「独眼龍」以前―』（吉川弘文館、二〇二一年）

53 地蔵院（尾羽寺跡）出土品

軒平瓦（唐草文軒平瓦・下向き剣頭文軒平瓦）

鎌倉時代

栃木　地蔵院

下野国宇都宮朝綱が建立した尾羽寺跡地（栃木県益子町）より出土した軒平瓦群。剣頭文はその技法が京都官衙系統の折り曲げ式であるため中央との関係も想定される。唐草文は永福寺式瓦の同文と見受けられるが、文様の蔓は幅がやや分厚く模倣の観点では粗雑さが目立つため同文と判断するには躊躇する。ただ朝綱の父宗綱が常陸国八田氏と関わりが深い点を踏まえるに、永福寺式瓦の文様模倣があった可能性も考えられる。

下野国宇都宮氏とは宇都宮明神（現宇都宮二荒山神社）の神官出身の鎌倉御家人である。平安末期、宇都宮朝綱は鳥羽院武者所などに属する在京勢力で、当該期の宇都宮の地は、関東と奥州を結ぶ奥大道が通る交通の要路にあり、また中原姓宇都宮氏・紀姓宇都宮氏など他姓宇都宮氏との競合関係も存在していた。しかし、朝綱は早い段階から源頼朝に従うことで宇都宮を本拠地化し、「宇都宮社務職」を頼朝から安堵されている（『吾妻鏡』）。源頼朝および鎌倉幕府の権威を背景に宇都宮の地を掌握したかたちになるが、以後も同氏の在京活動は継続しており、仏師快慶および快慶派の作例である観音菩薩跪像・勢至菩薩立像が地蔵院（尾羽寺の後身）に伝来するなど高度な文化が宇都宮にもたらされていた。

宇都宮氏の菩提所尾羽寺の創建は宇都宮朝綱による建久五年（一一九四）とされ、寺内の阿弥陀堂は建久四年、多宝塔は翌五年の源頼朝による寄進と伝承される。永福寺式瓦と同文が採用された背景は未詳だが、前述の宇都宮朝綱と源頼朝との関係に加えて、後述する永福寺Ⅰ期瓦を受容した常陸国八田知家の事例を勘案するに、同族の宇都宮氏（朝綱と知家は兄弟にあたる）でも採用された可能性は想定できよう。

（渡邊）

【参考文献】大澤伸啓「瓦で見る下野の中世」（『歴史と文化』一一、二〇〇二年）、江田郁夫編『下野宇都宮氏』（戎光祥出版、二〇一一年）、同編『中世宇都宮氏―一族の展開と信仰・文芸―』（戎光祥出版、二〇二〇年）

54 浜川北遺跡出土品

鎌倉時代
群馬　高崎市教育委員会

54-1 巴文軒丸瓦
54-2 唐草文軒平瓦
54-3 鬼瓦片

浜川北遺跡（群馬県高崎市）は上野国御家人長野氏の菩提寺来迎寺に関する中世遺構群。区画墓から集中的に永福寺Ⅰ期瓦が出土している。来迎寺の創建は鎌倉後期と伝承されるが、瓦群や出土する古瀬戸の蔵骨器より鎌倉前・中期には同寺に先行する寺院があったと考えられている。Ⅰ期瓦の移入経緯は未詳だが、当該地域は北武蔵に隣接し、大類氏など武蔵国で永福寺式瓦を受容した児玉党勢力の一部進出もみられる。

長野氏は有力在庁官人石上氏の系譜に連なる上野国の在来領主と考えられており、建治元年（一二七五）の「六条八幡宮造営注文」（『田中穣氏旧蔵典籍古文書』）に上野国の項目に「長野刑部丞跡」とあり、その初見が正嘉二年（一二五八）の将軍家二所詣に随兵として参加していることから（『吾妻鏡』）、少なくとも一三世紀には鎌倉御家人としての活動が見出せる。しかしそれ以前の鎌倉初期での動向は未詳であるため、同氏に先行する武士勢力が存在したかなど、検討の余地を多く残す。長野氏の菩提寺来迎寺には市指定史跡「長野氏累代の墓」が付随し、南北朝期から戦国期までの年紀を刻む五輪塔・宝篋印塔が並ぶ。（渡邊）

【参考文献】『新編高崎市史　資料編三　中世Ⅰ』（高崎市、一九九六年）、『高崎市文化財調査報告書第一五三集　高崎市内遺跡出土資料整理報告書一―平成八年度資料整理報告―』（高崎市教育委員会、一九九七年）、『新編高崎市史　通史編二　中世』（高崎市、二〇〇〇年）

55 三村山極楽寺跡出土品

唐草文軒平瓦
鎌倉時代
茨城　つくば市教育委員会

56 小田城跡出土品

唐草文軒平瓦
鎌倉時代
茨城　つくば市教育委員会

常陸国内での永福寺式瓦は三村山極楽寺跡（茨城県つくば市）、小田城跡（同）、黒駒地内「駒ノ墓」（茨城県下妻市）の三カ所から現在報告されている。いずれも永福寺Ⅰ期瓦と同笵関係にあるが、製作技法はⅠ期瓦の折り曲げ式とは異なる。本資料の極楽寺跡・小田城跡出土へのⅠ期瓦の移入契機について、前者では常陸国守護八田知家が有力視され、後者では同族の小田氏（祖は知家の子息知重）が想定されている。

八田知家は下野国宇都宮宗綱の子で、宗綱は常陸平氏出身の多気氏と姻戚関係を有したため小栗御厨内八田（茨城県筑西市）にも留住し、その嫡子朝綱は宇都宮と八田を併称した（『尊卑分脈』）。また宗綱の娘寒河尼は源頼朝の乳母となるなど河内源氏とも近しい関係にある。建久四年（一一九三）の曾我兄弟の仇討ち事件を契機に、連座した多気義幹の所領に進出し、常陸国筑波郡の三村山を本拠地化したと考えられる。後に三村山には西大寺律の忍性が止住するなど東国有数の律宗拠点であった。なお、永福寺Ⅰ期瓦の移入契機については、在来領主の常陸平氏多気義幹の可能性も捨てきれない。だが、関東に見られるⅠ期瓦を受容した御家人の事例が頼朝に近しく、また地域にとって外来・後発勢力であるためにその権威を必要とした点を踏まえるに、八田氏の可能性がより高いと思われる。また小田氏が拠った小田城はもともと八田知家の子息知重が名字を称しており、Ⅰ期瓦受容における両者の関係性も窺える。

黒駒地内「駒ノ墓」のある常陸国下妻荘に関して、在来領主の下妻広幹が建久四年に北条時政に敵意を抱いたという理由で誅殺され、同地には下野国小山朝政（妻は頼朝の乳母寒河尼）が新たな地頭として入部している（以上の典拠は『吾妻鏡』）。朝政は頼朝と個人的に近しい関係にあり、同じく永福寺式瓦を受容した八田氏・宇都宮氏とも血縁関係にある。さらに当該地では外来・後発勢力である点に鑑みれば、同荘へのⅠ期瓦の移入契機は小山朝政が想定されるのだが、その他に下総国結城氏の進出もみられるため確定は現状難しい。

（渡邊）

【参考文献】佐久間秀樹「駒之墓表採の軒平瓦について」（『下妻の文化』二三、一九九八年）、桃崎祐輔「常陸三村山採集の永福寺系瓦と『極楽寺』銘梵鐘―三村山極楽寺の創建と八田知家をめぐる宗教環境―」（『歴史人類』三一、二〇〇三年）、同「筑波山周辺の宗教世界」（浅野晴樹・齋藤慎一編『中世東国の世界一　北関東』高志書院、二〇〇三年）、比毛君男「三村山極楽寺跡出土瓦の諸問題―茨城県立歴史館所蔵資料の紹介と検討―」（『茨城県史研究』九四、二〇一〇年）

57 西浦遺跡出土品

唐草文軒平瓦
鎌倉時代

埼玉　埼玉県教育委員会

西浦遺跡（埼玉県東松山市）は都幾川の沖積低地に面した段丘崖上に位置し、同地から永福寺Ⅰ期の唐草文軒平瓦が出土している。東側では無量寿寺境内にある鎌倉前期成立の野本氏館跡と隣接するため、永福寺式瓦の移入契機について、当該地を本拠としていた武蔵国の鎌倉御家人野本氏の関連性が指摘されている。

鎮守府将軍藤原利仁の系譜に連なる野本氏は、もともと越前国出身で斎藤姓を名乗り、滝口の武士として在京活動を展開する一族であった。この斎藤氏が武蔵国比企郡野本の地に移ってきた背景に、同郡内に勢力を有していた比企一族の影響が窺える。比企氏は源頼朝の乳母比企尼（夫は掃部允）を輩出し、彼女の猶子能員は初期鎌倉幕府内部で頼朝の側近として枢要な地位に就き、奥州合戦では北陸道大将軍として参戦して上野・信濃国守護にも補任される。また比企一族の朝宗は北陸道勧農使として派遣され、越前国などの北陸地域に影響力を及ぼしていた。武蔵国比企郡に住する能員が北陸道に派遣されたのも、同地域が比企氏の勢力圏内にあったことを物語っていよう。これらの点から、越前斎藤氏の出身地および移転先の武蔵国比企郡野本ともに比企氏の関係性が窺え、比企氏に従った斎藤氏が武蔵国比企郡内に新たな所領を獲得し、後に野本氏と名乗ることになったと推測される。つまり、鎌倉初期の段階で、野本氏は当該地域において外来・後発勢力であったのである。

比企郡内で新たに本拠を形成した野本氏は、藤原秀郷流出身の比企氏や下河辺氏などの在来勢力に囲繞され、彼らとの間で姻戚関係や烏帽子親子関係などを結びながら地域的連携を果たす。その一方で、野本氏は源頼朝との親密な関係も垣間見える。建久四年（一一九三）の『吾妻鏡』には野本基員の子息が源頼朝の将軍御所で元服を遂げた記事を掲載する。そもそも北条氏関係者以外の元服記事がほとんど残されていない『吾妻鏡』において、同氏の元服記事が掲載されている点から、野本氏と『吾妻鏡』編纂者との間の特別な関係がこれまで指摘されている。『吾妻鏡』編纂における恣意性など、当該記事については検討すべき点を多く孕むが、それでも一御家人に過ぎない野本氏の将軍御所での元服記事が掲載される背景には、両者の親密性も想定されよう。頼朝創建の永福寺式瓦が野本氏本拠へもたらされた要因に、頼朝や幕府権威を同氏が地域社会に示す際に必要とされた可能性があったのではないだろうか。

（渡邉）

【参考文献】『埼玉県埋蔵文化財調査事業団報告書　第一八四集　東松山市　山王裏／上川入／西浦／野本氏館跡　一般国道四〇七号線埋蔵文化財発掘調査報告』（財団法人埼玉県埋蔵文化財調査事業団、一九九七年）、五味文彦『増補　吾妻鏡の方法』（吉川弘文館、二〇〇〇年）、山本陽一郎「北陸地域と比企氏─疋田斎藤氏の御家人化の背景─」（『紫苑』三、二〇〇五年）、落合義明「利仁流藤原氏と武蔵国」（同『中世東国武士と本拠』同成社、二〇二〇年）、山野龍太郎「野本氏と押垂氏の周辺─比企氏と連携した利仁流藤原氏一族─」（『埼玉地方史』七八、二〇二〇年）

58 菖蒲城跡出土品

蓮華文軒丸瓦

鎌倉時代

埼玉　埼玉県教育委員会

菖蒲城跡（埼玉県久喜市）は、室町期に古河公方足利成氏の家臣金田則綱が築いたと伝わるが、同所の遺構からは古代寺院が先行して存在し、その廃絶後に再び鎌倉期に館ないしは寺院が形成されたことが指摘されている。出土遺物には、瓦当面の大半を欠損するものの複弁八葉蓮華文の永福寺Ⅰ期瓦が見つかっている。当地周辺はかつて野与党に属する武蔵国御家人栢間氏の勢力圏にあたり、同氏は栢間郷を本拠とした。鎌倉中期頃に将軍上洛の供奉や的始めの射手としての活動が散見されるものの（『吾妻鏡』）、移入契機など永福寺式瓦との具体的な関連は未詳である。

（渡邉）

【参考文献】『埼玉県埋蔵文化財調査事業団報告書　第二三二集　南埼玉郡菖蒲町　菖蒲城跡　主要地方道川越栗橋線関係埋蔵文化財発掘調査報告』（財団法人埼玉県埋蔵文化財調査事業団、一九九九年）

59 浅見山Ⅰ遺跡出土品

唐草文軒平瓦

鎌倉時代

埼玉　早稲田大学考古資料館

63 大久保山寺院跡出土品

三鱗文平瓦

鎌倉時代

埼玉　本庄市教育委員会

埼玉県本庄市南部の小さな谷戸が三つの舌状の丘陵に入り組んでなされた浅見山丘陵には、大久保山遺跡・東谷中世墳墓址・宥勝寺北浦遺跡など多くの中世遺跡が残る。そのなかの浅見山Ⅰ遺跡からは、永福寺Ⅰ期の唐草文軒平瓦が発見されており、浅見山丘陵一帯を本拠地とした児玉党庄氏の関与が想定されている。

児玉党の嫡流系統に属する庄氏は、源義朝の代から武蔵国の家人として軍事編成され（『保元物語』）、治承・寿永の内乱期でも早くから源頼朝に従い備中国などに散在所領を獲得している。庄家弘の子息から四方田氏・蛭河氏・阿佐美氏などが分出し、神流川扇状地一帯に蟠踞した。また浅見山丘陵の一三世紀後半の遺構である大久保山寺院跡からは北条氏の三鱗家紋が押された平瓦が出土しており、鎌倉後期段階では北条氏との関わりが深かったことも推察される（なお庄氏庶流の四方田氏は北条得宗被官だった（『武家年代記裏書』））。

浅見山丘陵の大久保山遺跡からは一二世紀中頃から一六世紀前半までの中世遺構が報告され、とくに中世前期の堀・溝で区画された屋敷地跡は庄氏のものとされる。庄氏の居館遺構は五期に分かれ、Ⅰ期は一二世紀中頃から後半の平安末期に既存の墳墓を取り込みながら東西にのびる谷戸田内部の中央に屋敷地が形成される。Ⅱ期の鎌倉前期は谷戸田の入り口に庶流とされる屋敷地が建てられ、Ⅲ期の鎌倉期中頃には中央の屋敷地が拡大される。庄氏が鎌倉御家人として最盛期を迎えていたのだろう。またⅣ・Ⅴ期の鎌倉後期・末期では谷戸田の西側に屋敷地が広がり、一四世紀前半には上述の庄氏居館遺構は廃絶している。庄氏が西遷御家人として西国所領に移転した影響が考えられよう。庄氏の居館遺構に関しては、近隣に東谷中世墳墓群と池跡のある宥勝寺（有荘寺）が注目され、庭園や墳墓を伴う聖地が庄氏の本拠地に形作られていたことが指摘されている。庄氏本拠が地域の極楽往生を体現する場になっていたと考えられるのである。

かかる場に本資料の永福寺Ⅰ期瓦が浅見山Ⅰ遺跡から出土している点は興味深い。庄氏本拠地では鎌倉前期から永福寺を模した寺院が準備されていた可能性があり、北武蔵の有力御家人に永福寺式瓦が受容された様子が窺える。（渡邊）

【参考文献】『早稲田大学本庄校地文化財調査報告書六　大久保山遺跡Ⅵ』（早稲田大学、一九九八年）、齋藤慎一『中世武士の城』（吉川弘文館、二〇〇六年）

60 真鏡寺後遺跡出土品

唐草文軒平瓦

鎌倉時代

埼玉　本庄市教育委員会

61 羽根倉南遺跡出土品

唐草文軒平瓦

鎌倉時代

埼玉　本庄市教育委員会

62 久下前遺跡出土品

蓮華文軒丸瓦

鎌倉時代

埼玉　本庄市教育委員会

三つの遺跡ともに埼玉県本庄市内にあり、真鏡寺後遺跡・羽根倉南遺跡では唐草文軒平瓦、久下前遺跡では蓮華文軒丸瓦の永福寺Ⅰ期瓦が見つかっている。その他、元大師跡（埼玉県神川町）でも同時期の蓮華文軒丸瓦の存在が報告されている。永福寺Ⅰ期瓦の生産地が北武蔵地域と想定されているように、児玉地方には多くの永福寺式瓦が点在する。これら地域は児玉党の勢力圏内でもあり、真鏡寺後遺跡は児玉党出身の塩谷氏の居館である真鏡寺館跡に付随する遺構である。上記の永福寺式瓦と鎌倉御家人について、具体的には真鏡寺後遺跡の塩谷氏以外に詳らかにできないが、永福寺瓦の生産基盤となった当該地域において、児玉党・丹党・猪俣党・私市党などの武士勢力が、積極的に造寺活動を行っていた様子が窺える。（渡邊）

【参考文献】小林康幸「埼玉県下に分布する永福寺式軒平瓦について」（『埼玉考古』三六、二〇〇一年）

64 堂裏遺跡出土品

唐草文軒平瓦

鎌倉時代

埼玉　上里町立郷土資料館

堂裏遺跡（埼玉県上里町）は鎌倉後期から室町期の石造遺物・蔵骨器が出土する中世墳墓ないし寺院跡と考えられ、苑池遺構も検出されている。当該地には「大御堂」と称される阿弥陀堂もあり、丹党出身の武蔵国御家人安保氏の菩提所か別業の可能性が指摘される。同所からは上記遺物よりも先行する永福寺Ⅰ期の唐草文軒平瓦が出土しており、阿弥陀堂がさらに鎌倉初期まで遡り、かつ永福寺式瓦の移入に安保氏の存在が想定される。

安保氏は武蔵国賀美郡安保郷に本拠を定めた丹党出身の鎌倉御家人である。治承・寿永の内乱期から安保実光が源頼朝方として活動し、一二世紀後半には安保氏をはじめ丹党出身の新里氏・勅使河原氏などが神流川扇状地内を拠点化し定着していった。ただし、神流川扇状地にはすでに一二世紀前半以前に児玉荘が立荘されており（『玉葉』）、児玉党出身の庄氏・真下氏・塩谷氏・四方田氏などの存在がみえる。安保氏の本拠に関連する「安保氏館跡」は一二世紀後半から、また「阿保境館跡」が一三世紀からの遺構である点を踏まえるに、丹党の神流川扇状地への進出は児玉党に遅れたかたちになろう。その結果、建久四年（一一九三）に「武蔵国丹・児玉党類有確執事、已欲及合戦」という紛争状態に陥り、源頼朝の命で畠山重忠が仲裁を行う事態にまで発展している（『吾妻鏡』）。鎌倉初期の安保氏は、本拠周辺で児玉党出身の武士勢力と競合関係にあったとみるべきだろう。

鎌倉幕府成立以降、安保氏は勝長寿院供養や二所詣など幕府儀礼に多く参加し、また北条泰時と姻戚関係を結ぶなど幕府有力層との関わりも深い。永福寺式瓦の安保氏本拠への移入契機を断定することは困難であるが、児玉党勢力との競合関係の結果、不安定化する本拠の維持のため鎌倉幕府権威により接

近していった可能性も想像される。（渡邊）

【参考文献】『皀樹原・檜下遺跡調査会報告書第一集　皀樹原・檜下遺跡Ⅰ（阿保境の館跡）中世編—朝日工業（株）児玉工場関係埋蔵文化財発掘調査報告書—』（皀樹原・檜下遺跡調査会、一九八九年）、『神川町遺跡調査会発掘調査報告書第五集　安保氏館跡』（埼玉県児玉郡神川町遺跡調査会、一九九五年）、『上里町埋蔵文化財発掘調査報告書　第一八集　埼玉県上里町　堂裏遺跡発掘調査報告書—県営ほ場整備事業に伴う発掘調査報告書—』（上里町教育委員会、二〇一八年）、渡邊浩貴「北武蔵の武士本拠と湧水開発」（シンポジウム『武蔵武士とその本拠』埼玉県立嵐山史跡の博物館、二〇一八年）

65 保寧寺出土品

唐草文軒平瓦

鎌倉時代

埼玉　加須市教育委員会

保寧寺（埼玉県加須市）は元徳二年（一三三〇）に建長寺二一世玉山徳璇を開山に建立されたと伝わる臨済宗寺院。同寺中世墓址からは鎌倉前期～後期の三筋壺や甕の蔵骨器や文永一一年（一二七四）を紀年銘の下限とする大量の板碑が出土し、そのなかには唐草文様の永福寺Ⅰ期瓦を含む中世瓦類が複数発見されている。出土遺物より保寧寺創建以前にも先行する鎌倉前期寺院があったと推察される。外護者の武士勢力については野与党出身の高柳氏・道智氏・多賀谷氏などが想定されるが未詳。

同寺阿弥陀堂には建久七年（一一九六）の紀年銘を記す阿弥陀三尊像があり、如来坐像は建久七年九月二八日の墨書銘を有する。また「大仏師宗慶」「大施主藤原弘□」とあることから、本像が慶派仏師宗慶の作と知られる。施主の人物は、実名が「弘綱」と読めるという指摘により児玉党出身の四方田弘綱とする向きもある。しかし、そもそも児玉党は有道姓を名乗っており（『武蔵七党系図』）、四方田氏が鎌倉初期に藤原姓と称した徴証は見えない。また仮に本像の施主が四方田氏だったとして、大久保山丘陵一帯（埼玉県本庄市）を本拠地とする庄氏より分出した同氏が、野与党勢力圏内に拠点を築いた経緯も不明である。本像の近世以前での伝来経緯が未詳な以上、先の「藤原弘□」は別人とすべきだろう。（渡邊）

【参考文献】石井進『鎌倉武士の実像』（平凡社、一九八七年）、小林康幸「埼玉県下に分布する永福寺式軒瓦について」（『埼玉考古』三六、二〇〇一年）、『日本彫刻史基礎資料集　鎌倉時代　造像銘記篇　第一巻（解説）』（中央公論美術出版、二〇一五年）

66 満願寺出土品

鎌倉時代

神奈川　横須賀市自然・人文博物館

66-1 蓮華文軒丸瓦（八事裏山窯産）
66-2 唐草文軒平瓦（八事裏山窯産）
66-3 唐草文軒平瓦
66-4 巴文軒丸瓦
66-5 鬼瓦
66-6 丸瓦
66-7 平瓦

満願寺（横須賀市）は、寿永三年（一一八四）に相模国三浦一族の庶子佐原義連が創建したと伝承される古刹で、以後佐原氏の氏寺として栄華を極めた。その満願寺境内より一万点以上の瓦が出土し、永福寺式瓦も多く含まれる。なかには一二世紀末期頃に東国へ一部供給されていた尾張国八事裏山窯産の66-1蓮華文軒丸瓦、66-2唐草文軒平瓦も出土している。とくに後者は鎌倉永福寺跡でも出土していない八事裏山窯産瓦と同文の軒平瓦で、その文様は脆弱な唐草文に加え、外区に不連続で稠密に珠文を配するという姿である。現在、相模国において確実に八事裏山窯瓦とされる事例は、満願寺のほかに鎌倉では永福寺跡・鶴岡二十五坊跡・千葉地東遺跡、伊勢原市ではコクゾウ塚が知られるばかりである。これら八事裏山窯産瓦の存在は、永福寺創建に先行する寺院の存在を想像せしめるが、瓦供給が各地域へ個別にされたのか、あるいは相模地域のある場所から各地へ分散していったのか判然としない。いずれにせよ、佐原氏の本拠地に尾張産瓦が供給された寺院が存在していたことは重要であり、彼ら一族の勢力の程が知られよう。

ところで、満願寺より大量の中世瓦が出土している事実を受け、有志の中世瓦研究者によって資料整理・調査が平成三〇年（二〇一八）より開始され、その後、神奈川県立歴史博物館による総合研究「横須賀市満願寺出土中世瓦の分析を通じた永福寺式瓦と鎌倉御家人の総合研究」（研究代表：渡邊浩貴、令和三年（二〇二一）度～令和五年度）によって継続で実施されている。本調査の成果は報告書の刊行をもって公表する予定だが、その過程で新たに見出された重要な事象について若干触れておきたい。満願寺出土の中世瓦のうち、その総数が多く認められるのが永福寺Ⅱ期瓦と同時期に生産された満願寺Ⅱ期瓦（便宜的に呼称、宝治文永年間頃）である。これは創建期の満願寺Ⅰ期瓦に比べ明らかに増加傾向を示す。

この満願寺Ⅱ期瓦は宝治年間から文永年間に供給された瓦であり、当該期の三浦一族はすでに宝治元年（一二四七）の宝治合戦によって本宗家が滅亡しているため、一見すると三浦氏の盛衰と齟齬が生じるようにみえる。だが、満願寺を氏寺としていた佐原氏の動向を振り返るに、庶流佐原氏は宝治合戦で本宗家ではなく対立した北条時頼方に付き、戦後は亡き三浦本宗家に替わりその地位に収まり「三浦介」を称する。その後、佐原氏は北条得宗家に従属する被官を輩出するなど、北条氏の庇護と従属のもとで鎌倉後期に御家人として存続していく。そうした佐原氏の動向を反映するように、満願寺から出土するⅡ期瓦は増加傾向を示していき、瓦葺を伴う寺院・堂舎が建てられたことが想定される。しかし、かつての本宗家が摂家将軍藤原頼経のもとで形成された文化サロンを主導し、琵琶の名手三浦光村を輩出した点に鑑みるならば、新たな本宗家となった佐原一族に、かつての三浦一族の文化レベルを見出すことは難しい。（渡邊）

【参考文献】鈴木かほる「鎌倉後期の三浦佐原氏の動向」（『三浦一族研究』四、二〇〇〇年）、髙橋秀樹『三浦一族の研究』（吉川弘文館、二〇一六年）、小林康幸「中世相模における尾張産瓦の受容（予察）」（池上悟先生古稀記念会編『芙蓉峰の考古学Ⅱ』六一書房、二〇二〇年）

67 願成就院跡出土品

鎌倉時代

静岡 伊豆の国市教育委員会

67-1 巴文軒丸瓦
67-2 唐草文軒平瓦
67-3 下向き剣頭文軒平瓦
67-4 半截花文軒平瓦
67-5 手づくねかわらけ

願成就院（静岡県伊豆の国市）は文治五年（一一八九）に狩野川の自然堤防上に建立された北条氏の氏寺で、伝来する不動明王・毘沙門天像の胎内銘札より、同院の造像に大仏師運慶が携わったとされる。出土遺物は一二世紀末期から一三世紀中頃に集中するため、鎌倉後期になると北条氏の活動拠点は都市鎌倉に移行すると考えられている。同院からは大量の中世瓦が出土しており、永福寺Ⅰ期瓦と同文の三巴文軒丸瓦、同笵の唐草文軒平瓦、などが見つかっている。

願成就院では創建期の永福寺式Ⅰ期と同文・同笵瓦が複数見出されることから、初期鎌倉幕府の寺社造営と連動した北条氏本拠の性格が指摘される。また、同院より大量に出土する京都系の技術を用いた儀礼・宴会用の手づくねかわらけは、当該期では京都や平泉などの都市的な場に限定して見つかっており、北条氏が京都社会の文化を積極的に導入し、かつ地域社会のなかでも卓越した文化レベルにあったことが知られる。

一方で、狩野川河口部にある香貫山（沼津市上香貫）の北嶺部にある天神洞遺跡からは願成就院跡出土の巴文軒丸瓦・下向き剣頭文軒平瓦・半截花文軒平瓦と同文・同笵のものが確認されており、北条と香貫の地の狩野川流域の交通・流通を介した繋がりが想定できよう。香貫の対岸は北条氏と姻戚関係のある牧氏が有する大岡荘があり、また香貫の地は源義朝の乳母子鎌田正清の遺児「香貫三条局」が居住した（『山内首藤氏系図』）。鎌田正清が北条時政の烏帽子親であるという所伝を踏まえるに（同）、一二世紀中期頃に狩野川流域河口部を扼する有力者鎌田氏と狩野川上流部にある北条氏が連携していたことも想像される。

最近は京都との関係が強調される伊豆国北条氏であるが、彼らのそもそもの地域基盤が狩野川流域社会にあるということも忘れてはならないであろう。（渡邊）

【参考文献】池谷初恵『鎌倉幕府草創の地 伊豆韮山の中世遺跡群』（新泉社、二〇一〇年）、同「伊豆・駿河・遠江」（中世瓦研究会編『中世瓦の考古学』高志書院、二〇一九年）

68 北条氏館跡（円成寺跡）出土品

鎌倉時代

静岡 伊豆の国市教育委員会

68-1 唐草文軒平瓦
68-2 下向き剣頭文軒平瓦
68-3 半截花文軒平瓦
68-4 宝珠形水晶
68-5 香炉（瀬戸美濃窯産）
室町時代
68-6 天目茶碗

69 御所之内遺跡出土品

室町時代

静岡 伊豆の国市教育委員会

69-1 小壺（瀬戸美濃窯産）

狩野川右岸に形成された守山の丘陵部には、北側に北条氏館跡（円城寺跡）、東側に北条氏が建立した氏寺願成就院跡、山裾から自然堤防の後背湿地（バックマーシュ）をやや北上した地点に御所之内遺跡、と中世遺跡群が残る。北条氏館跡からも願成就院跡出土と同文・同笵関係にある瓦が多数みられ、永福寺Ⅰ期瓦と対応することが指摘されている。源頼朝の外戚である北条氏に多くの永福寺式瓦が残された点は、両者の密接な人的関係のみならず、都市鎌倉と北条氏本拠で連動した寺社造営と、瓦工人たちのネットワークが想定されよう。

北条氏館跡（円成寺跡）・御所之内遺跡からは瓦・土器のみならず茶道具・仏具の出土も報告されており、仏具類には伊豆国で作られた瓦質製品の香炉などもみえる。北条氏館跡などの鎌倉期北条氏に関する遺構・遺物は一二世紀末期から一三世紀中頃が主体であって、以後は都市鎌倉に活動拠点が移ったものと解されている。それでも、北条氏滅亡後には同地に山内上杉氏が関与しており、北条氏館跡（円城寺跡）の北側にはさらに伝堀越御所跡が接続している。鎌倉・室町期にわたる仏具類の存在は、北条氏ゆかりの寺院群が後世でも聖地として地域権力の庇護を受けていたことを示していよう。（渡邊）

【参考文献】池谷初恵『鎌倉幕府草創の地　伊豆韮山の中世遺跡群』（新泉社、二〇一〇年）、同「伊豆・駿河・遠江」（中世瓦研究会編『中世瓦の考古学』高志書院、二〇一九年）

69-2 白色かわらけ

室町時代

静岡　伊豆の国市教育委員会

70 寺山遺跡出土品

白色かわらけ

鎌倉時代

静岡　熱海市教育委員会

71 大芝遺跡出土品

白色かわらけ

鎌倉時代

神奈川　箱根町立郷土資料館

72 三島神社出土品

白色かわらけ

鎌倉時代

静岡　三島市教育委員会

儀式や宴会で使用されるかわらけのなかで、白色の胎土のものを「白かわらけ」と呼ぶ。京都で生産される白かわらけは東国武士たちの憧憬の対象で、多くは手づくね成形で製作され、京都から搬入されるか、鎌倉で同様の技法を用いて製作された事例が報告されている。一方で本資料群のかわらけはロクロ成形で製作され、白色の胎土にやや赤みがかかっている点で特徴的である。北条氏館（御所之内遺跡）・箱根神社（大芝遺跡）・伊豆山神社（寺山遺跡）・三島神社（三島神社境内遺跡）で出土するため、鎌倉幕府による二所詣のために特別に準備されたものと理解されている。

鎌倉幕府の二所詣とは、走湯山・箱根山の二所と三嶋社に奉幣する宗教行事で、これらの地が鎌倉幕府の草創と密接に関わるため、幕府重要行事として源頼朝以来整備されてきた。そのなかで北条氏も鎌倉殿の二所奉幣使となるなど深く関与し、その後、北条一族による二所詣が恒例化するようになる。北条氏館・箱根山・伊豆山・三嶋社に残る二所詣と関わる赤みがかった白かわらけの存在は、幕府重要儀礼である二所詣に対し、北条氏の関与が密接であったことを示していよう。（渡邊）

【参考文献】田辺旬「鎌倉幕府二所詣の歴史的展開」（『ヒストリア』一九六、二〇〇五年）、岡田清一「鎌倉幕府の二所詣」（同『鎌倉幕府と東国』続群書類従完成会、二〇〇六年）、池谷初恵『鎌倉幕府草創の地　伊豆韮山の中世遺跡群』（新泉社、二〇一〇年）

73 樺崎寺跡出土品

青白磁四耳壺

鎌倉時代

栃木　足利市教育委員会

樺崎寺跡は鎌倉幕府有力御家人の足利義兼によって鎌倉初期に八幡山東麓（栃木県足利市）に創建された寺院遺跡で、現在は樺崎八幡宮が残る。臨池伽藍を備えた浄土庭園の存在が知られ、鎌倉の永福寺や伊豆韮山の願成就院と同時期にあたる。樺崎寺跡からは鎌倉御家人の間で威信財（ステータスシンボル）だった四耳壺や梅瓶などの貿易陶磁器類が多数出土しており、同寺地蔵堂跡と推定される地点付近からは一二世紀末期から一三世紀前半に流通した白磁四耳壺が、人骨や一四世紀のかわらけを伴って出土している。有力御家人下野足利氏の豪奢な暮らしぶりと、同寺が鎌倉永福寺と同様に足利氏の霊場として機能していたことが窺えよう。

樺崎寺について、室町期頃に作成された「鑁阿寺樺崎縁起并仏事次第」（『鑁阿寺文書』）によると、文治五年（一一八九）の奥州合戦に足利義兼が参戦したことが建立の契機と記される。義兼は義国流清和源氏の出身でもともと源頼朝と近い血縁関係にあり、かつ北条時政の娘を娶るなど頼朝と義兄弟の間柄であった。また本拠の下野国足利荘にあっては、兄弟である足利義清や藤姓足利氏との競合関係がすでに地域社会で惹起されていたため、頼朝勢力と結ぶことで自身の本拠を維持しようとした側面も見受けられる。治承・寿永の内乱で平家方に就いた藤姓足利氏の所領は没収され、また頼朝方に従うも戦死した義清の遺領はみな義兼に与えられることとなり、内乱を生き残った義兼流足利氏が足利荘を本拠として確立させ、以後も有力御家人として存続していく。

樺崎寺に象徴される下野足利氏が受容し形成した浄土世界は、受容の直接的契機を奥州合戦における平泉世界との接触に求められる。東国武士のなかでは極めて早い段階に臨池伽藍を備えた浄土庭園が同氏によって形作られていたのである。立地景観は鎌倉永福寺に近似し、また大仏師運慶が造像を手がけた可能性が指摘される大日如来坐像（栃木県光得寺蔵）の存在など、その文化的環境は都市鎌倉に匹敵する。ただし、寺院群に用いられた瓦は三巴文軒丸瓦と三鈷杵文軒平瓦のセットが使用されるなど、独自の文様をあしらい装飾されており、永福寺式瓦などは発見されていない。北条氏と同様に頼朝と近い血縁関係にある足利氏であるが、必ずしも永福寺式瓦を受容するという関係性ではなかったと考えられる。（渡邊）

【参考文献】大澤伸啓『日本の遺跡四一　樺崎寺跡─足利

一門を祀る下野の中世寺院―」（同成社、二〇一〇年）、須藤聡「下野藤姓足利一族と清和源氏」（高橋修編『実像の中世武士団　北関東のもののふたち』高志書院、二〇一〇年）、田中大喜「総論中世前期下野足利氏論」（同編『シリーズ中世関東武士の研究第九巻　下野足利氏』戎光祥出版、二〇一三年）

74 平沢寺経塚出土品

○経筒

久安四年（一一四八）

埼玉　平沢寺

天台宗平沢寺（埼玉県嵐山町）の境内白山神社裏「長者塚」から本経筒が掘り出されたという（『新編武蔵風土記稿』）。経筒には「久安四年歳次戊辰二月廿九日」の紀年、および勧進僧「沙門実與」、結縁者に「当国大主散位　平朝臣茲縄（綱）方縁等」、経筒制作工人の「藤原守道／安部末恒／藤原助貞」の名がみえる。この結縁者は武蔵国留守所総検校職にあった秩父重綱とされ、本銘文を、重綱とその妻（方縁（芳縁））たちが経筒を施入したとする理解が有力視されている。平安末期、重綱が氏寺として平沢寺を建立し、さらに同寺境内に経塚を造営し聖地化を進めたものと理解される。

一一世紀後半から一二世紀末の平安末期、列島各地では経文を書写し地中に埋納した経塚が盛んに造営された。埋納品には紙本経や滑石経などの経典類、紙本経を納めた経筒（銅製・陶製・石製）がみられ、末法思想の影響を受けて、弥勒如来の下生を待望するものや、現世利益・極楽往生・追善供養などの願意が込められる。経塚は古代以来の社寺や地域の聖地・霊場の山頂に築かれることが多かった。本経塚が造営された平沢寺も文治四年（一一八八）に源頼朝から院主職を安堵されるなど（『吾妻鏡』）、早くからその存在が認められる。

結縁者の秩父重綱は武蔵全域に大勢力を誇った秩父平氏の嫡流に属す人物である。重綱の子息からは江戸氏・河越氏が生じ、また横山党出身の横山経兼娘との間に生まれた重弘の系統からは、畠山重能・重忠一族が登場している。平沢寺は鎌倉街道上道に沿う場所にあり、都幾川との陸上・水上の流通路が結節する地点にある。東南一キロメートルには畠山重忠居館である菅谷館跡が、さらに東南一キロメートルには源義賢居館である大蔵館跡がある。地域流通の要衝にある同寺周辺は、平安・鎌倉期を通じて武士勢力の本拠が形成され、また本拠に付随する霊場も備わっていたのである。　（渡邊）

【参考文献】清水亮「総論武蔵国畠山氏論」（同編『シリーズ中世関東武士の研究第七巻　畠山重忠』戎光祥出版、二〇一二年）、水口由紀子「平沢寺跡出土経筒の銘文について」（『埼玉県立史跡の博物館紀要』一〇、二〇一七年）

75 宮戸薬師堂山経塚出土品

鎌倉時代

埼玉　朝霞市博物館

75-1 ○経筒
75-2 ○和鏡
75-3 ○甕（常滑窯産）
75-4 ○鉢（常滑窯産）

宮戸薬師堂山経塚（埼玉県朝霞市）は新河岸川を臨む台地縁辺に立地し、経塚出土地には宝蔵寺・白山神社があったというが（『新編武蔵風土記稿』）、すでに移転・合祀されている。出土資料には直接年代を示す銘文は見えないが、外容器の常滑窯産の甕は一二世紀後半の鎌倉初期頃とされている。本経塚の造営者は、武蔵国新座郡広沢郷を本拠とする秀郷流藤原氏出身で波多野氏庶流の広沢氏が有力視されており、本経塚は広沢氏の聖地の一つだったと思われる。

広沢氏は相模国波多野氏の一族だが、その本拠地は武蔵国であるため（「六条八幡宮造営注文」）、広沢郷が名字の地と考えられている。同氏は鎌倉初期から活動が認められ、勝長寿院供養の供奉や、奥州合戦にも参戦している。広沢遠経らは北条時政の被官として京都警固の勇士にも選ばれている（『吾妻鏡』）。広沢氏嫡流の実方・実高はたびたび源頼朝上洛に随行しており、京都事情にある程度通じていたのであろう。その後、行実・宗実は北条得宗被官として活動し、庶流の和知氏・江田氏などは備後国三谷郡一帯に所領を有する西遷御家人となっていく。広沢一族は得宗被官として北条氏と密接に関わりながら栄華を極め、鎌倉や備後での豪奢な生活ぶりは後深草院二条が記した『とはずがたり』にも記録される。ただし、鎌倉末期には早々に後醍醐天皇ら倒幕方に転じ、武者所職員に収まり、以後も備後国の有力国人として生き延びる。　（渡邊）

【参考文献】加藤功「武蔵武士広沢氏の動向」（『埼玉県立歴史資料館研究紀要』二一、一九九九年）、『広沢郷の時代―中世の朝霞を探る―』（朝霞市博物館、二〇〇五年）、渡邊浩貴「建武政権・南朝の武力編成と地域社会―武者所職員の事例から―」（悪党研究会編『南北朝「内乱」』岩田書院、二〇一八年）

76 中山白山神社経塚出土品

仁平四年（一一五四）

東京　八王子市郷土資料館

76-1 ○経筒
76-2 ○和鏡（菊山吹双鳥文／秋草双鳥文）
76-3 ○経筒外容器
76-4 ○常滑製甕
76-5 ○経巻（法華経巻二・四）

東京都八王子市中山にある白山神社より、経巻一〇巻を含む経塚が発見されている。本経塚は近世後期から昭和期まで四度にわたって発見・報告がされているため、経筒と外容器・副葬品等との関係性について未詳なものが多い。しかし朱書の経巻奥書には「仁平四年九月廿日」「武蔵国西郡船木田御庄内長隆寺　西谷出写了」や結縁者に「小野氏人」が記されるなど、仁平四年(一一五四)にすでに皇嘉門院領船木田荘がすでに立荘され、檀越に小野氏(のちの横山党)が関わっていることが分かる。本経塚は、横山党の霊場として平安後期段階から認知されていたことを示す。

八王子市域を本拠に平安後期から鎌倉初期にかけて活躍する横山党の武士勢力は、建暦三年(一二一三)の和田合戦で本宗家はじめ一族の多くが滅亡し、彼らの動向を示す文献史料は少ない。ただ残された系図類や記録によると、横山党は小野氏から生じ、横山資隆の時期に河内源氏の源頼義に仕え、経兼は源義家の家人になっている。以後も、源為義・義朝父子に従い、その所領を相模地域へ広げ、相模国糟屋荘・愛甲荘、海老名郷に進出し多摩川・相模川流域に勢力を扶植していく。治承・寿永の内乱でも早くから源頼朝方として参加し、横山時広は但馬国総追捕使となるなど重要な地位にあった。鎌倉幕府内で横山一族が重用された理由には、頼義・義家以来の河内源氏譜代の家人という性格だけでなく、幕府宿老の和田義盛の影響が考えられている。相模国浄楽寺(横須賀市)にある阿弥陀三尊像等は和田義盛が大仏師運慶に依頼して文治五年(一一八九)に制作したものだが、その銘札には義盛とその妻小野氏(横山時重妻)が記される。和田義盛と横山一族の密接な関わりが窺える。　(渡邊)

【参考文献】細谷勘資「八王子市中山白山神社経塚出土の経巻について」(『八王子の歴史と文化』四、一九九二年)、『新八王子市史　資料編1　原始・古代』(八王子市、二〇一三年)、『新八王子市史　通史編2　中世』(八王子市、二〇一六年)

77 龍見寺経塚出土品

経筒

平安時代

東京　八王子市教育委員会

東京都八王子市館町にある曹洞宗龍見寺では、円形の土坑中から銅製経筒が発見され、製作技法から一二世紀中のものとされる。龍見寺の開山は慶長三年(一五九八)と伝えられるが、同寺には平安末期の造像とみられる大日如来坐像があり、本経筒の存在を踏まえるに龍見寺に先行する寺院が同所にあったと推測される。本経塚の造営には武蔵国鎌倉御家人の横山氏との関連が想定される。現在、横山氏本宗家の本拠は確定されていないが、八王子市内を流れる湯殿川上流の旧上椚田村・下椚田村が候補地の一つに挙げられており、本経塚が横山氏本拠に付随した霊場とも考えられる。

龍見寺経塚の南向かいにある館町遺跡からは一〇世紀前半頃の方形区画溝が報告され、屋敷地の可能性が指摘されている。当該期は、横山党の祖小野諸興の活動時期に相当するため、これらの地域が初期横山党の本拠地だった可能性もある。付近には横山氏庶流の椚田氏が分出し、和田合戦で本宗家滅亡後は横山氏の遺領を継承した長井氏が椚田城を拠点として形成している。平安・鎌倉期にわたり当該地域に武士勢力の本拠・拠点が築かれたことに鑑みると、横山氏本宗家の本拠が龍見寺経塚付近にあったことの蓋然性は高かろう。　(渡邊)

【参考文献】『新八王子市史　資料編1　原始・古代』(八王子市、二〇一三年)、『新八王子市史　通史編2　中世』(八王子市、二〇一六年)

78 利仁神社経塚出土品

建久七年(一一九六)

東京　東京国立博物館

78-1 経筒

78-2 瓦筒

78-3 合子

78-4 和鏡(草花双鳥文/松喰鶴文)

都幾川を臨む崖線上にある野本将軍塚古墳(埼玉県東松山市)内に利仁神社経塚は築かれ、埋納された78-1経筒に建久七年(一一九六)の紀年銘を陽刻するため、本経塚が鎌倉初期に造営されたことが分かる。将軍塚古墳・利仁神社経塚の付近には野本氏館跡・無量寿寺があり、これらはみな武蔵国野本氏に関する遺構・遺物である。経塚資料群のうち、78-2瓦筒は、瓦の製作技法で作られた経筒である。近隣には西浦遺跡より永福寺I期瓦の57唐草文軒平瓦が出土しているため、永福寺式瓦との関連性が注目される。

78-1経筒にある陽刻銘文には「睿義大徳」を勧進とし、檀越の「応順大徳」と女施主の「橘氏」が如法経を埋納したことを記す。檀越・施主ともに野本氏本拠内の経塚造営の支援者であるため、野本基員とその妻と考えられている。また78-4和鏡(松喰鶴文)には墨書銘にもともと「遠州山名郡木原郷住人」で現在は「武州吉見郡大串郷住人」である「藤原氏」が同じく野本氏の経塚に結縁したことを記す。墨書の上に引っ掻くように薄く「藤原氏/建久七年二月日」と陰刻される。この藤原氏を利仁流藤原氏出身の加藤氏に比定する見解がある。野本一族だけでなく、本経塚が利仁流藤原氏の末裔たちに広く信仰された場所であったことが窺える。

野本氏はもともと越前国斎藤氏出身で、鎌倉初期に比企氏との連携によって比企郡野本郷を本拠に定めている。野本氏が本拠を形成した場は、野本将軍塚古墳を包摂しており、平安期に活躍した鎮守府将軍藤原利仁の墓所と伝承され、斎藤・野本氏の先祖である。利仁は鎌倉期には伝説の将軍として認知され、『吾妻鏡』『二中歴』等に記される。また比企郡内にも利仁将軍伝承が多く、鎌倉末期には同郡に「南方将軍澤郷」なる地名が埼玉県嵐山町にあった。野本氏の本拠は秀郷流藤原氏出身の比企氏・下河辺氏に囲繞され、後発の領主にとって自己の支配の正当性を主張する必要があったと推測される。野本氏が藤原利仁の墓所とされる野本将軍塚古墳付近に本拠を作り、同古墳に経塚を造営したのは、自己の系譜を利仁の後裔と認識し、本拠支配の歴史性と正当性を地域に対して示すためだったのではないだろうか。同じ利仁流藤原氏出身の加藤氏が野本氏経塚に結縁している点は、すでに鎌倉初期の段階で、自分たちの祖を利仁とする系譜認識があったことを示していよう。本経塚は、野本氏本拠の霊場という意義だけでなく、同氏本拠の存立を支える重要な宗教施設だった。（渡邊）

【参考文献】大澤伸啓「武蔵武士と浄土庭園」（埼玉県立嵐山史跡の博物館編『東国武士と中世寺院』高志書院、二〇〇八年）、水口由紀子「東松山市利仁神社経塚出土遺物について」（『埼玉県立歴史と民俗の博物館紀要』三、二〇〇九年）、落合義明「利仁流藤原氏と武蔵国」（同『中世東国武士と本拠』同成社、二〇二〇年）、山野龍太郎「野本氏と押垂氏の周辺—比企氏と連携した利仁流藤原氏一族—」（『埼玉地方史』七八、二〇二〇年）

79 ◎大日如来坐像

建久四年（一一九三）カ
像高六一・六
東京　真如苑真澄寺
半蔵門ミュージアム安置

二〇〇四年にその存在が注目され、その後、東京・真如苑真澄寺に迎えられた金剛界の大日如来像。割矧ぎ造りで、像内には内刳りを施すが、像底を膝裏の高さで刳り残して内部を密閉する、いわゆる上げ底式内刳りである。エックス線やCTスキャンなどの調査によって、内刳り面を丁寧にさらった像内に五輪塔形木札、金属製の蓮華花弁で包まれた水晶珠、舎利入りと思われる水晶製五輪塔、紐を入れた袋が確認されている。近年のボアスコープによる像内調査により、像内の内刳り面が漆箔に覆われていることと、五輪塔形木札の表面に彩色が施され五輪種子や宝篋印陀羅尼の梵字が記されることが確認された。

作者は作風、構造、像内納入品の仕様等の検討から鎌倉時代に活躍した仏師運慶と考えられる。原所在は栃木・鑁阿寺の縁起『鑁阿寺樺崎縁起幷仏事次第』にみえる樺崎下御堂（法界寺）とみられ、そこに安置された「三尺皆金色金剛界大日如来像」が本像にあたるとされる。この像が納められた厨子内には建久四年（一一九三）一一月六日の願文があったといい、本像の製作年代として矛盾はない。願主は足利義兼とみられる。義兼は源頼朝と同じく外祖父に熱田大宮司藤原季範を持ち、また北条時政の娘を妻とする頼朝に近い人物であり、運慶に造像を頼んだとしても不思議ではない。

運慶は文治五年（一一八九）の浄楽寺諸像の製作から建久六年に東大寺大仏殿供養の際に法眼位を得るまでの約六年間の確実な作品や史料については京都・奈良だけでなく東国でも知られていない。一方で、その空白期間に符合するように文治五年に永福寺の事始があり、建久三年には二階堂、同四年に薬師堂、同五年に新造御と相次いで造営が実施される。堂内に安置された仏像を造像した仏師たちについては史料にはみえないものの将軍源頼朝が発願した寺院であることから、関係の深い運慶一門が関わったことが指摘される。

現状では本像が運慶の空白期間を埋めることができる唯一の像であり、永福寺の三堂に安置されたかもしれない運慶が造った仏像を復元的に考える際になくてはならない稀有な存在である。（神野）

【参考文献】山本勉「新出の大日如来像と運慶」（『ＭＵＳＥＵＭ』五八九、二〇〇四年）

80 阿弥陀如来坐像

鎌倉時代
像高五一・九
神奈川　神奈川県立歴史博物館

来迎印を結ぶ一般的な阿弥陀如来像。頬や顎の肉付けや後頭部の螺髪の処理、耳の彫り方、衲衣の衣文の処理は文治五年（一一八九）の横須賀市・浄楽寺の運慶作阿弥陀如来坐像と多くの共通点がある。頭と体の主要な部分は、一本の材を前後に割って余分な材を刳り抜き、さらに頭部と体部を頸のあたりで割り離す割矧ぎ造りである。像底は地付から数㎝上げ底式に内刳りを施す。このような像底は浄楽寺像に初めてみられるもので、運慶作とされる**79真如苑真澄寺大日如来像**や栃木・光得寺大日如来像にもみられる技法である。

浄楽寺像は目に玉眼を用いない彫眼である。一方、本像と真如苑真澄寺像は玉眼を嵌める点、かついわゆる上げ底式内刳りである点が共通する。ただ、本像は解体修理が実施されており、像内納入品や造像銘等はなく、像内の内刳りや荘厳にはへだたりがある。

　このように本像は運慶及びその周辺の作品との共通点が多く見いだせるものの、伝来には不明な点が多く、当館に収蔵される前は鎌倉に所在したことしかわからない。運慶は鎌倉に住んだ将軍家や御家人、僧らに関わりのある仏像を造像していることから、想像を膨らませれば永福寺や鶴岡八幡宮寺をはじめとする由緒ある寺院に祀られていたのかもしれない。

（神野）

81 ◎頬焼阿弥陀縁起

鎌倉時代
上巻　縦三三・三×横一三七四・一
下巻　縦三二・九×横一二二四・一
神奈川　光触寺

　鎌倉比企谷にあったという岩蔵寺の本尊阿弥陀三尊像の都合一五段にわたる霊験譚を上下二巻に分かち描き記す絵巻物。

　物語は町の局なる人物が京の大仏師雲慶（ママ）の鎌倉下向の折に阿弥陀仏の制作を依頼することに始まる（上巻第一段）。雲慶は伊豆国の杣より調達した御衣木をもとに阿弥陀の四十八大願に擬えて四十八日かけて造像を果たす（同第二段）。造像の一～二年後に家中で失せ物が発生した際、念仏行者の萬歳法師が嫌疑を掛けられ、局の命を受けた下人源次郎により左頬に火印を重ねづけされる（同第三～五段）。その夜の局の夢に現れた阿弥陀仏は左頬を押さえて火印を捺した理由を尋ねる（同第六段）。夢から醒めた局が雲慶造像の阿弥陀仏を拝すと、夢に見たとおり阿弥陀の頬には火印の痕があり、一方で萬歳法師の頬にはその痕がないことを確認するにつけ、ついに阿弥陀仏が萬歳法師の苦痛を代わりにうけたことに思い至る（下巻第一段）。その後、局は阿弥陀の火印を修復しようと仏師を招請するも果たせず、この仏師は九日後に示寂してしまう（同第二段）。このような霊験をあらわす生身の如来を安置する堂宇の建立を企て、比企谷に勝地を求め、新造した精舎を岩蔵寺と名付ける（同第三段）。以降、この阿弥陀仏を篤く信仰して縁を結んだ人々、すなわち萬歳法師、町の局、下人源次郎、町の局の女などが往生を遂げる様が連続して描かれる（同第四～八段）。

　念仏者が受ける火印の苦痛を阿弥陀が代わりに受けるという説話は鎌倉に住したことのある無住の『沙石集』巻二上「阿弥陀利益事」にも収められるが、これに比して本絵巻の詞書は、浄土教の教義にかかわる文言を多用する点、また町の局の外出先として「しぶや」（相模渋谷）、阿弥陀の頬の修復を命ぜられた仏師の所在地としての「かめかや」（亀ヶ谷）、萬歳法師が庵を結んだ「をゝいそ」（大磯）など、鎌倉やその近縁の地名を記す点に特徴がある。

　絵は上下巻全体を通じて複数回に及ぶ補筆と補彩が認められる。その程度は当初に存在した筆線をなぞるものから、顔貌をおそらく新たに描き出すものまで多岐にわたる。当初の表現が残ると判断できるのは上巻第三段の小柴垣（第一四紙）や同巻第四段の建築描写（第一七紙）、下巻第四段の萬歳の庵とここに描かれる人物群（第一三～一四紙）など。建築描写や添景人物を中心に絵師の高い画技が伺える。本絵巻を所蔵する光触寺には万治三年（一六六〇）制作の副本ともいうべき二巻本の摸本が存在し、その奥書に「雖然紙墨損壊而文字等不分明」とあるから、江戸時代前期の段階ですでに料紙が荒れていたようである。旧箱に記された情報から知られる過去二度の修理のうち、明治三五年（一九〇二）の修理は私意を交えずに行なわれたようで（旧内箱蓋裏「依旧式不交私意加修繕畢」）、補筆の機会としては旧外箱蓋裏にある延宝四年（一六七六）の修理時などが候補となろう。なお、本絵巻の摸本には光触寺の副本のほかに天保四年（一八三三）に狩野晴川院養信が写した東京国立博物館本がある。

　制作時期は詞書最終段にある弘安元年（一二七八）を上限、法印権僧都靖厳なる僧による奥書寄進銘にある文和四年（一三五五）を下限とする。寄進銘によれば靖厳はこの絵巻を長年所持していたというから（「多年所奉所持也」）、制作は文和四年を幾分遡るだろう。制作当初の表現を見る限り、その描線は一定の水準を維持しており、一三世紀の絵巻の遺風を留めているため、一四世紀初頭の制作とみるのが妥当であろう。

　ふくよかな風貌で表される亀ヶ谷の仏師の修繕不履行の挿話は、数々の霊験をあらわす生身仏を彫りだした雲慶（運慶）に対置して、運慶の仏師としての超人性を明瞭にする役割を果たしているように思われ、鎌倉幕府周辺の造仏を手掛け永福寺安置仏にもおそらく関与したであろう運慶の仏師としての伝説は運慶在世からほどなく成立していたことを知る。

（橋本）

【参考文献】熊谷宣夫「光触寺阿弥陀三尊像と頬焼阿弥陀縁起」（『美術研究』一三、一九三三年）、岩橋春樹「頬焼阿弥陀縁起」（『新修　日本絵巻物全集』第三〇巻、角川書店、一九八〇年）

82 ◉當麻曼荼羅縁起

鎌倉時代
上巻　縦五一・四×横七七九・九

下巻　縦五一・八×横六九一・二
神奈川　光明寺

天平宝字七年（七六三）に中将姫が綴織で制作したと伝わる奈良當麻寺本尊の當麻曼荼羅の織成にまつわる伝説を、上下二巻に描く絵巻物。横佩大臣の姫君（中将姫）の出家に始まり、化尼（正体は阿弥陀如来）の命での蓮茎の採集、蓮糸の紡績、蓮糸を染めるための井戸の掘削および井戸のそばへの弥勒石仏の造立、そして機織り女（正体は観音菩薩）による曼荼羅織成、さいごに阿弥陀二十五菩薩の来迎による姫君の往生が描かれる。

通例の絵巻では横長に継ぐ料紙を、長辺を縦向きにして継ぐため縦が五〇㎝を超える堂々たる大画面を成す。彩色や金泥塗りに後世の補筆と思しき箇所が散見されるが、墨の描線の質は高く、一三世紀中葉に京で制作された作と判断される。制作には女院の関与があり、また京都の貴族私邸における當麻曼荼羅称揚の風潮と関わるとの指摘がある。

旧内箱蓋裏にある光明寺四六世の貴誉による金泥書に拠れば、本絵巻は延宝三年（一六七五）に光明寺の大檀那であった内藤義概が修飾を加えて寄附したと伝わる。そのほか、附属品のひとつに絵巻を包んで保管するために利用したと思しき絹布があり、これには光明寺六〇世の称誉による享保一九年（一七三四）の年記が認められる。さらに別の絹布には「昭和四年十一月依國寶保存法修理之」との墨書があって、遅くとも延宝三年（一六七五）以来、本絵巻が光明寺で守り伝えられてきたことが判明する。

當麻曼荼羅を安置する厨子に仁治三年（一二四二）に設置された扉の裏面には、散蓮華の舞う蓮池が金銀蒔絵であらわされ、その下方に多数の結縁者の名が記される。なかには「前武蔵守平朝臣泰時」（鎌倉幕府第三代執権北条泰時）、「後一条前摂政」（九条教実）、「前右近衛大将源頼朝」（鎌倉幕府初代将軍源頼朝）、「征夷大将軍頼経」（鎌倉幕府第四代将軍九条頼経）など、鎌倉幕府関係者の名が多くあって、同じく扉に名を残す「沙門証空」（西山証空）、「金剛仏子行恵」（九条道家）などとともに鎌倉幕府および九条家が厨子扉の修理に関与したと知られる。本絵巻が鎌倉材木座の光明寺にもたらされたのは江戸時代のことではあるが當麻曼荼羅厨子扉から判明する鎌倉幕府と當麻曼荼羅の浅からぬ関係を思えば鎌倉の地に本絵巻が存するのは有縁のことといえる。（橋本）

【参考文献】河原由雄「当麻曼荼羅縁起」の成立とその周辺」（『日本絵巻大成』二四、中央公論社、一九七九年）、成原有貴「当麻曼荼羅縁起絵巻」の制作意図をめぐる一試論」（『美術史』六三（二）、美術史学会、二〇一四年）

83 伊豆山権現立像

鎌倉時代
像高四八・七
静岡　伊豆山神社

烏帽子をかぶり袍・袈裟・指貫を着ける伊豆山権現像。近年の保存修復により面部などの表面にみられた錆層を除去し、製作当初の顔立ちがわかるようになった。中型土を像内に残した一鋳の像で、表面に鍍金をあらわす。伊豆山権現の彫像は、銅造が鎌倉時代後期の静岡・般若院、明徳三年（一三九二）銘の伊豆山神社、木造では一二〜一三世紀の奈良国立博物館、一六世紀の山梨・真蔵院等の各像が知られる。

本像のように袈裟を身に着けて仏に帰依した姿をあらわす神像には大磯・高来神社の男神立像がある。高来神社は、近世には高麗権現と言い高麗寺が別当を務める神仏習合の場であった。高麗寺は北条政子の安産祈願所となり、後白河法皇の一周忌における千僧供養にも同寺の僧が参加するなど鎌倉幕府との結びつきは強い。鎌倉幕府との強い結びつきを持つ神社に関わるこれらの神像の姿には、鎌倉地域で造像された建長寺北条時頼像や明月院上杉重房像等の武家肖像彫刻と関係があることが指摘される。（神野）

84 ○阿弥陀如来坐像

平安時代
像高六八・二
静岡　伊豆山浜生協会（逢初地蔵堂）

かつて伊豆山神社には上下の常行堂が存在し、本像は上常行堂の本尊であったと考えられる。衲衣を通肩にまとい胸前で弥陀定印を結ぶ。一般的な阿弥陀と異なり頭髪部は髪を結いあげ、宝冠（亡失）をかぶる特殊な姿である。宝冠をかぶる姿は『覚禅抄』にみられる比叡山東塔常行堂の中尊像の姿と合致することから、常行堂の本尊であったことを裏付ける。現在、本像の脇侍として伝わる菩薩坐像二軀（本展未出陳）とは作風が異なり、これら二軀は下常行堂の中尊で現在広島・耕三寺の阿弥陀如来坐像と一具であったとみられる。現存作例では栃木・輪王寺常行堂の阿弥陀如来坐像に次ぐ古像とみられ、輪王寺像とは像高や衣文線の形式、足釧を付ける点も共通し、同様な典拠の存在を想像させる。伊豆山や輪王寺は東国における天台宗の拠点として多くの僧が活動しており、平安時代後期に寺院間のつながりがうかがえることは重要である。（神野）

85 □箱根山縁起并序（白文本）

室町時代
縦二六・六×横九五三・五
神奈川　箱根神社

全一八紙にわたり書き継がれた箱根権現の創建にまつわる縁起。原本はすでに失われているが、寛正五年（一四六四）に書写された「筥根山縁起并序（訓読本）」と同時期頃に筆写されたものと考えられる。奥書には「本云／前所記者建久二年七月廿五日／別当行実／南都興福寺住侶信救誌焉」とあり、原本は建久二年（一一九一）に箱根権現十九世別当行実が箱根山内の記録類や口伝等を収集し、興福寺僧信救に執筆を依頼して作成されたことが分かる。内容は、聖占仙人・武内宿禰・玄利老人など箱根権現の神話時代から記述され、同権現の開創者・万巻上人の事蹟、河内源氏との由緒や源頼朝の挙兵での箱根権現の援助などが述べられる。

源頼朝の挙兵当時、石橋山合戦で大敗を喫した頼朝を箱根権現別当行実は弟永実を派遣して食糧補給を行い、箱根山で匿うなど幕府草創に大きな貢献を果たす。その理由に行実は「父良尋之時、於六条廷尉禅室并左典厩等聊有其好」と父良尋の頃からすでに頼朝の祖父為義・父義朝と関係があったことを述べる。また「廷尉禅室賜下文於行実称、東国輩、行実若相催者可従者、左典厩御下文云、駿河・伊豆家人等、行実令相催者可従者」と為義は行実に自身の東国家人を催促する権限を、義朝は駿河・伊豆の家人を催促する権限を委ねていたという（以上『吾妻鏡』）。これらの記述を、事実として直截に受け取ることには慎重であるべきだが、為義が熊野山・伊勢神宮などの宗教勢力と結び奥州など遠隔地の武士勢力を組織化していったことが先学で指摘されており、箱根山も河内源氏の勢力下に組み込まれていたのであろう。また本史料には「次奥州住侶藤原秀衡、緬仰禄山神力、而以銅奉鋳神像、故及武威於九夷外矣」とあり平泉藤原氏の三代秀衡の同権現への信仰も記述される。為義・義朝の家人佐々木秀義は秀衡の妻の甥にあたり、秀義は「専使」として奥州方面から砂金や鷲羽を調達する役割を担っていた。平泉藤原氏と箱根権現の関わりは、河内源氏のネットワークを通じて結ばれていたのかもしれない。

河内源氏とゆかりの深い箱根権現は、鎌倉幕府成立後も大きな貢献を果たしていく。草創期鎌倉幕府では様々な面で人材が不足しており、同権現は鶴岡八幡宮寺で幕府儀礼を遂行する際の僧侶・神官・楽人などの人材を供給する重要な役割を担う。また伊豆山権現とともに歴代将軍家や北条家など幕府首脳陣による二所詣が整備され、鎌倉幕府の宗教政策のなかで重要な位置を占めるようになっていく。（渡邊）

【参考文献】元木泰雄「十一世紀末期の河内源氏」（古代学協会編『後期摂関時代史の研究』吉川弘文館、一九九〇年）、『箱根の宝物』（箱根神社、二〇〇六年）、野口実『源氏と坂東武士』（吉川弘文館、二〇〇七年）

86 ○長命富貴堆黒箱

中国・南宋時代

縦一九・五×横一九・七×高一二・〇

神奈川　鶴岡八幡宮

黒・朱・黄漆を塗り重ねて文様を彫り込む堆黒（ついこく）の技法で文様があらわされた方形箱。上面中央には「寿」、四隅には「長命富貴」の四文字が配され、周囲は雷文繋ぎで縁取られ、蓋の削面から身の側面にかけ菊、四足獣、霊芝（れいし）雲などが彫られる。底裏には朱塗銘文で「贈日本客僧栄西禅師／明昌元／侍郎周宏」と記され、入宋僧の栄西が、帰国の前年にあたる明昌元年（一一九〇）に、金の役人侍郎周宏という人物から本資料が贈られたという。ただし、栄西の滞在先は南宋であり、政治的に南宋と対立関係にあった金の役人から堆黒箱が彼に贈答された経緯は不明である。

栄西（一一四一～一二一五）は、臨済宗黄龍派の僧で道号は明庵、法諱は栄西。日本臨済宗の祖にして、鎌倉寿福寺の開山として著名な人物。南宋より帰朝した栄西は禅の立宗を目指すものの、建久五年（一一九四）に達磨宗（臨済禅）を承認しないとの宣下が朝廷より出され京より追放され、流浪ののちに新たな拠点を求めて鎌倉に下向する。天台僧として顕教の法会と密教の修法を学び、加えて入宋経験による中国仏教の習得も果たした栄西は、仏教儀礼を行うための人材を欲していた鎌倉幕府により以後重宝される。鎌倉幕府二代将軍源頼家のもとで、栄西は源頼朝一周忌供養の導師を右大将家法華堂で勤める。頼家は栄西に鎌倉亀谷の地を寄進して臨済禅の拠点である寿福寺造営を支援し、また京に建仁寺を創建することにも尽力する。続く三代将軍実朝のもとでも護持僧として勤仕し、側近として種々の修法を行う。天台僧としての優れた学識を背景に、栄西は鎌倉では永福寺別当に任じられ、さらに弟子の行勇、良瑜も同寺別当に任じられている。その後、鎌倉を留守にしがちになった栄西に替わって、永福寺別当には経玄が補任されるが、建暦元年（一二一一）に実朝が宋版一切経を永福寺に奉納するために催した曼荼羅供では、当時永福寺別当だった経玄ではなく栄西が導師を勤めており、いかに栄西が実朝に重用されていたかが窺える。この曼荼羅供の法要は栄西が鎌倉で行ったなかでも最大規模のものであった。（渡邊）

【参考文献】『建長寺創建七五〇年記念　鎌倉—禅の源流』（東京国立博物館、二〇〇三年）、久野修義『重源と栄西』（山川出版社、二〇一一年）、永井晋「中世都市鎌倉における密教の成立と展開」（『神奈川県立博物館研究報告（人文科学）』四四、二〇一七年）、同「栄西と鎌倉幕府」（『鎌倉』一二六、二〇一九年）

87 ◎鶴岡社務記録

南北朝時代
甲巻 縦二七・〇×横一三七八・七
神奈川 鶴岡八幡宮

鶴岡八幡宮寺の社務や社務職に関わる記事が建久二年（一一九一）から文和四年（一三五五）にわたり編年順で載せられる。現状は巻子装の甲乙二巻からなるが、各料紙には均等な折り目と罫線が引かれており、本来は冊子本だったと思われる。首尾をはじめ脱漏記事が多く見受けられるのも、冊子本から巻子装へ改めた影響であろうか。

史料では鶴岡八幡宮寺での種々の儀式内容が記述されており、幕府の音楽儀礼に関しては「十一月廿一日、遷宮為御神楽宮人之曲被召下、左近大夫将監多好方云々、彼勧賞充給飛騨国荒木郷畢、楽所此時被始置之、左一者平内符（府）生狛盛光、右一者多左衛門尉（ママ）多景節」という記事が重要である。鎌倉幕府成立段階における音楽受容について、鎌倉に京・南都の音楽が本格的にもたらされたのは鶴岡八幡宮寺復興の時期である。それ以前は、自力で舞楽などの音楽儀礼を催せず、在来の伊豆山権現と箱根権現から舞人を援助してもらって実施していた。しかしこうした状況は建久二年（一一九一）三月の鶴岡焼失とその復興で一変し、源頼朝は鶴岡に楽所を設置し、左舞一の者に狛盛光を、右舞一の者に多景節を招聘して補任している。同年一一月に行われた鶴岡遷宮の儀では京都楽人の多好方が招かれ、多氏の秘曲『宮人の曲』が奏され、頼朝は御家人畠山重忠や梶原景季たちにも同曲を伝習もさせている。楽所の設置、京都楽人の招聘と御家人たちへの伝習を通じ、鎌倉幕府の音楽儀礼は次第に整備されていった。（渡邊）

【参考文献】渡邊浩貴「中世都市鎌倉と地下楽家中原氏―中原有安・景安・光氏の系譜と活動を中心に―」（『神奈川県立博物館研究報告（人文科学）』四六、二〇一九年）、同「初期鎌倉幕府の音楽と京都社会―「楽人招請型」の音楽受容とその基盤―」（『神奈川県立博物館研究報告（人文科学）』四七、二〇二〇年）

88 ◎良傳供僧職譲状

相承院文書
宝治二年（一二四八）
縦三二・八×横四三・七
神奈川 鶴岡八幡宮

権律師良傳が鶴岡八幡宮寺供僧職を辛猷阿闍梨に譲与したことを記す譲状。良傳は鶴岡八幡宮寺供僧二十五坊の一つ頓覚坊の僧で、同坊は応永二二年（一四一五）に鶴岡二〇カ所の坊号が院号へと変更された際に相承院と改めている。相承院は明治時代の廃仏毀釈で廃されるが、同院に伝来した古文書群は現在鶴岡八幡宮に所蔵される。

良傳（?～一二五三）は相模国御家人山内首藤重俊の子息で、但馬律師とも称された。母は同じく相模国御家人土肥遠平の娘。『鶴岡八幡宮寺社務次第』によると、良傳は承元二年（一二〇八）に鶴岡頓覚坊を良喜から譲与され、建保三年（一二一五）に鶴岡頓覚坊供僧職に補任された。その後、山内首藤経俊（重俊の父）の子息快俊に頓覚坊を譲るが、良傳の還俗に伴って悔い返し、本史料にて辛猷へ譲与する。

初期鎌倉幕府における鶴岡八幡宮寺の供僧には、幕府が招聘した天台寺門派・山門派・東密などの僧が就いていたが、次第に御家人子弟が鶴岡供僧へ参入する事例が散見されるようになる。本史料の事例でも、相模国御家人山内首藤氏の一族から鶴岡供僧職に就く僧が輩出されており、上述の動向を裏付けよう。山内首藤氏は河内源氏嫡流の乳母を輩出し代々仕えてきた側近中の側近。相模国山内荘を本貫地としたが、源頼朝の挙兵段階では、山内首藤経俊が石橋山合戦に敵方大庭景親軍として参加したため、後に経俊の山内荘は没収され、土肥実平に預けられ相模国早河荘内の多古郷一得名地頭職を与えられる。治承・寿永の内乱初期の段階で所領規模が縮小したものの、以後は順調に所領を拡大させ最終的に備後国地毗荘を新たな本拠地に定めて西遷し、室町期には備後国人として生き延びていく。（渡邊）

【釈文】

譲与
　鶴岳八幡宮寺供僧職事
　　辛猷阿闍梨
右件職者、自先師頓学（覚）坊良喜律師
二代相伝依無相違、所譲与弟子辛猷
阿闍梨実也、永代更不可有他人
之違乱妨、然者可専天下泰平
御祈祷之状如件、
　宝治二年正月廿二日　権律師良傳（花押）

【参考文献】平雅行「鎌倉山門派の成立と展開」（『大阪大学大学院文学研究科紀要』四〇、二〇〇〇年）、同「鎌倉寺門派の成立と展開」（『大阪大学大学院文学研究科紀要』四九、二〇〇九年）

89 □金銅四天王五鈷鈴

中国・南宋時代
総高二二・七
神奈川 鶴岡八幡宮

90 金銅五鈷杵

室町時代
総高二二・〇
神奈川 鶴岡八幡宮

鶴岡八幡宮に伝世する密教法具。89金銅四天王五鈷鈴は鈴身の口縁が八花形で、身の側面も縦に八カ所の隆起を作り口縁と同様の形姿をなす五鈷鈴。鈴身の隆起部に四天王立像と三鈷杵を交互に陽鋳する。伝承では弘法大師の請来品とされ、また『新編相模国風土記稿』では貞観三年（八六一）に入唐した禅林寺の宗叡がもたらしたともされる。中国南宋の頃の制作と考えられている。また90金銅五鈷杵は極楽寺より鶴岡に奉納された所伝を持ち、もともとは忍性が蒙古襲来の際に調伏修法を行う際に下賜されたものというが（『新編相模国風土記稿』）、本資料の制作年代は室町期と思われる。同資料には請雨修法にまつわる伝承が残されており、忍性が盛んに行った祈雨祈祷の事実を踏まえて口伝されたのであろう。

（渡邊）

91 ◎浄光明寺敷地絵図

南北朝時代

縦六三・四×横九五・五

神奈川　浄光明寺

鎌倉浄光明寺の境内および周辺景観を描いた絵図。四紙一鋪からなり、絵図中央には「浄光明寺敷地□（絵）図」と墨書される。同寺は北条長時（一二三〇～一二六四）を開基として建長三年（一二五一）に開かれた泉涌寺派寺院で、以後北条氏有力一門の重時流嫡流家（義宗―久時―守時）によって外護された。鎌倉幕府滅亡の後は、赤橋久時の娘で守時の妹だった登子が足利尊氏の正室だった関係で、室町期も足利氏による保護を受けた。本図中央の浄光明寺周辺には「守時跡」「右馬権助跡」「上野守跡」「刑部跡」などの屋敷地がみえ、それぞれ赤橋守時・大仏高直・大仏直俊カ・摂津親鑒に比定されており北条氏一門関係者からなる。「跡」の記載より上記の屋地はすでに闕所地だったと判断され、本絵図作成の上限は幕府が滅亡した元弘三年（一三三三）五月となる。また浄光明寺の寺領境界線には足利直義の執事上杉重能が花押を据えており、重能が鎌倉に滞在していた建武二年（一三三五）一二月が下限となる。鎌倉幕府滅亡後、北条氏という従来の外護者を失った浄光明寺が、新たな外護者を求めて寺領安堵のために作成したものと考えられる。

本絵図にある「跡」の記載のある先述の北条氏一門の闕所地には、そのほとんどに朱筆で「今所望」と記載され、浄光明寺がこれら闕所地の知行を望んでいたことが分かる。その一方で、絵図左上にある「高坂」「高坂地類」にはかかる記載はなく、「跡」とも記されないため、鎌倉幕府滅亡後も同所の屋地を高坂氏という人物が所有していたと判断される。

さて、この高坂氏は鎌倉末期に彗星の如く現れた武蔵武士で、元弘元年の河内楠木城を攻めた鎌倉幕府の大仏貞直軍に同族の河越氏とともに参加した「高坂出羽権守（重信）」が初見である（「光明寺残篇」）。幕府滅亡前後には建武政権側へ転身し関東廂番に名を連ねている。南北朝内乱期には河越氏・江戸氏・土肥氏など武蔵・相模国の平姓の武士が結集した平一揆を河越氏とともに主導し、かつ鎌倉府では侍所所司に抜擢され伊豆国守護にも就くなど、内乱期での政治的上昇が目立つ。この高坂氏の本貫地は武蔵国高坂郷（埼玉県東松山市）に推定され、児玉党小代氏の本拠地に隣接する。小代氏には鎌倉初期に「高坂三郎直行」なる庶子が存在しており（「小代家本児玉系図」）、高坂郷を名字の地とする一族が存在した。系図以外での動向は未詳ではあるものの、後に秩父平姓河越氏の一族が児玉党小代氏庶流と姻戚関係を持った結果、高坂郷を本貫地とする秩父平姓の高坂氏が生まれたと想像される。かかる理解が認められるならば、児玉党小代氏や秩父平氏のなかで庶流に過ぎない高坂氏を、鎌倉末期段階から地域権力であったと評価することは難しい。

しかし、本絵図の高坂氏屋地が鎌倉末期から南北朝期までも継承された屋地と捉えるならばどうだろうか。鎌倉末期で北条氏一門関係者とともに屋地を浄光明寺付近に所有していたことを踏まえるに、高坂氏は北条氏被官であった可能性が生まれる。そして、先行研究で明らかなように、高坂氏重は笙を専門とする京都地下楽人豊原信秋から楽曲伝授を受けるなど音楽芸能に通暁していた文化人でもあった（在京経験が豊富だったのかもしれない）。初代鎌倉府公方基氏も豊原信秋から楽曲伝授を受けており、高坂氏重と足利基氏は音楽芸能において共通の師を持つという関係性が認められる。鎌倉府公方足利基氏のもとで高坂氏が重用された背景には、彼が平一揆を主導する公方直属の軍事勢力であっただけでなく、高坂氏重と足利基氏の芸能を通じた個人的交流があったと推察される。それを裏付けるように、基氏の死後はその政治的後ろ盾を喪失して失脚し、本貫地高坂郷も闕所地となって地域基盤も失い、歴史の表舞台から消えていく。

本絵図は、自身の文化的素養を原動力に、内乱期に公方基氏との個人的関係によってのし上がった戦争権力高坂氏の動向を如実に示す資料である。約六〇年にもおよぶ全国内乱としての性格を有す南北朝内乱では、高坂氏と同じような命運をたどった時代の徒花たちが多くいた。

（渡邊）

【参考文献】大三輪龍彦『浄光明寺敷地絵図の研究』（新人物往来社、二〇〇五年）、落合義明『中世東国の「都市的な場」と武士』（山川出版社、二〇〇五年）、同「南北朝期相模守護と鎌倉―河越氏の守護時代を中心に―」（『三浦一族研究』一二、二〇〇八年）、渡邊浩貴「北武蔵の武士本拠と湧水開発」（シンポジウム『武蔵武士とその本拠』埼玉県立嵐山史跡の博物館、二〇一八年）

92 源頼朝袖判下文

金子家文書
寿永三年（一一八四）
縦二九・六×横三七・五
神奈川　神奈川県立歴史博物館

当館所蔵の『金子家文書』は鶴岡八幡宮寺の相撲（すまい）職（しき）に関する史料からなる。相撲とは朝廷年中行事の相撲節（すまいのせち）に由来し、その式次第では左舞・右舞の舞楽も伴う音楽儀礼でもあった。鶴岡八幡宮寺の法会相撲も朝廷の相撲節を模倣したもので、『吾妻鏡』には鎌倉御家人が相撲人を勤める事例が散見する。

本史料は、寿永三年（一一八四）に源頼朝が、「若宮相撲字新三郎家真」が持つ田畠在家への賦課を免除することを認めたもので、当該期の鶴岡八幡宮寺の若宮社に所属する専門的な相撲人がすでに存在したことも示す。鶴岡八幡宮寺法会での相撲人の初見は文治五年（一一八九）三月三日「法会始行、舞楽・流鏑馬・相撲等始行」（『吾妻鏡』）であることを勘案するに、本史料は式年法会に先行する相撲人の事例となろう。寿永年間からすでに鶴岡の相撲に関する儀礼が整備されつつあった。（渡邊）

［釈文］

（花押）（源頼朝）
下　相模国中坂間郷
可早免除　若宮相撲字新
三郎家真給田畠在家等事、
田壹町　畠壹町　在家壹宇
右件給田畠在家免除畢、
地頭・名主等不可云煩之状
如件、
寿永三年六月三日

【参考文献】八幡義信「鶴岡八幡宮相撲職関連文書について」（『神奈川県立博物館研究報告』五、一九七二年）、新田一郎『相撲の歴史』（講談社、二〇一〇年）

93 祈雨御修法日記

田中穣氏旧蔵典籍古文書
永久五年（一一一七）
縦二八・五×横二六六・七
千葉　国立歴史民俗博物館

94 神泉苑請雨御修法記

田中穣氏旧蔵典籍古文書
永久五年（一一一七）
縦三〇・〇×横五四・六
千葉　国立歴史民俗博物館

95 祈雨読経記

田中穣氏旧蔵典籍古文書
建久元年（一一九〇）
縦二七・五×横五二四・二
千葉　国立歴史民俗博物館

96 請雨法次第口伝

田中穣氏旧蔵典籍古文書
鎌倉時代
縦二八・二×横三七三・七
千葉　国立歴史民俗博物館

水はすべての生命の源にして、国家・王権の聖化に欠かせない存在であった。ゆえに早くから古代国家の制御を受け、自然現象を対象とする祈雨（止雨）に関する儀礼は国家権力において重要な意味合いを持っていた。古代律令国家では仏教的性格を持つ祈雨儀礼が催され、請雨経という経典に基づく雨乞いの密教修法である請雨経法が行われた。平安期になると請雨経法は東密が独占的に行う祈雨儀礼となり、朝廷では神泉苑で東寺長者による請雨経法が定例化し、一一世紀には東寺と醍醐寺で独立した祈雨儀礼が催されるに至る。神泉苑で行われていた請雨経法は永久五年（一一一七）の実施を最後に建保元年（一二一三）まで途絶するが、その最後の様子を伝えるのが**93祈雨御修法日記**、**94神泉苑請雨御修法記**で、いずれも鎌倉後期の写であるものの、醍醐寺座主勝覚（一〇五七～一一二九）による実修の有様を記録する。また永徳三年（一三八三）の写である**95祈雨読経記**には、建久元年（一一九〇）に神泉苑で行われた祈雨御読経の記録を、鎌倉後期の写である**96請雨法次第口伝**には、懸曼荼羅図・敷曼荼羅図・屋上立幡様図・幡図・屋内荘厳図・布設壇様図・神泉苑道場図などの指図を豊富に載せる。

軍事権門としての役割を担う鎌倉幕府においても、儀礼整備が進むなかで祈雨儀礼が様々に実施されていく。建久四年では鶴岡八幡宮寺・勝長寿院・永福寺に祈雨法を幕府が命じるなど、鶴岡を中心としつつ将軍家ゆかりの三大寺院で催されるようになり、承久の乱後には京都から多くの人材流入を受けたことで、定豪（一一五二～一二三八）による水天供など京都で流行していた祈雨儀礼がいち早くもたらされたという。また陰陽師による神祇的要素の強い祈雨儀礼も活発に行われ、京都では実施されない霊所七瀬御祓を催すなど、鎌倉独自のあり方も見受けられるようになっていく。（渡邊）

【参考文献】籔元晶「鎌倉時代の祈雨の動向」（『御影史学論集』三八、二〇一三年）、スティーブン・トレンソン『祈雨・宝珠・龍―中世真言密教の深層―』（京都大学学術出版会、二〇一六年）、山口えり『古代国家の祈雨儀礼と災害認識』（塙書房、二〇二〇年）

97 龍頭

室町～戦国時代
神奈川　師岡熊野神社

かつて雨乞い神事で用いられた龍頭で、竿の先に取り付けて使用された。何世代かにわたって作成されており、古いものは室町期まで遡る。現状では一三頭からなり、熊野本地の象徴的数字に因む。師岡熊野神社に残される貞治三年（一三六四）五月の奥書を持つ「師岡熊野神社縁起書」には、「延朗奉勅作十二之龍頭奉勧請八大竜王当社、而行密法祈給大雨降三日三夜無止也」とあって延朗上人（一一三〇～一二〇八）が一二頭の龍頭を作り、八大龍王を勧請して祈雨祈祷を行った結果、大雨が降ることに成功した所伝が記述される。現状の員数と齟齬するが、本資料は少なくとも南北朝期頃には延朗上人ゆかりの雨乞い神事用具として認識されていたことが窺える（本資料よりも古態の龍頭が残されていたか）。

戦後暫くの昭和三十年代頃までこれらの龍頭は実際の雨乞い神事で使用されており、同社前膝下にある「い」の池の弁才天の周囲に竿に取り付けた一二頭の龍頭を立て、池の中に若者が褌一丁で入り、大声で「六根清浄雨降り給え」と唱え龍頭に水をかけた。その他の参加者は池の周りを数珠つなぎになって同じく「六根清浄雨降り給え」と唱えながら時計回りに廻り、弁才天の前で焚き火をして雨乞いの祈祷を行ったという。

鶴見川下流域の丘陵部に立地する師岡熊野神社は関東随一の熊野信仰の拠点として著名であり、同社のある地はかつて中世に師岡保（武蔵国久良岐郡）と呼ばれる国衙領で、寿永年間に保内の大山郷が源頼朝によって鶴岡八幡宮寺に寄進されるなど、鎌倉幕府との関わりが深い。同保には秩父平氏出身の師岡氏が拠点化しており、保元の乱で源義朝が率いた軍勢のなかに「河越・諸岡」とみえるなど（『保元物語』、なお「秩父系図」にも河越重頼の兄弟に師岡重経を載せる）、早くから河内源氏と密接な地域だったと考えられる。師岡保には平安末期に馬具・甲冑を制作していた鍛冶工房跡の西ノ谷遺跡もあり、同地が海上交通や生産拠点を有する地域的な重要拠点であったことが知られる。海上交通を媒介とした熊野社の勧請や、源義朝や鎌倉幕府とのつながりなど、師岡熊野神社および師岡保には興味深い歴史が残されている。（渡邊）

【参考文献】福島金治「中世神奈川湊の構成とその住人」（山本正行編『東海道神奈川宿の都市的展開』文献出版、一九九六年）、『鉄製品の生産・流通と武士団』（横浜市歴史博物館、一九九六年）、落合義明『中世東国の「都市的な場」と武士』（山川出版社、二〇〇五年）、『聖地への憧れ―中世東国の熊野信仰―』（神奈川県立歴史博物館、二〇〇五年）、記念誌『平成の大修造―百二十年振りの氏子総勧進―』（師岡熊野神社、二〇〇六年）

5章◆神さびた中世仮面と音楽文化

98 菩薩（行道面）

平安時代
その1　縦二一・一×横一八・七
その2　縦二〇・九×横一八・九
栃木　日光山輪王寺

日光山輪王寺に伝わる平安時代の菩薩面四面のうちの二面。輪王寺をはじめとする日光山内には百数十面の仮面が伝来し、これら四面はその中でも最も古い仮面である。それぞれ天冠台を頭にのせる菩薩の顔をあらわし、天冠台から両耳、顎を含んで一材で彫る。顔にかぶるために面の裏側の余計な材を刳り、瞳と鼻孔を刳り抜いて視界を確保する。両耳の上縁にそれぞれ紐孔をうがち紐（後補）を通す。これらは迎講や行道等の法会で用いられたと推測される。その1は四面のうち最も作域がすぐれており保存状態もよい。その2は、両耳部が後補とみられる。

東国に伝わる平安時代に遡る菩薩面の現存作例は少なく、ほかに大山に伝来した箱根町・阿弥陀寺の**100菩薩面**が知られるくらいである。阿弥陀寺の面と本面とは作風や天冠の有無等の構造が異なり隔たりがあるものの、鎌倉時代以前の東国での仮面を用いた法会の存在がうかがえる。（神野）

99 〇王の舞面

鎌倉時代
縦二七・三×横一九・五
静岡　津毛利神社

本面は高い鼻をもち眉根を寄せて目をいからせ口をへの字に結ぶ。津毛利神社では昭和頃まで祭礼の露払いの「王の舞面」として使用され鼻高面の一種として伝来した。鼻の先を含んで面全体を一木で彫り出し、表面には布貼りをして漆で固めて彩色を施す。右耳周辺に虫喰の痕が残るが、後補の部分はすくない。

一方で赤色に彩色されることから舞楽面の散手の可能性がある。額や口元のしわやへの字の口の結び方、耳をあらわす点など鶴岡八幡宮の**103散手**と共通する部分が多いこともこの二面の近似性がうかがえる。舞楽の散手は左方舞で鉾をもった武人が赤系統の装束を身に着け勇壮に舞う演目である。緑系統の装束を着ける右方舞の貴徳の前に演じられることが多い。散手とすれば東海道筋に伝わる舞楽面として貴重な存在で、愛知・熱田神宮の舞楽面群、静岡・鉄舟寺（久能山伝来）の蘭陵王面、鶴岡八幡宮の舞楽面群が知られるが、それらに匹敵する古面として注目されよう。（神野）

100 **菩薩**（行道面）
承安四年（一一七四）
縦二八・五×横一六・七
神奈川　阿弥陀寺

箱根町阿弥陀寺所蔵の行道に用いられた菩薩面。寺伝では観世音菩薩とされ、箱書には「観世音菩薩之面　聖徳太子之御作　澄禅上人伝来」とある。面裏には七行の墨書が記され、「承安四年二月十三日」や「大山ヨリ」から、本面の制作年が承安四年（一一七四）と考えられ、大山（伊勢原市）からもたらされたことが分かる。本面の年紀は関東に伝わる仮面の中では最古のものである。本面の存在から、すでに平安末期の大山にて行道を伴う法会が催されていたことが窺える。院政期、地方大寺社の楽所開設と音楽文化の地方への波及、さらには全国的な阿弥陀信仰の高まりは、ここ神奈川の地でも同様にあったと理解される。

また本面が残されていた大山山麓の膝下には、安楽寿院領糟屋荘が久寿元年（一一五四）に立荘され、「糟屋庄司」と称した糟屋氏が本拠としていた。近年、糟屋荘域では上粕屋・子易遺跡から一二世紀後半から一三世紀前半の大規模な区画溝を伴う建物群が報告されており、立荘段階との関連が窺える。また一三世紀前半の子易・中川原遺跡には霊場大山を意識したように、谷戸田奥に浄土庭園と思しき苑池遺構と御堂跡、それらを囲繞する区画溝が検出されている。鎌倉永福寺の創建よりやや遅れた時期の寺院遺構と思われるが、遅くとも鎌倉前期段階で糟屋荘地域に浄土世界を模した景観が作られていたことは興味深い。本面の存在もかかる浄土世界に関わる、あるいは先行する音楽文化の残滓を示す遺品と評価できよう。（渡邊）

【参考文献】田邉三郎助「行道面と獅子頭」（『日本の美術』一八五、一九八一年）、小泉充康「箱根町塔ノ峰・阿弥陀寺所蔵の菩薩面について」（『仏教芸術』二四〇、一九九八年）、松葉崇「相模と愛甲の豪族」（『厚木市史シンポジウム　愛甲の古代をさぐる予稿集』厚木市教育委員会、二〇一九年）

101 ◎**菩薩面**
鎌倉時代
縦二三・二×横二〇・二
神奈川　鶴岡八幡宮

102 ◎**舞楽面　陵王**
鎌倉時代
縦三三・三×横二五・三
神奈川　鶴岡八幡宮

103 ◎**舞楽面　散手**
鎌倉時代
縦二四・〇×横一九・七
神奈川　鶴岡八幡宮

104 ◎**舞楽面　貴徳鯉口**
鎌倉時代
縦二五・七×横一九・二
神奈川　鶴岡八幡宮

105 ◎**舞楽面　貴徳番子**
鎌倉時代
縦二三・二×横一八・〇
神奈川　鶴岡八幡宮

106 ◎**舞楽面　二ノ舞　咲面**
鎌倉時代
縦三三・三×横二五・三
神奈川　鶴岡八幡宮

鶴岡八幡宮にはもともと舞楽面と菩薩面が合わせて三三面あり（『集古十種』）、そのうち菩薩面一面・舞楽面六面が伝世する。本仮面群はいずれも鎌倉初期ないし前期頃の制作とみなされている。舞楽面のうち陵王・散手・貴徳については源頼朝が建久六年（一一九五）に東大寺大仏供養に参列した折に手向山八幡宮から送られた、との由緒が今も伝えられるが、諸記録から確認できず口伝の域を出ない。しかし、源頼朝が主導した初期鎌倉幕府の音楽受容政策と関連させて理解するならば、これら中世仮面群の使用を文献史料から裏付けていくことが可能である。

101**菩薩面**について、建久元年では鶴岡放生会の法華経供養で「大行道」が催された記事がみえる（『吾妻鏡』）。僧侶が読経しながら堂内を巡業する行道では、菩薩などの行道面が着されており、本面の制作年代を踏まえるに、おおよそ齟齬はない。本面について菩薩舞に使用されたという指摘もあるが、「又云近来菩薩舞廃絶了」（『教訓抄』）と鎌倉期の楽書に記載されるなど、少なくとも鎌倉前期には廃絶していたことがみえる。各地の菩薩舞で使用された菩薩面が、平安末期から各地で流行した行道のなかで転用された可能性も考えられる。これを裏付けるように、鶴岡では菩薩面がかつて一二面あったといい（『集古十種』）、一般的に迎講・来迎会では二十五菩薩の行道だったことを勘案するに、この員数は来迎会の行道で使用された蓋然性が高い。いずれにせよ本面は鎌倉初期に使用された行道面の菩薩だったと判断できよう。

102**舞楽面の陵王**については、これと形姿が酷似したものが六浦（横浜市）の瀬戸神社に残されている。ともに吊顎を失うも頭上に戴く竜の跨がった姿や鼻のとがり具合、上歯の張り出しまで非常に似通っている。時期も両者とも鎌倉初期の作例であり、これまでは都市鎌倉の音楽文化が六浦まで伝播したことが想定されていた。ただし、初期鎌倉幕府の音楽受容政策に鑑みると、当時は鎌倉内の人材が乏しいため、鶴岡の音楽関係者は房総半島の人材が供給され、その窓口が六浦であった点が知られる（『吾妻鏡』）。初期鎌倉幕府の音楽文化では三浦一族の関与が強く、房総・六浦地域の交流には和田義盛や三浦一族の影響力が想定できる。鶴岡・六浦に残された鎌倉初期制作の陵王面は、上記の鎌倉音楽史における三浦一族の動向を物語る音楽資料といえよう。

また**103～106の舞楽面（散手・貴徳鯉口・貴徳番子・二ノ舞咲面）**も菩薩面・陵王面と同時期に制作されたものと考えられている。**103散手**の右の耳朶部には、墨書で「散」とみえ、鶴岡の中世仮面群のなかで唯一墨書が確認できる。また**104貴徳番子**はかなり小ぶりな作りとなっており、一見すると童舞などでの児童用とも想像される。しかし、基本的に童舞は舞楽装束の関係上仮面使用を伴わないため、本面は大人用の仮面とひとまずは想定しておきたい。**106二ノ舞咲面**は他の中世仮面群と異なり大ぶりな作りとなっている。他の五面とも作風が大きく異なるため、もう少し下った時期の制作かもしれない。

鶴岡に残されるこれら六面の中世仮面群は、一二世紀末期から一三世紀初頭の頼朝将軍期の作例と考えられ、初期鎌倉幕府による音楽儀礼整備の歴史を示す資料である。（渡邊）

【参考文献】西川杏太郎「舞楽面」（『日本の美術』六二、一九七一年）、田邉三郎助「舞楽面の地方分布とその変遷について」（同『論集　日本の仮面　上』中央公論美術出版、二〇一九年）、渡邊浩貴「二つの中世陵王面―鎌倉鶴岡八幡宮と六浦瀬戸神社―（上）（下）」（『民具マンスリー』五四―三・五五―一、二〇二一・二〇二二年）

107-1 ○菩薩（行道面）

鎌倉時代
その1　縦二三・五×横一七・八
その2　縦二三・三×横一九・三
その3　縦二四・一×横一八・九
その4　縦二一・九×横九・七
千葉　建暦寺

建暦寺に伝わる菩薩面群。三面（その1～その3）は、作風はもちろんのこと天冠台の縁に段差を設ける点や瞳の部分を四角く刳り抜く点、面裏の内刳り面をきれいにさらうなどの構造に共通点がみられ、一具として造られたことがわかる。首の三道部分まで面部と一材で造る点が珍しい。もう一面（その4）は、面貌の右側面が大きく欠ける。しかし、面長（天冠台下から顎までの距離）は他の三面より長く、もともとはひとまわり大きかったと推定される。天冠台に地髪を絡め、正面と左に大ぶりな花形飾りを付ける特徴的な形である。この花形飾りと近似するものには、菩薩面ではないが京都・国分寺の天部形面がある。一方、他三面にみられるような首部や三道相は造らない。このことから他面とは製作時期が異なると考えられ、時代がやや下るとの指摘がある。（神野）

107-2 濱古山畧縁起

文化元年（一八〇四）
縦二二・〇×横二四七・二
千葉　建暦寺

107-1菩薩（行道面）の伝来に関連して、建暦寺には二つの近世縁起が残されている。文化元年（一八〇四）に書写された**107-2「濱古山畧縁起」**によれば、本来は寛保元年（一七四一）の年紀を有した縁起が伝世していたが、本尊一千体仏の再建に際して同縁起を先述の年に修復したとあるため、この縁起の記述内容は近世中期頃まで遡りうる。ただし、寛保期の縁起制作段階では、その目的に本堂建立の助縁を募るため書写されたと記されており、当然ながら本縁起には喧伝目的の表現や由緒作成が多分に含まれる。

縁起の筋書きは、まず建暦寺釈迦院と源信僧都の由緒について述べられ、摂津源氏の多田満仲が、当地に下向して没した伯父貞元親王（清和天皇第三皇子）の菩提を弔うため、自身が帰依する源信に依頼した、というもの。注目されるのは、「其外數多之靈寶有之中、廿五菩薩面催練供養為済末世衆生之誓益、即御弟子多田縁覚与共刻彫給也」との記述で、源信僧都が当地に来訪し建暦寺を再興し（開基を行基とする）、諸像の造立とともに練供養用の二十五菩薩面も弟子の多田縁覚とともに制作したとある。**107-1菩薩（行道面）**は平安期でなく鎌倉期の制作であるため、由緒内容とは齟齬を来す。ただしこれらの記述から、近世中期までに同寺に菩薩面が伝世していたことは確かであり、近世段階で建暦寺所蔵の菩薩面が二十五菩薩来迎の迎講に使用されるものと理解されていた点は興味深い。（渡邊）

108 楽家系図

正和二年（一三一三）
縦三三・四×横四七五・五
東京　宮内庁書陵部

京都の音楽界で活躍する地下楽家（昇殿を許されない地下人で、重代の楽人をさす）の系譜を書写したもので、奥書には正和二年（一三一三）の年紀と藤原惟成の手によることが記される。楽人の系図では最古のものに属すが、書写年よりも後年に加筆された人物も散見され、本系図が書き継がれて伝世したことが分かる。楮紙一二通に記された楽家は一二家に及び、多氏・狛氏・豊原氏・大神氏などの楽人約四五〇名を載せる。系線はすべて朱線であり、朱筆による異本校合も多く見られる。

本系図で注目されるのは、京都で活躍した楽人たちの注記に「住関東」とあるのが散見される点である。こうした状況はとくに承久の乱以降に強まり、多くの大内楽所に属す楽人が新天地を求めて鎌倉へ下向した様子が窺え、彼らは鎌倉楽人として東国に定着することになる。そうしたなかでも、後に鎌倉楽人として鎌倉音楽界を主導した地下楽家中原氏の系譜は注目される。九条兼実に御師として仕えた中原有安(康)は、非重代で後発の楽人という家柄でありながらも兼実の援助のもとで、民部大夫・飛騨守・筑前守へ叙任し、楽所預にまで登りつめる。しかし兼実の政治的失脚後には彼の活動は見られなくなり、猶子の景安は「家は荊棘にとぢて絃は伯牙に絶えたり」(『文机談』)とまで、京都で困窮した状況が記録される。しかし、嘉禄年間に景安(康)と久安(康)の父子は鎌倉に下向を果たすと、「鎌倉一者」(『楽所補任』)となり、以後光氏に至るまで鎌倉随一の楽人として活躍していく。（渡邊）

【参考文献】荻美津夫『古代中世音楽史の研究』(吉川弘文館、二〇〇七年)、渡邊浩貴「中世都市鎌倉と地下楽家中原氏—中原有安・景安・光氏の系譜と活動を中心に—」(『神奈川県立歴史博物館研究報告(人文科学)』四六、二〇一九年)、同「初期鎌倉幕府の音楽と京都社会—「楽人招請型」の音楽受容とその基盤—」(『神奈川県立歴史博物館研究報告(人文科学)』四七、二〇二〇年)

109 胡琴教録

南北朝時代
縦二二・四×横一五・四
東京　宮内庁書陵部

『胡琴教録』とは、平安末期から鎌倉初期に活躍した楽人中原有安の、琵琶に関する言談を弟子が記録するという体裁をとった師説集で、琵琶の奏法や故実などが記載される。中原有安は二条院や九条兼実・鴨長明たちの琵琶の御師として著名な楽人。本書の古態・原態は真名本の上下二巻とされ、本資料は南北朝期に仮名本として書写された伏見宮本である。九帖を綴った列帖装に『胡琴教録』上下二巻が「左近少将」(人名不詳)によって書写され、奥書には「以左近大夫将監中原光氏之秘本令書写之」とあり、有安の孫で鎌倉楽人として活躍した光氏が本書を秘蔵していたことが分かる。伏見宮本の親本は仮名本と考えられ、本資料が書写された頃には原態の真名本は仮名本で書写されて伝播していたことが窺える。

本書の作者については有安の猶子景安とその周辺が有力視されている。本書で散見される「師説」とは有安の言談を指し、本書では有安が所持した楽書関係の記録も含まれる可能性が指摘される。また、本書の中には一部「筑民部」(中原宗安)の注記が見える。有安の子息宗安は、民部大夫への叙任など有安と同様の官職歴をたどり、また院北面にも就いている。宗安は先の108楽家系図の注記に「順徳院御宇楽所寄人／後鳥羽院御宇北面所司」とあって、景安よりも京都政界で重要なポストにあったことが窺える。そのため、本書は一度嫡子である宗安に伝来していた可能性があろう。しかし承久の乱を経て、宗安の活動は史料から見えなくなっていくことから、上皇方として没落したと考えられる。嫡流系統の逼塞に対し、猶子の景安は新天地を求めて鎌倉に下向し、以後の中原家の楽統は景安流が伝えていく。有安の言談集『胡琴教録』は、もともとの嫡流宗安を経て、景安・光氏へと伝来していったのであろう。（渡邊）

[釈文] 奥書

以左近大夫将監中原光氏之／秘本令書写之、秘書之間、荒／涼之人有其憚、仍以女性令書／之間、僻字等多、得其意追可書改之、

左近少将(花押)

【参考文献】森下要治「胡琴教録の基礎的問題—成立時期・編者・編纂態度—」(『国文学攷』一四〇、一九九三年)、今村みゑ子『鴨長明とその周辺』(和泉書院、二〇〇八年)、渡邊浩貴「中世都市鎌倉と地下楽家中原氏—中原有安・景安・光氏の系譜と活動を中心に—」(『神奈川県立歴史博物館研究報告(人文科学)』四六、二〇一九年)、神田邦彦「『胡琴教録』の原態」(『佛教文學』四六、二〇二二年)

110 琵琶秘曲伝授記(春衡記)

徳治二年(一三〇七)
縦三二・二×三一六〇・六
東京　宮内庁書陵部

琵琶の秘曲伝授に関する建久三年(一一九二)から正和二年(一三一三)までの記録を集成した部類記で、本書自体は鎌倉末期の写本。本紙六九枚にわたる長大な巻子装で、上下に界線があるも、本書の後半部分になると界線がなくなるため後半箇所は後筆の可能性がある。内容は西園寺実兼に関する秘曲伝授記録が大半を占める。これらの記録のなかに、東国武士への秘曲伝授事例が見出せ、さらに鎌倉の地が音楽教習の拠点となっていたことも窺える。

実兼の家司三善春衡が記した日記「春衡記」徳治二年(一三〇七)一一月八日条によると、鎌倉御家人の小串範秀が琵琶西流師範家の藤原孝章から秘曲を伝授された際の経緯が詳細に載せられている。発端は、「件範秀関東武士也、当時相模入道家人也、年来弾琵琶云々、本師匠者鎌田備後前司行俊法師云々、件行俊是又武士也」とあり、得宗北条貞時の家人、つまり得宗被官と思しき小串範秀が年来琵琶を嗜んでおり、その師匠は同じく鎌倉御家人の鎌田行俊であった。彼は琵琶西流師範家の藤原孝時(孝章の父)から秘曲を受けており(『琵琶血脈』)、本書でも「於関東為

当道之人師」と称されるほど鎌倉での琵琶の師範と認知されていた人物であった。しかし、範秀が行俊から最秘曲である啄木を授けられる前に行俊が逝去してしまったため、範秀は藤原孝章を師範として啄木の伝授を受けるため、西園寺実兼へ申し入れたというのである。結果、範秀は妙音堂で秘曲伝授を受けることが叶った。

右の記録は、秘曲伝授を受けた得宗被官小串範秀の経済力のほどを示す逸話となろうが（秘曲伝授には相応の資金が必要である）、すでに鎌倉という場が音楽教習の拠点となっていた点も窺え興味深い。鎌倉幕府草創期以来、幕府は京都音楽文化の摂取を、楽人を招聘することで行ってきた。しかし本史料が示すように、鎌倉末期になると音楽の師範として京都社会で認知された人材が、鎌倉で秘曲伝授を行っている様子もみえており、鎌倉の文化的隆盛を音楽分野でも認めることができよう。（渡邊）

【参考文献】山家浩樹「無外如大の創建寺院」（『三浦古文化』五三、一九九三年）、伊藤邦彦「鎌倉時代の小串氏について」（『日本歴史』六二五、二〇〇〇年）、豊永聡美「鎌倉幕府と琵琶の文化圏」（福田豊彦・関幸彦編『鎌倉の時代』山川出版社、二〇一五年）

111 ◎弁才天坐像

文永三年（一二六六）
像高九五・八
神奈川　鶴岡八幡宮

鶴岡八幡宮に伝世している木造弁才天坐像は、上半身を裸形とし、本像の生身性を高めるために衣装を纏うことを前提とした、裸形着装像である。現在、実物には上半身に衣を下半身に腰布を装着する。像底の右脛裏から膝裏にかけて陰刻銘が遺されており、本像が文永三年（一二六六）の制作で、鎌倉幕府の楽人中原光氏が鶴岡八幡宮寺の舞楽院に奉納したことが分かる。また本像の形姿は、弁才天の女性神像の像様を示しつつ、胎蔵界曼荼羅外金剛部院西方にあらわされる菩薩形の二臂琵琶弾奏像の系譜に位置づけられる。そのため、舞楽院への奉納と鎌倉楽人中原氏を願主とすることから、本像は鶴岡の音楽神としての性格も有していたと判断されよう。

この弁才天坐像については、他の同時代の弁才天に一般的な安坐（胡坐の形姿）ではなく、足を左にくずす横坐りの坐法を採用しており、極めて特異な事例として知られている。かかる横坐が採用された背景として、中国古来の坐法や女性の琵琶を弾く際の坐法を採ったためという指摘がある。一方、鎌倉後期の京都において、琵琶西流師範家として名声を集めた藤原師長を始祖とする妙音院流では、妙音天（弁才天）が安坐を採り二臂で琵琶を弾ずる形姿が秘曲伝授の儀礼にて密教図像のように厳密に規範化されていた。中央では規範化された音楽神弁才天の形姿が遵守されつつ、鎌倉鶴岡ではこうした規範性が認められない横坐を採った弁才天坐像が制作されていたことになる。

本像で横坐を採用した背景に、鎌倉楽人としての地歩を築いた中原家の、中央で活躍する琵琶師範家の妙音院流への対抗意識も垣間見える。本像の願主中原光氏に関して、光氏の祖父中原有安の言談筆録集としての性格を持つ109『胡琴教録』は、琵琶の奏法に対する有安の考えとともに、彼と同時代人として活躍した楽人藤原師長への記録を載せる。本書を光氏が秘本として所蔵したため（本書奥書）、本書は彼の琵琶奏法に対する理解や認識に迫る重要な手がかりとなろう。そして『胡琴教録』中には、有安の藤原師長に対する対抗意識が滲み出て、批判めいた記述も散見される。とくに興味深いのは、有安が「さらに儀を定め、式をつくる、これを妙音院の御流とはいふ也」と師長の流派を形式主義的と非難している点で、一方で有安は琵琶の奏法はその場その場で「よく〳〵斟酌して」と述べるように融通無碍を是とするものだった。二人の立場は、師長が重代の楽家、有安が非重代の楽人という違いに加え、琵琶の流派も異なり前者は西流、後者は桂流に属す。そして平安末期頃の桂流は衰退期にあり、有安没後の中原家は困窮し、猶子景安の時期に鎌倉へ下向を果たす。一方の琵琶西流では藤原師長の妙音院流が中央で隆盛していく。

琵琶桂流の祖源経信については、伝統や形式にこだわらない「意楽の曲節どもをこのみわかし給ふ、これを聞く人、耳をよろこばしめずといふ事なし」（『文机談』）と、普通とは異なる奏法を好んだ。そして「うちには妙音天女の像を図絵したてまつり給ひて身をはなちたてまらず、錦袋七重をきよめて本尊とあがめ給ふ」（『同』）と、女性神の妙音天女像を描き、それを本尊として尊崇していた。弁才天が女性神であるという点は、桂流を継受する地下楽家中原氏が願主となった鶴岡弁才天坐像と通じるところがあろう。加えて女性の琵琶奏法については、近世の楽書に「又婦人弾琵琶云法、古記曰、左足曲于左方而右足先納于左之膝下云々」（『楽家録』）とあって、横坐の坐法とも合致する。

鎌倉楽人となった地下楽家中原氏の、その流派のルーツは衰退してしまった琵琶桂流にあり、『胡琴教録』にある融通無碍を自流の基本とする姿勢は桂流の楽統を継受していたからこそであろう。その有安の楽統を受け継ぐ光氏が、京都の妙音院流とは異なる、桂流が範とする琵琶奏法を象った弁才天坐像を制作したという点は重要な意味を持とう。鶴岡の弁才天坐像の形姿に込められた意匠は、いまや鎌倉楽人として成功した地下楽家中原氏の、自身の楽統に対する自己認識の発露と考えるのは穿ち過ぎであろうか。

（渡邊）

［釈文］像底右脚部陰刻銘文

文永三年丙寅九月廿九日戊午
始造立之奉安置舞楽院
従五位下行左近衛将監中原朝臣光氏

【参考文献】堀口蘇山『関東裸形像』（藝苑巡禮社、一九六〇年）、根立研介「吉祥・弁才天像」（『日本の美術』三一七、一九九二年）、森下要治「『胡琴教録』の藤原師長関連談話について」（『古代中世国文学』八、一九九六年）、川瀬由照「西園寺妙音堂本尊像について―琵琶秘曲伝授作法本尊像の系譜（一）―」（『鹿苑寺と西園寺』思文閣出版、二〇〇四年）、内藤浩之「弁才天像（鶴岡八幡宮）」（『日本彫刻史基礎資料集成　鎌倉時代　造像銘記篇第一〇巻』中央公論美術出版、二〇一四年）、渡邊浩貴「中世都市鎌倉と地下楽家中原氏―中原有安・景安・光氏の系譜と活動を中心に―」（『神奈川県立歴史博物館研究報告（人文科学）』四六、二〇一九年）

112 ◉舞楽曼荼羅供私記〈大山〉

称名寺聖教
正安二年（一三〇〇）
縦一六・一×横一四・〇
神奈川　称名寺

弘安九年（一二八六）三月一八日に相模国大山寺で催された舞楽曼荼羅供会に関する記録。正安二年（一三〇〇）に称名寺長老釼阿が書写したもので、奥書によると「今作法依御流式真言院憲静上人相談光氏等日記」とあり、仁和寺流の様式に則って大山寺舞楽曼荼羅供を復興し実施するに際して、大山寺憲静上人が鎌倉楽人の中原光氏たちにその故実等を相談し、その作法を日記に留めている。鎌倉楽人中原光氏が、作法等の故実伝授者としてその儀礼復興に助力し、当該期の鎌倉で指導的役割を果たしていた様子が窺える。

本史料の前半部には菩薩・十二天・楽人・舞人の行道が、後半部には舞楽の詳細が記録され、左方楽・右方楽合わせて一三曲で舞人二一名による盛大なものだった。楽人のなかには大泉右近・辻三郎兵衛・野田左衛門などの名前がみえ、鶴岡八幡宮寺に所属する楽人が舞楽を担っていたことが分かる。中原光氏や彼ら鶴岡楽所楽人など、鎌倉で成熟した音楽文化が県央山間部へと伝播していく様子が垣間見えよう。

（渡邊）

［釈文］奥書部分抜粋

右作法者、弘安九年三月廿八日被供養相模国大山寺私記也、今作法、依御流式真言院憲静上人相談光氏等日記、今作法、就之被遂彼山供養之間、為当流故実写留之者也、
本之
正安二年八月二日、於相州鎌倉赤橋辺越州禅閣之亭、挑残燈兮降筆畢、
金剛末資釼阿俗才二二才
御判在
一交畢

【参考文献】渡邊浩貴「中世都市鎌倉と地下楽家中原氏―中原有安・景安・光氏の系譜と活動を中心に―」（『神奈川県立歴史博物館研究報告（人文科学）』四六、二〇一九年）

113 神武寺御縁起

文禄三年（一五九四）
縦二九・六×横三二〇・二
神奈川　神武寺

神武寺（逗子市）の縁起・由緒を記したもので、七紙からなる。奥書には「于時文禄三年甲午正月九日當寺五拾八世前住侶　亭尊沙門敬九拝」とあって、文禄三年（一五九四）に当寺五八世亭尊が記したことが分かる。神武寺所蔵文書のなかでも、中世にまで遡る唯一の寺社縁起でありその史料的価値は高い。内容は開山行基菩薩の事績から始まり、中興開山の慈覚大師や文覚上人義湛や普宣国師慈眼（源）和尚の関与などが神武寺の盛衰と共に記される。

神武寺は鎌倉幕府将軍の崇敬を集めており、建久三年（一一九二）では源頼朝が政子の安産祈願のため鶴岡八幡宮寺をはじめ相模国周辺の有力寺社に神馬を奉納し誦経を修めさせたなかに「寺務寺」とみえ（『吾妻鏡』）、これが史料上の初見である。その他、承元三年（一二〇九）に将軍源実朝が岩殿寺とともに「神嵩」を参詣しており、これも神武寺を指すと考えられる（『同』）。本縁起でも、同寺と源氏将軍家との密接な関わりが強調される傾向にあるが、その他に相模国三浦一族の外護を受けていたこと、さらに鎌倉楽人中原光氏の隠棲先になっていたことが記される。光氏が医王山に籠もり本尊の薬師如来に帰依していたところ、弥勒菩薩の下生を体験する。感動した光氏は岩窟内に弥勒菩薩の石仏を制作し、当地で没したという。

本縁起の記述より、鎌倉楽人中原光氏と神武寺の深い関わりが示されるとともに、同寺を外護していた三浦一族との交流も想像される。

（渡邊）

【参考文献】『湘南の古刹　神武寺の遺宝』（神奈川県立歴史博物館、二〇〇四年）

114 〇千手観音菩薩像

鎌倉時代
縦八五・八×横三三・八
神奈川　神武寺

十一の頭上面を本面のうえに戴き左右それぞれに二十一の大手を有する千手観音菩薩立像の画像。千手観音の頭と手の数は本画像のような十一面四十二臂のほか、一面十八臂、一面十二臂などがあって、十一面四十二臂の千手観音は『千光眼観自在菩薩秘密法経』などを所依経典とする。同経では千手のうち合掌手二本を除く四十手に関連させて四十の法を説く。

本画像の千手観音菩薩は、丹の具色かと思われる下地のうえに金泥を塗り込め、さらに朱線で輪郭して肉身をなす。着衣には表から金の截金を施して麻の葉繋ぎ文様などを精緻にあらわす。胸飾、臂釧、腕釧などの装身具および輪宝など一部の持物は金箔を置いたうえに墨で線描をおこなう。尊像の周辺部の大半は本紙料絹が欠失し、二～三種類の補絹で埋められる。一方、尊像部分の保存状態は良好で、向かって左上方の数手の持物の朱色は後世の補筆と思われるがそのほかは概ね制作当初の表現を留める。菩薩の面貌や画材の質から判断して、鎌倉時代の末から南北朝時代にかかるころの作例とみなせる。（橋本）

【参考文献】『神奈川縣文化財圖鑑　絵画篇』（神奈川県教育委員会、一九八一年）

115 神武寺石造弥勒菩薩坐像銘文拓本

現代

縦六九・四×八五・九

神奈川　神奈川県立歴史博物館

山岳寺院の面影を残す医王山神武寺（逗子市）には、「みろく窟」と呼ばれるやぐらのなかに石造弥勒菩薩が今も残されている。その弥勒像の光背には、正応三年（一二九〇）に没した楽人中原光氏を弔う銘文が刻印されており、鎌倉楽人として生きた中原光氏の事跡を知る上でとりわけ重要である。

弥勒像刻銘にある「大唐高麗舞師」「本朝神楽博士」は、楽家中原氏の楽統形成の歴史とその帰結を物語るものである。「大唐高麗舞楽師」について、法会などに伴う舞楽には、唐楽と林邑楽を伴奏とする舞楽の左舞（左方、左舞は楽家狛氏が伝承）と、新羅楽・百済楽・高麗楽を伴奏とする舞楽の右舞（右方、右舞は楽家多氏が伝承）とが定められていた。この刻銘は、楽家中原氏が光氏の代で、多氏の右舞と狛氏の左舞の両方を相伝したことを如実に語っている。右舞は父景安（景安は多久忠の猶子となり伝授〔「多氏系図」〕）から継受し、左舞は光氏が狛氏近真との間で擬制的親子関係・師弟関係を築いたことで伝授されたものである（108『楽家系図』）。また「本朝神楽博士」も御神楽は多氏が伝承していたため、父景安が多氏の猶子となった段階で継承したのであろう（景安が鶴岡伶人へ御神楽を伝授している事例もある〔『吾妻鏡』〕）。そのため、その息子光氏も御神楽を継受したと考えられる。

地下楽家中原氏は非重代で後進の京都楽人の家柄ながらも鎌倉楽人の道を選び、狛氏・多氏より左舞・右舞の舞楽を含む楽統を継承し、有安以来の音楽故実などの秘事口伝を蓄積してきた。それゆえ、執権北条泰時期以降の都市鎌倉において、楽家中原氏が音楽儀礼で主導的な立場にあったことが窺え、「正道が高麗にいたりて八座の営にほこりけるためし、かくやとおぼえ侍りき、いま光氏とて侍るなる父とぞ申されし、いみじかりける物の上手也」（『文机談』）とあるのは、こうした景安・光氏と鎌倉で継続する楽家の発展と光氏の現状を記していよう。そして本資料の存在は、中原光氏の弥勒信仰の発露を示す意味でも大変興味深い資料であるが、それだけではなく、その光背に楽家中原氏が有安・景安・光氏と代を重ね歩んできた楽統形成の歴史そのものを刻むのである。（渡邊）

［釈文］光背刻印銘文

大唐高麗舞師
本朝神楽博士
従五位上行
左近衛将監
中原朝臣光氏 行年七十三
正應三年庚寅
九月五日

【参考文献】赤星直忠「中原光氏の墓窟」（同『中世考古学の研究』有隣堂、一九八〇年）、『湘南の古刹　神武寺の遺宝』（神奈川県立歴史博物館、二〇〇四年）、渡邊浩貴「中世都市鎌倉と地下楽家中原氏―中原有安・景安・光氏の系譜と活動を中心に―」（『神奈川県立歴史博物館研究報告（人文科学）』四六、二〇一九年）

116 ◎金銅骨蔵器（忍性塔納置品・嘉元元年十一月日刻銘）

嘉元元年（一三〇三）

高二六・二

神奈川　極楽寺

鎌倉極楽寺境内の石造五輪塔内に納置された嘉元元年（一三〇三）の年紀を刻む骨蔵器。鎌倉後期の作風を示す五輪塔は「忍性塔」とも呼ばれ、総高は三・五メートルにも及び、極楽寺開山忍性（一二一七～一三〇三）の供養塔で、本資料は昭和五一年（一九七六）に地輪底面の円筒孔に117銅骨蔵器とともに発見された。鍍金を施した本資料には、三一行にわたって開山忍性の事蹟を記した極楽寺二代長老榮真の撰文が刻銘され、文中に「泣摭遺骨、相分舎利、留置三所、一分極楽寺、一分竹林寺、一分額安寺、是依遺命也」とあり、忍性の舎利（遺骨）が極楽寺と奈良の竹林寺・額安寺に分置されたことが分かる。本資料は、忍性と極楽寺の関わりの深さを示すとともに、鎌倉期に高まりつつあった舎利信仰の様子を伝える遺品である。

忍性は、西大寺叡尊の弟子として戒律復興や授戒活動、非人・病人の救済といった社会事業を展開した真言律僧。文永四年（一二六七）、鎌倉幕府より律院化した極楽寺に招聘され、以後は没するまで長老として止住した。忍性が入寺を果たした極楽寺は、鎌倉における西大寺律宗教団の最大拠点として整備されていく。また忍性は現世利益を達成するために多くの秘法を熟知し（『渓嵐拾葉集』）、とくに祈雨祈祷の達人として知られる。旱魃だった弘安七年（一二八四）、忍性は度々祈雨のために斎戒を授け成功しており、そして「同年補任二階堂・五大堂・大仏別当」（『性公大徳譜』）と、忍性は永福寺・五大堂明王院・大仏といった将軍家御願寺の別当に任命されている。弘安九年には「始奉祈雨御教書、請雨止雨二十余、毎度無不施効験」（『同』）と正式に鎌倉幕府から祈雨祈祷の依頼がされている。これらは、祈雨祈祷の達人忍性の実力が鎌倉幕府に正式に認められたことを意味しよう。また鎌倉での祈雨祈祷の場である永福寺に、忍性が別当として関与した点は興味深く、彼の実力の程が窺える。（渡邊）

【参考文献】極楽寺編『極楽寺史中世・近世編』（極楽律寺、二〇〇三年）、極楽寺編『極楽寺彫刻・工芸・石造遺物編』（極楽律寺、二〇〇三年）、松尾剛次『忍性』（ミネルヴァ書房、二〇〇四年）

117 ◎銅骨蔵器（忍性塔納置品・嘉元元年十一月二十五日刻銘）

嘉元元年（一三〇三）
高八・〇
神奈川　極楽寺

銅製棗形の骨蔵器。忍性塔の地輪下部に穿たれた穴に、116金銅骨蔵器とともに納められていた。蓋はわずかに中央部が盛り上がった縁の深い印籠蓋で、身の口縁部は高く、蓋懸りとして細い突帯がめぐる。胴部の下方をわずかに膨らませ、底部には低い高台をつける。全体的に薄手の造りで、蓋と身にかけて一八行の銘文を毛彫りで刻む。底部にも毛彫りで「積善」の銘がある。銘文より、忍性の嫡弟である賢明房慈済の骨蔵器と判明する。慈済の事跡の詳細は不明であるが、寛喜二年（一二三〇）山城国に生まれ、西大寺に入り叡尊に師事したのち極楽寺に移り、開山当時より忍性を助けた名僧であったと知られている。永仁六年（一二九八）に没したとされるが、忍性の骨蔵器と同じく銘文に嘉元元年（一三〇三）一一月と刻まれていることから、忍性が入滅したのち、塔に合葬されたものと考えられる。（鈴木）

【参考文献】田中敏子「賢明坊慈済律師（極楽寺住）について」（『鎌倉』六、一九六一年）、『鎌倉国宝館図録第三十三集　鎌倉の金工』（鎌倉市教育委員会・鎌倉国宝館、一九九一年）、『鎌倉国宝館図録第二十一集　鎌倉の五輪塔』（鎌倉市教育委員会・鎌倉国宝館、二〇〇一年）

118 ◎銅骨蔵器（順忍塔納置品・善願上人在銘）

鎌倉時代
高一六・三
神奈川　極楽寺

忍性塔から離れること北側に数十メートルに立つ石造五輪塔より、119金銅五輪塔、120銅骨蔵器とともに発見された薬壺形の銅製骨蔵器。石像五輪塔は「順忍塔」とも呼ばれ、本資料の器面胴部に「極楽寺第三代長老善願上人舎利瓶記」とあり極楽寺三代長老順忍（一二六五～一三二六）の供養塔と判明する。

順忍の出自について、本資料の銘文は「俗姓藤原、建久幕府士卒加藤判官景廉四代孫也、父加藤五郎、其母又藤原氏」と記し、伊豆・駿河の狩野川流域に拠点を置いたと考えられる利仁流藤原氏出身の加藤氏だったという。加藤氏は父景員と子息光員・景廉が源頼朝の挙兵以来から付き従っており、伊豆・甲斐・駿河方面の軍事行動に従事した。また一族からは浄蓮房源延などの伊豆走湯山の僧侶を輩出するなど、宗教面でも初期鎌倉幕府の儀礼形成において重要な役割を担った。加藤氏の系図『加藤遠山系図』では、加藤景廉の子息景義の曾孫に「極楽寺長老順忍」と記し、本資料の銘文では順忍の父を五郎、系図では一郎景春とする点で齟齬は見られるが、おおよそ両者の記述は合致する。

景義流の加藤氏は、他の一族が各地に新たな所領を獲得し北条得宗被官となる道を選び、幕府儀礼で供奉人・随兵などで諸記録に多く登場するなか、拠点を伊豆国狩野荘周辺とし順忍以外にほとんど活動徴証が見られない。かかる景義流の状況が、一族の忍性教団への接近へと結びついたのかも知れないが、加藤氏本拠と関わる狩野川河口部には、駿河国沓貫郷にある霊山寺が宗賢房成真（忍性の弟子、嘉禎元年（一二三五）生まれ）によって極楽寺の末寺となっている。正応三年（一二九〇）に叡尊が没した際、忍性が使者として成真を奈良へ派遣していることから（『西大寺叡尊遷化之記』）、霊山寺の地は鎌倉・奈良往還の中継地だったと考えられ、また西大寺律宗の浸透も想像される。景義流加藤氏と西大寺律宗との接近は、狩野川流域の交流のなかから生まれたのかもしれない。（渡邊）

【参考文献】湯山学「駿河国木瀬河・沼津と霊山寺」（『地方史静岡』一五、一九八七年）、極楽寺編『極楽寺史中世・近世編』（極楽律寺、二〇〇三年）、極楽寺編『極楽寺彫刻・工芸・石造遺物編』（極楽律寺、二〇〇三年）、松尾

剛次『忍性』（ミネルヴァ書房、二〇〇四年）、網野善彦「加藤遠山系図」（『網野善彦著作集第一四巻』岩波書店、二〇〇九年）

119 ◎金銅五輪塔（順忍塔納置品・延慶四年二月八日刻銘）

延慶四年（一三一一）
高一九・〇
神奈川　極楽寺

順忍塔の基礎の台石に納められていた、銅製五輪塔形の骨臓器。仏教では万物をつくる要素として、地・水・火・風・空の五つをあげるが、これにそれぞれ方形・円・三角・半月・宝珠の形をあてて下から積み重ねた塔を五輪塔とする。鎌倉時代には仏舎利信仰が盛んになり、多くの舎利塔が建立された。その影響を受け、本作のような五輪塔形の骨蔵器が出現するようになったと考えられる。本作は銅板を打ち起こして造られ、火輪下部と水輪上部が分離し、水・地輪に火葬骨の一部を納める。空輪の宝珠形は形よく尖り、風輪は下部に向かって強くすぼまる。軒の薄い火輪は緩やかに広がり、丈の高い水輪を安定感のある地輪が受ける。よく均整のとれた姿の五輪塔である。地・火・風輪には鍍金、水・空輪には鍍銀と使い分け、丹念に仕上げている。地輪の四面には「延慶四年／二月八日／子尅他界／比丘尼禅忍」と刻まれており、延慶四年（一三一一）に没した禅忍の骨蔵器とされる。禅忍の詳細は不明であるが、順忍入滅に際して合葬されたものといえる。（鈴木）

【参考文献】『神奈川県文化財図鑑　工芸篇』（神奈川県教育委員会、一九七二年）、『新版仏教考古学講座　第七巻』（雄山閣出版、一九八四年）、『鎌倉国宝館図録第二十一集　鎌倉の五輪塔』（鎌倉市教育委員会・鎌倉国宝館、二〇〇一年）

120 ◎銅骨蔵器（順忍塔納置品）

鎌倉時代
高一七・一
神奈川　極楽寺

銅板製円筒形の骨臓器。蓋は中央部がわずかに盛り上がった被せ蓋で、中央部に扁球形の鈕をつける。身は深い円筒形で、刻銘はみられない。119金銅五輪塔と同じく、順忍塔基礎の台石に納められていたことから、結縁のため合葬されたと考えられる。（鈴木）

【参考文献】『神奈川県文化財図鑑　工芸篇』（神奈川県教育委員会、一九七二年）、『鎌倉国宝館図録第二十一集　鎌倉の五輪塔』（鎌倉市教育委員会・鎌倉国宝館、二〇〇一年）

121 極楽寺十三重塔供養日記

正和四年（一三一五）
縦一五・五×横二三・二
神奈川　極楽寺

正和四年（一三一五）七月九日に修せられた極楽寺十三重塔供養会に関する日記で、とくに舞楽の式次第が詳細に記述される。冒頭部分のみの残存ではあるが、本史料以外にも、本供養会に関連する「極楽寺十三重塔供養下行注文」（『金沢文庫文書』）などがあり、大工・音頭・長・連番匠・鍛冶など大勢の職人が携わった様子がみえる。

内容は、法会の開始時に土地の神祇に擁護を請い『般若心経』などを読誦して合奏する「神分乱声」が行われた後に、衆僧・伶人と続いて入場し、盤渉調に合わせて師子や菩薩舞の行道があったことが記される。菩薩舞での舞人と楽人は左右に分かれて向かい合ったとあり、菩薩舞では菩薩面が着されることから複数の舞人による行道があったと推測される。

都市鎌倉の音楽は、まず鶴岡八幡宮寺・勝長寿院・永福寺で盛んに催されるようになり、次第に大慈寺や鎌倉周辺の三浦三崎などでも将軍渡御の際に行われている。鎌倉の南西地域でも、極楽寺の建立にみられる西大寺律宗の進出もあり、儀礼に欠かせない音楽文化がもたらされたと考えられる。本史料は極楽寺での舞楽や仮面を用いた行道の様子を物語る。（渡邊）

【釈文】
（表紙）
「　正和四年七月九日修之、
極楽寺十三重塔供養式
亮順　」
極楽寺十三重塔供養日記
先寅一点、神分乱声、
次押張文於集会所、以僧堂為其所、
次巳一点、集会鐘、
次衆僧四百六十、群立集会所、
次伶人立楽屋前、吹調子盤渉、
次師子出臥楽屋前、菩薩舞人・楽人左右相分向衆僧会所、発楽、引頭率衆僧相従、
左右各向東進行於多宝 ——」

【参考文献】『鎌倉ゆかりの芸能と儀礼』（神奈川県立歴史博物館、二〇一八年）、渡邊浩貴「初期鎌倉幕府の音楽と京都社会―「楽人招請型」の音楽受容とその基盤―」（『神奈川県立歴史博物館研究報告（人文科学）』四七、二〇二〇年）

122 舞楽面　還城楽

室町時代
縦二三・〇（吊顎のぞく）×横一七・七
神奈川　極楽寺

123 舞楽面　抜頭

室町時代

縦二五・二×横一八・六

神奈川　極楽寺

極楽寺に伝世する舞楽面で、いずれも室町期の制作と考えられている。抜頭・還城楽はともに唐楽系の舞楽曲名で、左舞と右舞の両方に伝えられる一人舞。しばしば両者は番舞として舞われたため、本資料はもともと一具として作られたか。

走舞に属する抜頭は、裲襠装束を着て右手に桴を持ち、朱色の仮面をかぶる。非常な感情の高まりを表現する動作の大きい舞で、頭髪を振り乱し急調子で舞われていた。舞の由来は、猛獣に父を殺された西域出身の胡人が、その仇を討った際の様子を舞ったと伝わる（『旧唐書』）。また還城楽は別名見蛇楽とも称され、裲襠装束に、吊顎のある朱色の面を着して舞台全体を使って大きく動き回る。舞の由来は、蛇を好んで食していた西域人が蛇を発見して捕え、喜ぶ様子を舞ったという（『教訓抄』）。舞楽の途中で蛇の作り物が舞台中央に置かれ、その周りを舞人が跳ぶようにまわり、最後にこれを取りあげて歓喜するというもの。両面とも銘文などを欠き具体的な制作背景は未詳だが、室町期における都市鎌倉の音楽文化を伝える貴重な遺品である。（渡邊）

【参考文献】『鎌倉ゆかりの芸能と儀礼』（神奈川県立歴史博物館、二〇一八年）

終章◆武士本拠の景観と復原

124 獅子頭

江戸時代

①宝珠型：高四四・八、②角型：高四八・二

神奈川　海南神社

125 ○三番叟面

江戸時代

縦一六・六×横一三・三

神奈川　海南神社

三浦市の海南神社に所蔵される近世の仮面群。海南神社は貞観六年（八六四）に勧請され、天元五年（九八二）に社殿が造営されたと伝承される三浦郡の総鎮守。三浦三崎の突端に属し、南西の方角に面して相模湾を臨む立地環境にある。三浦一族の本拠地内にある同社では、今でも様々な音楽芸能を伝える遺品や祭礼が残されており、現在では古型の鬼面三面、天狗面一面、三番叟面一面、獅子頭二頭が所蔵される。**124獅子頭**は木地に布を張りその上に彩色を施したもので、鬼面・天狗面とともに江戸時代の作と考えられる。毎年七月に催される海南神社夏祭りの「行道（お練り）獅子」では、神輿渡御にあたって獅子二頭が行列に加わり、大勢の人々によって支えられながら巡行するもので、当地では「獅子をネル」と表現する。悪霊を祓いながら海南神社の氏子や商店の繁栄を祈念するためとされる。

125三番叟面は、表面を黒漆塗りの上に彩色がされる翁系仮面で、先の仮面群よりもやや時代が上がるものと考えられる。耳紐孔が額左右の上部にあけられている点が特徴的。海南神社に奉納されてきた面神楽を伝える遺品の一つである。

三浦三崎では、しばしば鎌倉御家人の三浦氏が音楽芸能を催しており源頼朝をはじめ将軍家の渡御がなされ、遊女・白拍子による饗宴や迎講、海中への埋経などの事例がみられる（『吾妻鏡』）。頼朝期には三崎内に将軍家の山荘も建てられており、海南神社周辺の風光明媚かつ海中他界観を満たす景観は、音楽を伴う遊興の場や祈りの場として機能していたと考えられる。先の獅子頭や三番叟面は鎌倉期に遡るものではないが、かかる三浦氏本拠での活発な音楽文化の存在を想像せしめるに十分な民俗資料であろう。（渡邊）

【参考文献】『三浦の文化財　二〇』（三浦市教育委員会、一九九四年）、『神奈川県文化財図鑑　無形文化財民俗資料篇』（神奈川県教育庁社会教育部文化財保護課、一九七三年）

126 鎌倉北条九代記

江戸時代

縦二六・六×横一九・二

神奈川　神奈川県立歴史博物館

延宝三年（一六七五）刊行の鎌倉北条氏執権九代の事蹟を記した雑史書。全一二巻からなり、本資料は巻六「三浦義村経営弥陀来迎粧」の箇所で、寛喜元年（一二二九）に三浦義村が本拠地で迎講を盛大に催した際の記録である。迎講とは阿弥陀来迎を悲願する人の許へ、仮面や衣装で阿弥陀三尊・聖衆に扮した人々によって来迎の有様を演出し、往生の助業とする宗教演劇。その様子は「菩薩ノ装束ヲナム十具許令持タリケル、只笛笙ナド吹ク人共ヲ少々雇タリケレバ、隠ノ方ニ遣シテ、菩薩ノ装束ヲ着セテ」（『今昔物語集』巻第一九「摂津守源満仲出家語第四」）とあって、必ず音楽が付随し極楽往生を表現する。

本記事は『吾妻鏡』（寛喜元年二月二〇日条・二一日条）に詳細に記載されており、「廿日己未、晴、竹御所（源頼家女）并武州室（三浦義村女）令出三浦三崎津給、是駿河前司義村可構来迎講之儀由、依申之也」「廿一日庚申、彼岸初日、天霽、風静、於三崎海上有来迎之儀、走湯山浄蓮房（源延）依駿河前司之請、為結構此儀、兼参儲此所、浮十余艘之船、其上有件構、荘厳粧映夕陽之光、伎楽音添晩浪之響也、事訖有説法、其後被召御船、嶋々令歴覧給」とある。そもそも御家人本拠（鎌倉の宿所ではなく）での将軍渡御が行われ、かつ音楽芸能が催さ

れた事例は三浦氏のみしかこれまで史料上確認できない。ましてや本事例以外に鎌倉での迎講の実施は他に類例がなく、京都における九条家との交流など、三浦一族の広範な人的交流がこうした高度な音楽文化の受容に至ったと考えられる。

　また、三浦での迎講に招聘された浄蓮房（伊豆国加藤氏出身）はすでに建保元年（一二一三）に「浄遍僧都・浄蓮房等依召参営中、於御所法華浄土両宗旨趣、及御談義云々」や、貞応三年（一二二四）の「故奥州禅室墳墓堂号新法花堂供養也、導師走湯山浄蓮房加藤左衛門実長叔也」とあり、たびたび鎌倉を訪れている（以上『吾妻鏡』）。後に和田朝盛（和田義盛孫）とも交流し助念仏を通じ武士の帰依を集めており、こうした都市鎌倉での人的交流も影響して、三浦氏本拠へ浄蓮房などの人材が導かれたと推察される。（渡邊）

【参考文献】戸村浩人「三浦氏と九条道家」（『季刊ぐんしょ』三六、一九九七年）、高橋秀樹・真鍋淳哉「三浦一族を読み直す」（『市史研究横須賀』四、二〇〇五年）、納冨常夫「三浦義村の迎講」（峰岸純夫編『三浦氏の研究』名著出版、二〇〇八年）、高橋秀樹『三浦一族の研究』（吉川弘文館、二〇一六年）

127 阿弥陀二十五菩薩来迎図

南北朝時代

縦一〇六・〇×横四一・五

神奈川　神奈川県立歴史博物館

　菩薩衆の愛らしい表情に特徴がある阿弥陀二十五菩薩来迎図。画面中央の、踏割蓮華に立つ来迎印の阿弥陀如来の顔周辺から金泥による光線が二条放たれる。光線の先に存在すると想定される往生者は画中には描かれないが、蓮台を捧げ持つ観音菩薩が画面右下、光線の延長線上の往生者に迫る。画面右上には阿弥陀の極楽浄土の宝殿が描かれ、さらに虚空には小さな化仏が点在する。

　旧表具に「阿弥陀二十五菩薩来迎図／恵心僧都画」と墨書があり、浄土図や来迎図にしばしばみられるように恵心僧都源信の筆と伝える。その下に旧所蔵者を記すと思われる墨書があるようだが、近赤外線写真でも判読が困難なほど上から塗りつぶされており、本図の伝来については不明。

　阿弥陀三尊と二十五菩薩の肉身は金泥塗りで輪郭線にはやや濁った朱の線が用いられる。輪郭線から金泥がはみ出す箇所も散見されるなど細部の処理は甘い。聖衆は丸顔で目鼻は小ぶり。こうした面貌に加えて、一部の菩薩の頭光に施される具色の色味や画絹のやや粗い組成からすると本図の制作は南北朝時代の後半頃と判断される。（橋本）

128 ◯熊野権現影向図

南北朝時代

縦八五・三×横四〇・六

神奈川　正念寺

　山の端より立ち上がる湧雲から上半身を顕わにする阿弥陀如来の画像。本図が伝来した正念寺は神奈川県相模原市緑区の、山梨県との県境に所在する浄土真宗本願寺派の寺院。

　阿弥陀は来迎印を結び、右手は胸前に掲げ、垂下した左手は肘あたりが雲に隠れて、膝前から掌が露わになる。着衣には大別して三種類の太さの截金線を使い分けて文様を精緻に施す。最も太い截金線を施す部分の一部に截金の剥落した箇所があって墨による肥痩のない下書き線が確認できることから、阿弥陀の概形を構成する線は周到な用意のもとに描かれているといえよう。阿弥陀の視線の先の地面には薦を背負い毛皮を腰に巻く旅姿の人物がひとりと、僧尼五名の姿がある。画面向かって右下の旅人は阿弥陀の影向に驚いて足下に笠や杖を投げ出して、合掌した手を掲げて阿弥陀に祈る。前後二列に並ぶ僧尼および俗形人物の右横には「浄□」、「念心」、「程誉」、「妙信」などの名前が金泥で記されており、本図の発願者たちを示す名の可能性がある。僧形男性の「浄□」の前には鉦鼓と木槌が置かれていて、彼が念仏聖であると明示する。構図上、左右対称性を強固にし、また遠近感を表出してもいる画面中央と両端の都合三群の松は、熊野三所権現影向の松ともとれる。土坡に施される緑の裏彩色が大方剥落しており、旅人の右上に描かれる小さな鳥居と祠にも顔料の剥落が見られるが、そのほかには画絹の大きな損傷や顔料の剥落はなく画面の状態は良好である。

　本図とよく似た図像の作例に元徳元年（一三二九）の年記のある檀王法林寺本がある。円覚寺僧南山士雲（一二五四～一三三五）の画中賛の内容から、描かれた阿弥陀如来は熊野権現の本地仏としての阿弥陀如来であり、また同本の宝暦一〇年（一七六〇）の附属文書により、名取老女の熊野権現勧請譚と結びつけて理解されていたことが示される作例である。

　本図に描かれる人物は前述のとおり僧尼や俗人であり、檀王法林寺本に居るような老女らしき人物は描かれない。また檀王法林寺本が人物を比較的小さく描くことで熊野権現の壮大なるを示すのに対し、本図の人物は絵を一目見てその存在に容易に気づけるほど大きめに描かれ、さらに人名が金泥書される。こうした相違により一瞥するだけでは両図の画風にはやや隔たりがあるように見えるが、細部の表現に注目すれば、阿弥陀の顔貌、着衣の構造、身光の配色、湧雲の形態などが酷似することに気がつく。ただし、檀王法林寺本の截金文様に比して本図のそれにやや混乱がある――具体的には、阿弥陀如来の左肩にかかる袈裟の裏側が見える箇所で檀王法林寺本では条葉部の水流文様と区別して田相部に麻の葉繋ぎ文を施すが、正念寺本では条葉部と田相部の区別なくこの部分全体に立涌文を施すなど——点は、本図の制作が檀王法林寺本を遡り得ないことを示すように思われる。

本図はこれまで室町時代前期（一五世紀）の作と評価されているが、画絹の組成や截金文様の精緻さに拠れば、制作は南北朝時代であると思われる。截金文様の混乱や湧雲の硬質な描線など時代の下降を示す要素もあり、一四世紀の前半まで作期をあげて考えることは躊躇されるが、檀王法林寺本の制作からさほど隔たらない時期の優品として高く評価すべき作例である。（橋本）

【参考文献】『神奈川縣文化財圖鑑　絵画篇』（神奈川県教育委員会、一九八一年）、『聖地への憧れ　中世東国の熊野信仰』（神奈川県立歴史博物館、二〇〇五年）、『真教と時衆』（神奈川県立歴史博物館、二〇一九年）

129 舞楽面　還城楽

鎌倉時代

縦一七・〇×横一五・九

神奈川　高部屋神社

130 舞楽面　陵王

室町時代

縦二九・八×横一五・六

神奈川　高部屋神社

131 能面　癋見

江戸時代

縦二三・七×横一八・二

神奈川　高部屋神社

相模国大住郡下糟屋村（伊勢原市）に所在する高部屋神社は、「延喜式」神名帳にみえる式内社であり、同村の鎮守八幡宮であった。大山山麓一帯に属し大山街道の分岐点にあたる当地は、かつて中世段階において安楽寿院領糟屋荘が立券され、現地には在地領主の糟屋氏が荘司として地域支配を行っていた。高部屋神社はその糟屋荘の域内にあり、創建年代は未詳ながらも、中世にわたって荘惣鎮守としての位置づけが与えられていた。

高部屋神社の宝物のなかに、舞楽面の還城楽・陵王、能面の癋見の三つの古面が今も伝わっている。129還城楽については、彩色は殆ど剥落し、吊顎を含む面下部を下唇から顎にかけて失ってはいるものの、美術史側の所見では鎌倉時代に遡る作例として評価でき、特徴的な眉の渦巻き形などから、あるいは奈良・法隆寺の追儺面にも通じる可能性があるという。130陵王は、王鼻面のごとく鼻の長い点などから、室町時代の作例との共通性が見られる。とりわけ頭部の兎耳形は、通常頭上に龍を戴く陵王面にあっては極めて特殊だが、これは江戸時代の後補と考えられ、その範囲は面の周縁部まで含む。最後に131癋見は、目や口元が能面の大癋見に通じ、江戸時代の作である。高部屋神社には時代の異なる三つの古面が残されており、還城楽面・陵王面の遺品から、同社において舞楽を伴う仏教儀礼が中世の段階で催されていたことが窺える。

またこれらの中世舞楽面は、舞楽という本来の役割とは離れ、異なる使われ方を当地でされることとなる。高部屋神社の東部にある段丘崖下には、かつて水神池があり、その場所で昭和初期まで雨乞儀礼が行われていた。そこでは、雨乞役の二人が黒面の陵王と赤面の癋見をかぶり、水神池で「龍宮（龍王）や龍宮（龍王）や、雨を降らせたもれ」と唱えながら水を掛け合う。癋見面が江戸時代の制作と判断されることから、二面を用いる高部屋神社の雨乞儀礼の形式は、遡っても江戸時代となる。しかしながら、かつて舞楽で用いられた古面が、地域の分脈の中で新たな儀礼の祭具として再生していく様子は興味深い。地域の音楽文化が形を変えながら根付いていった証左でもあろう。（渡邊）

【参考文献】『伊勢原の昔し噺』（伊勢原市教育委員会、一九八二年）、『伊勢原の民俗―成瀬地区―』（伊勢原市、一九八八年）、『伊勢原市史　別編民俗』（伊勢原市史編集委員会、一九九七年）、渡邊浩貴「中世舞楽面と雨乞儀礼―相模国大住郡下糟屋村の高部屋神社を事例に―上・下」（『民具マンスリー』五三―一・三、二〇二〇年）

132 大般若波羅蜜多経

室町時代

①巻五四：縦二五・三×横一〇・六

②巻一〇八：縦二五・三×横一〇・七

③巻一一九：縦二五・二×横一〇・八

神奈川　高部屋神社

133 摩訶般若波羅蜜経

室町時代

①巻一：縦二八・一×横六七三・七

②巻三〇：縦二六・一×横一二四・三

神奈川　高部屋神社

134 大方等大集経　巻三〇

室町時代

縦二七・六×横七七一・五

神奈川　高部屋神社

高部屋神社に伝わる写経・版経類で、現在のところ五部大乗経の宋元版を覆刻した巻子本群、『大般若経』版本の折帖群、『大般若経』写本の折本群、の三群が確認されている。『大般若経』の書写は鎌倉期を主体としつつ平安後期から室町期までのもので、写しとして銘文が残る経箱蓋裏銘には、文明一五年（一四八三）の年紀とともに「大旦那　修理大夫定正」

の名がみえ、扇谷上杉定正の寄進と判明する。

133摩訶般若波羅蜜経や134大方等大集経の奥書には永享六年（一四三四）の年紀に「奉施入　愛甲新熊野源朝臣頼重」とあって、愛甲熊野社の源頼重なる人物から施入されたことが分かる。奥書の源頼重については未詳であるが、熊野社がある愛甲荘の領主であり、同荘がすでに南北朝期以降より鎌倉府御料所となっていたことを踏まえるに、現地代官として知行していた鎌倉公方直臣と推察される（植田真平氏の御教示）。

また室町期、高部屋神社周辺には扇谷上杉氏が「糟屋館」を置いており、両者の深い関係が窺える。南北朝期に鎌倉に置かれた政治機構・鎌倉府では、次第に足利公方と関東管領上杉氏の間で内紛が表面化し、宝徳二年（一四五〇）の江の島合戦を経て、鎌倉に住していた管領家一族の扇谷上杉氏はその拠点を糟屋へ移す。また文明一八年（一四八六）には、相模守護上杉定正の糟屋館（「糟屋之府第匠作君之幕」）にて扇谷家家宰の太田道灌が謀殺されている。つまり糟屋の地には室町後期頃に相模国守護所が置かれたこととなる。その場所については現在の高部屋神社裏手の削平地一帯となっている丸山城跡とされており、発掘調査では検出遺構が一五～一六世紀に収まるもので、丸山城が扇谷上杉氏から後北条氏までの時代にわたり存続したことが指摘されている。南北朝期から室町初期にかけての下糟屋に関する具体的動向は史料を欠くため未詳であるが、少なくとも室町後期段階では高部屋神社に隣接して守護所が置かれ、相模国の政治機構が当地に存在していた。室町期の高部屋神社周辺には関東公方や関東管領関係者の進出が濃厚に窺える。

いずれにせよ、これら高部屋神社に残る『大般若経』をはじめとする経典類より、当該地での大山信仰や雨乞儀礼と結びついた信仰の様相が垣間見え、かつ平安後期から連綿と続く宗教空間であったと想像される。　（渡邊）

【参考文献】則竹雄一『古河公方と伊勢宗瑞』（吉川弘文館、二〇一三年）、渡邊浩貴「中世舞楽面と雨乞儀礼―相模国大住郡下糟屋村の高部屋神社を事例に―上・下」（『民具マンスリー』五三―一・三、二〇二〇年）、『武蔵国鶴見寺尾郷絵図の世界』（神奈川県立金沢文庫、二〇二一年）

135 子易・中川原遺跡出土品

鎌倉時代

神奈川　神奈川県教育委員会

135-1 礫石経
135-2 合子
135-3 青磁碗
135-4 三筋壺
135-5 壺
135-6 捏鉢
135-7 呪符木簡

136 神成松遺跡出土品

水晶数珠

鎌倉時代

神奈川　神奈川県教育委員会

近年、大山山麓では国道二四六号バイパス工事のため発掘調査が盛況で、とくに相模国糟屋地域（伊勢原市）の中世景観が闡明になりつつある。糟屋は丹沢山系大山（阿夫利神社は「延喜式」神名帳に記載）の山麓に位置し、久寿元年（一一五四）に安楽寿院領糟屋荘として立券され、少なくとも鎌倉末期まで同荘が存続する。大山山麓より流下する鈴川では、東西に延びる谷戸田が形成されており、これまで谷奥から「子易・中川原遺跡」、谷中腹部の「上粕屋・子易遺跡」、谷入り口付近の「上粕屋・和田内遺跡」「神成松遺跡」などが報告されている。

子易・中川原遺跡では、一三世紀前半～一四世紀代の建物群が出ており、谷奥の斜面を削平した平場には中世寺院群の遺構や遺物が見つかっている。寺院遺構内にある三基の石組墓より常滑窯産の135-5壺やかわらけが、本堂とされる中央礎石建物より常滑大甕などが出土し、遺構内・周辺からは135-1礫石経や135-7呪符木簡も出ている。当該寺院ないし御堂での宗教儀礼の痕跡も窺える。注目すべきは、前面に池状遺構が出ており、この寺院遺構が臨池伽藍を備えたものであることが判明するのである。これらの遺構が一三世紀前半以降のものであるため、糟屋荘内の臨池伽藍を備えた寺院も鎌倉前期のものとなろう。鎌倉幕府で永福寺が創建された後の時期に相当し、永福寺で表現された苑池を造作する文化が当該地へ浸透したのかもしれない。

一方で、谷入り口の遺構はさらに時期が遡る。上粕屋・子易遺跡では一二世紀後半～一三世紀前半の大規模な区画溝（堀幅四メートル、深さ二メートル）を伴う複数の建物群が出ている。さらに神成松遺跡では同時期頃と思われる方形居館（周囲を溝で囲んだ建物群）も見つかっている。糟屋荘が一二世紀後半の立荘であること、また現地は「糟屋庄司」を称した糟屋氏が本拠としていたため、おそらく神成松遺跡の方形居館遺構は糟屋氏のものと推定される。その他の建物群については荘園現地機関の政所の可能性があるが、今後の調査成果の進展を見守りたい。

糟屋荘域の遺跡群より、大山山麓下の谷奥に苑池と寺院群を設け、大規模な区画溝で空間を分節する様子は、古代に堺堀によって神域と人域を分けた夜刀神の事例（「乃至山口、標挸置堺掘、告夜刀神云、自此以上聴為神地、自此以下須作人田」（『常陸国風土記』））を彷彿とさせる。当該地で大山を意識した霊場形成

の様子が想像される。（渡邊）

【参考文献】松葉崇「相模と愛甲の豪族」（『厚木市史シンポジウム　愛甲の古代をさぐる予稿集』厚木市教育委員会、二〇一九年）、『令和元年度子易・中川原遺跡現場見学会資料』（かながわ考古学財団、二〇一九年）、『令和二年度神成松遺跡現場見学会資料』（かながわ考古学財団、二〇二〇年）、渡邊浩貴「俊乗房重源と相模国糟屋荘地域」（『日本歴史』八七九、二〇二一年）、『令和三年度子易・中川原遺跡現場見学会資料』（かながわ考古学財団、二〇二一年）

主要参考文献

■単著書・自治体史

赤星直忠『中世考古学の研究』（有隣堂、一九八〇年）
秋山哲雄『都市鎌倉の中世史』（吉川弘文館、二〇一〇年）
秋山哲雄『鎌倉を読み解く―中世都市の内と外―』（勉誠出版、二〇一七年）
池谷初恵『鎌倉幕府草創の地　伊豆韮山の中世遺跡群』（新泉社、二〇一〇年）
石井進『鎌倉武士の実像』（平凡社、一九八七年）
伊藤喜良『伊達一族の中世―「独眼龍」以前―』（吉川弘文館、二〇二一年）
江田郁夫編『下野宇都宮氏』（戎光祥出版、二〇一一年）
江田郁夫編『中世宇都宮氏―一族の展開と信仰―』（戎光祥出版、二〇二〇年）
大三輪龍彦『浄光明寺敷地絵図の研究』（新人物往来社、二〇〇五年）
大澤伸啓『樺崎寺跡―足利一門を祀る下野の中世寺院―』（同成社、二〇一〇年）
岡陽一郎『大道　鎌倉時代の幹線道路』（吉川弘文館、二〇一九年）
荻美津夫『古代中世音楽史の研究』（吉川弘文館、二〇〇七年）
落合義明『中世東国の「都市的な場」と武士』（山川出版社、二〇〇五年）
落合義明『中世東国武士と本拠』（同成社、二〇二〇年）
川合康『鎌倉幕府成立史の研究』（校倉書房、二〇〇四年）
極楽寺編『極楽寺史中世・近世編』（極楽律寺、二〇〇三年）
極楽寺編『極楽寺史彫刻・工芸・石造遺物編』（極楽律寺、二〇〇三年）
齋藤慎一『中世武士の城』（吉川弘文館、二〇〇六年）
清水亮編『畠山重忠』（戎光祥出版、二〇一二年）
鈴木久男『平安末期の広大な浄土世界　鳥羽離宮跡』（新泉社、二〇一八年）
関根俊一『仏・菩薩と堂内の荘厳』（『日本の美術』二八一、至文堂、一九八九年）
平雅行『改訂　歴史のなかに見る親鸞』（法藏館、二〇二一年）
高橋慎一朗編『鎌倉の歴史―谷戸めぐりのススメ―』（高志書院、二〇一七年）
高橋秀樹『三浦一族の研究』（吉川弘文館、二〇一六年）
田邉三郎助『行道面と獅子頭』（『日本の美術』一八五、至文堂、一九八一年）
中世瓦研究会編『中世瓦の考古学』（高志書院、二〇一九年）
西川杏太郎『舞楽面』（『日本の美術』六二、至文堂、一九七一年）
野口実『源氏と坂東武士』（吉川弘文館、二〇〇七年）
平泉文化研究会編『奥州藤原氏と柳之御所跡』（吉川弘文館、一九九二年）
福田以久生『駿河相模の武家社会』（清文堂、一九七六年）
藤原良章『中世のみちと都市』（山川出版社、二〇〇五年）

八重樫忠郎『北のつわものの都・平泉』（新泉社、二〇一五年）
八重樫忠郎『東北中世史叢書二　平泉の考古学』（高志書院、二〇一九年）
柳原敏昭『東北の中世史一　平泉の光芒』（吉川弘文館、二〇一五年）
山本勉監修『別冊太陽　運慶―時空を超えるかたち―』（平凡社、二〇一〇年）

■論文

池谷初恵「伊豆・駿河・遠江」（中世瓦研究会編『中世瓦の考古学』高志書院、二〇一九年）
石川安司「瓦・仏像・浄土庭園遺構―埼玉県内の鎌倉時代前半を中心に―」（埼玉県立嵐山史跡の博物館編『東国武士と中世寺院』高志書院、二〇〇八年）
上原和直「鳥羽離宮金剛心院跡出土瓦類の検討」（京都市埋蔵文化財研究所編『平成二八年度京都市埋蔵文化財出土遺物文化財指定準備業務報告書　鳥羽離宮金剛心院跡出土品』京都市文化市民局、二〇一七年）
大澤伸啓「瓦で見る下野の中世」（『歴史と文化』一一、二〇〇二年）
大澤伸啓「武蔵武士と浄土庭園」（埼玉県立嵐山史跡の博物館編『東国武士と中世寺院』高志書院、二〇〇八年）
奥健夫「曹源寺十二神将像小考」（『MUSEUM』六六八、二〇一七年）
尾野善裕「八事裏山窯址群の基礎的再検討」（『古代人』五三、一九九二年）
桐山秀穂「尾張・三河」（中世瓦研究会編『中世瓦の考古学』高志書院、二〇一九年）
小泉充康「箱根町塔ノ峰・阿弥陀寺所蔵の菩薩面について」（『佛教藝術』二四〇、一九九八年）
小林康幸「関東地方における中世瓦の一様相」（『神奈川考古』二五、一九八九年）
小林康幸「鎌倉永福寺跡出土瓦の諸問題」（『立正考古』三一、一九九二年）
小林康幸「鎌倉永福寺経塚の造営に関する一考察」（『考古学論究』六、一九九九年）
小林康幸「埼玉県下に分布する永福寺式軒瓦について」（『埼玉考古』三六、二〇〇一年）
小林康幸・高橋香「相模」（中世瓦研究会編『中世瓦の考古学』高志書院、二〇一九年）
小林康幸「中世相模における尾張産瓦の受容（予察）」（池上悟先生古稀記念会編『芙蓉峰の考古学Ⅱ』六一書房、二〇二〇年）
佐久間秀樹「駒之墓表採の軒平瓦について」（『下妻の文化』二三、一九九八年）
鈴木かほる「鎌倉後期の三浦佐原氏の動向」（『三浦一族研究』四、二〇〇〇年）
須藤聡「下野藤姓足利一族と清和源氏」（高橋修編『実像の中世武士団　北関東のもののふたち』高志書院、二〇一〇年）
平雅行「鎌倉山門派の成立と展開」（『大阪大学大学院文学研究科紀要』四〇、二〇〇〇年）
平雅行「鎌倉寺門派の成立と展開」（『大阪大学大学院文学研究科紀要』四九、二〇〇九年）
田邉三郎助「舞楽面の地方分布とその変遷について」（同『論集　日本の仮面　上』中央公論美術出版、二〇一九年）
豊永聡美「鎌倉幕府と琵琶の文化圏」（福田豊彦・関幸彦編『「鎌倉」の時代』山川出版社、二〇一五年）
永井晋「中世都市鎌倉における密教の成立と展開」（『神奈川県立博物館研究報告（人文科学）』四四、二〇一八年）
永井晋「栄西と鎌倉幕府」（『鎌倉』一二六、二〇一九年）
滑川敦子「「常陸入道念西」小考」（『紫苑』一四、二〇一六年）
原廣志「鶴岡二十五坊跡出土の鐙瓦」（『鎌倉考古』一一、一九八一年）
原廣志「鎌倉における瓦の様式」（『佛教藝術』一六四、一九八六年）
原廣志「永福寺所用瓦について」（平成一五年度～一七年度科学研究費補助金（基盤研究（B））研究成果報告書『吾妻鏡と中世都市鎌倉の多角的研究』（研究代表者：五味文彦、二〇〇六年）所収）
原廣志・比毛君男「中世の瓦」（有吉重蔵編『古瓦の考古学』ニューサイエンス社、二〇一八年）
比毛君男「三村山極楽寺跡出土瓦の諸問題―茨城県立歴史館所蔵資料の紹介と検討―」（『茨城県史研究』九四、二〇一〇年）
前田義明「鳥羽離宮跡出土の遺物」（京都渡来文化ネットワーク会議編『鳥羽離宮跡を歩く』京都三星出版、二〇一七年）
牧野淳司「国立歴史民俗博物館蔵『転法輪鈔』解題」（『国立歴史民俗博物館研究報告』一八八、二〇一七年）
松葉崇「相模と愛甲の豪族」（『厚木市史シンポジウム　愛甲の古代をさぐる予稿集』厚木市教育委員会、二〇一九年）
馬淵和雄「鎌倉永福寺とその苑池」（『佛教藝術』一六四、一九八六年）
馬淵和雄「永福寺の落日」（『史友』二八、一九九六年）
水口由紀子「東松山市利仁神社経塚出土遺物について」（『埼玉県立歴史と民俗の博物館紀要』三、二〇〇九年）
水口由紀子「平沢寺跡出土経筒の銘文について」（『埼玉県立史跡の博物館紀要』一〇、二〇一七年）
三本周作「鎌倉時代前・中期における仏像の金属製荘厳具―意匠形式の分類と制作事情を中心に―」（『佛教藝術』三一三、二〇一〇年）
三本周作「頼朝で聖徳太子な聖観音―瀧山寺の仏像を荘厳具から読み解く―」（『芸術新潮』六八-一〇、二〇一七年）
桃崎祐輔「常陸三村山採集の永福寺系瓦と『極楽寺』銘梵鐘―三村山極楽寺の創建と八田知家をめぐる宗教環境―」（『歴史人類』三一、二〇〇三年）
桃崎祐輔「筑波山周辺の宗教世界」（浅野晴樹・齋藤慎一編『中世東国の世界一　北関東』高志書院、二〇〇三年）

山野龍太郎「野本氏と押垂氏の周辺―比企氏と連携した利仁流藤原氏一族―」（『埼玉地方史』七八、二〇二〇年）

山野龍太郎「河内源氏の供養と鎌倉幕府の成立―安居院流唱導の表白を題材として―」（近本謙介編『ことば・ほとけ・図像の交響―法会・儀礼とアーカイヴ―』勉誠出版、二〇二二年）

山本勉「新出の大日如来像と運慶」（『MUSEUM』五八九、二〇〇四年）

吉田通子「鎌倉永福寺成立の意義」（『地方史研究』一八〇、一九八二年）

渡邊浩貴「中世都市鎌倉と地下楽家中原氏―中原有安・景安・光氏の系譜と活動を中心に―」（『神奈川県立博物館研究報告（人文科学）』四六、二〇一九年）

渡邊浩貴「中世舞楽面と雨乞儀礼―相模国大住郡下糟屋村の高部屋神社を事例に―上・下」（『民具マンスリー』五三―一・三、二〇二〇年）

渡邊浩貴「初期鎌倉幕府の音楽と京都社会―「楽人招請型」の音楽受容とその基盤―」（『神奈川県立博物館研究報告（人文科学）』四七、二〇二〇年）

渡邊浩貴「俊乗房重源と相模国糟屋荘地域」（『日本歴史』八七九、二〇二一年）

渡邊浩貴「二つの中世陵王面―鎌倉鶴岡八幡宮と六浦瀬戸神社―（上）（下）」（『民具マンスリー』五四―三・五五―一、二〇二一・二〇二二年）

■展覧会図録・報告書等

朝霞市博物館編『広沢郷の時代―中世の朝霞を探る―』（朝霞市博物館、二〇〇五年）

神奈川県立金沢文庫編『武蔵国鶴見寺尾郷絵図の世界』（神奈川県立金沢文庫、二〇二一年）

神奈川県立歴史博物館編『湘南の古刹　神武寺の遺宝』（神奈川県立歴史博物館、二〇〇四年）

神奈川県立歴史博物館編『鎌倉ゆかりの芸能と儀礼』（神奈川県立歴史博物館、二〇一八年）

神奈川県立歴史博物館編『赤星直忠旧蔵資料目録　神奈川県立歴史博物館資料目録』（神奈川県立歴史博物館、二〇二一年）

鎌倉市教育委員会編『鎌倉市二階堂国指定史跡　永福寺跡　国指定史跡永福寺跡環境整備事業に係る発掘調査報告書―遺物編・考察編―』（鎌倉市教育委員会、二〇〇二年）

鎌倉市教育委員会編『鎌倉市埋蔵文化財緊急調査報告書三四（第一分冊）』（鎌倉市教育委員会、二〇一八年）

鎌倉歴史文化交流館編『甦る永福寺―史跡永福寺跡整備記念―』（鎌倉歴史文化交流館、二〇一七年）

上里町教育委員会編『上里町埋蔵文化財発掘調査報告書　第一八集　埼玉県上里町　堂裏遺跡発掘調査報告書―県営ほ場整備事業に伴う発掘調査報告書―』（上里町教育委員会、二〇一八年）

京都市埋蔵文化財研究所編『鳥羽離宮跡Ⅰ　金剛心院跡の調査　京都市埋蔵文化財研究所調査報告　第二〇冊』（京都市埋蔵文化財研究所、二〇〇二年）

京都市埋蔵文化財研究所編『平成二八年度　京都市埋蔵文化財出土遺物文化財指定準備業務報告書　鳥羽離宮金剛心院跡出土品』（京都市文化市民局、二〇一七年）

京都市埋蔵文化財研究所編『平清盛―院政と京の変革―』（公益財団法人京都市埋蔵文化財研究所、二〇一二年）

埼玉県児玉郡神川町遺跡調査会編『神川町遺跡調査会発掘調査報告書第五集　安保氏館跡』（埼玉県児玉郡神川町遺跡調査会、一九九五年）

埼玉県埋蔵文化財調査事業団編『埼玉県埋蔵文化財調査事業団報告書　第一八四集　東松山市　山王裏／上川入／西浦／野本氏館跡　一般国道四〇七号線埋蔵文化財発掘調査報告』（埼玉県埋蔵文化財調査事業団、一九九七年）

埼玉県埋蔵文化財調査事業団編『埼玉県埋蔵文化財調査事業団報告書　第二三二集　南埼玉郡菖蒲町　菖蒲城跡　主要地方道川越栗橋線関係埋蔵文化財発掘調査報告』（埼玉県埋蔵文化財調査事業団、一九九九年）

皂樹原・檜下遺跡調査会編『皂樹原・檜下遺跡調査会報告書第一集　皂樹原・檜下遺跡Ⅰ（阿保境の館跡）中世編―朝日工業（株）児玉工場関係埋蔵文化財発掘調査報告書―』（皂樹原・檜下遺跡調査会、一九八九年）

仙台市博物館・福岡市博物館・世田谷美術館編『平泉　みちのくの浄土』（仙台市博物館・福岡市博物館・世田谷美術館、二〇〇八年）

伊達市教育委員会編『伊達市埋蔵文化財調査報告書　第三〇集　梁川城跡　総合調査報告書』（伊達市教育委員会、二〇一八年）

土浦市博物館編『八田知家と名門常陸小田氏―鎌倉殿御家人に始まる武家の歴史―』（土浦市博物館、二〇二二年）

東京国立博物館編『建長寺創建七五〇年記念　鎌倉―禅の源流』（東京国立博物館、二〇〇三年）

東京国立博物館編『運慶―興福寺中金堂再建記念特別展―』（東京国立博物館、二〇一七年）

奈良国立博物館編『運慶・快慶とその弟子たち』（奈良国立博物館、一九九四年）

奈良国立博物館編『忍性―救済に捧げた生涯―』（奈良国立博物館、二〇一六年）

箱根神社編『箱根の宝物』（箱根神社、二〇〇六年）

平成一五年度～一七年度科学研究費補助金（基盤研究（B））研究成果報告書『吾妻鏡と中世都市鎌倉の多角的研究』（研究代表者：五味文彦、二〇〇六年）

平成二四年度～二六年度科学研究費補助金（基盤研究（C）（一般））研究成果報告書『中世鎌倉地域における寺院什物帳（文物台帳）と請来遺品（唐物）の基礎的研究』（研究代表者：古川元也、二〇一五年）

峰岸純夫・大澤伸啓・足立佳代・市橋一郎『法界寺跡発掘調査概要』（足利市教育委員会、一九九五年）

横須賀市教育委員会編『岩戸満願寺』（横須賀市教育委員会、一九九二年）

早稲田大学編『早稲田大学本庄校地文化財調査報告書六　大久保山遺跡Ⅵ』（早稲田大学、一九九八年）

特別展　源頼朝が愛した幻の大寺院
永福寺と鎌倉御家人――荘厳される鎌倉幕府とそのひろがり――

出品目録

※文化財指定略記号は以下を用いる：◉国宝　◎重要文化財　○都道府県指定文化財　□市区町村指定文化財

No.	指定	遺跡名・資料群名	名称	品質形状	員数	時代	所蔵者・所蔵機関
序章　発掘された永福寺と鎌倉研究							
1-1		赤星直忠氏資料	赤星直忠氏調査ノート	紙製	六冊	現代	神奈川　赤星直忠博士文化財資料館
1-2		赤星直忠氏資料	鎌倉諸所採集瓦(永福寺跡)	陶製	五点	鎌倉時代	神奈川　赤星直忠博士文化財資料館
1-3		赤星直忠氏資料	ガラス乾板写真(永福寺跡)	ガラス製	七枚	現代	神奈川　赤星直忠博士文化財資料館
2-1		八幡義生氏資料	八幡義生氏鎌倉遺跡調査ノート	紙製	六冊	現代	神奈川　鎌倉市中央図書館
2-2		八幡義生氏資料	鎌倉諸所採集拓本	紙製	一紙	現代	神奈川　神奈川県立歴史博物館
2-3		八幡義生氏資料	雑誌『國寶史蹟』	紙製	三冊	現代	個人
2-4		八幡義生氏資料	雑誌『星月』	紙製	三冊	現代	個人
3			アルバム『昭和初期の鎌倉古写真』(高見千代子氏旧蔵)	印画紙	一枚	昭和八年(一九三三)以降	神奈川　鎌倉市中央図書館
4			相州鎌倉之図	紙本彩色	一枚	江戸時代	神奈川　神奈川県立歴史博物館
1章　京・平泉の浄土世界							
5-1	□	鳥羽離宮金剛心院跡出土	鴛鴦文金具	銅製	一点	平安時代	京都　京都市考古資料館
5-2	□	鳥羽離宮金剛心院跡出土	方形金具	銅製	一点	平安時代	京都　京都市考古資料館
5-3	□	鳥羽離宮金剛心院跡出土	飾金具(天蓋瓔珞・八双金具・鈴・舌ほか)	銅製	九点	平安時代	京都　京都市考古資料館
5-4	□	鳥羽離宮金剛心院跡出土	垂飾	銅製	三点	平安時代	京都　京都市考古資料館
5-5	□	鳥羽離宮金剛心院跡出土	瓔珞	金銅製	一点	平安時代	京都　京都市考古資料館
5-6	□	鳥羽離宮金剛心院跡出土	玉類	ガラス製	一点	平安時代	京都　京都市考古資料館
5-7	□	鳥羽離宮金剛心院跡出土	水晶玉	水晶製	一点	平安時代	京都　京都市考古資料館
5-8	□	鳥羽離宮金剛心院跡出土	鬼瓦	陶製	一点	平安時代	京都　京都市考古資料館
5-9	□	鳥羽離宮金剛心院跡出土	蓮華文軒丸瓦(播磨産)	陶製	一点	平安時代	京都　水垂収蔵庫
5-10	□	鳥羽離宮金剛心院跡出土	唐草文軒平瓦(播磨産)	陶製	一点	平安時代	京都　水垂収蔵庫
6-1		鳥羽離宮跡東殿出土	三巴文軒丸瓦(尾張産)	陶製	一点	平安時代	京都　水垂収蔵庫
6-2		鳥羽離宮跡東殿出土	唐草文軒平瓦(尾張産)	陶製	一点	平安時代	京都　水垂収蔵庫
7-1		鳥羽離宮跡白河天皇陵出土	三巴文軒丸瓦(山城産)	陶製	一点	平安時代	京都　水垂収蔵庫
7-2		鳥羽離宮跡白河天皇陵出土	下向き剣頭文軒平瓦(山城産)	陶製	一点	平安時代	京都　水垂収蔵庫
8		円勝寺跡出土	五輪塔文軒丸瓦(和泉産)	陶製	一点	平安時代	京都　水垂収蔵庫
9		常盤仲ノ町遺跡出土	五輪塔文軒丸瓦(和泉産)	陶製	一点	平安時代	京都　水垂収蔵庫

10-1	◎	柳之御所遺跡出土	青白磁碗	白磁	一口	平安時代	岩手	平泉町教育委員会
10-2	◎	柳之御所遺跡出土	白磁四耳壺	白磁	一口	平安時代	岩手	岩手県教育委員会
10-3	◎	柳之御所遺跡出土	折敷（人々給絹日記）	木製	一点	平安時代	岩手	岩手県教育委員会
10-4	◎	柳之御所遺跡出土	人面墨画土器	土製	一点	平安時代	岩手	岩手県教育委員会
10-5	◎	柳之御所遺跡出土	烏帽子	絹製	一点	平安時代	岩手	平泉町教育委員会
10-6	◎	柳之御所遺跡出土	金付着礫	石製	一点	平安時代	岩手	岩手県教育委員会
11		白山社跡出土	かわらけ（ロクロかわらけ・手づくねかわらけ）	土製	七点	平安時代	岩手	平泉町教育委員会
12		泉屋遺跡出土	柱状高台	土製	一点	平安時代	岩手	平泉町教育委員会
13	◎	無量光院跡出土	金銅装飾金具	金銅製	一点	平安時代	岩手	平泉町教育委員会
14-1		金鶏山経塚出土	経筒	銅製	一合	平安時代	東京	東京国立博物館
14-2		金鶏山経塚出土	甕（常滑窯産）	陶製	一口	平安時代	東京	東京国立博物館
14-3		金鶏山経塚出土	刻線文壺（渥美窯産）	陶製	一口	平安時代	東京	東京国立博物館

2章　永福寺の偉容と鎌倉幕府

15～41　永福寺跡出土品資料

15-1	○	永福寺跡内経塚出土	甕（渥美窯産）	陶製	一口	鎌倉時代	神奈川	鎌倉市教育委員会
15-2	○	永福寺跡内経塚出土	片口鉢（渥美窯産）	陶製	一口	鎌倉時代	神奈川	鎌倉市教育委員会
15-3	○	永福寺跡内経塚出土	銅製経筒（有蓋）	銅製	一合	鎌倉時代	神奈川	鎌倉市教育委員会
15-4	○	永福寺跡内経塚出土	白磁有蓋小壺	白磁	一合	鎌倉時代	神奈川	鎌倉市教育委員会
15-5	○	永福寺跡内経塚出土	皆彫骨扇	木製	一点	鎌倉時代	神奈川	鎌倉市教育委員会
15-6	○	永福寺跡内経塚出土	木製櫛	木製	一〇点	鎌倉時代	神奈川	鎌倉市教育委員会
15-7	○	永福寺跡内経塚出土	数珠	水晶製	一点	鎌倉時代	神奈川	鎌倉市教育委員会
15-8	○	永福寺跡内経塚出土	金の粒（舎利）	金製	一点	鎌倉時代	神奈川	鎌倉市教育委員会
15-9	○	永福寺跡内経塚出土	短刀	鉄製	一口	鎌倉時代	神奈川	鎌倉市教育委員会
16-1	□	苑池南岸Ⅳ期池中出土	透彫金具	銅製	一点	鎌倉時代	神奈川	鎌倉市教育委員会
16-2	□	苑池南岸Ⅳ期池中出土	幡吊金具	銅製	三点	鎌倉時代	神奈川	鎌倉市教育委員会
16-3	□	苑池南岸Ⅳ期池中出土	装身具片（臂釧カ）	銅製	二点	鎌倉時代	神奈川	鎌倉市教育委員会
17-1	□	苑池東岸Ⅲ期池中出土	装身具片（瓔珞カ）	銅製	一点	鎌倉時代	神奈川	鎌倉市教育委員会
17-2	□	苑池東岸Ⅲ期池中出土	桶状金属器	銅製	一点	鎌倉時代	神奈川	鎌倉市教育委員会
17-3	□	苑池東岸Ⅲ期池中出土	蓆状金具片	銅製	一点	鎌倉時代	神奈川	鎌倉市教育委員会
17-4	□	苑池東岸Ⅲ期池中出土	鈴	銅製	一点	鎌倉時代	神奈川	鎌倉市教育委員会
18-1	□	苑池西岸雨落ち内瓦溜り・池中出土	黒漆地螺鈿装燈台断片	木製漆塗	一点	鎌倉時代	神奈川	鎌倉市教育委員会
18-2	□	苑池西岸雨落ち内瓦溜り・池中出土	黒漆地螺鈿装断片	木製漆塗	三点	鎌倉時代	神奈川	鎌倉市教育委員会
19-1	□	遺水（5溝、7溝）・取水遺構出土	銀象嵌白毫	銀製	一点	鎌倉時代	神奈川	鎌倉市教育委員会

番号	印	出土地点	名称	材質	員数	時代	所在	所蔵
19-2		遺水（5溝、8溝）・取水遺構出土	魚文漆絵椀	木製漆塗	二点	鎌倉時代	神奈川	鎌倉市教育委員会
20-1	□	苑池西岸下層遺構面・下層池中出土	鈴	銅製	一点	鎌倉時代	神奈川	鎌倉市教育委員会
20-2	□	苑池西岸下層遺構面・下層池中出土	垂飾	銅製	一点	鎌倉時代	神奈川	鎌倉市教育委員会
20-3	□	苑池西岸下層遺構面・下層池中出土	釘隠	銅製	二点	鎌倉時代	神奈川	鎌倉市教育委員会
20-4	□	苑池西岸下層遺構面・下層池中出土	縁金具	銅製	一点	鎌倉時代	神奈川	鎌倉市教育委員会
20-5		苑池西岸下層遺構面・下層池中出土	仏像断片（手）	木製	二点	鎌倉時代	神奈川	鎌倉市教育委員会
20-6		苑池西岸下層遺構面・下層池中出土	仏像断片（巻髪）	木製	一点	鎌倉時代	神奈川	鎌倉市教育委員会
20-7	□	苑池西岸下層遺構面・下層池中出土	台座蓮弁	木製	一点	鎌倉時代	神奈川	鎌倉市教育委員会
21-1	□	2溝出土	釘隠	銅製	一点	鎌倉時代	神奈川	鎌倉市教育委員会
21-2	□	2溝出土	釘	銅製	一点	鎌倉時代	神奈川	鎌倉市教育委員会
21-3	□	2溝出土	燈台上部金具	銅製	二点	鎌倉時代	神奈川	鎌倉市教育委員会
22-1	□	苑池西岸瓦積み・瓦溜り・池中・地山面出土	隅金具	銅製	一点	鎌倉時代	神奈川	鎌倉市教育委員会
22-2	□	苑池西岸瓦積み・瓦溜り・池中・地山面出土	座金	銅製	一点	鎌倉時代	神奈川	鎌倉市教育委員会
22-3	□	苑池西岸瓦積み・瓦溜り・池中・地山面出土	鈴	銅製	一点	鎌倉時代	神奈川	鎌倉市教育委員会
22-4	□	苑池西岸瓦積み・瓦溜り・池中・地山面出土	縁取金具	銅製	一点	鎌倉時代	神奈川	鎌倉市教育委員会
22-5	□	苑池西岸瓦積み・瓦溜り・池中・地山面出土	板状縁取金具	銅製	一点	鎌倉時代	神奈川	鎌倉市教育委員会
23	□	北複廊出土	釘	銅製	一点	鎌倉時代	神奈川	鎌倉市教育委員会
24	□	苑池南岸Ⅰ・Ⅱ期池中出土	縁金具	銅製	一点	鎌倉時代	神奈川	鎌倉市教育委員会
25	□	滝口出土	蓮華座片	銅製	一点	鎌倉時代	神奈川	鎌倉市教育委員会
26-1		苑池北岸池中出土	仏像断片（焔髪）	木製	一点	鎌倉時代	神奈川	鎌倉市教育委員会
26-2		苑池北岸池中出土	仏像断片（天衣）	木製	一点	鎌倉時代	神奈川	鎌倉市教育委員会
26-3	□	苑池北岸池中出土	蓮華中房	木製	一点	鎌倉時代	神奈川	鎌倉市教育委員会
27	□	苑池北岸・東岸池中出土	蓮華蕾断片	木製	一点	鎌倉時代	神奈川	鎌倉市教育委員会
28-1		薬師堂出土	束柱（薬師堂）	木製	三点	鎌倉時代	神奈川	鎌倉市教育委員会
28-2		薬師堂出土	束石（薬師堂）	石製	一点	鎌倉時代	神奈川	鎌倉市教育委員会
29		北翼廊出土	柱根（北翼廊・釣殿）	木製	三点	鎌倉時代	神奈川	鎌倉市教育委員会
30			鬼瓦（Ⅰ期）	陶製	一点	鎌倉時代	神奈川	鎌倉市教育委員会
31			唐草文軒平瓦（Ⅰ期）	陶製	二点	鎌倉時代	神奈川	鎌倉市教育委員会
32			蓮華文軒丸瓦（Ⅰ期）	陶製	二点	鎌倉時代	神奈川	鎌倉市教育委員会
33			巴文軒丸瓦（Ⅰ・Ⅲ期）	陶製	四点	鎌倉時代	神奈川	鎌倉市教育委員会
34			上向き剣頭文軒平瓦（Ⅲ期）	陶製	一点	鎌倉時代	神奈川	鎌倉市教育委員会
35			下向き剣頭文軒平瓦（Ⅱ期）	陶製	二点	鎌倉時代	神奈川	鎌倉市教育委員会
36			寺銘軒丸瓦（Ⅱ期）	陶製	一点	鎌倉時代	神奈川	鎌倉市教育委員会
37			寺銘軒平瓦（Ⅱ期）	陶製	一点	鎌倉時代	神奈川	鎌倉市教育委員会

番号	出土地・旧蔵	名称	材質	数量	時代	所在	所蔵
38		軒平瓦片（「永福寺」銘）	陶製	一点	鎌倉時代	神奈川	鎌倉市教育委員会
39		軒平瓦片（「文暦二年永福寺」銘）	陶製	一点	鎌倉時代	神奈川	鎌倉市教育委員会
40		漆絵椀	木製漆塗	二点	鎌倉時代	神奈川	鎌倉市教育委員会
41	5溝（遣水）出土	五輪塔地輪（「明徳三年正月廿六日」銘）	石製	一点	明徳三年（一三九二）	神奈川	鎌倉市教育委員会
42	若宮大路周辺遺跡群出土	唐草文軒平瓦（Ⅰ期・八事裏山窯産）	陶製	一点	鎌倉時代	神奈川	鎌倉市教育委員会
43	鶴岡二十五坊跡出土	蓮華文軒丸瓦（Ⅰ期・八事裏山窯産）	陶製	一点	鎌倉時代	神奈川	鎌倉市教育委員会
44	田中穣氏旧蔵典籍古文書	転法輪鈔	紙本墨書	四帖	鎌倉時代	千葉	国立歴史民俗博物館
45		東鑑（慶長古活字版）	紙本木版	四冊	江戸時代	神奈川	神奈川県立歴史博物館
46		作庭記写	紙本彩色	一巻	天正二〇年（一五九二）		個人
47		鴨長明海道記	紙本木版	二冊	江戸時代	千葉	国立歴史民俗博物館
48	□ 神田孝平氏旧蔵文書（第一巻）	関東下知状	紙本墨書	一通	元徳三年（一三三一）	神奈川	鎌倉国宝館

3章 象徴たる永福寺式瓦と鎌倉御家人

番号	出土地・旧蔵	名称	材質	数量	時代	所在	所蔵
49-1	八事裏山窯跡出土	蓮華文軒丸瓦	陶製	二点	鎌倉時代	愛知	荒木集成館
49-2	八事裏山窯跡出土	唐草文軒平瓦	陶製	四点	鎌倉時代	愛知	荒木集成館
50	千葉地東遺跡出土	蓮華文軒丸瓦（八事裏山窯産）	陶製	一点	鎌倉時代	神奈川	神奈川県教育委員会
51-1	コクゾウ塚出土	唐草文軒平瓦（八事裏山窯産）	陶製	二点	鎌倉時代	神奈川	あつぎ郷土博物館
51-2	コクゾウ塚出土	軒平瓦片（八事裏山窯産）	陶製	一点	鎌倉時代	神奈川	あつぎ郷土博物館
52-1	下万正寺遺跡出土	巴文軒丸瓦	陶製	一点	鎌倉時代	福島	桑折町教育委員会
52-2	下万正寺遺跡出土	唐草文軒平瓦	陶製	一点	鎌倉時代	福島	桑折町教育委員会
53	地蔵院（尾羽寺跡）出土	軒平瓦（唐草文軒平瓦・下向き剣頭文軒平瓦）	陶製	八点	鎌倉時代	栃木	地蔵院
54-1	浜川北遺跡出土	巴文軒丸瓦	陶製	三点	鎌倉時代	群馬	高崎市教育委員会
54-2	浜川北遺跡出土	唐草文軒平瓦	陶製	七点	鎌倉時代	群馬	高崎市教育委員会
54-3	浜川北遺跡出土	鬼瓦片	陶製	三点	鎌倉時代	群馬	高崎市教育委員会
55	三村山極楽寺跡出土	唐草文軒平瓦	陶製	一点	鎌倉時代	茨城	つくば市教育委員会
56	小田城跡出土	唐草文軒平瓦	陶製	一点	鎌倉時代	茨城	つくば市教育委員会
57	西浦遺跡出土	唐草文軒平瓦	陶製	一点	鎌倉時代	埼玉	埼玉県教育委員会
58	菖蒲城跡出土	蓮華文軒丸瓦	陶製	一点	鎌倉時代	埼玉	埼玉県教育委員会
59	浅見山Ⅰ遺跡出土	唐草文軒平瓦	陶製	一点	鎌倉時代	埼玉	早稲田大学考古資料館
60	真鏡寺後遺跡出土	唐草文軒平瓦	陶製	一点	鎌倉時代	埼玉	本庄市教育委員会
61	羽根倉南遺跡出土	唐草文軒平瓦	陶製	一点	鎌倉時代	埼玉	本庄市教育委員会
62	久下前遺跡出土	蓮華文軒丸瓦	陶製	一点	鎌倉時代	埼玉	本庄市教育委員会
63	大久保山寺院跡出土	三鱗文平瓦	陶製	一点	鎌倉時代	埼玉	本庄市教育委員会
64	堂裏遺跡出土	唐草文軒平瓦	陶製	一点	鎌倉時代	埼玉	上里町立郷土資料館
65	保寧寺出土	唐草文軒平瓦	陶製	一点	鎌倉時代	埼玉	加須市教育委員会

番号		出土地	名称	材質	員数	時代	所在	所蔵
66-1		満願寺出土	蓮華文軒丸瓦(八事裏山窯産)	陶製	一点	鎌倉時代	神奈川	横須賀市自然・人文博物館
66-2		満願寺出土	唐草文軒平瓦(八事裏山窯産)	陶製	二点	鎌倉時代	神奈川	横須賀市自然・人文博物館
66-3		満願寺出土	唐草文軒平瓦	陶製	五点	鎌倉時代	神奈川	横須賀市自然・人文博物館
66-4		満願寺出土	巴文軒丸瓦	陶製	三点	鎌倉時代	神奈川	横須賀市自然・人文博物館
66-5		満願寺出土	鬼瓦	陶製	一点	鎌倉時代	神奈川	横須賀市自然・人文博物館
66-6		満願寺出土	丸瓦	陶製	三点	鎌倉時代	神奈川	横須賀市自然・人文博物館
66-7		満願寺出土	平瓦	陶製	二点	鎌倉時代	神奈川	横須賀市自然・人文博物館
67-1		願成就院跡出土	巴文軒丸瓦	陶製	二点	鎌倉時代	静岡	伊豆の国市教育委員会
67-2		願成就院跡出土	唐草文軒平瓦	陶製	三点	鎌倉時代	静岡	伊豆の国市教育委員会
67-3		願成就院跡出土	下向き剣頭文軒平瓦	陶製	二点	鎌倉時代	静岡	伊豆の国市教育委員会
67-4		願成就院跡出土	半截花文軒平瓦	陶製	一点	鎌倉時代	静岡	伊豆の国市教育委員会
67-5		願成就院跡出土	手づくねかわらけ	土製	二点	鎌倉時代	静岡	伊豆の国市教育委員会
68-1		北条氏館跡(円成寺跡)出土	唐草文軒平瓦	陶製	二点	鎌倉時代	静岡	伊豆の国市教育委員会
68-2		北条氏館跡(円成寺跡)出土	下向き剣頭文軒平瓦	陶製	一点	鎌倉時代	静岡	伊豆の国市教育委員会
68-3		北条氏館跡(円成寺跡)出土	半截花文軒平瓦	陶製	一点	鎌倉時代	静岡	伊豆の国市教育委員会
68-4		北条氏館跡(円成寺跡)出土	宝珠形水晶	水晶製	一点	鎌倉時代	静岡	伊豆の国市教育委員会
68-5		北条氏館跡(円成寺跡)出土	香炉(瀬戸美濃窯産)	陶製	二口	室町時代	静岡	伊豆の国市教育委員会
68-6		北条氏館跡(円成寺跡)出土	天目茶碗	陶製	一口	鎌倉時代	静岡	伊豆の国市教育委員会
69-1		御所之内遺跡出土	小壺(瀬戸美濃窯産)	陶製	一口	室町時代	静岡	伊豆の国市教育委員会
69-2		御所之内遺跡出土	白色かわらけ	土製	二点	室町時代	静岡	伊豆の国市教育委員会
70		寺山遺跡出土	白色かわらけ	土製	一点	鎌倉時代	静岡	熱海市教育委員会
71		大芝遺跡出土	白色かわらけ	土製	一点	鎌倉時代	神奈川	箱根町立郷土資料館
72		三島神社出土	白色かわらけ	土製	二点	鎌倉時代	静岡	三島市教育委員会
73		樺崎寺跡出土	青白磁四耳壺	陶製	二口	鎌倉時代	栃木	足利市教育委員会
74	○	平沢寺経塚出土	経筒	銅製	一口	久安四年(一一四八)	埼玉	平沢寺
75-1	○	宮戸薬師堂山経塚出土	経筒	銅製	一合	鎌倉時代	埼玉	朝霞市博物館
75-2	○	宮戸薬師堂山経塚出土	和鏡	銅製	一面	鎌倉時代	埼玉	朝霞市博物館
75-3	○	宮戸薬師堂山経塚出土	甕(常滑窯産)	陶製	二口	鎌倉時代	埼玉	朝霞市博物館
75-4	○	宮戸薬師堂山経塚出土	鉢(常滑窯産)	陶製	一口	鎌倉時代	埼玉	朝霞市博物館
76-1	○	中山白山神社経塚出土	経筒	銅製	三合	仁平四年(一一五四)	東京	八王子市郷土資料館
76-2	○	中山白山神社経塚出土	和鏡(菊山吹双鳥文／秋草双鳥文)	銅製	二面	仁平四年(一一五四)	東京	八王子市郷土資料館
76-3	○	中山白山神社経塚出土	経筒外容器	陶製	一口	仁平四年(一一五四)	東京	八王子市郷土資料館
76-4	○	中山白山神社経塚出土	常滑製甕	陶製	二口	仁平四年(一一五四)	東京	八王子市郷土資料館
76-5	○	中山白山神社経塚出土	経巻(法華経巻二・四)	紙本朱書	二巻	仁平四年(一一五四)	東京	八王子市郷土資料館

77		龍見寺経塚出土	経筒	銅製	一合	平安時代	東京	八王子市教育委員会
78-1		利仁神社経塚出土	経筒	銅製	一合	建久七年（一一九六）	東京	東京国立博物館
78-2		利仁神社経塚出土	瓦筒	陶製	二合	建久七年（一一九六）	東京	東京国立博物館
78-3		利仁神社経塚出土	合子	陶製	二合	建久七年（一一九六）	東京	東京国立博物館
78-4		利仁神社経塚出土	和鏡（草花双鳥文／松喰鶴文）	銅製	二面	建久七年（一一九六）	東京	東京国立博物館

4章　東国霊場と鎌倉幕府の荘厳

79	◎		大日如来坐像	木造漆箔	一軀	建久四年（一一九三）カ	東京	真如苑真澄寺（半蔵門ミュージアム安置）
80			阿弥陀如来坐像	木造漆箔	一軀	鎌倉時代	神奈川	神奈川県立歴史博物館
81	◎		頬焼阿弥陀縁起	紙本著色	二巻	鎌倉時代	神奈川	光触寺
82	◉		當麻曼荼羅縁起	紙本著色	二巻	鎌倉時代	神奈川	光明寺
83			伊豆山権現立像	銅造	一軀	鎌倉時代	静岡	伊豆山神社
84	○		阿弥陀如来坐像	木造漆箔	一軀	平安時代	静岡	伊豆山浜生協会
85	□		筥根山縁起并序（白文本）	紙本墨書	一巻	室町時代	神奈川	箱根神社
86	○		長命富貴堆黒箱	木製漆塗	一合	中国・南宋時代	神奈川	鶴岡八幡宮
87	◎		鶴岡社務記録	紙本墨書	一巻	南北朝時代	神奈川	鶴岡八幡宮
88	◎	相承院文書	良傳供僧職譲状	紙本墨書	一通	宝治二年（一二四八）	神奈川	鶴岡八幡宮
89	□		金銅四天王五鈷鈴	金銅製	一口	中国・南宋時代	神奈川	鶴岡八幡宮
90			金銅五鈷杵	金銅製	一口	室町時代	神奈川	鶴岡八幡宮
91	◎		浄光明寺敷地絵図	紙本墨書	一幅	南北朝時代	神奈川	浄光明寺
92		金子家文書	源頼朝袖判下文	紙本墨書	一通	寿永三年（一一八四）	神奈川	神奈川県立歴史博物館
93		田中穣氏旧蔵典籍古文書	祈雨御修法日記	紙本墨書	一巻	永久五年（一一一七）	千葉	国立歴史民俗博物館
94		田中穣氏旧蔵典籍古文書	神泉苑請雨御修法記	紙本墨書	一巻	永久五年（一一一七）	千葉	国立歴史民俗博物館
95		田中穣氏旧蔵典籍古文書	祈雨読経記	紙本墨書	一巻	建久元年（一一九〇）	千葉	国立歴史民俗博物館
96		田中穣氏旧蔵典籍古文書	請雨法次第口伝	紙本墨書	一巻	鎌倉時代	千葉	国立歴史民俗博物館
97			龍頭	木造	一三頭	室町～戦国時代	神奈川	師岡熊野神社

5章　神さびた中世仮面と音楽文化

98			菩薩（行道面）	木造漆箔	二面	平安時代	栃木	日光山輪王寺
99	○		王の舞面	木造彩色	一面	鎌倉時代	静岡	津毛利神社
100			菩薩（行道面）	木造彩色	一面	承安四年（一一七四）	神奈川	阿弥陀寺
101	◎		菩薩面	木造彩色	一面	鎌倉時代	神奈川	鶴岡八幡宮
102	◎		舞楽面　陵王	木造彩色	一面	鎌倉時代	神奈川	鶴岡八幡宮
103	◎		舞楽面　散手	木造彩色	一面	鎌倉時代	神奈川	鶴岡八幡宮

104	◎	舞楽面　貴徳鯉口	木造彩色	一面	鎌倉時代	神奈川	鶴岡八幡宮
105	◎	舞楽面　貴徳番子	木造彩色	一面	鎌倉時代	神奈川	鶴岡八幡宮
106	◎	舞楽面　二ノ舞　咲面	木造彩色	一面	鎌倉時代	神奈川	鶴岡八幡宮
107-1	○	菩薩(行道面)	木造彩色	四面	鎌倉時代	千葉	建暦寺
107-2		濱古山畧縁起	紙本墨書	一巻	文化元年(一八〇四)	千葉	建暦寺
108		楽家系図	紙本墨書	一通	正和二年(一三一三)	東京	宮内庁書陵部
109		胡琴教録	紙本墨書	一巻	南北朝時代	東京	宮内庁書陵部
110		琵琶秘曲伝授記(春衡記)	紙本墨書	一巻	徳治二年(一三〇七)	東京	宮内庁書陵部
111	◎	弁才天坐像	木造彩色	一軀	文永三年(一二六六)	神奈川	鶴岡八幡宮
112	●	称名寺聖教　舞楽曼荼羅供私記〈大山〉	紙本墨書	二冊	正安二年(一三〇〇)	神奈川	称名寺
113		神武寺御縁起	紙本墨書	一巻	文禄三年(一五九四)	神奈川	神武寺
114	○	千手観音菩薩像	絹本著色	一幅	鎌倉時代	神奈川	神武寺
115		神武寺石造弥勒菩薩坐像銘文拓本	紙本拓本	一幅	現代	神奈川	神奈川県立歴史博物館
116	◎	金銅骨蔵器(忍性塔納置品・嘉元元年十一月日刻銘)	金銅製	一合	嘉元元年(一三〇三)	神奈川	極楽寺
117	◎	銅骨蔵器(忍性塔納置品・嘉元元年十一月二十五日刻銘)	金銅製	一合	嘉元元年(一三〇三)	神奈川	極楽寺
118	◎	銅骨蔵器(順忍塔納置品・善願上人在銘)	金銅製	一合	鎌倉時代	神奈川	極楽寺
119	◎	金銅五輪塔(順忍塔納置品・延慶四年二月八日刻銘)	金銅製	一基	延慶四年(一三一一)	神奈川	極楽寺
120	◎	銅骨蔵器(順忍塔納置品)	金銅製	一合	鎌倉時代	神奈川	極楽寺
121		極楽寺十三重塔供養日記	紙本墨書	一通	正和四年(一三一五)	神奈川	極楽寺
122		舞楽面　還城楽	木造彩色	一面	室町時代	神奈川	極楽寺
123		舞楽面　抜頭	木造彩色	一面	室町時代	神奈川	極楽寺

終章　武士本拠の景観と復原

124		獅子頭	木造彩色	二頭	江戸時代	神奈川	海南神社
125	○	三番叟面	木造彩色	一面	江戸時代	神奈川	海南神社
126		鎌倉北条九代記	紙本墨書	一冊	江戸時代	神奈川	神奈川県立歴史博物館
127		阿弥陀二十五菩薩来迎図	絹本著色	一幅	南北朝時代	神奈川	神奈川県立歴史博物館
128	○	熊野権現影向図	絹本著色	一幅	南北朝時代	神奈川	正念寺
129		舞楽面　還城楽	木造彩色	一面	鎌倉時代	神奈川	高部屋神社
130		舞楽面　陵王	木造漆箔	一面	室町時代	神奈川	高部屋神社
131		能面　癋見	木造彩色	一面	江戸時代	神奈川	高部屋神社
132		大般若波羅蜜多経	版本・紙本墨書	三帖	室町時代	神奈川	高部屋神社

番号	出土地	名称	材質	員数	時代	所在	所有者
133		摩訶般若波羅蜜経	版本	二巻	室町時代	神奈川	髙部屋神社
134		大方等大集経　巻三〇	版本	一巻	室町時代	神奈川	髙部屋神社
135-1	子易・中川原遺跡出土	礫石経	石製	三点	鎌倉時代	神奈川	神奈川県教育委員会
135-2	子易・中川原遺跡出土	合子	陶製	一点	鎌倉時代	神奈川	神奈川県教育委員会
135-3	子易・中川原遺跡出土	青磁碗	陶製	二点	鎌倉時代	神奈川	神奈川県教育委員会
135-4	子易・中川原遺跡出土	三筋壺	陶製	一点	鎌倉時代	神奈川	神奈川県教育委員会
135-5	子易・中川原遺跡出土	壺	陶製	一点	鎌倉時代	神奈川	神奈川県教育委員会
135-6	子易・中川原遺跡出土	捏鉢	陶製	一点	鎌倉時代	神奈川	神奈川県教育委員会
135-7	子易・中川原遺跡出土	呪符木簡	木製	一点	鎌倉時代	神奈川	神奈川県教育委員会
136	神成松遺跡出土	水晶数珠	水晶製	一点	鎌倉時代	神奈川	神奈川県教育委員会

謝辞

本展開催にあたり、多大なるご協力を賜りました関係各位に感謝いたします。

（五十音順・敬称略）

国寶史蹟研究会
湘南工科大学
中世瓦研究会
日本女子大学

鎌倉国宝館
鎌倉歴史文化交流館
埼玉県立嵐山史跡の博物館
半蔵門ミュージアム
横浜市歴史博物館

赤星直忠博士文化財資料館
朝霞市博物館
足利市教育委員会
熱海市教育委員会
あつぎ郷土博物館
阿弥陀寺（箱根町）
荒木集成館
伊豆山神社（静岡県熱海市）
伊豆山浜生協会
伊豆の国市教育委員会
伊勢原大神宮（伊勢原市）
岩手県教育委員会
岩手県文化振興事業団埋蔵文化財センター
海南神社（三浦市）
加須市教育委員会
神奈川県教育委員会
神奈川県立金沢文庫
かながわ考古学財団
鎌倉市教育委員会
鎌倉市中央図書館
上里町教育委員会
上里町立郷土資料館
川嶋印刷株式会社
京都市考古資料館
京都市歴史資料館
宮内庁書陵部
建暦寺（千葉県君津市）
光触寺（鎌倉市）
光明寺（鎌倉市）
桑折町教育委員会
極楽寺（鎌倉市）
国立歴史民俗博物館
埼玉県教育委員会
埼玉県立さきたま史跡の博物館
浄光明寺（鎌倉市）
正念寺（横浜市）
称名寺（横浜市）
真如苑
神武寺（逗子市）
高崎市教育委員会
高部屋神社（伊勢原市）
地蔵院（栃木県益子町）
中尊寺（岩手県平泉町）
つくば市教育委員会
津毛利神社（静岡県浜松市）
鶴岡八幡宮（鎌倉市）
東京国立博物館
日光山輪王寺（栃木県日光市）
箱根神社（箱根町）
箱根町教育委員会
箱根町立郷土資料館
八王子市教育委員会
八王子市郷土資料館
浜松市教育委員会
東松山市教育委員会
平泉世界遺産ガイダンスセンター
平泉町教育委員会
平泉文化遺産センター
平沢寺（埼玉県嵐山町）
本庄市教育委員会
本庄早稲田の杜ミュージアム
師岡熊野神社（横浜市）
横須賀市自然・人文博物館
早稲田大学考古資料館

阿久津 卓也
阿諏訪 青美
阿部 香子
足立 佳代
荒木 正直
有山 佳孝
池谷 初恵
石井 千紘
石川 正人
石川 安司
井出 浩正
稲村 繁（故人）
井沼 千秋
伊従 保美
岩田 明広
岩田 慎平
上村 和直
宇都 洋平
梅沢 恵
大澤 泉
大澤 伸啓
太田 博之
太田 好治
大谷 慈通
大道 篤史
大三輪 龍哉
岡崎 寛徳
小熊 大治
小澤 修二
押木 弘己
尾野 善裕
金森 大資
栗木 崇
釼持 輝久
古田土 俊一
小林 央
小林 康幸
今野 賀章
斎藤 彦司
齋藤 欣延
三枝 孝司
佐藤 登美子
佐藤 弘
坐古 善光
佐々木 茂
佐野 聖子
柴田 哲彦
柴田 立史
島田 英樹
嶋村 英之
清水 豊
菅原 計二
須方 隆證
諏訪 哲男
平 雅行
高木 晃
髙橋 香
髙橋 秀和
田代 圭一
田中 大喜
田中 密敬
柘植 英満
辻 真人
土屋 慈恭
筒井 教恵
戸根 貴之
中川 満帆
長澤 可也
中三川 昇
中村 陽平
梨子田 雅俊
浪川 幹夫
仁科 実華
西村 公弘
能條 幸夫
野坂 知広
野中 仁
服部 登志夫
林 道義
林 美菜保
原 廣志
原 嘉孝
比毛 君男
平田 恵美
平塚 憲一
広瀬 季一郎
深澤 靖幸
福田 誠
藤井 明広
古川 元也
牧野 哲
松吉 大樹
松吉 里永子
馬淵 和雄
三井田 章吾
水口 由紀子
水野 賢世
宮本 佳昭
三輪 眞嗣
望月 鏡嗣
森谷 文子
八重樫 忠郎
柳澤 誠
矢野 次男
八幡 義信
山本 隆志
山本 勉
山本 雅和
山本 倫弘
山本 みなみ
吉田 茂穂
米澤 雅美
米田 郷海
渡邊 靖史
渡邊 浩史

特別展　源頼朝が愛した幻の大寺院
永福寺と鎌倉御家人 ―荘厳される鎌倉幕府とそのひろがり―

発行年月日　令和4年（2022）10月15日
企画・編集　神奈川県立歴史博物館
発　　行　合同会社　小さ子社
〒606-8233 京都市左京区田中北春菜町26-21
tel075-708-6834　fax075-708-6839
E-mail info@chiisago.jp　https://www.chiisago.jp
印刷・製本　シナノパブリッシングプレス

ISBN978-4-909782-16-8